新世纪普通高等教育
会计类课程规划教材

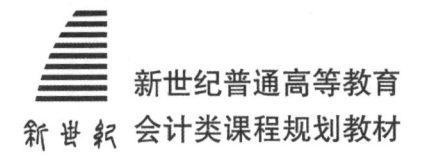

Application of Excel in Financial Management

Excel在财务管理中的应用

主　编　张　丽　陈　伟
副主编　侯宝珍　杨玉娥

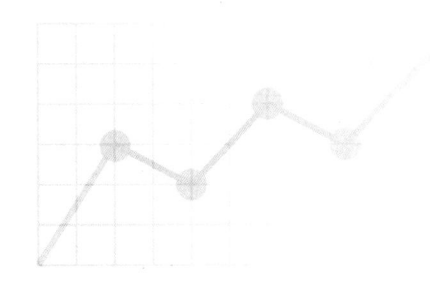

大连理工大学出版社

图书在版编目(CIP)数据

Excel 在财务管理中的应用 / 张丽，陈伟主编. --
大连：大连理工大学出版社，2023.8（2025.7 重印）
新世纪普通高等教育会计类课程规划教材
ISBN 978-7-5685-3825-1

Ⅰ．①E… Ⅱ．①张… ②陈… Ⅲ．①表处理软件－应用－财务管理－高等学校－教材 Ⅳ．①F275-39

中国版本图书馆 CIP 数据核字（2022）第 092550 号

EXCEL ZAI CAIWU GUANLI ZHONG DE YINGYONG

大连理工大学出版社出版
地址：大连市软件园路 80 号　邮政编码：116023
发行：0411-84708842　邮购：0411-84708943　传真：0411-84701466
E-mail：dutp@dutp.cn　URL：https://www.dutp.cn

沈阳市永鑫彩印厂印刷　　　　　大连理工大学出版社发行

幅面尺寸：185mm×260mm	印张：19.75	字数：506 千字
2023 年 8 月第 1 版		2025 年 7 月第 4 次印刷
责任编辑：齐　欣		责任校对：孙兴乐
	封面设计：对岸书影	

ISBN 978-7-5685-3825-1　　　　　　　　　定　价：54.50 元

本书如有印装质量问题，请与我社发行部联系更换。

前言

党的二十大报告中指出"教育、科技、人才是全面建设社会主义现代化国家的基础性、战略性支撑。必须坚持科技是第一生产力、人才是第一资源、创新是第一动力,深入实施科教兴国战略、人才强国战略、创新驱动发展战略,开辟发展新领域新赛道,不断塑造发展新动能新优势"。

高质量高等教育体系要发挥高位引领作用,落实立德树人根本任务,培养德智体美劳全面发展的社会主义建设者和接班人,加快建设高质量教育体系,发展素质教育。

21世纪,我国高等教育发展的宗旨是培养学生的综合素质,也就是为国家培养应用型和创新型的专业人才。据此,编者总结多年的教学经验,编写了本教材,旨在为读者掌握Excel应用方法和技巧提供帮助。

Excel是一款功能强大的电子表格处理软件,适用于Windows操作系统,该软件不断更新和完善,具有对各种数据进行处理、统计、分析及辅助决策等功能,已经被广泛运用于经济管理等领域的众多专业。希望本教材能够广泛服务于读者。

本教材的特点如下:

(1)版本追势求新

本教材编写内容紧跟Excel软件的更新与完善趋势,结合Excel 2016的功能,介绍该软件的应用方法与技巧。

(2)知识覆盖面广

本教材从会计学专业和财务管理专业的综合应用需要出发,架构了四篇十二章内容:第一篇为Excel基本操作,包括第一章至第三章的内容;第二篇为Excel在会计核算中的应用,包括第四章至第六章的内容;第三篇为Excel在财务管理中的应用,包括第七章至第十章的内容;第四篇为Excel在预决策中的应用,包括第十一章至第十二章的内容。本教材可以较为全面地满足上述两个专业学生对Excel软件应用技能培养的需要。

(3)案例求新务实,突出应用性

本教材所使用的教学案例时效性强、贯穿全文、由浅入深,系统性与应用性特色鲜明。

(4)操作化繁为简

无论是对Excel软件知识的介绍,还是根据案例说明应用

方法与技能,都步骤详略得当,有很高的应用效率。

(5)贯彻落实党的二十大精神

教材编写团队深入推进党的二十大精神融入教材,充分认识党的二十大报告提出的"实施科教兴国战略,强化现代人才建设支撑"精神,落实"加强教材建设和管理"新要求,紧扣党的二十大精神,围绕专业育人目标,结合课程特点,注重知识传授、能力培养与价值塑造的统一。

(6)推进教育数字化,以微课体现交互性

本教材响应党的二十大精神,推进教育数字化,建设全民终身学习的学习型社会、学习型大国,及时丰富和更新了数字化微课资源,以二维码形式融合纸质教材,使得教材更具及时性、内容的丰富性和环境的可交互性等特征,使读者学习时更轻松、更有趣味,促进了碎片化学习,提高了学习效果和效率。

本教材的应用对象为高等学校会计类、经济管理类专业的学生及教师,以及从事会计类、经济管理类专业的工作人员。

本教材由西安外事学院张丽、陈伟任主编,西安外事学院侯宝珍、杨玉娥任副主编。具体编写分工为:张丽编写第七章、第八章、第九章、第十章、第十二章(不包括课后练习题);陈伟编写第一章至第五章;侯宝珍编写第六章,并负责提供第二篇的原始数据;杨玉娥编写第十一章及第七章、第八章、第九章、第十章、第十二章的课后练习题。

在编写本教材的过程中,编者参考、引用和改编了国内外出版物中的相关资料以及网络资源,在此表示深深的谢意!相关著作权人看到本教材后,请与出版社联系,出版社将按照相关法律的规定支付稿酬。

限于水平,书中仍有疏漏和不妥之处,敬请专家和读者批评指正,以使教材日臻完善。

编　者
2023 年 8 月

所有意见和建议请发往:dutpbk@163.com
欢迎访问高教数字化服务平台:https://www.dutp.cn/hep/
联系电话:0411-84708445　84708462

目录 Contents

第一篇 Excel 基本操作

第一章 Excel 基础 ······ 3
  第一节 Excel 2016 的工作界面 ······ 3
  第二节 基本操作 ······ 7
  练习题 ······ 28

第二章 Excel 进阶 ······ 29
  第一节 公 式 ······ 29
  第二节 函 数 ······ 41
  练习题 ······ 53

第三章 Excel 高级应用 ······ 54
  第一节 图表绘制 ······ 54
  第二节 数据管理 ······ 60
  练习题 ······ 75

第二篇 Excel 在会计核算中的应用

案例导入：西安兴达有限责任公司会计核算 ······ 79
  一、企业基本资料概况 ······ 79
  二、企业经济业务数据 ······ 79

第四章 Excel 在会计凭证中的应用 ······ 88
  第一节 会计凭证概述 ······ 88
  第二节 会计科目表的建立和美化 ······ 89
  第三节 会计凭证表的相关操作 ······ 93
  练习题 ······ 97

第五章 Excel 在会计账簿中的应用 ······ 102
  第一节 会计账簿概述 ······ 102
  第二节 日记账 ······ 103
  第三节 分类账 ······ 105
  第四节 总账科目汇总表 ······ 112
  第五节 总账科目余额表 ······ 114
  练习题 ······ 123

第六章 Excel 在会计报表中的应用 ······ 124
  第一节 会计报表概述 ······ 124
  第二节 资产负债表 ······ 125
  第三节 利润表 ······ 134

第四节　现金流量表 ………………………………………………………………… 144
　　第五节　所有者权益变动表 …………………………………………………………… 154
　　练习题 ……………………………………………………………………………………… 160

第三篇　Excel 在财务管理中的应用

第七章　Excel 在工资管理中的应用 ……………………………………………………… 163
　　第一节　工资表的建立 ………………………………………………………………… 163
　　第二节　工资项目的计算 ……………………………………………………………… 167
　　第三节　工资数据的查询与工资发放 ………………………………………………… 182
　　练习题 ……………………………………………………………………………………… 189

第八章　Excel 在存货管理中的应用 ……………………………………………………… 191
　　第一节　存货管理简介 ………………………………………………………………… 191
　　第二节　入库管理 ……………………………………………………………………… 193
　　第三节　出库管理 ……………………………………………………………………… 200
　　第四节　期末库存管理 ………………………………………………………………… 208
　　练习题 ……………………………………………………………………………………… 220

第九章　Excel 在应收账款管理中的应用 ………………………………………………… 222
　　第一节　应收账款管理简介 …………………………………………………………… 222
　　第二节　应收账款统计 ………………………………………………………………… 223
　　第三节　逾期应收账款分析 …………………………………………………………… 231
　　第四节　应收账款账龄管理 …………………………………………………………… 237
　　练习题 ……………………………………………………………………………………… 241

第十章　Excel 在固定资产管理中的应用 ………………………………………………… 243
　　第一节　固定资产管理简介 …………………………………………………………… 243
　　第二节　固定资产卡片账的建立 ……………………………………………………… 244
　　第三节　固定资产折旧管理 …………………………………………………………… 247
　　第四节　固定资产数据管理 …………………………………………………………… 256
　　练习题 ……………………………………………………………………………………… 259

第四篇　Excel 在预决策中的应用

第十一章　Excel 在筹资与投资中的基本应用 …………………………………………… 263
　　第一节　资金时间价值计量 …………………………………………………………… 263
　　第二节　资本成本计量 ………………………………………………………………… 273
　　第三节　项目投资评价 ………………………………………………………………… 281
　　练习题 ……………………………………………………………………………………… 286

第十二章　Excel 在财务分析中的应用 …………………………………………………… 288
　　第一节　财务比率分析 ………………………………………………………………… 288
　　第二节　比较分析 ……………………………………………………………………… 295
　　第三节　趋势分析 ……………………………………………………………………… 299
　　第四节　综合分析 ……………………………………………………………………… 304
　　练习题 ……………………………………………………………………………………… 309

参考文献 ……………………………………………………………………………………… 310

第一篇

Excel 基本操作

第一章 Excel 基础

Excel 是美国 Microsoft 公司推出的 Office 办公系列软件中的电子表格软件，它是目前市面上占有率最高、功能最为丰富的电子表格软件之一。Excel 不仅具有强大的数据存储、管理和分析能力，而且能通过图形绘制将数据及其分析结果形象直观地展现出来，还能方便地与 Office 办公系列软件中的其他软件相互调用数据。Excel 因为容易上手，功能丰富，应用广泛，已经成为众多行业最为常用和基础的办公软件之一。本教材配套的 Excel 2016 是 Microsoft 公司 2016 年推出的 Office 办公系列软件中的电子表格软件，该软件整体布局与 Excel 2013 基本相同，同时增加了 Tell me、预测等功能，以及数据透视表的功能改进。本章将介绍 Excel 2016 的工作界面、基本操作等内容。通过本章的学习，读者能熟悉 Excel 2016 的窗口环境，重点掌握单元格、工作区域、工作表和工作簿的操作方法，为后续进一步提高 Excel 的操作技能打下坚实的基础。

第一节　Excel 2016 的工作界面

Excel 2016 的工作界面如图 1-1 所示。本节内容包括标题栏、功能区、名称框和编辑栏、工作表编辑区、标签栏的功能介绍，以及部分新增功能的介绍。

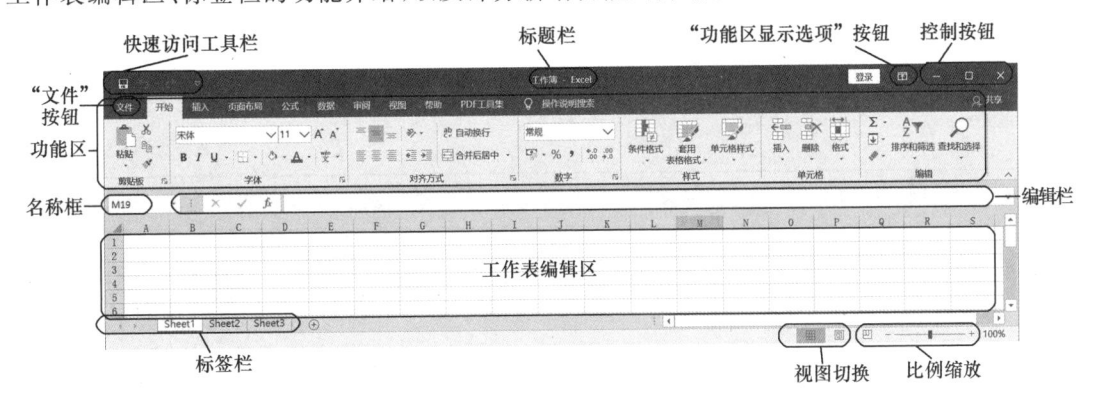

图 1-1　Excel 2016 工具界面

一、标题栏

标题栏位于 excel 窗口的最上面，用于显示当前工作簿的名称。标题栏从左到右依次分布着快速访问工具、标题、功能区显示/隐藏按钮、控制按钮。其中，最常用的是快速访问工具栏、功能区显示/隐藏按钮。

1. 快速访问工具栏

快速访问工具栏位于标题栏的最左边，默认情况包含着"保存""撤销""恢复"等常用功能按钮，如图 1-2 所示。快速访问工具栏几乎总是可见，适合存放一些使用频率高的功能按钮。例如，读者经常使用打印预览功能，可以将"打印预览和打印"按钮放置到快速启动工具栏上。方法是单击快速访问工具栏右侧的"自定义快速访问工具栏"按钮，下拉列表选择"打印预览和打印"命令，这时快速访问工具栏上就增加了"打印预览和打印"按钮，如图 1-3 所示。

图 1-2　初始的快速访问工具栏

图 1-3　添加了"打印预览和打印"按钮的快速访问工具栏

在"自定义快速访问工具栏"的下拉列表中，某项命令被选中，其前面就被打上了对钩，这时该命令就以功能按钮的形式显示在"快速访问工具栏"。

2."功能区显示选项"按钮

功能区上分布着大量的功能按钮，这给快速操作带来方便。但由于功能区几乎占到 Excel 窗口面积的 1/4，限制了工作表编辑区的显示范围，方便快捷地控制功能区的显示/隐藏就显得极为必要。

功能区的显示/隐藏是通过位于标题栏右侧的"功能区显示选项"按钮来实现的，单击该按钮，展开功能区显示选项下拉列表，如图 1-4 所示。该列表上有三个命令，其含义如下：

"自动隐藏功能区"：表示隐藏整个功能区，包括选项卡和命令按钮。

"显示选项卡"：表示仅仅显示选项卡，不显示功能按钮。

"显示选项卡和命令"：表示显示整个功能区，包括选项卡和功能按钮。

图 1-4　功能区显示选项下拉列表

如果选择"自动隐藏功能区"命令，功能区上的选项卡和功能按钮都会被隐藏起来，这时工作表编辑区几乎铺满整个窗口。如果要频繁使用功能区上的功能按钮，则应该选择"显示选项卡和命令"命令。

二、功能区

Excel 2016 的功能区位于标题栏的下方，一般包含"开始""插入""页面布局""公式""数据""审阅""视图""帮助"等选项卡。每个选项卡代表一组核心任务，包含若干功能组；每个功能组包含一组功能接近的功能按钮；每个功能按钮则代表一项具体的功能。Excel 2016 的功能区如图 1-5 所示。

图 1-5　Excel 2016 的功能区

常用的功能按钮几乎都被放置在某个选项卡的特定功能组中。使用时，单击某个选项卡，就可以打开该选项卡，进而寻找特定的功能按钮。但功能区毕竟空间有限，没法将 Excel 的所有功能都放在功能区内。为此，Excel 允许通过下下拉列表或者对话框启动更多具体功能。

有些功能按钮右侧带有"下拉"按钮,单击该按钮,就会打开下拉列表。例如,单击"字体颜色"功能按钮右侧的"下拉"按钮,就可以通过字体颜色下拉列表给字体设置不同的颜色,如图 1-6 所示。

有些功能组右下角带有"启动器"按钮,单击该按钮,就会打开用于启动特定功能的对话框。例如,要将文本"X2"中的"2"设置为"上标",操作方法为:选定"2",单击"字体"功能组右下角的"启动器"按钮,打开"设置单元格格式"对话框,选择"上标"复选项,单击"确定"按钮。"设置单元格格式"对话框的设置结果如图 1-7 所示。

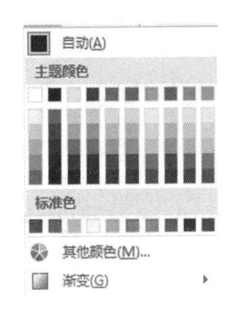

图 1-6　字体颜色下拉列表

图 1-7　"设置单元格格式"对话框

三、名称框和编辑栏

名称框和编辑栏共同位于功能区的下方,名称框在左边,编辑栏在右边,如图 1-8 所示。名称框用于显示单元格的位置。例如,名称框显示的是"C6",表示当前选定的是位置为"C6"单元格,其中"C"表示列标号,"6"表示行标号。编辑栏用于显示和编辑单元格文本、数字、公式或者函数。其中"插入函数"按钮 fx ,用于打开"插入函数"对话框,其用法详见本书第二章。

图 1-8　名称框和编辑栏

四、工作表编辑区

工作表编辑区位于名称框和编辑栏下方,是 Excel 窗口占比最大的区域。工作表编辑区是由大量列和行交叉分割形成的二维表格,其中列的标号是"A、B、C……",行的标号是"1、2、3……",如图 1-9 所示。

对于工作表编辑区的每个单元格,其位置的编码规则是列标和行标共同标识,列标在前,

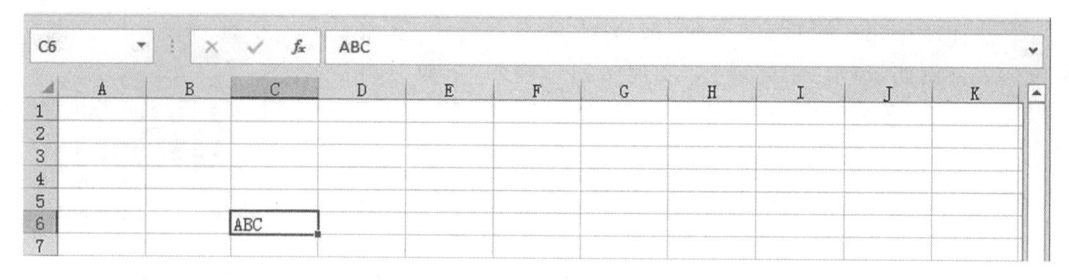

图 1-9　工作表编辑区

行标在后。例如,名称框显示的是"C6",表示列标为"C"(第 3 列),行标为"6"(第 6 行),列标和行标结合构成"C6",用来标识该单元格在二维表格的位置。工作表编辑区可以存放和编辑文本、数字、特殊符号等。

五、标签栏

标签栏位于工作表编辑区的左下方,用于显示工作表的标签,或者叫工作表的名称。默认情况下,标签栏显示了三个工作表标签 sheet1、sheet2 和 sheet3,如图 1-10 所示。

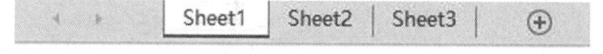

图 1-10　标签栏

标签栏工作表标签的使用频率非常高,常见的操作包括插入、重命名、移动、隐藏/取消隐藏等,具体用法详见第二章。

六、Excel 2016 的新功能

Excel 2016 新增添了很多新功能,本教材只介绍几种常用的新功能。

1."Tell me"功能

相对于 Excel 2013,Excel 2016 新增了"Tell me"功能。"Tell me"功能省却了使用者不得不通过逐个查找选项卡及其功能组来寻找具体功能按钮的时间开销,它允许使用者在"操作说明搜索"框中输入查询关键词,通过 Excel 智能分析,以类似于下拉列表的方式展示相关功能,如图 1-11 所示。

图 1-11　"Tell me"功能

例如,单击"操作说明搜索"框,输入"数字",查询下拉列表如图 1-12 所示。该下拉列表列出与"数字"相关的功能,以及"数字"相关的帮助,比如"数字格式""百分比样式""会计数字格式"等。

2."数据透视表字段"列表框的"搜索"功能

Excel 2016"数据透视表字段"列表框新增了"搜索"功能,这意味着当"数据透视表字段"列表框中字段较多时,可以通过"搜索"功能快速查找某个字段。Excel 2016"数据透视表字

段"列表框如图1-13所示。同时,Excel 2016"数据透视表字段"列表框的"搜索"功能支持模糊查询,这表明即使没有记住完整的字段名称,只要在"搜索"框中输入字段名称的一部分,就可以模糊匹配并显示相关的字段。

图1-12　"操作说明搜索"下拉列表 　　　　图1-13　"数据透视表字段"列表框

3. 预测功能

在Excel的早期版本中,只能使用FORECAST函数进行线性预测。Excel 2016扩展了预测功能,允许基于指数平滑(如使用FORECAST.ETS等函数)进行非线性预测。Excel 2016的预测功能位于"数据"选项卡的"预测"功能组中,如图1-14所示。使用时,单击"数据"选项卡"预测"功能组中"预测工作表"按钮,可快速创建数据系列预测的可视化效果。

图1-14　预测功能

第二节　基本操作

Excel的基本操作包括了解Excel操作对象,以及单元格、工作范围、工作表和工作簿的相关操作。

一、Excel操作对象

Excel的操作对象包括单元格、工作范围、工作表和工作簿。

1. 单元格

单元格是Excel的基本操作对象,也是最小的操作对象。在工作编辑区,单元格的位置是由列标(A、B、C……)和行标(1、2、3……)组合而成的,列标在前,行标在后。单元格可以存放和编辑数字、文本、时间、特殊符号等,最大存储容量是32 767个字符。

2. 工作范围

工作范围是指工作表编辑区若干个选定的单元格,可以是一个单元格、一个矩形区域,也可以是多个矩形区域、多个不连贯单元格,甚至是整个工作表。对工作范围进行操作,就是对工作范围中的每个单元格进行统一操作,可以显著提高工作效率。例如,对工作范围的所有单元格同时设置字体。

3. 工作表

工作表是比单元格和工作范围更大的操作对象。工作表实际上可以看成由多列与多行交叉形成的二维表格。Excel 2003 及以前的版本，一个工作表的最大列数是 256，最大行数是 65 536；Excel 2016 及以后的版本，一个工作表的最大列数是 16 384，最大行数是 1 048 576。

4. 工作簿

在 Excel 中，工作簿是最大的操作对象，也是原始数据和运算结果的存储文件。Excel 2003 及以前的版本，工作簿文档的扩展名是. xls；Excel 2007 及以后的版本，工作簿文档的扩展名是. xlsx。工作簿和工作表是包含关系，一个工作簿文档默认包含三张工作表，最多可以容纳 256 张工作表。

二、单元格的操作

单元格是 Excel 最小的操作对象，涉及的常见操作包括数据录入、格式设置等。

1. 数据录入

单元格中录入数据包括文本、数字、日期和时间，以及公式和函数等。常见的录入方法有两种：一是单击目标单元格，然后直接录入数据（如果单元格原来有数据，录入新数据将覆盖原数据）；二是双击单元格，单元格中会出现光标插入点，移动光标插入点到目标位置，即可录入数据（这种方法常用于修改单元格中数据）。

（1）文本录入

单元格可以录入的文本包括汉字、英文字母和单词、空格，以及其他能用键盘录入或者鼠标点选的序号、符号（含特殊符号）等。一个单元格虽然最多容纳 32 767 个字符，但只能显示其中的 1 024 个字符，只有编辑栏才可以显示单元格存放的全部字符。

在向单元格录入文本时，如果右侧单元格没有数据，那么 Excel 允许超过单元格列宽的字符覆盖到其右侧相邻单元格，如图 1-15 所示；否则 Excel 只能显示其列宽范围内的字符，如图 1-16 所示。

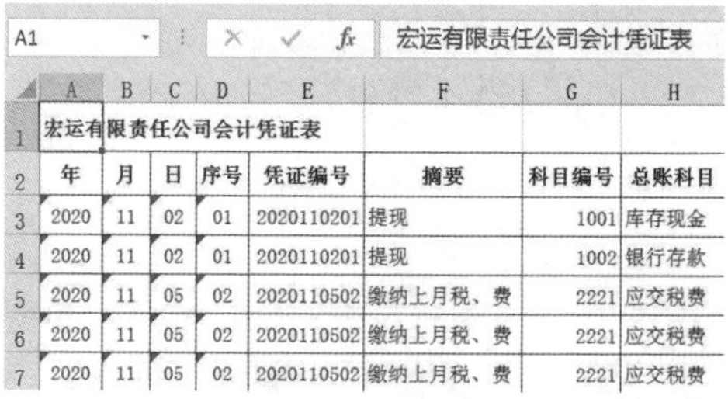
A1 | fx 宏运有限责任公司会计凭证表

	A	B	C	D	E	F	G	H
1	宏运有限责任公司会计凭证表							
2	年	月	日	序号	凭证编号	摘要	科目编号	总账科目
3	2020	11	02	01	2020110201	提现	1001	库存现金
4	2020	11	02	01	2020110201	提现	1002	银行存款
5	2020	11	05	02	2020110502	缴纳上月税、费	2221	应交税费
6	2020	11	05	02	2020110502	缴纳上月税、费	2221	应交税费
7	2020	11	05	02	2020110502	缴纳上月税、费	2221	应交税费

图 1-15　文本过长覆盖右侧单元格

要想单元格内录入的文本（不超过 1 024 个字符）完整显示，可以让文本多行显示，常见的实现方法有两个：

方法 1：使用键盘组合键

在录入文本还未超越单元格列宽时，按着“Alt”键不放，再按“Enter”键，或者同时按下“Alt＋Enter”，光标插入点将被强制换到下一行开头。

方法 2：使用“设置单元格格式”对话框

第一步：选定单元格，单击“开始”选项卡“对齐方式”功能组右下角的“对齐设置”启动器按

图 1-16　文本过长只能显示部分

钮,或者单击鼠标右键,下拉列表选择"设置单元格格式"命令,打开"设置单元格格式"对话框。

第二步:单击"对齐"选项卡,选择"自动换行"复选项,设置结果如图 1-17 所示。

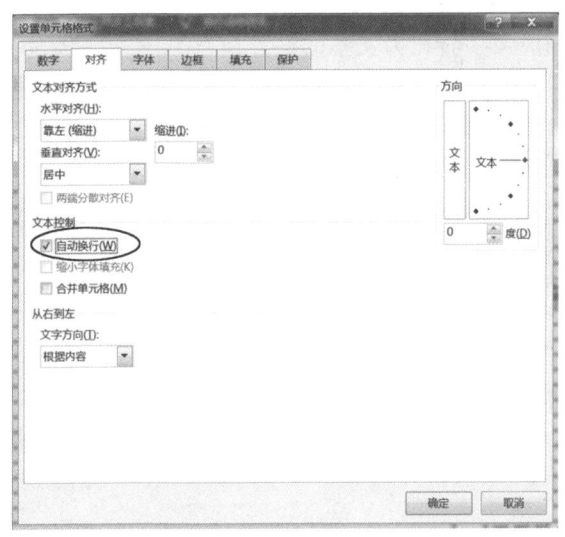

图 1-17　设置自动换行

第三步:单击"确定"按钮,录入单元格的文本将在不超过单元格列宽的基础上多行显示。

说明:使用键盘组合键"Alt+Enter"一次,只能强制换行一次,如果文本过长,则需反复多次使用键盘组合键;而使用对话框设置,则可以让长文本一步到位实现多行显示。

(2)数字录入

单元格内录入数字和录入文本一样简单,录完数字后,按"Enter"键即可。不同的地方主要有以下两种情况:

① 对齐方式不同:单元格录入文本默认是左对齐,录入数字默认是右对齐。

② 显示方式不同:录入超过单元格列宽的文本的显示。录入超过 11 位的长数字,单元格将以科学计数法的方式显示数字。为了让长数字各个数位完全显示在单元格中,常用的方法有两种:

方法 1:键盘录入特定符号

第一步:同时按下"Ctrl+空格"组合键,将键盘输入法切换成"半角"输入法,即英文输入法。

第二步:键盘输入"'",即单引号,接着录入数字,按"Enter"键,即可完成数字录入,这时单元格中的长数字可以完整显示出来,单元格左上角被标记上绿色的三角,单元格右侧出现叹号,如图 1-18 所示。

第三步：单击叹号下拉列表，选择"忽略错误"命令，即可消除单元格左上角的绿色三角，以及单元格右侧的"叹号"下拉列表，设置结果如图 1-19 所示。

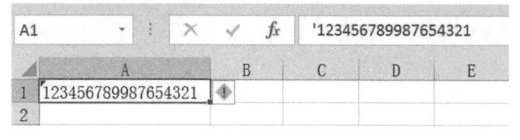

图 1-18　单元格录入长数字

图 1-19　隐藏单元格错误提示

方法 2：使用"设置单元格格式"对话框

第一步：选定要输入数字的单元格，单击鼠标右键，弹出列表选择"设置单元格格式"命令，打开"设置单元格格式"对话框。

第二步：选择"数字"选项卡，在"分类"列表框中选择"文本"，对话框设置如图 1-20 所示。单击"确定"按钮，即可完成数字转化为文本的设置。

图 1-20　设置文本单元格格式

第三步：输入数字，按"Enter"键，即可完成单元格中长数字的录入。

说明：上述两种方法的共同点是将录入单元格的长数字强制转化成文本，从而可以实现长数字的完整显示。不同的是，前者要求每次在单元格录入长数字前都要先输入半角输入法的单引号，比较烦琐；而后者则可以先将要录入长数字的多个单元格数据类型设置为文本，然后直接录入长数字，明显简单。

需要注意：如果要给单元格录入带"/"的分数，就要将单元格数据类型强制转化为文本。例如，在"A1"单元格直接输入"1/3"，按"Enter"键，显示结果如图 1-21 所示。这表明 Excel 将录入的分数"1/3"当成日期了，单元格里显示短格式的日期"1 月 3 日"，编辑栏显示的是完整日期"2021/1/3"。

要在单元格中显示带"/"的分数"1/3"，任意选择一种数字强制转化文本的方法即可实现，结果如图 1-22 所示。"1/3"被强制转化成文本，其对齐方式和普通文本的默认对齐方式一样，是左对齐。

图 1-21　单元格录入分数被误认为日期　　　　图 1-22　单元格录入分数

（3）日期录入

用户可以在单元格中录入多种格式的日期，其中"/"和"-"是常用日期格式中年月日的间隔符。例如"2021-7-1"和"2021/7/1"都是合法的日期格式，都表示 2021 年 7 月 1 日。一般情况下，日期中的年份都是四位数字，但 Excel 也允许用户输入两位数的年份。只是输入 00～29 的年份数字时，Excel 将其当成 2000 年～2029 年；而输入 30～99 的年份数字时，Excel 将其当成 1930 年～1999 年。例如，想在"A1"单元格录入"2030/7/1"，如果录入的年份只含后两位数时间，比如"30/7/1"，按"Enter"键，显示的日期为"1930/7/1"，如图 1-23 所示。

这表明，由于录入只含两位数年份的日期，Excel 将日期"30/7/1"当成"1930 年 7 月 1 日"，而不是预想的"2030 年 7 月 1 日"，因此，为了避免误解，建议用户使用包含四位数字的年份日期。

图 1-23　单元格录入日期

当然，如果用户不愿意使用以"/"或者"-"为间隔符的日期，可以通过"设置单元格格式"对话框设置想要的日期格式，操作方法如下：

第一步：选定要修改日期格式的单元格，单击鼠标右键，下拉列表选择"设置单元格格式"，打开"设置单元格格式"对话框。

第二步：选择"数字"选项卡"分类"列表框的"日期"，选择想要的日期格式，比如"二〇一二年三月十四日"，设置结果如图 1-24 所示。

图 1-24　设置单元格日期格式

第三步：单击"确定"按钮，即可完成日期格式的修改。"A1"单元格显示的就是用户选择的日期格式,如图1-25所示。

可以看到,"A1"单元格显示的是用户选择的日期格式,编辑栏显示的还是原始日期格式。这表明,使用"设置单元格格式"对话框,修改的仅仅是日期的显示格式。

(4)公式录入

公式是一个以"="开头,包含数字、引用的单元格、运算符等的一个等式,常用于数值计算。在Excel单元格中,录入公式要以"="开头,实际上是提示Excel将后续录入的内容当成计算表达式,按"Enter"键,就可完成数值计算。

例如,在"A1"单元格输入公式"=123+456",按"Enter"键,即可完成计算,计算结果如图1-26所示。

图1-25 单元格设置为用户选择的日期格式

图1-26 单元格公式"=123+456"计算结果

需要注意,公式中引用单元格(实际上是用单元格名称代替单元格的内容)要比直接录入数字具有明显的优势:如果数字太长,引用单元格的名称要比录入数字简单;除了可以引用同一工作表中的单元格,还可以跨工作表,甚至跨工作簿引用单元格。这些都比直接录入数字更为方便。有关公式中引用单元格的更多知识和操作,详见本书第二章。

例如,要对单元格"A1""B1""C1"中的数字进行求和,输入公式时引用单元格操作方法如下:

第一步:选定存放计算结果的"D1"单元格,输入"=",选择单元格"A1",键盘录入"+"号,接着选择单元格"B1",键盘输入"+"号,最后选择单元格"C1",如图1-27所示。

第二步:按"Enter"键,即可完成公式的计算,计算结果如图1-28所示。

图1-27 单元格录入公式"=A1+B1+C1"

图1-28 单元格公式"=A1+B1+C1"计算结果

(5)符号(含特殊符号)录入

有时,用户需要在单元格中录入键盘上没有的符号(含特殊符号),比如"℃"。可以考虑两种常用的方法:一是使用"软键盘"对话框录入符号;二是单击"插入"选项卡"符号"功能组中的"符号"按钮,打开"符号"对话框来选择和插入符号。这里仅仅展示使用"软键盘"对话框来录入符号。

第一步:在要输入特殊符号的单元格双击,将光标插入点移动到插入特殊符号的位置,按下键盘组合键"Ctrl+空格",将输入法切换为汉字输入法,窗口浮现"输入法"状态栏,如图1-29所示。

第二步:鼠标右键单击"输入方式"按钮,下拉列表选择"特殊符号"命令,打开"软键盘"对话框,如图1-30所示。

图1-29 "输入法"状态栏

第三步:单击"℃"按钮,特殊符号"℃"就插入到单元格光标插入点的位置了。

需要注意,使用软键盘方法录完特殊符号后,要立即关闭该对话框,否则,随后的键盘录入

图 1-30 "软键盘"对话框

还将是软键盘上的特殊符号。

2. 格式设置

单元格格式设置,就是对单元格录入的内容设置"数字""对齐""字体"等功能。例如,给数字设置三位小数,常用的方法包括两种。

方法 1:单击功能区上的功能按钮设置三位小数

选定要设置小数位数的单元格,根据单元格中数字当前的小数位,单击"开始"选项卡"数字"功能组中的"增加小数位数"按钮或者"减少小数位数"按钮,如图 1-31 所示。可以多次单击,直到小数位符合要求为止。

图 1-31 功能区"开始"选项卡"数字"功能组

例如,在"A1"单元格输入公式"=1/3"计算结果是 0.333333333……,显示结果有多位小数。选定"A1"单元格,多次单击功能区上的"减少小数位数"按钮,直到计算结果满足保留三位小数的要求即可,如图 1-32 所示。

方法 2:使用"设置单元格格式"对话框设置三位小数

第一步:选定要设置小数位数的单元格,单击鼠标右键,下拉列表选择"设置单元格格式"命令,打开"设置单元格格式"对话框。

图 1-32 单元格设置小数位

第二步:选择"数字"选项卡"分类"列表框中的"数值",设置"小数位数"为 3,设置结果如图 1-33 所示。

第三步:单击"确定"按钮,即可完成保留三位小数的设置。

三、工作范围的操作

工作范围是比单元格大些的操作对象,可以是一个单元格,若干个连在一起的单元格(又称矩形区域),一行或者一列,也可以是若干不连贯的单元格区域,甚至工作表中的所有行和所有列。工作范围涉及的常见操作包括选定、多个单元格输入相同内容、自动填充序列、格式设置等。

图1-33 设置单元格数值格式

1. 选定

如果只是选定单个单元格,只要单击该单元格即可。实际中,工作范围往往包含多个单元格,需要根据具体情况采用不同的选定方法。

(1)选定矩形区域:选定矩形区域左上角的单元格,按着鼠标左键不放拖动,直到矩形区域右下角的单元格,放开鼠标左键。Excel给选定的区域带上了灰色背景,如图1-34所示。

(2)选定一行或者多行:在工作表编辑区,单击左侧行标号(1、2、3……),即可选定一行;按住鼠标左键不放,在行标号上垂直拖动,即可选定多行。

	A	B	C	D	E	F	G
1	宏运有限责任公司会计凭证表						
2	年	月	日	序号	凭证编号	摘要	科目编号
3	2020	11	02	01	2020110201	提现	1001
4	2020	11	02	01	2020110201	提现	1002
5	2020	11	05	02	2020110502	缴纳上月税、费	2221
6	2020	11	05	02	2020110502	缴纳上月税、费	2221

图1-34 选定矩形区域

(3)选定一列或者多列:在工作表编辑区,单击上侧列标号(A、B、C……),即可选定一列;按住鼠标左键不放,在列标号上水平拖动,即可选定多列。

(4)选定多个不连贯矩形区域:按住"Ctrl"键不放,依次对多个矩形区域进行选定,即可选定多个不连贯矩形区域。

(5)选定工作表中所有行、所有列:在工作表编辑区的左上角,单击位于列标和行标交汇处的按钮◢,即可选定整个工作表。

2. 多个单元格输入相同内容

尽管可以通过复制、粘贴来完成多个单元格输入相同的内容,但要在多个不连贯的单元格区域输入相同的内容,就显得有些费事。这时,使用键盘组合键"Ctrl+Enter"就相对简单。操作方法如下:

第一步:按住"Ctrl"键不放,依次选定要录入相同内容的单元格区域,键盘录入"财会管理",如图1-35所示。

第二步:按下键盘组合键"Ctrl+Enter",即可完成多个不连贯单元格区域输入相同的内容,如图1-36所示。

图 1-35　选定不连贯的矩形区域录入"财会管理" 　　　　图 1-36　在多个不连贯的单元格区域输入相同的内容

说明：键盘组合键"Ctrl＋Enter"有两种用法：一是同时按下键盘组合键"Ctrl＋Enter"；二是先按住一个键，比如按住"Ctrl"键不放，再按"Enter"键。这两种键盘组合键的用法等效。

3. 自动填充序列

如果要在工作范围内自动填充序列，比如001～100这样的编号序列、星期一到星期日这样的日期序列、首项为1公差为3的等差序列，以及首项为1公比为3的等比序列等，可以使用 Excel 提供的自动填充序列功能。自动填充序列有两种常见用法：一是鼠标左键拖动，二是鼠标右键拖动。

（1）鼠标左键拖动

这里以录入001～010这样的编号序列为例，说明鼠标左键拖动自动填充序列的操作方法。

第一步：选定要自动填充编号序列的单元格区域"A1：A10"，单击鼠标右键，下拉列表选择"设置单元格格式"命令，打开"设置单元格格式"对话框，选择"数字"选项卡"分类"列表框中的"文本"，单击"确定"按钮，即可将选定单元格区域的数据类型强制转化为文本。

第二步：分别在"A1"和"A2"单元格输入"001"和"002"后按下"Enter"键，选定单元格区域"A1：A2"，鼠标指针指向单元格区域"A1：A2"右下角的"控制句柄"，这时鼠标指针变成黑色实心十字，拖动鼠标左键，直到"A10"单元格放开鼠标左键，即可实现001～010这个序列的自动填充，结果如图1-37所示。说明：如果不做第一步操作，直接给"A1"单元格录入"001"，Excel会将"001"前面的"00"丢掉。这表明，Excel将录入的"001"当成数字了，只有事先将单元格数据类型强制转化为文本，编号"001"前面的"00"才不被丢掉。

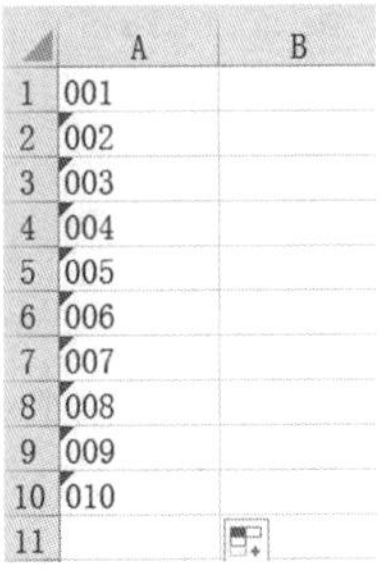

（2）鼠标右键拖动

这里以录入首项为1公比为3的等比数列为例，说明鼠标右键拖动自动填充序列的操作方法。

第一步：分别在"A1"和"A2"单元格录入"1"和"3"，选定单元格区域"A1：A2"，鼠标指针指向单元格区域"A1：A2"右下角的"控制句柄"，当鼠标指针变成黑色实心十字时，拖动鼠标右键，直到"A10"单元格放开鼠标右键，打开鼠标右键下拉列表，如图1-38所示。

图 1-37　自动填充编号

第二步：选择"等比序列"命令，即可完成首项为1公比为3的等比序列的自动填充，结果如图1-39所示。

图 1-38　鼠标右键下拉列表　　　图 1-39　自动填充等比序列

4. 格式设置

工作范围的格式设置，实际上是对单元格区域所有单元格进行统一的格式设置。设置方法与单个单元格格式的设置方法相同，用户可以参考本章有关单元格操作的相关内容，这里不再赘述。

四、工作表的操作

在 Excel 中，有关工作表的常见操作包括工作表标签的相关操作、工作表的拆分与冻结、工作表的保护和工作表打印设置等。

1. 工作表标签的相关操作

工作表标签的常见操作包括打开、插入、重命名、移动和复制、隐藏和显示等。

（1）打开工作表

当工作表标签较少时，单击工作表标签，即可打开该工作表，也就是将该工作表设为当前工作表；也可以单击"标签栏"左侧的标签滚动按钮，来打开工作表，如图 1-40 所示。

图 1-40　工作表标签栏标签滚动按钮

单击一次朝左方向的标签滚动按钮，就打开当前工作表左侧的工作表；反之，则打开当前工作表右侧的工作表。

（2）插入工作表

在工作表的操作中，插入新工作表是常见操作。插入新工作表最为简便的方法是，单击工作表"标签栏"右侧的"新工作表"按钮。

（3）重命名工作表

工作表重命名，是为了见名知意，便于快速识别和查找工作表，即看到工作表表名，不用打开工作表，就知道该工作表存着什么样的数据。工作表重命名最为简便的做法是，双击工作表标签，工作表标签就处于可编辑状态，通过键盘录入新的工作表标签名即可。

（4）移动和复制工作表

如果只是在同一工作簿中移动工作表，操作方法非常简单：单击工作表标签，按住鼠标左键不放拖动，到达目标位置，放开鼠标左键即可。但如果要跨工作簿移动和复制工作表，就要打开两个工作簿的同时，使用"移动和复制工作表"对话框来实现。

例如，要将工作簿 2 中的"资产负债表"移动到工作簿 1 中，操作方法如下：

第一步：对着要移动或者复制的工作表单击鼠标右键，打开"移动或者复制工作表"对话框，如图1-41所示。

第二步：单击"工作簿"下拉列表，选择"会计核算1.xlsx"命令；在"下列选定工作表之前"的列表框中，选择"总账科目余额表"，如图1-42所示。

图1-41 "移动或复制工作表"对话框

图1-42 选择"总账科目余额表"

第三步：单击"确定"按钮，即可将"会计核算2.xlsx"中的"资产负债表"移动到"会计核算1.xlsx"的"总账科目余额表"的左侧。

说明：如果是复制"资产负债表"，还要选择"建立副本"复选框。

（5）隐藏和显示工作表

如果工作簿中的工作表数量较多，且部分工作表暂时很少用，可以将这些工作表隐藏起来。当然，需要使用的时候，也能非常方便地找回。

①隐藏工作表

如果要隐藏"资产负债表"工作表，其操作方法如下：

对着要隐藏的"资产负债表"工作表单击鼠标右键，下拉列表选择"隐藏"命令，即可将该工作表隐藏起来。

②显示工作表

再次显示"资产负债表"工作表，即找回"资产负债表"工作表的方法如下：

第一步：对着工作表标签栏单击鼠标右键，下拉列表选择"取消隐藏"命令，打开"取消隐藏"对话框，在"取消隐藏工作表"列表框中，选择"资产负债表"，设置结果如图1-43所示。

第二步：单击"确定"按钮，即可将"资产负债表"工作表找回了。

图1-43 "取消隐藏"对话框

2. 工作表的拆分与冻结

工作表拆分与冻结的主要目的是充分利用屏幕空间。分别来说，工作表的拆分，是指将工作表拆分为上下左右四个显示窗口，使无法同屏显示的内容可以同屏显示；工作表冻结，是指将工作表上端的部分行或者左端的部分列固定起来，不管怎么拖动垂直和水平滚动条，被冻结的行或者列始终显现。

(1) 工作表的拆分

例如，所有者权益变动表列数很多，如果要将"所有者权益合计"与项目名称同屏显示，可以按照下列的操作方法进行。

第一步：选定要拆分的单元格"C14"，单击"视图"选项卡"窗口"功能组的"拆分"按钮，所有者权益变动表被拆分成上下左右四个部分，如图1-44所示。

	A	B	C	D
1	所有者权益变动表			
2	编制单位：嘉佑有限责任公司　　　2020年度			单位：元
3				
4	项　目	行次	实收资本（或股本）	资本公积
5				
6	一、上年年末余额	1	1,800,000.00	140,000.00
7	加：会计政策变更	2		
8	前期差错更正	3		
9	其他	4		
10	二、本年年初余额（5=1+2+3+4）	5	1,800,000.00	140,000.00
11	三、本年增减变动金额（减少以"—"号填列）（6=7+8+13+17）	6	—	—
12	（一）综合收益总额	7		
13	（二）所有者投入和减少资本（8=9+10+11+12）	8	—	—
14	1.所有者投入的普通股	9		
15	2.其他权益工具持有者投入资本	10		
16	3.股份支付计入所有者权益的金额	11		
17	4.其他	12		

图1-44　"拆分"功能执行结果

第二步：鼠标左键拖动水平滚动条和垂直滚动条，从而水平方向让第"A"列的"项目"与第"I"列的"所有者权益合计"同屏显示；垂直方向让第"6"行和第"29"行同屏显示，如图1-45所示。

	A	B	I
1	所有者权益变动表		
2	编制单位：嘉佑有限责任公司　　　2020年度		
3			
4	项　目	行次	所有者权益合计
5			
6	一、上年年末余额	1	2,618,650.00
7	加：会计政策变更	2	—
8	前期差错更正	3	—
9	其他	4	—
10	二、本年年初余额（5=1+2+3+4）	5	2,618,650.00
11	三、本年增减变动金额（减少以"—"号填列）（6=7+8+13+17）	6	87,423.75
12	（一）综合收益总额	7	87,423.75
13	（二）所有者投入和减少资本（8=9+10+11+12）	8	—
29	四、本年年末余额（24=5+6）	24	2,706,073.75

图1-45　"拆分"功能调整结果

说明：如果要解除工作表的拆分，只要再次单击"视图"选项卡"窗口"功能组的"拆分"按钮即可。

(2) 工作表的冻结

例如，总账科目余额表行数和列数比较多，为了让总账科目余额表中上边4行和左边2列始终显现。操作方法如下：

选定单元格"C5"，单击"视图"选项卡"窗口"功能组的"冻结窗格"按钮，下拉列表选择"冻结窗格"命令，即可完成工作表冻结的设置，如图1-46所示。这时鼠标左键拖动水平滚动条，总账科目余额的前两列始终显现；鼠标左键拖动垂直滚动条，总账科目余额的上面4行始终显现。

	A	B	G	H
1	宏运有限责任公司			
2	总账科目余额表			
3	科目代码	总账科目	期末余额	
4			借方	贷方
47	6402	其他业务成本	—	
48	6403	营业税金及附加	—	
49	6601	销售费用	—	
50	6602	管理费用	—	
51	6603	财务费用	—	
52	6701	资产减值损失	—	
53	6711	营业外支出	—	
54	6801	所得税费用	—	
55		合计	3,557,530.00	3,557,530.00

图 1-46 "冻结窗格"功能执行结果

3.工作表的保护

如果只想让用户查看,但不能修改会计科目表,可以利用工作表保护功能来保护这个工作表免遭修改。操作方法如下:

第一步:对着会计科目表工作表标签单击鼠标右键,下拉列表选择"保护工作表"命令,如图 1-47 所示。

第二步:打开"保护工作表"对话框,设置密码,如图 1-48 所示。

图 1-47 "保护工作表"命令   图 1-48 "保护工作表"对话框

第三步:单击"确定"按钮,打开"确认密码"对话框,输入相同的密码,如图 1-49 所示。

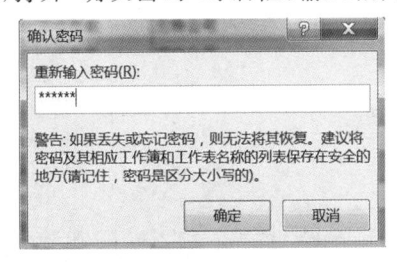

图 1-49 "确认密码"对话框 1

第四步:单击"确定"按钮,即可实现对会计科目表的保护。

如果要修改某个会计科目,会弹出要求输入密码才能取消工作表保护的对话框,如

图 1-50 所示。

图 1-50　取消工作表保护对话框

说明：如果要取消工作表的保护，鼠标右击受到保护的工作表，下拉列表选择"撤销工作表保护"命令，打开"撤销工作表保护"对话框，正确输入密码，如图 1-51 所示，单击"确定"按钮，即可实现撤销工作表的保护。

4. 工作表打印设置

打印工作表是 Excel 工作表的一项常见操作。在 Excel 中，一般只是根据业务需要，以及用户的特定要求操作工作表，工作表幅面大小不是重点需要考虑的问题。但要打印工作表，就必须重点考虑纸张的尺寸限制，以及节约用纸要求。

图 1-51　"撤销工作表保护"对话框

Excel 允许用户通过页面设置、打印预览等功能在较好解决上述问题的基础上，打印出兼具美观性和专业性的工作表。

（1）打印预览

Excel 提供的"打印预览"功能，允许用户在正式打印前，快速浏览打印效果与目标期望之间的差异，然后充分利用"页面设置"各项功能进行页面调整，甚至一边进行"页面设置"，一边进行"打印预览"，直到打印效果与目标期望接近为止。需要注意，使用"打印预览"功能之前，电脑上必须安装打印机驱动程序。

例如，要打印宏运有限责任公司会计凭证表，首先要进行打印预览。其操作方法如下：

打开会计凭证表，单击"快速访问工具栏"上的"打印预览和打印"按钮，或者选择"文件"列表的"打印"命令，打开"打印预览"窗口，如图 1-52 所示。

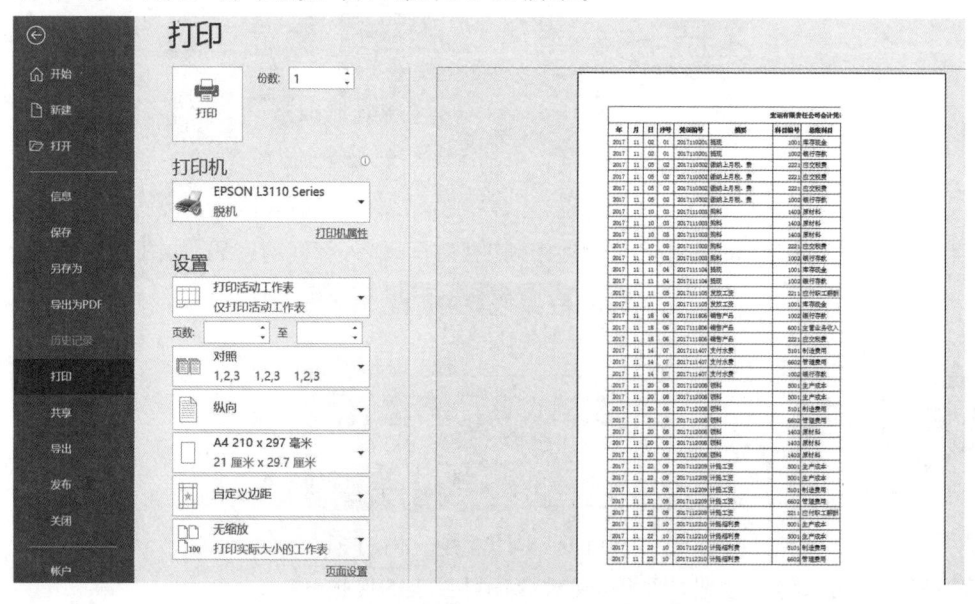

图 1-52　"打印预览"窗口

从预览框可以看到，宏运有限责任公司会计凭证表右侧的"明细科目""借方金额""贷方金额"字段均未显示出来。这是因为纸张方向是默认的"纵向"，纸张宽度不够，无法完整显示会计凭证表右边三个字段，需要进行"页面设置"。

（2）页面设置

通过打印预览可以清楚地对比打印效果与目标期望之间的差异，接下来可以通过"页面设置"使得打印效果尽量接近目标期望。

Excel提供的"页面设置"包括设置页边距、纸张方向、纸张大小、打印区域、打印标题等。

①设置页边距。设置页边距是指设置打印内容与纸张上、下、左、右页边的距离。设置页边距的具体操作方法如下：

第一步：单击"页面布局"选项卡"页面设置"功能组中的"页边距"按钮，打开"页边距"下拉列表，如图1-53所示。

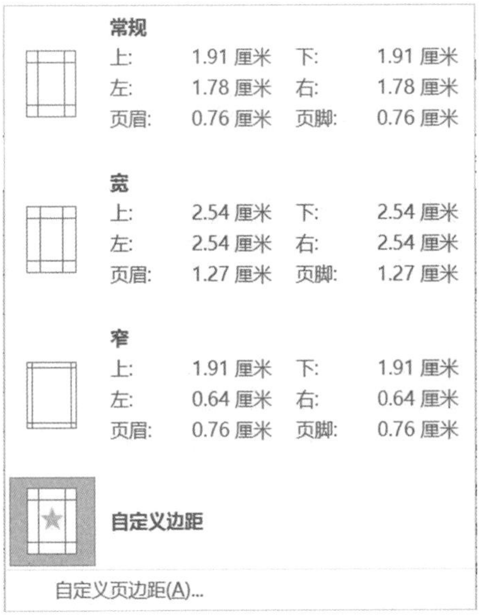

图1-53 "页边距"下拉列表

第二步：选择合适的页边距，即可完成页边距的设置。

需要说明，选择合适的页边距有两种情况：一是粗略设置页边距，包括"宽"和"窄"两种情况，前者表示留下更多的页边距，后者则表示尽量利用页边距；二是精准设置页边距，要单击"页边距"下拉列表中的"自定义页边距"命令，打开"页面设置"对话框，如图1-54所示。选择"页边距"选项卡，可以精准填入上、下、左、右页边距，单击"确定"按钮即可。

②设置纸张方向。设置纸张方向是指根据打印内容的宽度选择与之对应的纸张宽度。纸张方向有两种：一是纵向，即纸张的短边为左右方向；二是横向，即纸张的长边为左右方向。设置纸张方向的具体操作如下：

选择"页面布局"选项卡"页面设置"功能组中的"纸张方向"按钮，打开"纸张方向"下拉列表，如图1-55所示。选择合适的纸张方向（"纵向"或者"横向"），即可完成纸张方向的设置。

③设置纸张大小。设置纸张大小是指根据打印机的纸张尺寸，选择与之吻合的纸张尺寸。大多数打印机使用A4纸张，Excel默认的纸张尺寸也是A4，这种情况无须设置纸张大小。个别情况下，打印机的纸张尺寸发生变化，就需要设置纸张的大小。设置纸张大小的操作方法如下：

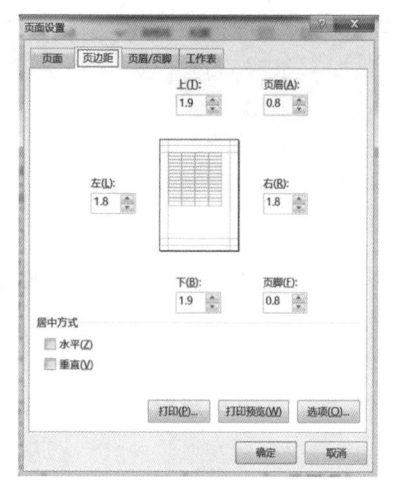

图 1-54 "页面设置"对话框　　　　　图 1-55 "纸张方向"下拉列表

第一步：选择"页面布局"选项卡"页面设置"功能组中的"纸张大小"按钮，打开"纸张大小"下拉列表，如图 1-56 所示。

第二步：拖动垂直滚动条，根据打印机纸张情况，选择尺寸合适的纸张。

④设置打印区域。Excel 默认的打印区域是整个活动工作表，设置打印区域允许用户只打印单元格区域，也可以打印整个工作簿。这里以打印单元格区域为例说明设置打印区域的操作方法。

第一步：选定需要打印的单元格区域，选择"页面布局"选项卡"页面设置"功能组中的"打印区域"按钮，打开"打印区域"下拉列表，如图 1-57 所示。

第二步：选择"设置打印区域"命令，进入工作表编辑区。比如单元格区域"A2：H8"，单击"快速访问工具栏"上的"打印预览和打印"按钮，打开"打印预览"窗口，如图 1-58 所示，单击"打印"按钮，即可实现选定区域的打印。

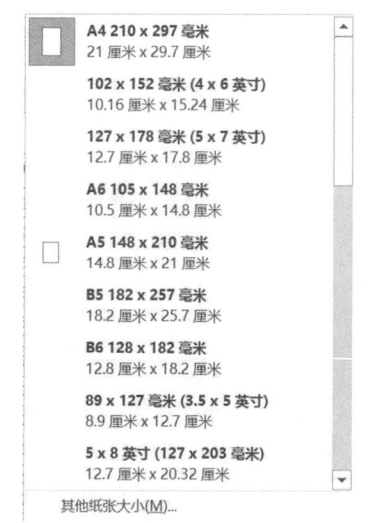

图 1-56 "纸张大小"下拉列表

图 1-57 "打印区域"下拉列表　　　　　图 1-58 打印选定的打印区域

需要说明，一旦选择了"设置打印区域"，选定了工作表中哪个单元格区域，就打印这个区域；如果要恢复默认的打印工作表，需要再次打开"打印区域"下拉列表，单击"取消打印区域"按钮。

⑤设置打印标题。如果打印的是行数很多的工作表，除了第一张带标题（表头），后面各张都不带标题。设置打印标题允许打印机打印每页都带上统一的标题。设置打印标题的具体操作方法如下：

选择"页面布局"选项卡"页面设置"功能组中的"打印标题"按钮，打开"页面设置"对话框，选择"工作表"选项卡,单击"顶端标题行"文本框右侧按钮,在宏运有限责任公司会计凭证表中选择单元格区域"＄1：＄2",即会计凭证表前两行,设置结果如图 1-59 所示,单击"确定"按钮,即可完成设置。

图 1-59　设置顶端标题行

五、工作簿的操作

Excel 工作簿常用操作包括"新建""打开""保存""保护"等。

1. 新建工作簿

新建工作簿,就是创建一个新的工作簿文档。新建工作簿包括两种情况：

一是 Excel 程序还未启动,在电脑桌面或者某个文件夹中,单击鼠标右键,列表中选择"新建",选择"Microsoft Excel 工作表"命令即可新建一个新的工作簿,如图 1-60 所示。

二是 Excel 程序已经启动,最为快捷的方法是单击"快速访问工具栏"上的"新建"按钮,如图 1-61 所示,即可创新一个新的工作簿。

图 1-60　鼠标右键下拉列表　　　图 1-61　快速访问工具栏

需要说明,如果"新建"按钮还不在"快速访问工具栏"上,只要单击"快速访问工具栏"右侧的"自定义快速访问工具栏"按钮,下拉列表选择"新建"命令即可。

2. 打开工作簿

打开工作簿也包括两种情况：

一是 Excel 程序还未启动，双击已有的工作簿文档，启动 Excel 程序的同时，打开工作簿文档。

二是 Excel 程序已经启动，可以单击"文件"下拉列表中的"打开"命令，如图 1-62 所示。默认显示的是"最近"打开的几个工作簿，可以从窗口右边的列表中选择并打开；也可以单击"这台电脑"按钮，打开的将是当前工作簿所在的文件夹，可以从中选择工作簿并打开；当然，还可以单击"浏览"按钮，弹开"打开"对话框，从中寻找并打开工作簿。

图 1-62 "打开"窗口

需要说明，Excel 还提供了通过微软云存储服务 OneDrive 从任何位置访问用户上传到云中的工作簿。

3. 保存工作簿

保存工作簿包括两种情况：一是自动保存，一是手动保存。

（1）自动保存

Excel 自动保存工作簿的默认时间间隔是 10 分钟，这期间如果电脑发生断电，还未来得及保存到硬盘的资料，就可能发生丢失。为此，可以将自动保存工作簿的时间间隔设置短些，比如 1 分钟。设置自动保存工作簿时间间隔的具体操作方法如下：

第一步：单击"文件"列表中"选项"命令，打开"Excel 选项"对话框，单击列表框中的"保存"命令，如图 1-63 所示。

第二步：设置"保存自动恢复信息时间间隔"为 1 分钟，单击"确定"按钮，即可完成工作簿保存时间间隔的设置。

（2）手动保存

工作簿手动保存也包括两种情况：

一是不改变工作簿保存位置的保存，最为快捷的保存办法是单击"快速访问工具栏"上的保存按钮，也可以使用键盘组合键"Ctrl＋S"。

二是改变工作簿存储位置，常用的办法是单击"文件"列表中"另存为"命令，打开"另存为"窗口，如图 1-64 所示，选择保存位置，即可实现改变工作簿存储位置的保存。

图 1-63 "Excel 选项"对话框

图 1-64 "另存为"窗口

4. 保护工作簿

Excel 为用户提供了三种工作簿的保护办法：一是设置工作簿打开权限，二是设置工作簿修改权限，三是设置工作簿结构和窗口保护权限。

（1）设置工作簿打开权限

在 Excel 中，设置工作簿打开权限，意味着一旦用户输入的密码不对，工作簿就打不开。

工作簿打开权限的设置方法如下：

第一步：单击"文件"列表中的"另存为"命令，选择保存工作簿的位置，比如当前文档所在的文件夹，打开"另存为"对话框，如图1-65所示。

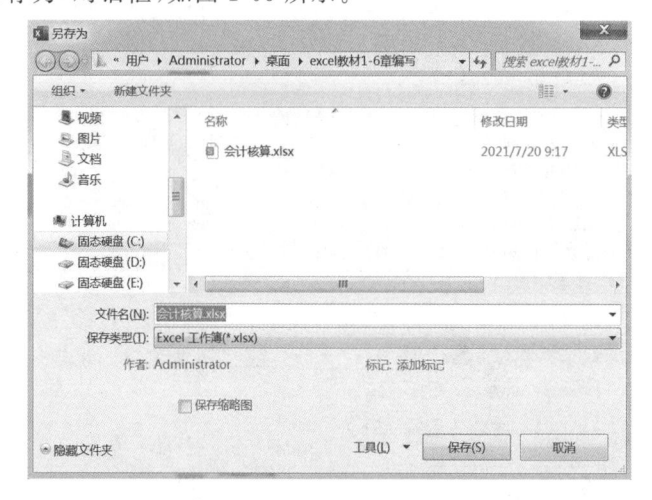

图1-65　"另存为"对话框

第二步：单击"工具"按钮，下拉列表选择"常规选项"命令，打开"常规选项"对话框，向"打开权限密码"文本框输入打开权限密码，如图1-66所示。

第三步：单击"确定"按钮，打开"确认密码"对话框，向"重新输入密码"文本框输入相同的密码，如图1-67所示。

图1-66　"常规选项"对话框设置打开权限　　　　图1-67　"确认密码"对话框2

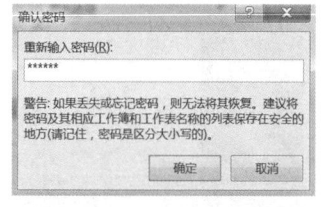

第五步：单击"确定"按钮，返回到"另存为"对话框，单击"确定"按钮，打开"确认另存为"对话框，如图1-68所示，单击"是"按钮，从而完成工作簿文档的打开权限设置。

说明：给工作簿文档设置打开权限实际上是用设置打开权限的工作簿文档覆盖未设置打开权限的工作簿文档。如果要给已经设置打开权限的工作簿文档取消打开权限，方法是设置打开权限的密码为空，其他设置方法与工作簿文档打开权限的设置完全相同。

(2)设置工作簿修改权限

在Excel中，设置工作簿修改权限，意味着一旦用户输入的密码不对，工作簿就无法修改。如果用户输入的修改密码正确，Excel允许用户修改并保存，但这却潜藏着将错误修改进行保存的可能。工作簿修改权限的设置方法如下：

第一步：单击"文件"列表中的"另存为"命令，选择保存工作簿的位置，比如当前文档所在的文件夹，打开"另存为"对话框。

第二步：单击"工具"按钮，下拉列表选择"常规选项"命令，打开"常规选项"对话框，向"修改权限密码"文本框输入修改权限密码，选择"建议只读"复选项，如图1-69所示。

图 1-68 "确认另存为"对话框　　　　　图 1-69 "常规选项"对话框设置修改权限

第三步：单击"确定"按钮，打开"确认密码"对话框，向"重新输入密码"文本框输入相同的密码，如图 1-70 所示。

第四步：单击"确定"按钮，返回到"另存为"对话框示，单击"确定"按钮，打开"确认另存为"对话框，单击"是"按钮，从而完成工作簿文档的修改权限设置。

需要说明，一旦给工作簿文档设置了修改权限，并选择"建议只读"复选项，那么用户没有密码打开的工作簿文档就只能查看，不能进行修改，除非输入正确的修改权限密码。如果要给已经设置修改权限的工作簿文档取消修改权限，方法是设置修改权限的密码为空，取消"建议只读"复选项的选中状态，其他设置方法与工作簿文档修改权限的设置完全相同。

(3) 设置工作簿结构和窗口保护权限

在 Excel 中，设置保护工作簿结构和窗口保护权限，意味着用户可以编辑工作簿中工作表里面的信息，但不允许用户对工作簿中的工作表进行插入、删除、移动、隐藏、重命名等涉及改变工作簿内部结构的操作。工作簿结构和窗口保护权限的设置方法如下：

第一步：单击"审阅"选项卡"保护"功能组中的"保护工作簿"按钮，打开"保护结构和窗口"对话框，如图 1-71 所示，在"密码"框输入密码。

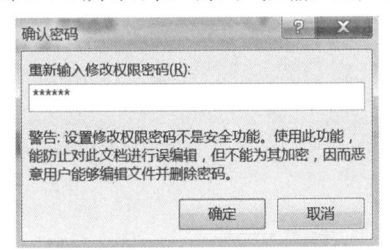

图 1-70 "确认密码"对话框 3　　　　　图 1-71 "保护结构和窗口"对话框

第二步：单击"确定"按钮，打开"确认密码"对话框，再次输入相同的密码，如图 1-72 所示，单击"确定"按钮，即可完成工作簿结构和窗口保护的权限设置。

说明：设置了结构和窗口保护的工作簿文档，如果要通过鼠标右键下拉列表列执行像插入、删除、移动、重命名、隐藏工作表等改变工作簿内部结构的操作，将无法实现，因为这时的鼠标右键下拉列表中的上述功能均为灰色，表示不可用，如图 1-73 所示。

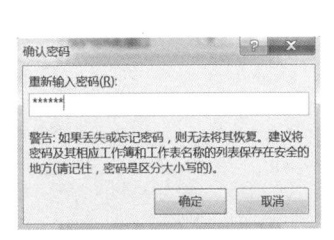

图 1-72 "确认密码"对话框 4　　　　　图 1-73 限制使用的右键下拉列表

练习题

1. 思考题

(1) 插入工作表的方法有哪些?

(2) Excel 2016 有些哪些新增加的功能?

2. 实训操作

(1) 请自己创建一个班级信息表,第1行为:姓名、学号、性别、出生年月、籍贯、联系电话,并将姓名、性别、籍贯、联系电话设置为文本格式,将出生年月设置为日期格式,将学号设置为数值格式。

(2) 将第(1)题中创建的信息表的第1行冻结,浏览表中的信息。

(3) 对第(1)题中创建的信息表的边框进行设置,要求为三线式。

(4) 对第(1)题中创建的信息表进行打印设置,要求为横向打印,并在预览窗口中进行预览。

第二章 Excel 进阶

Excel 是具有强大数据管理和分析能力的电子表格软件。利用 Excel 提供的函数与用户自己建立的公式,可以简洁、高效地实现数据的批量化分析。通过本章的学习,读者能熟练使用公式和函数处理常见的数据分析需求,也可为后续章节进一步使用公式和函数解决更为复杂和迫切的专业问题打好基础。

第一节 公 式

本节将在概述公式基本概念的基础上,重点介绍公式建立、修改、复制,以及与公式使用密切相关的引用、审核等内容。

一、概述

公式是一个以"="开头,包含数字、引用的单元格(或单元格区域)、运算符等的一个等式,可用于简单的数学计算,也可用于复杂的财会、统计分析。建立和使用公式进行数据分析,不光可以解决很多简单问题,而且可以建立简洁的公式,解决一些复杂问题。

二、运算符

在 Excel 中,与公式相关的四类运算符包括:算数运算符、比较运算符、文本运算符和引用运算符。

1. 算数运算符

算数运算符用于实现最为基本的数学运算,包括加、减、乘、除、乘方等。常用的算数运算符见表 2-1。

表 2-1 算数运算符

公式中使用的符号和键盘符	含义	例子
＋	加	9＋9
－	减	6－6
－	负号	－9
＊	乘	6＊6
/	除	9/9
^	乘方	6^6
％	百分号	9％
( )	括号	(6＋6)＊6

例如,公式"＝1＋3＋6"计算结果为"10"。

2. 比较运算符

比较运算符用于比较两个数字,比较的结果实际上是逻辑值,包括两种情况:真(True)或者假(False)。常用的比较运算符见表2-2。

表 2-2　　　　　比较运算符

公式中使用的符号和键盘符	含义	例子
＝	等于	A1＝B1
＞	大于	A1＞B1
＜	小于	A1＜B1
＞＝	大于或等于	A1＞＝B1
＜＝	小于或等于	A1＜＝B1
＜＞	不等于	A1＜＞B1

例如,A1＝90,B1＝60,公式"＝A1＞B1"执行结果为"真"。

3. 文本运算符

在 Excel 中,文本运算符只有"&"一个符号,表示将两个或者多个短字符串连接成一个长字符串。例如,公式"＝foot&ball"执行的结果是"football"。

4. 引用运算符

引用运算符是用于表示单元格区域的运算符。常用的引用运算符包括三种:区域运算符、联合运算符和交叉运算符。常用的引用运算符见表2-3。

表 2-3　　　　　引用运算符

公式中使用的符号和键盘符	含义	例子
:（冒号）	区域运算符	SUM(A1:B2)
,（逗号）	联合运算符	SUM(A1:C1,A3:C3)
（空格）	交叉运算符	SUM(A2:C2 B1:B3)

(1)区域运算符实际上是以左上角和右下角单元格名称来表示的矩形区域,如图 2-1 所示。

图 2-1 中,填充颜色矩形区域,用区域运算符"冒号"表示为"A1:B2"。

(2)联合运算符实际上用于表示两个或者多个矩形区域的并集,如图 2-2 所示。

图 2-2 中,两个不连贯填充颜色矩形区域,用联合运算符"逗号"表示为"A1:C1,A3:C3"。

(3)交叉运算符实际上用于表示两个或者多个矩形区域的交集,如图 2-3 所示。

图 2-3 中,两个填充颜色矩形区域的重叠部分,用交叉运算符"空格"表示为"A2:C2 B1:B3"。

图 2-1　区域运算　　　图 2-2　联合运算　　　图 2-3　交叉运算

三、公式的基本操作

在 Excel 中,公式扮演着十分重要的角色,占据非常重要的地位。建立和使用公式进行数据分析,要求用户清楚数据分析的过程,在遵守运算符、引用的相关规则的前提下,解决很多简单问题,而且允许用户充分发挥主观能动性,建立更为简洁的公式,解决一些复杂问题。公式的基本操作包括公式的建立、修改、引用、复制。

1. 公式的建立

建立公式首先要选择建立公式的单元格,然后使用键盘录入公式。公式都是以"＝"开头的一个表达式,这个表达式通常包含数字、运算符,以及单元格名称等。公式建立好后,按"Enter"键,即可执行公式。例如,要计算123加上456,建立并执行公式的具体操作方法如下:

第一步:鼠标选定"A1"单元格,键盘录入"＝123＋456",如图2-4所示。

第二步:按"Enter"键,或者单击编辑栏上的"输入"按钮✓,即可执行公式,计算结果如图2-5所示。

图2-4 建立公式1

图2-5 执行公式1

从图2-5可以看出,单元格"A1"显示的是执行公式的结果,与之对应的编辑栏显示的是公式的完整表达式。

2. 公式的修改

如果在执行公式后发现出错了,且很可能是公式输入错了,这时就要对公式进行修改。在Excel中,公式修改的常用方法有两个:一是在编辑栏上修改公式,二是在单元格中修改公式。

(1)在编辑栏上修改公式

在编辑栏上修改公式是最为常用的修改公式的方法。例如,要将123加456改成123乘以456,其操作方法如下:

第一步:选定要修改公式的单元格,这时编辑栏上就可以看到完整的公式表达式,鼠标左键选定编辑栏上的"＋"号,按下组合键"Shift＋*",即可将"＋"号改为"*"号,如图2-6所示。

第二步:按"Enter"键,执行公式,计算结果如图2-7所示。

图2-6 修改公式中的符号

图2-7 执行公式2

(2)在单元格中修改公式

在单元格中修改公式,需要双击单元格,让单元格呈可编辑状态,然后进行修改。仍以123加456改成123乘456为例,说明在单元格中修改公式的操作方法。

第一步:双击建立公式的单元格,让单元格呈可编辑状态,如图2-8所示,鼠标左键选中单元格中的"＋"号,按下组合键"Shift＋*",即可将"＋"号改为"*"号。

第二步:按"Enter"键,即可完成修改公式的执行。

图2-8 修改公式

需要说明,一般情况下,在编辑栏上修改公式和在单元格中修改公式差异不大;但当公式比较复杂的时候,编辑栏因为空间更大,相较于单元格更便于开展公式的修改。

3.公式的引用

在 Excel 中,每个单元格都是用其在工作表编辑区的列标(A、B、C)和行标(1、2、3)来联合表示的,称为单元格的位置,或者单元格的名称。在公式中,用单元格位置,或者名称,代替单元格里存放的数据,就叫公式的引用,更确切的说法是引用单元格。引用单元格要明显优于直接使用数据,最为突出的地方就是,通过引用单元格构建公式,可以实现数据的批量化处理。从引用方式来看,引用单元格包括三种情况:相对引用、绝对引用和混合引用。从数据来源来看,引用单元格也包括三种情况:工作表内部引用单元格、跨工作表引用单元格、跨工作簿引用单元格。

首先,我们从引用方式的角度介绍单元格引用。

(1)相对引用

相对引用是指公式复制的过程中,公式中所引用单元格的位置(行标和列标)随着公式复制的推进而不断发生变化。

图 2-9 给出的是 2017 级会计学专业部分学生的统计学平时成绩与卷面成绩,也给出了平时和卷面的系数为 0.3 和 0.7,要求计算公式体现单元格的相对引用,并最终完成这些学生统计学综合成绩的计算。操作方法如下:

	A	B	C	D	E	F
1	2017级会计学专业部分学生统计学成绩单					
2	系数		平时	0.3	卷面	0.7
3	序号	姓名	专业班级	平时成绩	卷面成绩	综合成绩
4	1	黄桔	会计学1704	86	82	
5	2	王邱柯	会计学1702	88	90	
6	3	陶梦迪	会计学1702	84	89	
7	4	陶梦迪	会计学1702	86	88	
8	5	陈子阳	会计学1707	90	95	
9	6	郎敏	会计学1706	88	92	
10	7	陶梦迪	会计学1702	87	90	
11	8	侯嘉丽	会计学1708	85	89	
12	9	田越	会计学1701	82	86	
13	10	谢炳坤	会计学1710	81	87	

图 2-9 计算统计学综合成绩的原始数据

第一步:选定"F4"单元格,输入计算公式"＝0.3*D4＋0.7*E4",如图 2-10 所示。

F4			×	✓	f_x	=0.3*D4+0.7*E4	
	A	B	C	D	E	F	
1	2017级会计学专业部分学生统计学成绩单						
2	系数		平时成绩	0.3	卷面成绩	0.7	
3	序号	姓名	专业班级	平时成绩	卷面成绩	综合成绩	
4	1	黄桔	会计学1704	86	82	=0.3*D4+0.7*E4	
5	2	王邱柯	会计学1702	88	90		

图 2-10 建立公式 2

第二步:按"Enter"键,即可完成"1"号同学统计学综合成绩的计算,计算结果如图 2-11 所示。

第三步:选定单元格"F4",鼠标指针指向单元格"F4"右下角,当鼠标指针变成黑色实心十字时,拖动鼠标左键垂直下拉,一直拉到最后一个学生所在行,放开鼠标左键,即可将单元格

图 2-11 执行公式 3

"F4"的公式复制到"F"列的其他单元格。

需要说明：

①用户可以通过观察公式执行的过程，来进一步理解单元格的相对引用。例如，选定单元格"F5"，如图 2-12 所示，单元格"F5"对应的编辑栏显示的是"＝0.3＊D5＋0.7＊E5"。这表明，垂直方向执行一次公式复制后，单元格"D4"变成"D5"，单元格"E4"变成"E5"。也就是说，随着公式复制推进，公式中引用的单元格名称（列标和行标）或者位置发生了变化，这就是单元格的相对引用。

图 2-12 单元格的相对引用

②公式中涉及的单元格名称，可以键盘输入，但更加简洁的做法是鼠标点选，即输入公式时，鼠标左键选中某个单元格，单元格的名称就会出现在光标插入点的位置。单元格名称用大写字母还是小写字是不加区分的。

（2）绝对引用

绝对引用是指公式复制的过程中，公式中所引用单元格的名称（行标和列标）或者位置，并不随着公式复制的推进而发生变化。为了确保单元格的位置不随公式复制的推进而发生变化，单元格行标和列标前面要带上绝对引用符号"＄"。

仍以图 2-9 给出的数据为例，要求计算公式体现单元格的绝对引用，并最终完成这些学生统计学综合成绩的计算。操作方法如下：

第一步：选定"F4"单元格，输入计算公式"＝D2＊D4＋F2＊E4"（输入单元格名称最为快捷方法是选定单元格），如图 2-13 所示。

图 2-13 建立公式 3

第二步：选定公式中的“D2”，按“F4”键，“D2”的行标和列标都会带上绝对引用符号“＄”，同理也给公式中的“F2”的行标和列标都带上绝对引用符号“＄”，设置结果如图 2-14 所示。

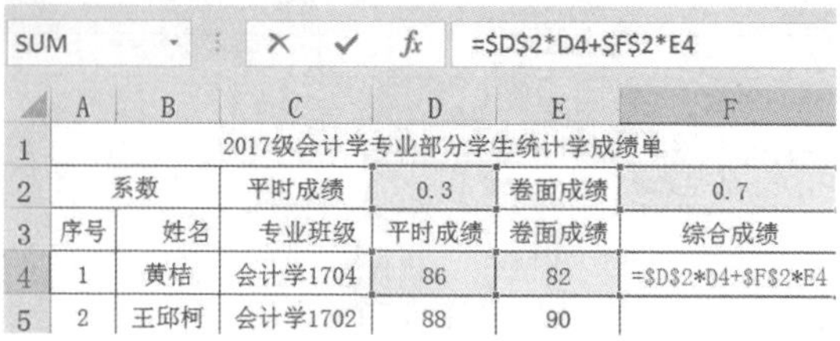
SUM　=$D$2*D4+$F$2*E4

	A	B	C	D	E	F
1	2017级会计学专业部分学生统计学成绩单					
2	系数		平时成绩	0.3	卷面成绩	0.7
3	序号	姓名	专业班级	平时成绩	卷面成绩	综合成绩
4	1	黄桔	会计学1704	86	82	=$D$2*D4+$F$2*E4
5	2	王邱柯	会计学1702	88	90	

图 2-14　绝对引用

第三步：按“Enter”键，即可完成 1 号同学统计学综合成绩的计算，计算结果如图 2-15 所示。

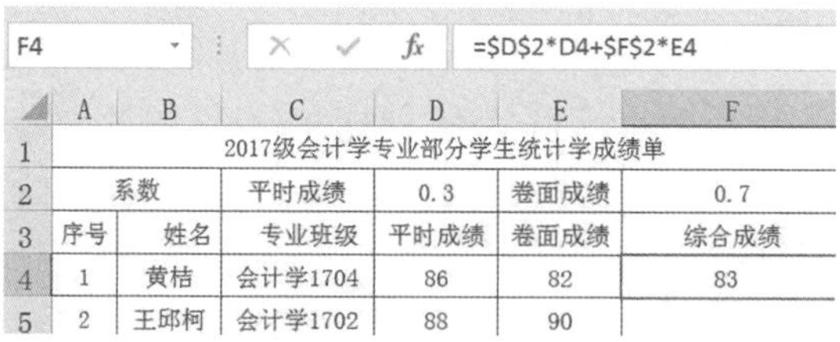
F4　=$D$2*D4+$F$2*E4

	A	B	C	D	E	F
1	2017级会计学专业部分学生统计学成绩单					
2	系数		平时成绩	0.3	卷面成绩	0.7
3	序号	姓名	专业班级	平时成绩	卷面成绩	综合成绩
4	1	黄桔	会计学1704	86	82	83
5	2	王邱柯	会计学1702	88	90	

图 2-15　执行公式 4

第四步：选定单元格“F4”，鼠标指针指向单元格“F4”右下角，当鼠标指针变成黑色实心十字时，拖动鼠标左键垂直下拉，一直拉到最后一个学生所在行，放开鼠标左键，即可将单元格“F4”的公式复制到“F”列的其他单元格。

需要说明：

① 用户可以通过观察公式执行的过程，来进一步理解单元格的相对引用和绝对引用。例如，选定单元格“F5”，如图 2-16 所示。可以看出，单元格“F5”对应的编辑栏显示的是“＝＄D＄2＊D5＋＄F＄2＊E5”，而单元格“F4”对应的编辑栏显示的“＝＄D＄2＊D4＋＄F＄2＊E4”。这表明，垂直方向执行一次公式复制后，单元格“D4”变成“D5”，“E4”变成“E5”，表名这两个单元格是相对引用；但公式复制的过程中，单元格“D2”和“F2”并未不变，表明这两个单元格是绝对引用。

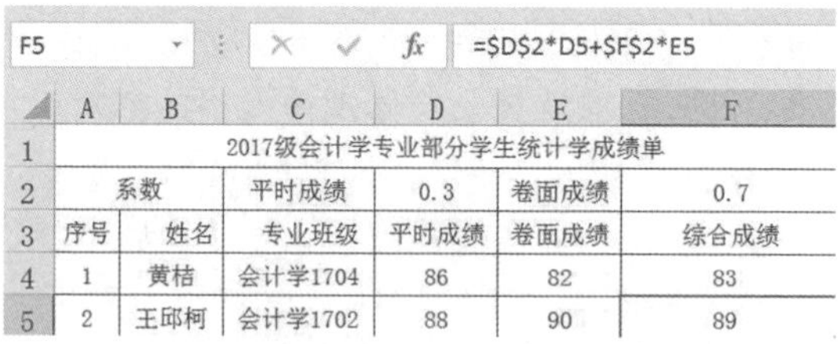
F5　=$D$2*D5+$F$2*E5

	A	B	C	D	E	F
1	2017级会计学专业部分学生统计学成绩单					
2	系数		平时成绩	0.3	卷面成绩	0.7
3	序号	姓名	专业班级	平时成绩	卷面成绩	综合成绩
4	1	黄桔	会计学1704	86	82	83
5	2	王邱柯	会计学1702	88	90	89

图 2-16　执行公式 5

②单元格的行标和列标前面添加绝对引用符号“＄”，除了采用选定单元格名称，按“F4”键来添加外，还可以通过键盘直接输入。办法是，首先按键盘组合键“Ctrl＋空格”，将输入法改为半角输入法；然后将光标插入点移动到要插入绝对引用符号的位置，按键盘组合键“Sheet＋＄”即可。相比之下，选定单元格名称后按“F4”键还是最为简便的添加绝对引用符号的办法。

(3)混合引用

混合引用是指单元格兼具相对引用和绝对引用，或者说，行标与列标中有一个是相对引用,另一个是绝对引用。例如,"D＄2"表示行标为绝对引用,列标为相对引用,垂直方向进行公式复制,"D＄2"单元格的位置不发生变化。

仍以图2-9给出的数据为例,要求计算公式体现单元格的混合引用,并最终完成这些学生统计学综合成绩的计算。操作方法如下:

第一步:选定"F4"单元格,输入计算公式"＝D2＊D4＋F2＊E4"。

第二步:鼠标左键双击单元格"F4",将光标插入点移到单元格"D2"的行标前,按键盘组合键"Ctrl＋空格",将输入法切换为半角输入法,按键盘组合键"Shift＋＄"键,这样只给单元格"D2"的行标带上绝对引用符号"＄",同理也可以给单元格"F2"的行标带上绝对引用符号"＄",设置结果如图2-17所示。

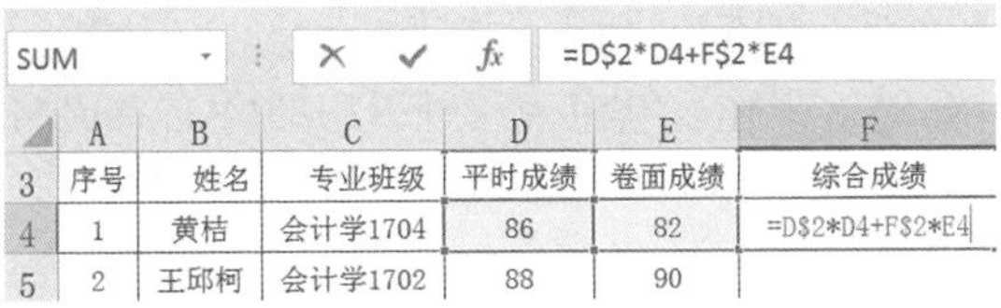

图2-17 混合引用

第三步:按"Enter"键,即可完成1号同学统计学综合成绩的计算,计算结果如图2-18所示。

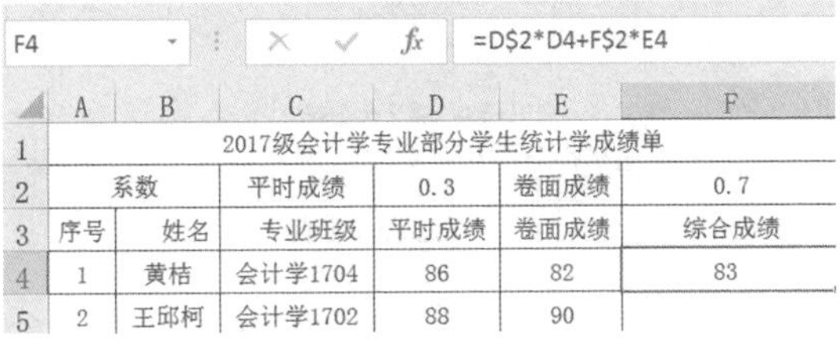

图2-18 执行公式6

第四步:选定单元格"F4",鼠标指针指向单元格"F4"右下角,当鼠标指针变成黑色实心十字时,垂直下拉鼠标左键进行公式复制,即可将单元格"F4"的公式复制到"F"列的其他单元格。

需要说明:

① 在公式复制的过程中,每个学生的综合成绩都要乘以成绩系数,因此存储成绩系数的单元格"D2"和"F2"位置不能随着公式复制的推进而发生变化。同时,在垂直方向进行公式复制时,只要行标前加上绝对引用符号"＄",就能确保公式复制的过程中,单元格的位置不会发生变化。因此,垂直方向进行公式复制时,绝对引用"＄D＄2"和"＄F＄2"分别和混合引用"D＄2"和"F＄2"等效。

② 对比一下绝对引用和混合引用的操作过程就会发现,单元格的绝对引用实际上要比混合引用操作简单些,思考也不需要太过精准,更加适合初学者学习和掌握。

接下来,我们从数据来源的角度介绍单元格引用。

(1)工作表内部引用单元格

工作表内部引用单元格,只用单元格的名称即可;工作表内部引用单元格区域,可以参考本章引用运算符部分,这里不再赘述。

(2)跨工作表引用单元格

在利用公式进行计算时,不光要经常引用工作表内部的单元格或者单元格区域,而且要经常跨工作表引用单元格或者单元格区域。跨工作表引用单元格的格式为:"工作表名!单元格"或者"工作表名!单元格区域"。

假如要比较 Sheet1 工作表中各位同学的统计学综合成绩与 Sheet2 工作表中年级统计学平均成绩,那么其中涉及的跨工作表引用单元格的操作方法如下:

第一步:选定工作表"Sheet1"中单元格"G4",输入"=",鼠标左键点选单元格"F4",输入"-",打开工作表"Sheet2",选择存放"统计学年级平均分"的单元格"B1",如图 2-19 所示:

第二步:按"Enter"键,即可实现跨工作表引用数据,计算结果如图 2-20 所示。其中,编辑栏公式"=F4-Sheet2!B1"中的"B1"不属于当前工作表Sheet1,为了避免引起混淆,跨入工作表"Sheet2"所引用的"B1"单元格必须带上工作表名作为前缀。

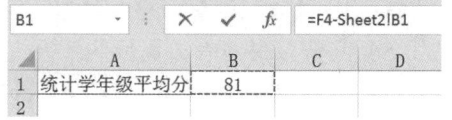

图 2-19 跨工作表引用单元格

图 2-20 执行公式 7

第三步:选定工作表"Sheet1"编辑栏公式"=F4-Sheet2!B1"中的"B1",按"F4"键,给"B1"的行标和列标前加上绝对引用符号"$",如图 2-21 所示。

图 2-21 设置单元格绝对引用

第四步:单击"确定"按钮,即可完成 1 号同学统计学综合成绩与统计学年级平均分的差异比较,结果如图 2-22 所示。

图 2-22 执行公式 8

第五步:选定单元格"G4",鼠标指针指向单元格"G4"右下角,当鼠标指针变成黑色实心十字时,双击鼠标左键,即可将单元格"G4"的公式复制到"G"列的其他单元格。

需要说明:如果只处理 1 号同学的综合成绩与年级平均成绩比较,第三、四、五步实际上可以省略。第三步之所以给"B1"的行标和列标前加绝对引用符号"$",是因为唯一存放统计学年级平均成绩的单元格"B1"不能随着公式复制的推进而改变位置。第五步之所以能通过双击控制句柄实现数据的批量化处理,是因为进行公式复制的是一个连贯区域,且公式复制的方向正好是垂直向下。

4.公式的复制

在 Excel 中,只要对一个单元格进行公式计算,其他单元格不必重复相同的操作,只要进行公式复制,即可实现批量化计算。常用公式的复制有三种方法:一是拖动控制句柄,二是双击控制句柄,三是使用"复制+粘贴"。

(1)拖动控制句柄

如果某个单元格进行公式计算,要把它复制到同列中的其他单元格中,只要选定该单元格,鼠标指针指向该单元格右下角,当鼠标指针变成黑色实心十字时,拖动鼠标左键垂直向下移动即可,上述公式复制几乎都是这种情况。同理,要把单元格中的公式计算复制到同行其他单元格中,只要鼠标左键拖动控制句柄水平向右移动即可。实际上,鼠标左键拖动控制句柄水平向左,或者垂直向上也能实现公式复制。也就是说,鼠标左键拖动控制句柄向上、向下、向左和向右都能实现公式复制。

(2)双击控制句柄

鼠标左键拖动控制句柄可以实现公式复制,鼠标左键双击控制句柄也同样可以实现公式复制(读者可以自行练习,这里不再赘述)。只是双击控制句柄有些条件限制,比如只能垂直向下进行公式复制、只能对连贯的单元格区域进行公式复制等。

(3)使用"复制+粘贴"

使用"复制+粘贴"的方法,除了可以将一个单元格内容复制到其他单元格,也可以将一个单元格的格式、公式复制到其他单元格。

仍以图 2-9 给出的数据为例,要求计算 1 号学生统计学综合成绩,使用"复制+粘贴"的方法进行批量化计算,操作方法如下:

第一步:选定"F4"单元格,键盘输入与鼠标点选结合,输入公式"=D2*D4+F2*E4"。

第二步:选定公式中的"D2",按"F4"键,"D2"的行标和列标都带上绝对引用符号"$",同理也给公式中"F2"的行标和列标都带上绝对引用符号"$"。

第三步:按"Enter"键,即可完成 1 号同学统计学综合成绩的计算。

第四步:单击单元格"F4",按下键盘组合键"Ctrl+C",选择要复制公式的单元格区域,按下键盘组合键"Ctrl+V",即可将单元格"F4"的公式复制到"F"列其他单元格。

需要说明,使用"复制+粘贴"的方法进行公式复制,实现数据计算的批量化处理,可以做到更加灵活。例如,如果只想在进行公式复制的目标区域内粘贴公式计算的结果,而不要公式本身,可以对着目标区域单击鼠标右键,选择"选择性粘贴"命令,弹出对话框如图 2-23 所示,选择"数值"单选项,单击"确定"按钮即可。

图 2-23 "选择性粘贴"对话框

四、错误与审核

使用 Excel 公式进行数据计算,难免会出现错误,有些错误会出现错误提示,有些则不会。不管哪种错误,都会影响数据分析的成效,需要充分利用 Excel 提供的公式执行错误审查机制,也要充分利用用户经验,判断、追踪出错原因,并加以纠正。

1. 公式执行错误提示

如果用户输入单元格的公式违反了 Excel 公式的语法规则或者其他要求,执行公式后,单元格可能会出现错误提示,如"#####!""#DIV/0""#N/A"等。了解这些公式执行错误提示的形成原因及解决办法,有助于用户迅速查找公式执行出错的原因,及时加以更正。Excel 公式执行常见错误提示见表 2-4。

表 2-4　　　　　　　　　　　错误提示及其含义

错误提示	常见形成原因及其可能的解决办法
#####!	公式执行结果或输入数字太长,但单元格宽度有限,不能完整显示出来,增加单元格宽度即可解决
#DIV/0!	公式中产生了除数为 0 的错误,可能是以下三种情况中一种或者多种:(1)公式中引用了空白单元格或数值为 0 的单元格作为除数;(2)引用的宏程序包含有返回"#DIV/0!"这种错误提示的宏函数;(3)有函数在特定条件下返回"#DIV/0!"这种错误提示
#N/A	引用的单元格中没有可引用的数据,是执行 VLOOKUP 函数常见的错误提示,一旦查询范围找不到查找关键词,执行 VLOOKUP 函数就会出现这种错误提示
#NAME?	公式中含有不能识别的名字或者字符,是函数使用过程中的常见错误,比如函数名称写错,引用了未定义的单元格区域,用错了单元格区域、运算符,以及引用的字符串含有未加半角输入法的双引号
#NULL!	公式中使用了不正确的区域运算符或引用的单元格区域交集为空,这时候就要检查是否错误地使用了区域运算符或者引用了错误的单元格区域
#NUM!	公式中某个函数使用了非法的参数,这时候就要检查函数的每个参数是否正确
#REF!	公式中引用有无效的单元格区域,常见的情况是删除了已经被公式引用的单元格区域,因此删除数据需要相当谨慎,尽量避免将已经被公式引用的单元格区域删除
#VALUE!	在需要数值或者逻辑值的位置输入或者引用了文本,这时应认真检查公式或者函数的数值和参数

说明:执行公式时,一旦出现错误提示,用户可以根据错误提示及其常见的产生原因,找出问题的症结,寻求问题的解决。

2. 公式执行错误审查

虽然常见错误提示包含了多数情况下的公式执行出错,但仍有一部分公式执行出错并未显示错误提示,表现得相当隐蔽,需要用户充分利用 Excel 提供的公式执行错误审查机制以及自己积累的使用经验,找到出错的真正原因,并找到纠正错误的办法。

Excel 提供的公式执行错误审查机制实际上是以"公式"选项卡"公式审核"功能组的若干个功能按钮为基础,集过程追踪、错误检查、错误追踪为一体的公式执行错误审查体系。"公式审核"功能组包含的功能按钮包括"追踪引用单元格""追踪从属单元格""删除箭头""显示公式""错误检查""公式求值",如图 2-24 所示。

(1)"追踪引用单元格"按钮。该按钮用于显示公式所引用的单元格。例如,1号同学的统计学"综合成绩"公式计算出现错误提示"#VALUE!",单击"公式"选项卡"公式审核"功能组

图 2-24 "公式"选项卡"公式审核"功能组

中的"追踪引用单元格"按钮,就会出现由"C2""D4""E4""F2"指向"F4"的蓝色箭头,如图 2-25 所示。这表明执行公式计算"F4"单元格,是从上述四个单元格引用的数据,如果要寻找"F4"单元格公式执行出错原因,可以从它所引用的几个单元格来寻找。如果要删除上述蓝色箭头,单击"公式审核"功能组中的"删除箭头"按钮即可。

图 2-25 执行"追踪引用单元格"功能

(2)"追踪从属单元格"按钮。该按钮用于显示某个单元格是被哪些单元格引用的。例如,1 号同学的统计学"综合成绩"公式计算出现错误提示"#VALUE!",单击"公式"选项卡"公式审核"功能组中的"追踪从属单元格"按钮,就会出现右"F4"指向"G4"的红色箭头,如图 2-26 所示。这表明,"F4"单元格被"G4"单元格引用,因为"F4"单元格执行公式出错,导致引用单元格"F4"进行公式计算的"G4"单元格也出现相同的错误。如果要寻找"G4"单元格公式执行出错的原因,可以从它所引用的"F4"单元格来寻找。如果要删除上述红色箭头,单击"公式审核"功能组中的"删除箭头"按钮即可。

图 2-26 执行"追踪从属单元格"功能

(3)"显示公式"按钮。该按钮用于显示当前工作表中所有执行公式计算单元格的完整公式。如图 2-27 所示,"F4"和"G4"单元格分别用公式求解"综合成绩"和"超过年级平均分",单击"公式"选项卡"公式审核"功能组中的"显示公式"按钮,"F4"和"G4"单元格的公式就会完整显示出来,从而便于准确发现出错的位置,也便于找到解决的办法。

图 2-27 执行"显示公式"功能

需要说明:通过"显示公式"按钮将参与公式计算的所有单元格和公式显示出来,可以帮助用户发现公式执行出错的原因所在,从而有针对性地找到应对办法。

(4)"错误检查"按钮。单击"错误检查"按钮右侧下拉按钮,下拉列表包含"错误检查"和"追踪错误"两个常用按钮,如图2-28所示。其中,"追踪错误"按钮与"追踪引用单元格"按钮作用一致,用于显示公式所引用的单元格,这里不再赘述。

"错误检查"按钮允许用户通过观察公式执行具体过程,精准定位出错的位置,从而找到出错的原因以及解决的对策。这里仍以1号同学的统计学"综合成绩"公式计算出现错误提示"♯VALUE!"为例,说明如何通过"错误检查"精准定位出错位置,探究出错原因并找到应对办法。

图2-28 "错误检查"下拉列表

第一步:单击"公式"选项卡"公式审核"功能组中"错误检查"右侧下拉按钮,下拉列表选择"错误检查"命令,打开"错误检查"对话框,如图2-29所示。

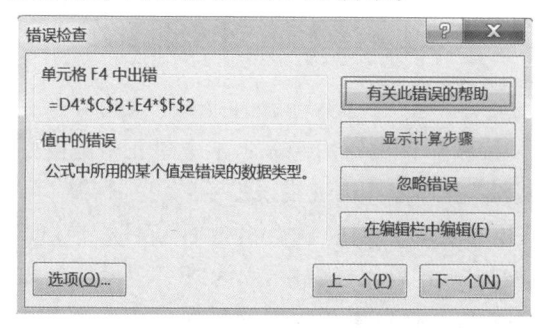

图2-29 "错误检查"对话框

第二步:单击"显示计算步骤"按钮,打开"公式求值"对话框,如图2-30所示。

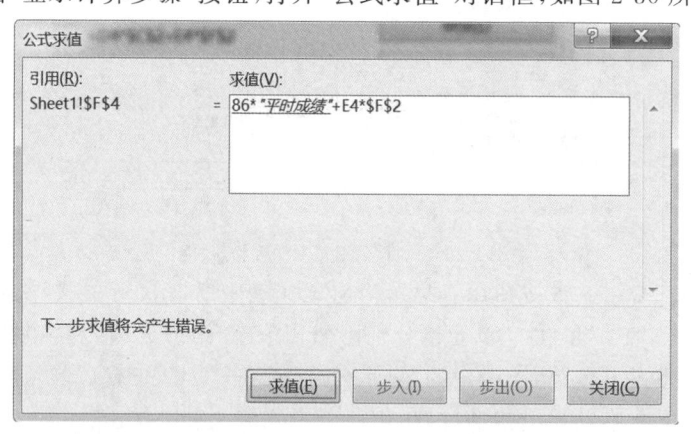

图2-30 "公式求值"对话框1

第三步:单击"求值"按钮,仍然打开"公式求值"对话框,如图2-31所示。

第四步:多次单击"求值"按钮,继续打开"公式求值"对话框,如图2-32所示。"错误检查"操作完毕,公式执行出错的准确位置就找到了。

需要说明:通过具体观察图2-26、图2-27和图2-28可以发现,"F4"单元格公式执行出错位置应该在公式"=D4*$C$2+E4*$F$2"中"+"号的左侧部分。进一步观察会发现,"D4"存放的是1号学生的平时成绩为86分,$C$2单元格存放的是字符串"平时成绩",结果是公式试图将数字和字符串做乘法运算,导致出现错误提示"♯VALUE!"。追溯原因,很可

图 2-31 "公式求值"对话框 2

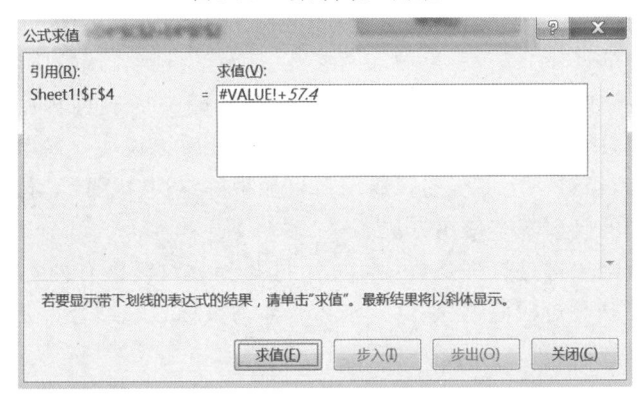

图 2-32 "公式求值"对话框 3

能是错将"＄C＄2"当成"＄D＄2",解决的办法很是简单,只要将"＄C＄2"换成"＄D＄2"即可。至此,通过"错误检查",精准定位了公式执行出错的位置,探究了成因并找到了应对办法。

第二节　函　数

本节将在讲解函数基本概念的基础上,重点介绍本教材可能用到的 8 类常用函数的语法结构、含义和应用举例。

一、函数概述

从广义来看,函数也属于公式,它们的共性是都是以"＝"开头的一个表达式,其中涉及的运算符及其语法规则也是通用的。函数内部就是个黑箱,普通用户没有必要弄清函数内部复杂的运行机制,或者说是函数将其复杂的内部运行机制对普通用户封装起来,只要给函数参数提供必要的数据,函数就会返回执行的结果。即便一些复杂的问题,充分利用 Excel 提供的函数及其组合,普通用户也能简洁、高效地给予解决。作为对比,公式要求用户弄清数据分析的具体过程,并以此为基础写出公式的表达式,一旦问题稍微复杂,普通用户就难以正确写出公式,导致公式经常被用于解决一些较为简单的问题。

1. 常用函数分类

Excel 提供了多达 11 个类别、总计超过 200 个的函数。与本教材相关有 8 类函数:数学函数、文本函数、逻辑函数、信息函数、统计函数、查找和引用函数、日期和时间函数、财务函数。这 8 类函数的基本功能如下：

(1)数学函数：用于处理数学计算。

(2)文本函数：用于在公式中处理字符串。

(3)逻辑函数：用于真假值判断，或者用于符号检验。

(4)信息函数：用于分析数据清单中的数值是否符合特定条件。

(5)统计函数：用于对选定区域的数据进行统计分析。

(6)查找和引用函数：用于在表格中查找特定数据。

(7)日期和时间函数：用于在公式中分析和处理日期和时间值。

(8)财务函数：用于一般的财务计算。

2.函数的基本使用方法

函数有两类基本的使用方法：一是输入函数，二是对话框操作函数。输入函数与输入公式类似，不过因为函数参数众多，尤其是多个函数嵌套起来解决复杂问题时，函数表达式过于复杂，用户很难正确书写函数表达式。而对话框操作函数相对来说明显简单，就是多个函数嵌套起来执行复杂的功能，经过一定训练的普通用户也能很好掌握。因此，对话框操作函数将是本教材重点介绍和推荐的函数基本使用方法。

对话框操作函数的关键是打开函数对话框。打开函数对话框有两类基本方法：一是利用"插入函数"按钮打开函数对话框；二是输入函数名称与鼠标点选结合打开函数对话框。

(1)利用"插入函数"按钮打开函数对话框

这里以计算 16 名学生统计学平时成绩的平均分为例，说明利用"插入函数"按钮打开函数对话框，以及利用函数对话框操作函数的方法。

第一步：选定要计算"平时成绩"平均分的"D20"单元格，单击编辑栏上的"插入函数"按钮，打开"插入函数"对话框，如图 2-33 所示。

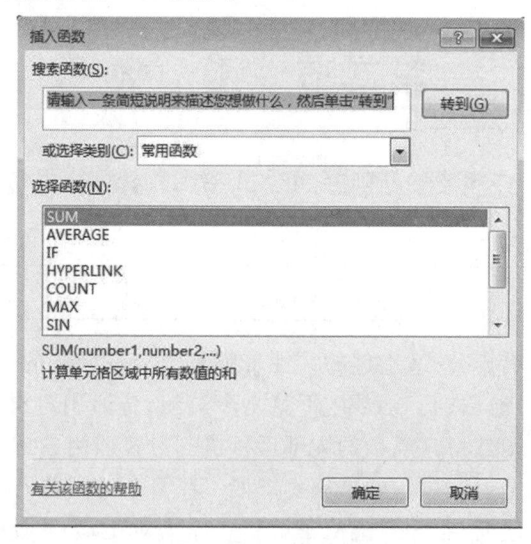

图 2-33 "插入函数"对话框 1

第二步：单击"或选择类别"下拉列表，选择"统计"命令，"选择函数"列表框就列出"统计"类别的函数，选择"AVERAGE"，如图 2-34 所示。这时，"插入函数"对话框底部出现"AVERAGE"函数的语法结构、功能介绍以及参数要求。

图 2-34 "插入函数"对话框 2

第三步：单击"确定"按钮，打开"AVERAGE"函数参数对话框，如图 2-35 所示。Excel 自动识别出要求平均值的单元格区域"D4:D19"，如果没有识别出来，或者识别的单元格区域不对，用户可以将光标插入点移入"AVERAGE"函数的第一个参数框，选择当前工作表中"D4:D19"单元格区域。

图 2-35 "AVERAGE"函数参数对话框

第四步：单击"确定"按钮，执行"AVERAGE"函数，即可完成 16 名学生"平时成绩"的平均分的计算。

需要说明："插入函数"对话框的"搜索函数"文本框，允许用户输入完整或者部分函数名称，单击"转到"按钮，"选择函数"列表框就列出与查询关键词相匹配的函数(含模糊查询)。这种方法可以帮助减少"选择函数"列表框中列举的函数数量，但总体来说没有显著提高操作效率。

(2)输入函数名称与鼠标点选结合打开函数对话框

这里仍以计算 16 名学生统计学"平时成绩"的平均分为例，说明输入函数名称与鼠标点选结合打开函数对话框,以及利用函数对话框操作函数的方法。

第一步:选定要计算"平时成绩"平均分的"D20"单元格,输入"=AVE",列表框显示了以"AVE"开头函数列表,选择"AVERAGE",右侧是有关该"AVERAGE"函数的功能以及参数要求的提示语,如图2-36所示。

图2-36 以"AVE"开头的备选函数下拉列表

第二步:双击列表框中"AVERAGE",此时"D20"单元格和与其对应的编辑栏显示"=AVERAGE(",如图2-37所示。

第三步:单击编辑栏上的"插入函数"按钮f_x,即可打开"AVERAGE"函数对话框,将光标插入点移到该函数的一个参数框,选择当前工作表中的"D4:D19"单元格区域。

图2-37 编辑栏显示函数

第四步:单击"确定"按钮,执行"AVERAGE"函数,即可完成16名学生"平时成绩"的平均分的计算。

需要说明:表面上看,"插入函数"按钮方法和输入函数名称与鼠标点选结合这两种对话框操作函数方法操作步骤一样多,但用户熟练掌握后,后者的效率要明显高于前者。

二、常用函数

1. 日期和时间函数

常用的日期和时间函数见表2-5。

表 2-5　　常用的日期和时间函数

函数名	含义
NOW	返回当前日期和时间
TODAY	返回当天日期
DATE	返回特定时间的系列数
DATEDIF	计算两个日期之间的年、月、日数

应用举例:TODAY函数

TODAY函数的语法为TODAY(),该函数没有参数,表示返回当天的日期。例如,假如今天是2021年7月1日,在Excel某个单元格中输入"=TODAY()",按"Enter"键,函数执行结果是"2021/7/1"。

2. 逻辑函数

常用的逻辑函数见表2-6。

表 2-6　　　　　　　常用的逻辑函数

函数名	含义
IF	根据指定条件是否满足返回相应的内容
AND	求交集，如果所有参数为 TRUE，则返回 TRUE
OR	求并集，如果任何参数为 TRUE，则返回 TRUE
NOT	反转参数的逻辑值

(1) IF 函数

IF 函数的语法格式为 F(Logical_test，Value_if_true，Value_if_false)，翻译过来的语法结构为 IF(条件，结果1，结果2)，表示如果条件成立，返回结果1，否则返回结果2。

例如，要判断学生统计学课程考试成绩是否及格，"IF"函数参数对话框参数设置如图 2-38 所示。

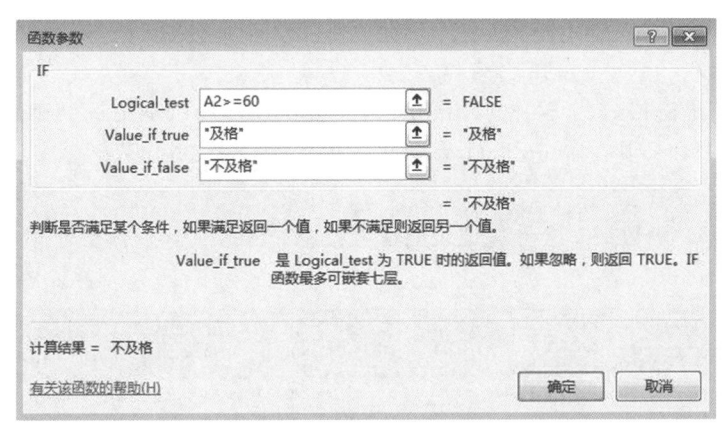

图 2-38　"IF"函数参数对话框 1

如果"A2"单元格存放的学生统计学考试成绩是 56 分，那么"IF"函数的执行结果是"不及格"。

(2) AND 函数

AND 函数的语法结构为 AND(Logical1，Logical2，…)表示若所有的逻辑表达式成立，则返回 TRUE，若至少有一个逻辑表达式不成立，则返回 FALSE，也就是所有逻辑表达式求交集。

例如，要判断学生统计学考试成绩是否大于等于 80 而小于 90，"AND"函数参数对话框参数设置如图 2-39 所示。

图 2-39　"AND"函数参数对话框

"A3"单元格存放的学生统计学考试成绩是 86 分,既满足 A1>=80,又满足 A1<90,求交集的结果是,返回"TRUR"。

3. 数学函数

常用的数学函数见表 2-7。

表 2-7　　　　常用的数学函数

函数名	含义
SUM	无条件求和
SUMIF	按给定条件添加指定单元格
AVERAGE	返回参数的平均值
SUMPRODUCT	返回相对应的数组部分的乘积和
ABS	返回数的绝对值
SQRT	返回平方根
ROUND	将数取整至指定数

(1) SUM 函数

SUM 函数的语法格式为 SUM(Number1,Number2,…),是指返回某一(或者多个)单元格区域中数字之和。其中,Number1 表示某一单元格或者单元格区域,Number2 也表示某一单元格或者单元格区域。

例如,用"SUM"函数汇总会计凭证表的借方金额,"SUM"函数参数对话框参数设置如图 2-40 所示。

图 2-40　"SUM"函数参数对话框

"SUM"函数执行的结果是将 J 列第 3 行到第 141 行单元格中的数据进行求和,求和结果为 1 304 416.19。

(2) SUMIF 函数

SUMIF 函数的语法格式为 SUMIF(Range,Criteria,Sum_range),翻译过来就是 SUMIF(查询区域,查询关键词,汇总区域),表示根据查询关键词在查询区域中查找,在汇总区域将查询到的对应单元格进行求和。如果要进行公式复制,一般要求查询区域和汇总区域采用绝对引用,即查询区域和汇总区域行标和列标前面要带上绝对引用符号"$"。

例如,用"SUMIF"函数在应收账款明细分类账中查询与恒通公司相关的应收账款并进行汇总,"SUMIF"函数参数对话框参数设置如图 2-41 所示。

图 2-41 "SUMIF"函数参数对话框

"SUMIF"函数执行结果是将应收账款明细账中与恒通公司相关的 3 笔应收账款进行汇总,汇总的结果是 69 800.00。

4. 查找和引用函数

常用的查找和引用函数表 2-8。

表 2-8　　　　　　　常用查找和引用函数

函数名	含义
VLOOKUP	查找数组的第一列并移过行,然后返回单元格的值
HLOOKUP	Excel 等电子表格中的横向查找
ROW	返回引用单元格的行号
COLUMN	返回引用单元格的列号

应用举例:VLOOKUP 函数

VLOOKUP 函数的语法格式为 VLOOKUP(Lookup_value,Table_array,Col_index_num,Range_lookup),翻译过来就是 VLOOKUP(查询关键词,查询范围,查询关键词在查询范围的列数,查询类别)。其中,查询关键词要处在查询范围的第 1 列;查询类别取 0 表示精准查询,取 1 表示模糊查询。

例如,使用"VLOOKUP"函数在会计科目表中查询与科目编号一一对应的总账科目,"VLOOKUP"函数参数对话框参数设置如图 2-42 所示。

图 2-42 "VLOOKUP"函数参数对话框

VLOOKUP 函数的执行结果:在会计科目表中找到与科目编号"1001"——对应的总账科目为"库存现金"。

5.统计函数

常用的统计函数见表 2-9。

表 2-9　　　　　　常用的统计函数

函数名	含义
COUNT	计算参数中数字的个数
COUNTA	计算参数中非空白值的个数
COUNTIF	计算符合给定条件的区域中的非空单元格数
RANK	返回某数在数字列表中的排位

(1)COUNTIF 函数

COUNTIF 函数的语法结构是 COUNTIF(Range,Criteria),翻译过来就是 COUNTIF(查询范围,查询条件),表示在查询范围内查找符合条件的非空单元格数量。

例如,在学生统计学考试成绩中查找综合成绩超过 88 分的学生人数,"COUNTIF"函数参数对话框参数设置如图 2-43 所示。

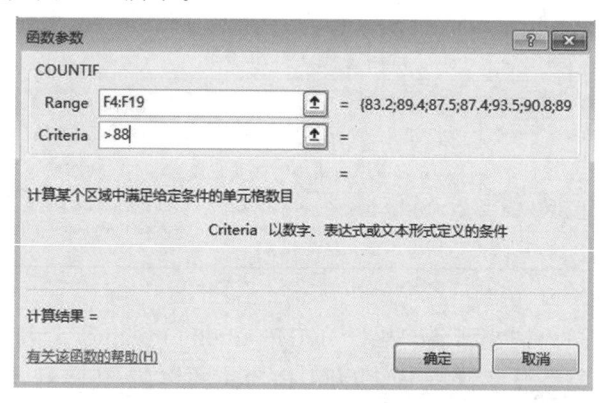

图 2-43　"COUNTIF"函数参数对话框

在所有 16 名同学统计学考试成绩中,综合成绩超过 88 分的有 5 名,COUNTIF 函数执行的结果就是"5"。

(2)RANK 函数

RANK 函数语法结构是 RANK(Number,Ref,Order),翻译过来就是 RANK(参与排名数,参与排名的数据区域,排名规则),表示参与排名数在参与排名的数据范围所占的名次。其中,排名规则取"0"或者不填写,表示降序;取"1"表示升序。因为要对参与排名的所有数据排出名次,需要进行公式复制,但参与排名的数据区域的位置不能随着公式复制的推进发生位置变化,因此 RANK 函数第二个参数行标和列标前都要带上绝对引用符号"$"。

例如,要将 16 名学生的统计学考试成绩进行排名,"RANK"函数参数对话框参数设置如图 2-44 所示。

需要说明:"RANK"函数第二个参数如果不加绝对引用符号"$",其他同学复制第一位参与成绩排名同学的排名公式,并不会出现错误提示,这时要充分利用 Excel 提供的公式执行错误审查机制,结合用户经验,判断、追踪出错原因,并加以纠正。

6.信息函数

常用的信息函数见表 2-10。

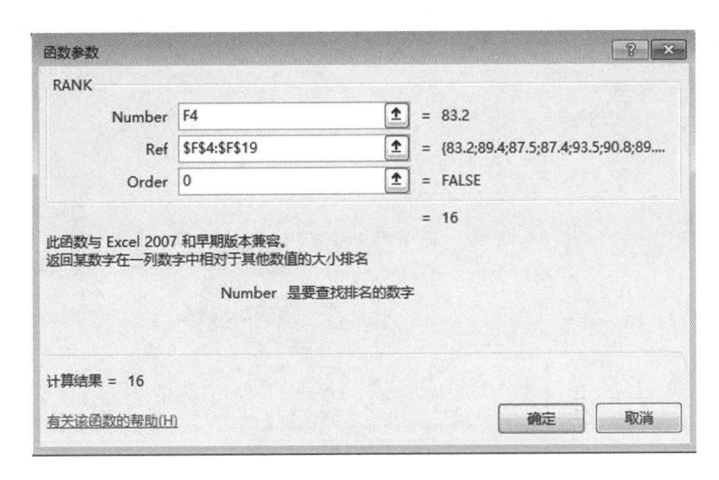

图 2-44 "RANK"函数参数对话框

表 2-10　　　　　常用的信息函数

函数名	含义
ISBLANK	值为空,则返回 TRUE
ISERR	值为除♯N/A 以外的错误值,则返回 TRUE
ISERROR	值为任何错误值,则返回 TRUE
ISNA	值为 ♯N/A 错误值,则返回 TRUE
ISNONTEXT	值不是文本,则返回 TRUE
ISNUMBER	值为数字,则返回 TRUE
ISTEXT	值为文本,则返回 TRUE

(1)ISNUMBER 函数

ISNUMBER 函数的语法结构为 ISNUMBER(Value),表示引用的参数或者单元格是否存放着数字,如果是,返回"True",否则返回"False"。

例如,比较利润表要分析各利润单项在营业收入中所占比重,首先需要识别单元格是否存放着数字,如果是就做占比计算,否则就要跳过,比较利润表如图 2-45 所示。

图 2-45　比较利润表

显然,"ISNUMBER"函数只能做单元格是否存放着数字的判断,要想完成整个数据分析,还要结合"IF"函数一起来实现。"ISNUMBER"函数与"IF"函数结合的参数设置如图 2-46 所示。

图 2-46 "IF"函数参数对话框 2

含义解读:"IF"函数第一个参数 isnumber(B4)是检验"B4"单元格是否存放着数字,如果是,执行"IF"函数第二个参数,计算占比"B4/＄B＄4",否则执行"IF"函数第三个参数,输入空字符串。其中"B4"单元格存放着营业收入(公式复制的过程中位置固定,单元格行标和列标前加上绝对引用符号"＄"),B列其他单元格存放着利润单项。

(2)ISNA 函数

ISNA 函数的语法结构为 ISNA(Value),表示引用的参数或者单元格是否存放着错误提示"♯N/A",如果是,返回"True",否则返回"False"。

例如,利润表要填列除了营业收入、营业成本和汇总项的利润单项指标,首先需要根据"ISNA"函数读取"VLOOKUP"函数的执行结果是否为错误提示"♯N/A",如果是,输出 0,否则执行"VLOOKUP"函数,根据利润单项指标名称在总账科目汇总表中找到与之对应的金额。利润表如图 2-47 所示。

图 2-47 利润表

显然,"ISNA"函数功能非常单一,只能用于判断其参数是否为错误提示"♯N/A",要实现根据利润单项名称在总账科目汇总表中找出与之对应的金额,还需结合"IF"函数和"VLOOKUP"函数共同实现。"IF"函数、"ISNA"函数和"VLOOKUP"函数结合的参数设置如图 2-48 和 2-49 所示。

含义解读:外层"IF"函数的第一个参数是"ISNA"函数读取"VLOOKUP"函数执行结果,如果"VLOOKUP"函数执行结果是错误提示"♯N/A",那么"ISNA"函数返回真值,表明根据

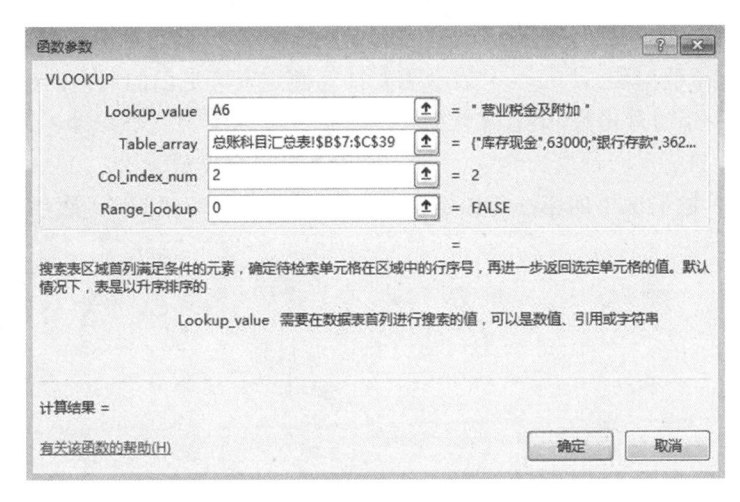

图 2-48 "VLOOKUP"函数参数对话框 1

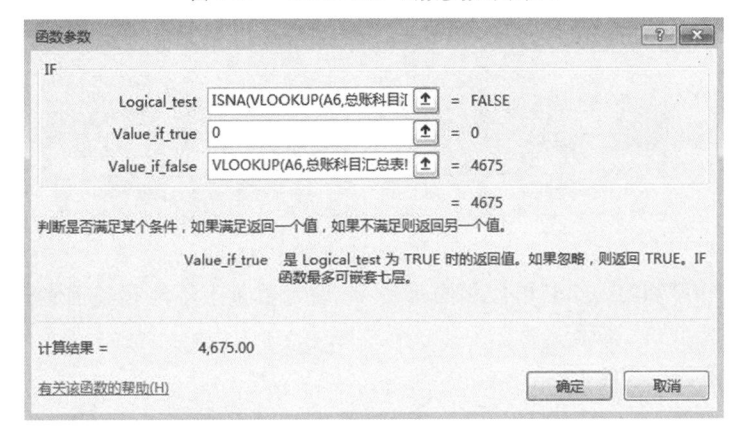

图 2-49 "IF"函数参数对话框 3

利润单项指标名称在总账科目汇总表中没有对应科目,此时执行"IF"函数第二个参数,输出 0,否则执行"IF"函数第三个参数,单独使用"VLOOKUP"函数,根据利润单项从总账科目汇总表中找到相对应的金额。

说明:信息函数一般很少单用,常见的情况是与其他函数结合,共同解决一些较为复杂的问题。

7. 财务函数

常用的财务函数见表 2-11。

表 2-11　　　　　　　　　　常用的财务函数

函数名	含义
DB	使用固定余额递减法,返回一笔资产在指定期间内的折旧值
DDB	使用双倍余额递减法或其他指定方法,返回一笔资产在指定期间内的折旧值
PV	返回投资的现值
NPV	基于一系列现金流和固定的各期贴现率,返回一项投资的净现值
RATE	返回年金的各期利率
IRR	返回一组现金流的内部收益率

应用举例:DB 函数

DB 函数的语法结构为 DB(Cost,Salvage,Life,Period,Month),5 个函数参数含义分别

是,"Cost"表示固定资产的初始值,"Salvage"表示固定资产折旧后的剩余价值,"Life"表示固定资产折旧期限(单位为年),"Period"表示需要计算固定资产折旧的周期(与Life单位相同),"Month"表示第一年的月份数(缺省默认为12个月)。

例如,要计算固定资产价值为90 000元、固定资产剩余价值为20 000元、3年使用期限、第一年使用9个月的情况下的第一年固定资产余额递减折旧费,"DB"函数参数设置如图2-50所示。

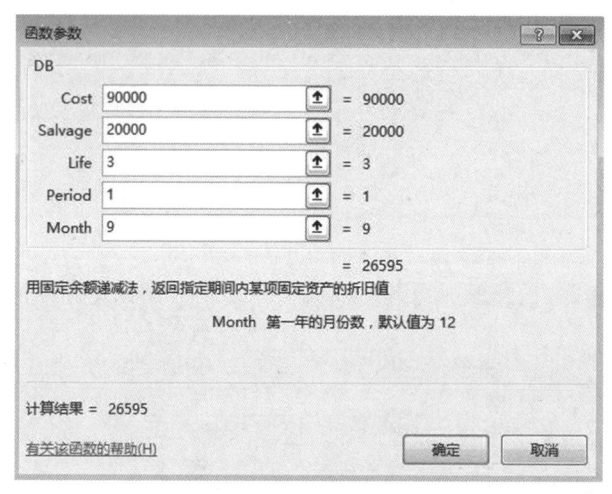

图2-50 "DB"函数参数对话框

说明:参数"Life"和"Period"单位相同都是年,后者数量上不能超越前者。

8. 文本函数

常用的文本函数见表2-12。

表2-12　　常用的文本函数

函数名	含义
TRIM	删除文本中的空格
TEXT	设置数字的格式并将其转换为文本
VALUE	将文本参数转换为数字
SUBSTITUTE	在文本串中使用新文本替换旧文本
REPLACE	替换文本中的字符

应用举例:VALUE函数

TRIM函数的语法结构为TRIM(Value),表示删除字符串两端的空格。

例如,利润表要填列除了营业收入、营业成本、汇总项以及无法填列的单元格的利润单项。

因为担心利润单项名称字符串前或者后带着空格,需要先用TRIM函数删除参数字符串前或者后面存在的空格,然后利用"VLOOKUP"函数在总账科目汇总表中将与利润单项相对应的金额返回,"TRIM"函数与"VLOOKUP"函数结合的参数设置结果如图2-51所示。

需要说明:"VLOOKUP"函数的一个参数是用"TRIM"函数删除字符串两端的可能空格,剩下三个参数的设置,见查找函数的"VLOOKUP"函数。

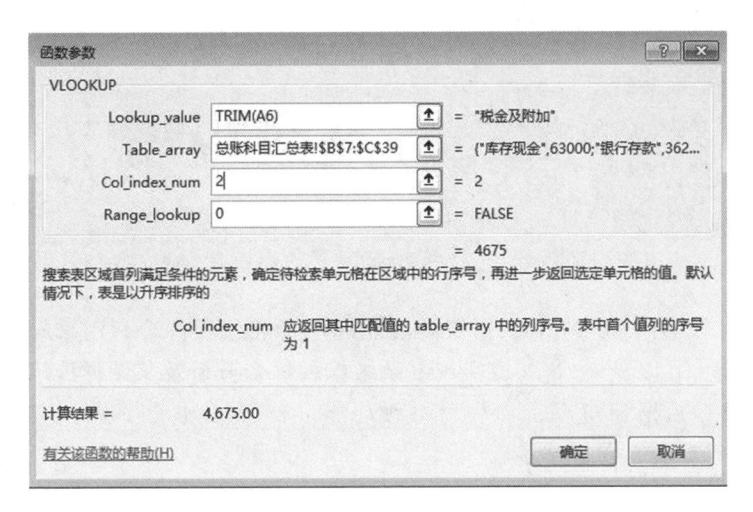

图 2-51 "VLOOKUP"函数参数对话框 2

练习题

1. 思考题

(1) 在 Excel 表中建立公式有哪些方法?

(2) 在公式的计算中,如何引用其他工作簿中的单元格?

(3) 请列举出几种常用的财务函数,并分别举例说明。

(4) "ROUND"函数和"EVEN"函数分别有什么作用?

2. 实训操作

(1) 请输入 301~388 的整数,使用函数功能分别求出这些数字的和、平均值和标准差。

(2) 输入 10 名学生的成绩表,课程有 SPSS 软件应用、管理会计两个,将两门科目成绩均大于 80 的同学标注为优秀;否则为非优秀。

第三章　Excel 高级应用

Excel 是具有很强图表绘制和数据管理功能的电子表格软件。利用 Excel 提供的图表绘制与数据管理功能，可以轻松、自如地实现复杂数据的综合分析及其图形展示。通过本章的学习，读者能熟练掌握数据管理、图形展示等高级功能，也可为后续章节进一步使用这些高级功能解决更为复杂的专业问题打好基础。

第一节　图表绘制

使用 Excel 提供的图表绘制功能，能将烦琐、枯燥的数字转换成简洁、优美的图表，也更容易展示数据自身的规律和特征。工作表数据和图表是同步响应的，只要数据发生变化，图表也会随之改变。本节将介绍创建图表、改变图表类型、编辑图表等内容。

一、创建图表

Excel 创建图表最为常用的做法是通过"插入"选项卡"图表"功能组内的一系列功能按钮，以及通过单击"图表"功能组的启动器按钮 ，打开"插入图表"对话框来实现的，如图 3-1 所示。

图 3-1　"插入"选项卡"图表"功能组

这里以某企业三个部门、四种职称的平均工资为例（表 3-1），说明创建图表的操作方法。

表 3-1　某企业三个部门、四种职称的平均工资　　　　单位:元

	A 部门	B 部门	C 部门
高工	10 888	11 218	10 500
工程师	9 356	9 407	9 354
技师	8 540	8 218	8 285
技术员	7 056	7 551	7 391

第一步：选定存放表 3-1 数据的数据区域中任一单元格，单击"插入"选项卡"图表"功能组中"插入柱形图或条形图"按钮，展开下拉列表如图 3-2 所示。

第二步：选择最为常见的"簇状柱形图"，Excel 创建的"簇状柱形图"如图 3-3 所示。

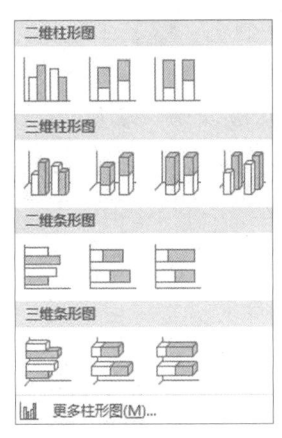

图 3-2 "插入柱形图或条形图"下拉列表

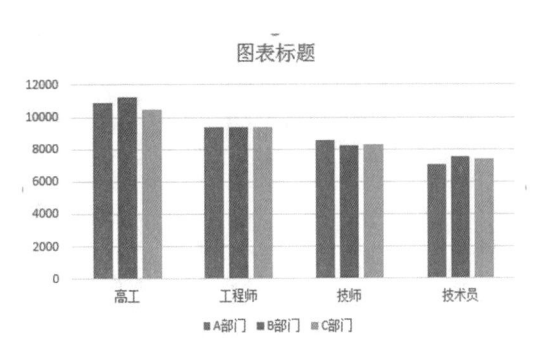

图 3-3 创建的簇状柱形图

需要说明：

① 创建图表，务必选定数据区域（选定整个数据区域或者其中一个单元格），否则会出现空白图表或如图 3-4 所示的错误提示。

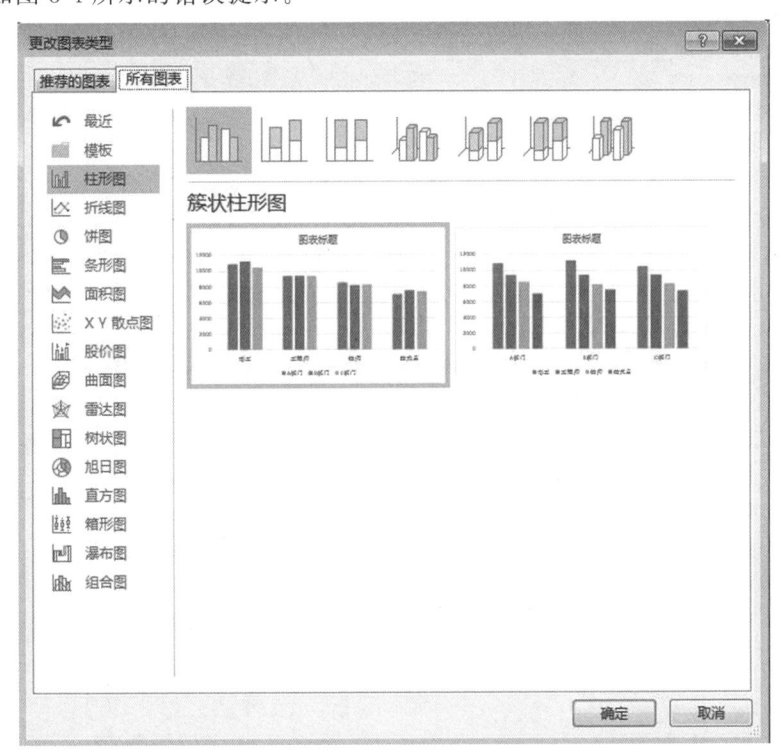

图 3-4 未选定数据执行插入图表功能出错

② 更为快捷的创建图表的方法是单击"插入"选项卡"图表"功能组中"推荐的图表"按钮，Excel 会根据用户提供的数据特征，推荐最为常见的图形。本例中，Excel 推荐的图表就是"簇状柱形图"。

二、改变图表类型

对于没有绘图经验的用户，可能不知道哪种图形才是展现数据特征更为合适的图形，不妨先创建最为常用的柱形图，然后通过 Excel 提供的"更改图表类型"功能进行修改，通过对比找到更为合适的图形。更改图表类型的操作方法如下：

第一步：对着已经创建的柱状图，单击鼠标右键，展开下拉列表，如图3-5所示。

第二步：选择"更改图表类型"命令，打开"更改图表类型"对话框，如图3-6所示。

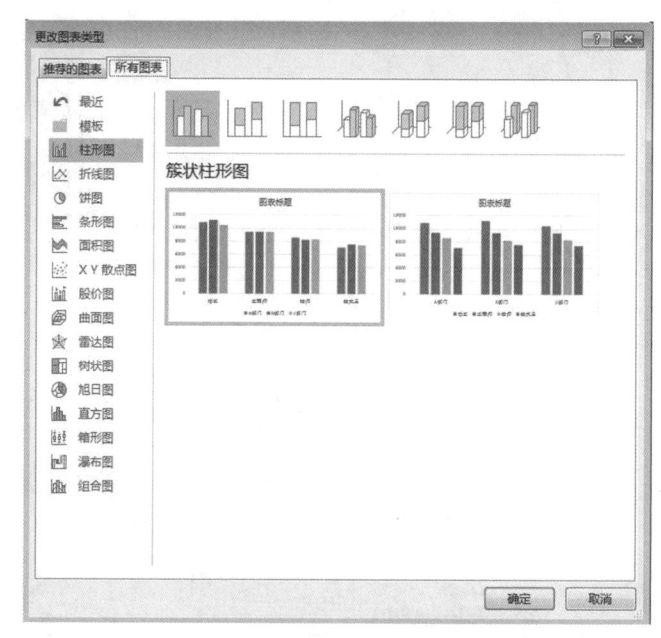

图3-5　绘图区鼠标右键下拉列表

图3-6　"更改图表类型"对话框1

第三步：单击"所有图表"选项卡下的"折线图"按钮，对话框右上部分选择"带数据标记的折线图"按钮，右下部分预览框选择右侧图例，如图3-7所示。

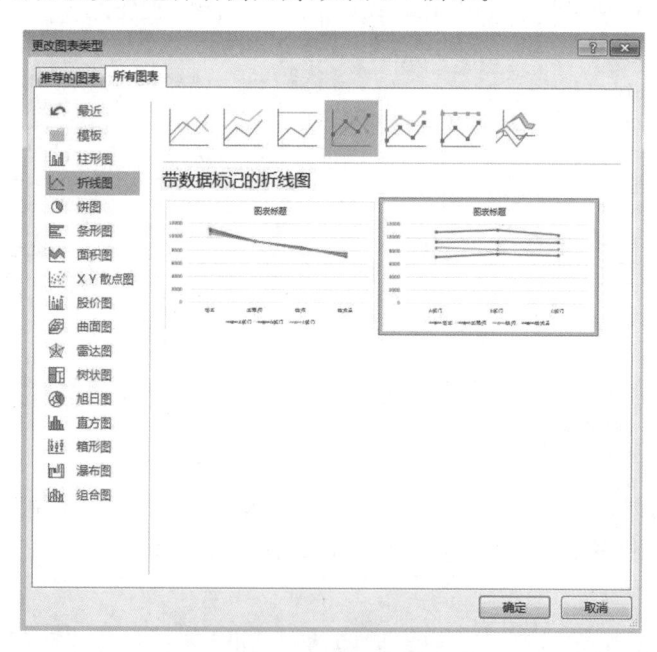

图3-7　"更改图表类型"对话框2

第四步：单击"确定"按钮，由柱形图修改得到的折线图，如图3-8所示。

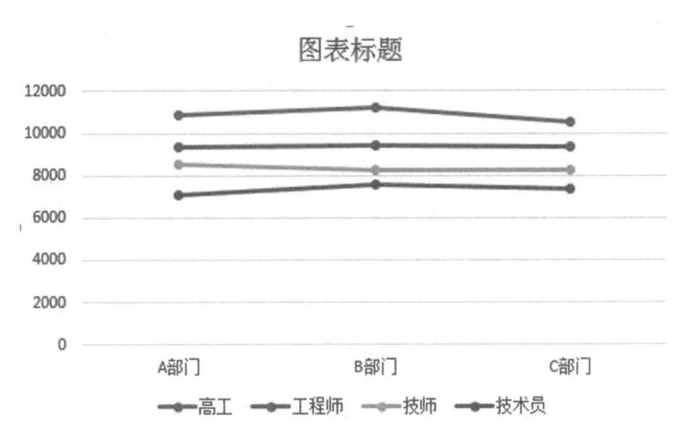

图3-8　更改图表类型得到的折线图

三、编辑图表

更改图表类型,只是整体改变图表类型,不涉及图表美化。用户可以充分利用 Excel 提供的丰富图表编辑功能,编辑出更加美观的图表。常用的图表编辑功能包括位置移动、标题修改、添加数据标签、坐标轴调整、行列互换等。

1. 位置移动

位置移动,即调整图表位置,一般包括两种情况:一是同一工作表内部移动,二是跨工作表移动。对于前者,用鼠标左键拖住"绘图区"移动到目标位置,放开鼠标左键即可。

如果要跨工作表移动图表,其操作方法如下:

第一步:鼠标指针对着图表空白区单击鼠标右键,展开下拉列表如图3-9所示。

第二步:选择"移动图表"命令,打开"移动图表"对话框,单击"对象位于"下拉列表,如图3-10所示。

图3-9　图表空白区鼠标右键下拉列表　　　　图3-10　"移动图表"对话框

第三步:选择"139名职工工资表",即可将原来位于"部门职称工资"工作表中的图表移动到"139名职工工资表"工作表中。

需要说明:如果想要将图表移回原工作表,单击"快速访问工具栏"上的"撤销"命令无法奏效,可以将上述操作再来一次,只是目标指向变为"部门职称工资"工作表。

2. 标题修改

创建图表的时候,Excel 给了名叫"图表标题"的默认标题,用户可以修改成符合自己要求的图表标题,也可以进一步修改图表标题的格式。图表标题修改操作方法如下:

第一步:双击"图表标题"文本框,删除文本框中的原有文字,输入"某企业三种部门四种职称平均工资统计",如图 3-11 所示。

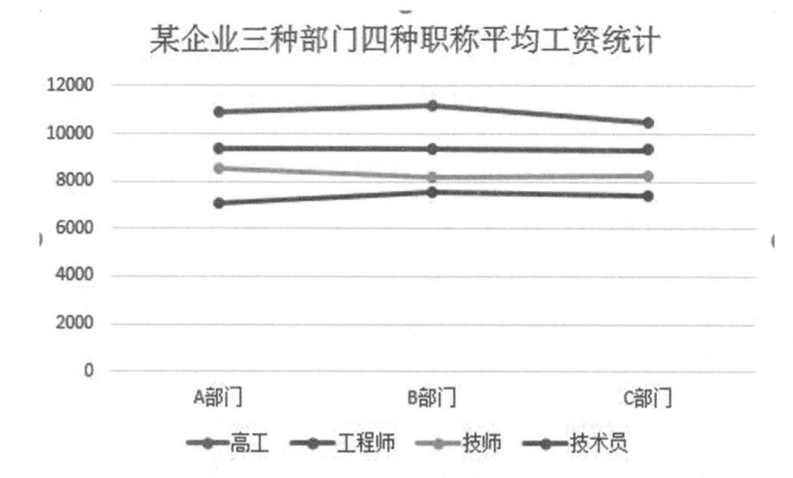

图 3-11　修改图表标题

第二步:双击"图表标题"文本框中的外框,选择窗口右侧"设置图表标题格式"界面中的"渐变填充"单选项,如图 3-12 所示。如果要进一步设置图表标题背景,可以继续就颜色、类型、方向、角度等进行更为精细的修改。

第三步:修改完图表标题的图表如图 3-13 所示。

图 3-12　"设置图表标题格式"界面

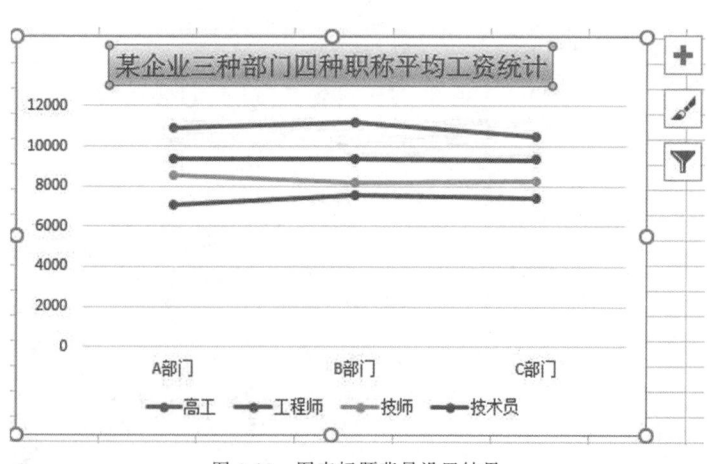

图 3-13　图表标题背景设置结果

3. 添加数据标签

Excel 初次创建的图表是不带数据标签的,用户可以添加数据标签,也可以调控数据标签显示位置。添加数据标签的操作方法如下:

第一步:单击"绘图区",图表右上角出现"图表元素"按钮➕,单击"图表元素"按钮,展开下拉列表如图 3-14 所示。

第二步:选择"数据标签"复选项,图表就带上了数据标签,如图 3-15 所示。

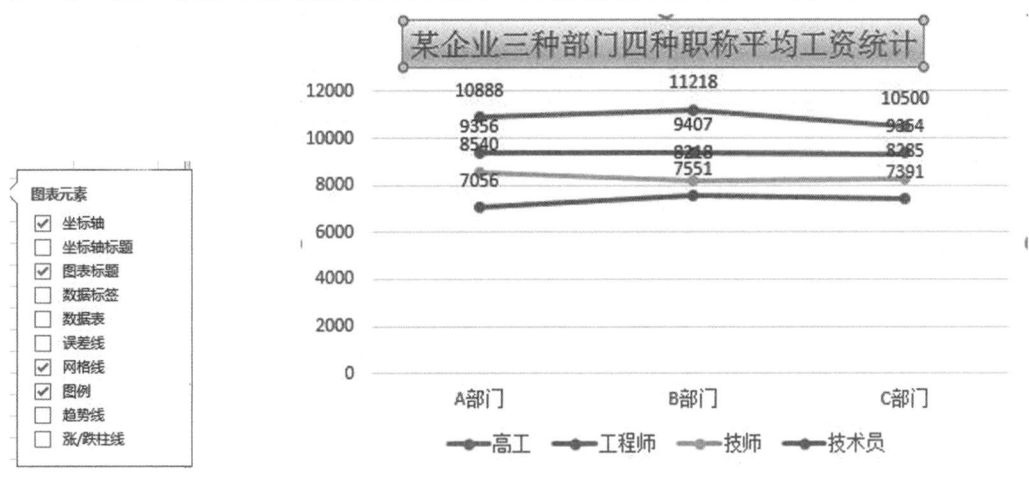

图 3-14 "图表元素"下拉列表　　　　　　图 3-15 图表添加数据标签

说明:上述图表中,对着任何一条折线单击鼠标右键,展开下拉列表选择"添加数据标签"命令,也可以给这条折线添加数据标签,要给其他折线添加数据标签就要重复进行相同的操作。相比之下,使用"图表元素"功能可以同步给多条折线带上数据标签,更为高效。

4. 坐标轴调整

如果用户对图表坐标轴不满意,如图 3-15 中,折线图的纵坐标都在 6 000 以上,没有必要从 0 开始,可以从 6 000 开始,这就要调整坐标轴。操作方法如下:

第一步:双击折线图的纵坐标,打开"设置坐标轴格式"界面,如图 3-16 所示。

第二步:将光标插入点移到"最小值"文本框,输入"6000";接着将,将光标插入点移到"大",输入"500",这时折线图如图 3-17 所示。

图 3-16 "设置坐标轴格式"界面　　　　　　图 3-17 调整图表坐标轴

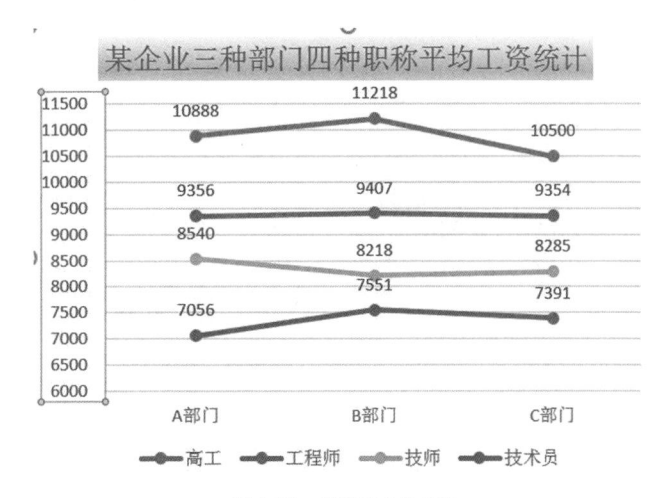

说明:图 3-16 中,设置"最小值"为 6 000,设置"大"为 500。前者表示折线图纵坐标是以 6 000 开始;后者表示纵坐标增加的主刻度为 500。

5.行列互换

有时,绘制的图表并不能清晰展现数据的特征,进行图表行列互换就可能大为改观。图表行列互换的操作方法如下:

第一步:对着折线图"绘图区"单击鼠标右键,展开下拉列表选择"选择数据"命令,打开"选择数据源"对话框,如图 3-18 所示。

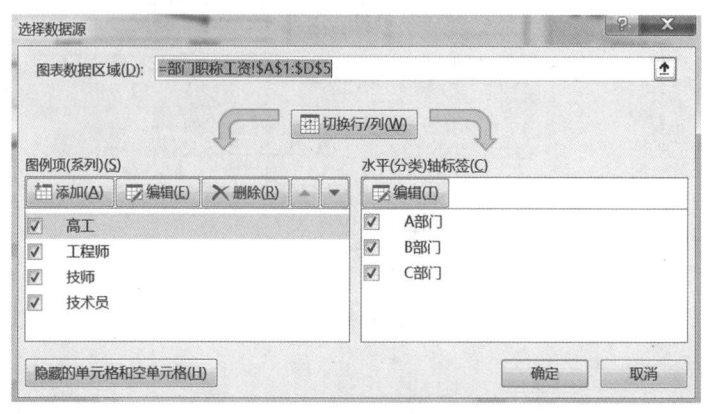

图 3-18　"选择数据源"对话框

第二步:单击"切换行/列"按钮,即可实现折线图行列互换,结果如图 3-19 所示。

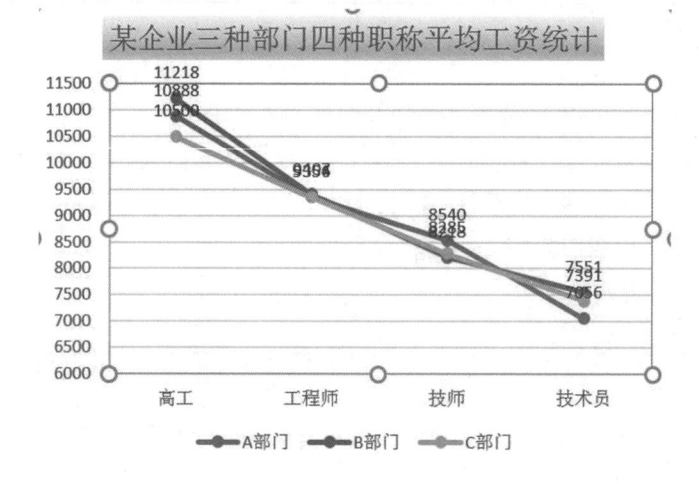

图 3-19　图表行列互换

需要说明:此例中,对比新折线图与原折线图可以看出,新折线图反而不如原折线图能更有力地展现数据特征。这说明,缺乏使用经验的用户,往往很难一步到位绘制出优美且能清晰展现数据自身特征的图表,不得不进行多次修改。例如,通过更改图表类型为柱形图,就可以绘制出优美且能清晰展现数据特征的柱形图,如图 3-20 所示。

第二节　数据管理

利用 Excel 提供的数据管理功能,用户可以轻松、自如地实现复杂数据的综合管理与分析。Excel 数据管理功能包括数据的排序、筛选、分类汇总、数据透视表及数据透视图等。

某企业三种部门四种职称平均工资统计

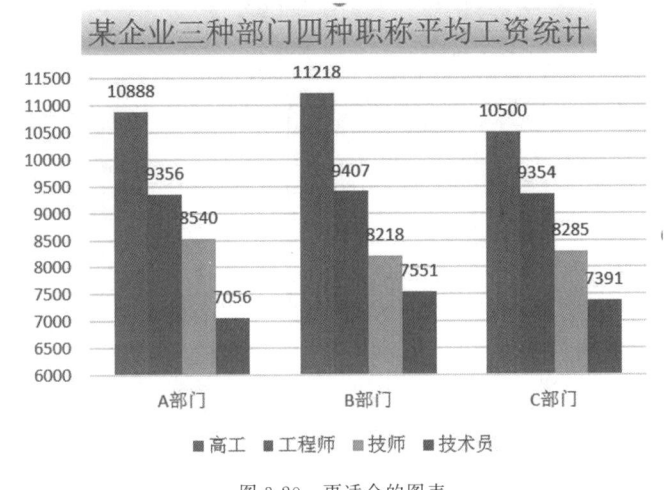

图 3-20　更适合的图表

一、排序

用手工方式给大量数据排序非常困难和费时,但 Excel 却让大量数据的排序变得非常简单和高效。Excel 提供了两种数据排序方法:一是简单排序,二是综合排序。

1. 简单排序

简单排序是指以单个字段作为排序关键词进行的数据排序。简单排序主要依赖"数据"选项卡"排序和筛选"功能组中的"升序"按钮和"降序"按钮,如图 3-21 所示。

图 3-21　"数据"选项卡"排序和筛选"功能组

例如,要对某企业 139 位职工的总工资进行降序排列,其操作方法如下:

选定存放某企业 139 位职工总工资的工作表中"总工资"这一列数据区域的任一单元格,单击"数据"选项卡"排序和筛选"功能组中的"降序"按钮,即可完成以"总工资"为排序关键词,对 139 位职工"总工资"进行的降序排列,结果如图 3-22 所示。

	A	B	C	D	E	F	G	H	I	J
1	序号	姓名	单位	性别	职称	职务	基本工资	职务工资	岗位津贴	总工资
2	49	陈文坤	B部门	男	高工	经理	6300	4200	3500	14000
3	1	孙家龙	A部门	男	工程师	经理	5600	3150	3500	12250
4	102	黄权统	C部门	男	工程师	经理	5600	3150	3500	12250
5	13	张新民	A部门	男	高工	副经理	5600	4200	2100	11900
6	5	朱思华	A部门	女	高工	职员	6300	4200	700	11200
7	11	何家强	A部门	男	高工	职员	6300	4200	700	11200
8	15	邓都平	A部门	男	高工	职员	6300	4200	700	11200
9	66	李河光	B部门	男	工程师	副经理	5950	3150	2100	11200
10	98	黄妃玉	C部门	男	高工	职员	6300	4200	700	11200

图 3-22　简单排序结果

需要说明:对数据进行简单排序操作非常简单,但有个前提条件,就是一定要事先选定数据区域,否则就会弹出"错误提示"对话框,如图 3-23 所示。

图 3-23 "错误提示"对话框

2. 综合排序

如果排序关键词所在列有多个单元格数据相同,简单排序已经不能满足排序要求,这时就要用到综合排序。综合排序是指依据多个关键词进行的由粗略到精细的排序。具体来说就是,首先依据第一关键词进行排序,在此基础上可以选择第二关键词进行排序,第二关键词排序是在第一关键词排序基础上进行的。同理,根据需要还可以选择第三,甚至更多关键词进行综合排序。综合排序要用到"数据"选项卡"排序和筛选"功能组中的"排序"按钮。

例如,要对某企业 139 位职工的性别、职称和职务进行综合排序,其操作方法如下:

第一步:选定存放某企业 139 位职工工资表数据的工作表数据区域任一单元格,单击"数据"选项卡"排序和筛选"功能组中的"排序"按钮,打开"排序"对话框,在"主要关键字"下拉列表中选择"性别","排序依据"和"次序"下拉列表维持默认(当然也可以进行个性化设置,都是从下拉列表中进行选择),如图 3-24 所示。

图 3-24 "排序"对话框 1

第二步:单击"添加条件"按钮,在"次要关键字"下拉列表中选择"职称","排序依据"和"次序"下拉列表维持默认,如图 3-25 所示。

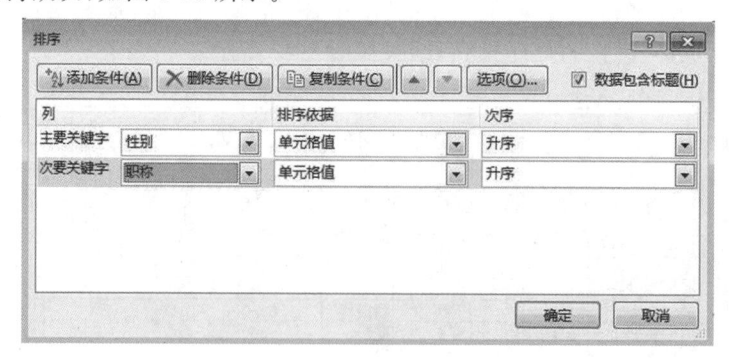

图 3-25 "排序"对话框 2

第三步:重复第二步的操作,单击"添加条件"按钮,在第二个"次要关键词"下拉列表中选择"职位","排序依据"和"次序"下拉列表维持默认,如图 3-26 所示。

图 3-26 "排序"对话框 3

第四步:单击"确定"按钮,即可完成综合排序,排序结果如图 3-27 所示。

序号	姓名	单位	性别	职称	职务	基本工资	职务工资	岗位津贴	总工资
13	张新民	A部门	男	高工	副经理	5600	4200	2100	11900
49	陈文坤	B部门	男	高工	经理	6300	4200	3500	14000
11	何家强	A部门	男	高工	职员	6300	4200	700	11200
15	邓都平	A部门	男	高工	职员	6300	4200	700	11200
12	曾伦清	A部门	男	高工	职员	5950	4200	700	10850
17	蒙继炎	A部门	男	高工	职员	5950	4200	700	10850
21	朱强	A部门	男	高工	职员	5950	4200	700	10850

图 3-27 综合排序结果

需要说明:不论是简单排序,还是综合排序,都要求首先选定数据区域的单元格,否则就会弹出图 3-23 那样的"错误提示"对话框。

二、筛选

用户想要的数据往往潜藏在海量数据之中,只有将它们筛选出来,才能进行有针对性的操作,进而提高工作效率。Excel 提供的筛选功能允许用户从海量数据中筛选出想要的数据,从而有针对性地进行数据分析。Excel 的筛选功能包括两种方法:一是自动筛选,二是高级筛选。

1.自动筛选

自动筛选是最为常用的筛选功能,它允许用户简便地设置筛选条件,可以设置单一条件,也可以设置多重条件。多重筛选条件之间是交集关系,同时符合多重筛选条件的数据明显要少,甚至会找不到。

例如,要从某企业 139 位职工工资表中筛选出属于 A 部门的技师,采用自动筛选的方法。筛选符合条件职工的操作方法如下:

第一步:选定存放某企业 139 位职工工资数据的数据区域中任一单元格,单击"数据"选项卡"排序和筛选"功能组中的"筛选"按钮,每个字段名称右侧就带上"下拉"按钮,如图 3-28 所示。

图 3-28 "自动筛选"功能设置

第二步：单击字段"单位"的下拉列表按钮，展开下拉列表，先取消"全选"复选项的选中状态，然后选择"A 部门"复选项，设置结果如图 3-29 所示。

图 3-29　字段"单位"下拉列表

第三步：单击"确定"按钮，即可完成"A 部门"职工的筛选，结果如图 3-30 所示。最终符合单条筛选条件的记录有 44 条。

	A	B	C	D	E	F	G	H	I	J
1	序	姓名	单位	性别	职称	职务	基本工	职务工	岗位津	总工
3	1	孙家龙	A部门	男	工程师	经理	5600	3150	3500	12250
5	13	张新民	A部门	男	高工	副经理	5600	4200	2100	11900
6	5	朱思华	A部门	女	高工	职员	6300	4200	700	11200
7	11	何家强	A部门	男	高工	职员	6300	4200	700	11200
8	15	邓都平	A部门	男	高工	职员	6300	4200	700	11200
11	12	曾伦清	A部门	男	高工	职员	5950	4200	700	10850
12	17	蒙继炎	A部门	男	高工	职员	5950	4200	700	10850
13	21	朱强	A部门	男	高工	职员	5950	4200	700	10850
14	38	姜鄂卫	A部门	男	高工	职员	5950	4200	700	10850
19	4	梁勇	A部门	男	技师	副经理	5600	2800	2100	10500

图 3-30　单条筛选条件"自动筛选"结果

第四步：模仿第二步和第三步的操作，以职称"技师"为筛选条件，最终符合两重筛选条件的职工信息如图 3-31 所示。最终符合两重筛选条件的记录只有 5 条。

	A	B	C	D	E	F	G	H	I	J
1	序	姓名	单位	性别	职称	职务	基本工	职务工	岗位津	总工
19	4	梁勇	A部门	男	技师	副经理	5600	2800	2100	10500
84	22	丁小飞	A部门	女	技师	职员	4900	2800	350	8050
85	24	张港	A部门	男	技师	职员	4900	2800	350	8050
86	32	林桂琴	A部门	女	技师	职员	4900	2800	350	8050
87	37	吴绪武	A部门	男	技师	职员	4900	2800	350	8050
141										

图 3-31　两重筛选条件"自动筛选"结果

需要说明：

（1）与"排序"功能类似，执行"筛选"功能前，也要先选定数据区域的任一单元格，否则就会弹出图 3-23 那样的"错误提示"对话框。

（2）如果要取消已经设置的筛选条件，单击位于"排序与筛选"功能组中的"清除"按钮即可；如果要退出"筛选"功能，只要再次单击"排序与筛选"功能组中的"筛选"按钮即可。

2．高级筛选

与自动筛选逐次增加筛选条件不同，高级筛选允许用户同时设定多重筛选条件，而且允许原始数据与筛选条件相分离,即允许跨工作表引用筛选条件。

例如,要从某企业139位职工工资表中筛选出基本工资超过5 000元的女性工程师,采用高级筛选的方法。筛选符合条件职工的操作方法如下:

第一步:单击"新工作表"按钮,新建工作表,重命名为"高级筛选",复制139位职工工资表的表头到新工作表,设置多重筛选条件如图3-32所示。

	A	B	C	D	E	F	G	H
1	单位	性别	职称	职务	基本工资	职务工资	岗位津贴	总工资
2		女	工程师		>5000			

图3-32 设置多重筛选条件

第二步:选定存放某企业139位职工工资表数据的工作表数据区域的任一单元格,单击"数据"选项卡"排序和筛选"功能组中的"高级"按钮,打开"高级筛选"对话框,如图3-33所示。从"列标区域"文本框可以看到,Excel已经识别并将要进行高级筛选的数据区选好了。

第三步:将光标插入点移动到"条件区域"打开"高级筛选"工作表,选定存放多重筛选条件的单元格区域"A1:J2",如图3-34所示。

图3-33 "高级筛选"对话框1　　图3-34 "高级筛选"对话框2

第四步:单击"确定"按钮,即可完成高级筛选,筛选结果如图3-35所示。最终从139位职工中筛选出满足基本工资超过5 000元的12位女性工程师。

	A	B	C	D	E	F	G	H	I	J
1	序号	姓名	单位	性别	职称	职务	基本工资	职务工资	岗位津贴	总工资
33	18	王丽	A部门	女	工程师	职员	5950	3150	700	9800
37	120	陈荣	C部门	女	工程师	职员	5950	3150	700	9800
38	40	朱明明	A部门	女	工程师	职员	5950	3150	490	9590
39	81	赵甜甜	B部门	女	工程师	职员	5950	3150	490	9590
41	9	陈桂兰	A部门	女	工程师	职员	5600	3150	490	9240
43	25	郑柏青	A部门	女	工程师	职员	5600	3150	490	9240
50	43	孙连进	A部门	女	工程师	职员	5600	3150	490	9240
51	56	冯开明	B部门	女	工程师	职员	5600	3150	490	9240
53	62	李文辉	B部门	女	工程师	职员	5600	3150	490	9240
54	64	赵荣珍	B部门	女	工程师	职员	5600	3150	490	9240
60	121	谭文安	C部门	女	工程师	职员	5600	3150	490	9240
61	126	张惠信	C部门	女	工程师	职员	5600	3150	490	9240

图3-35 "高级筛选"结果

需要说明:高级筛选引用存放筛选条件的单元格区域中,部分筛选条件允许为空,这说明Excel可以自动识别并提取有效的筛选条件,使用起来更加简便和灵活。

三、分类汇总

分类汇总是Excel提供的又一高级数据管理工具,它允许用户按照某个字段进行分类,选择某种特定汇总方式(常见有均值、总量、个数等)对选定指标进行汇总。分类汇总的前提条件是分类汇总数据要按照分类字段进行排序。分类汇总涉及的操作有分类汇总建立、使用和删除等。

1. 建立分类汇总

例如,以某企业139位职工工资表的"职称"为分类字段,汇总方式为求平均值,汇总字段为"总工资",建立分类汇总的操作方法如下:

第一步:选定存放某企业139位职工工资表数据的工作表"职称"一列数据区域任一单元格,单击"数据"选项卡"排序和筛选"功能组中"升序"按钮,139位职工的工资信息就按"职称"进行升序排列了。

第二步:单击"数据"选项卡"分级显示"功能组中的"分类汇总"按钮,打开"分类汇总"对话框,如图3-36所示。

第三步:单击"分类字段"下拉列表选择"职称",单击"汇总方式"下拉列表选择"平均值","选定汇总项"列表框选择"总工资","替换当前分类汇总"复选项和"汇总结果显示在数据下方"复选项维持默认选择,设置结果如图3-37所示。

图3-36 "分类汇总"对话框1   图3-37 "分类汇总"对话框2

第四步:单击"确定"按钮,就建立了分类汇总。分类汇总结果如图3-38所示。

图3-38 "分类汇总"结果1

需要说明:分类汇总之前,用户务必以分类字段为排序关键字对要做分类汇总的数据进行排序,否则可能导致同类数据无法汇总在一起。例如,未以"职称"为排序关键词对职工工资信息进行排序,就建立分类汇总,结果如图3-39所示。可以看出,同属"A部门"的"工程师"就没有汇总在一起。

Excel高级应用 第三章

	A	B	C	D	E	F	G	H	I	J
1	序号	姓名	单位	性别	职称	职务	基本工资	职务工资	岗位津贴	总工资
2	1	孙家龙	A部门	男	工程师	经理	5600	3150	3500	12250
3	2	张卫华	A部门	男	工程师	副经理	4900	3150	2100	10150
4	3	何国叶	A部门	男	工程师	副经理	4900	3150	2100	10150
5					工程师 平均值					10850
6	4	梁勇	A部门	男	技师	副经理	5600	2800	2100	10500
7					技师 平均值					10500
8	5	朱思华	A部门	女	高工	职员	6300	4200	700	11200
9					高工 平均值					11200
10	6	陈关敏	A部门	女	技术员	职员	4550	2100	210	6860
11	7	陈德生	A部门	男	技术员	职员	4900	2100	350	7350
12					技术员 平均值					7105
13	8	彭庆华	A部门	男	工程师	职员	5600	3150	490	9240
14	9	陈桂兰	A部门	女	工程师	职员	5600	3150	490	9240
15	10	王成祥	A部门	男	工程师	职员	5600	3150	490	9240
16					工程师 平均值					9240

图 3-39 "分类汇总"结果 2

2. 使用分类汇总

建立分类汇总后，就可以使用分类汇总，即查看分级显示内容。查看分析显示，只要单击位于工作表编辑区左上角的"分级显示"按钮 1 2 3 即可。

默认选择的就是"3 级分类汇总"，这时既显示每个"职称"类别的明细数据，又显示每个"职称"类别的汇总结果，以及全部"职称"类别的汇总结果。

如果单击"2 级分类汇总"按钮，这时不显示明细数据，只显示每个"职称"类别的汇总结果，以及全部"职称"类别的汇总结果，如图 3-40 所示。其中，列标左侧的"＋"号按钮，是用来查看某个"职称"类别的明细数据的。例如，单击第 24 行行标左侧的"＋"号按钮，"高工"职称类别的明细数据将展示出来。

	A	B	C	D	E	F	G	H	I	J
1	序号	姓名	单位	性别	职称	职务	基本工资	职务工资	岗位津贴	总工资
24					高工 平均值					10824.5
77					工程师 平均值					9367.88
104					技师 平均值					8308.46
144					技术员 平均值					7409.23
145					总计平均值					8850.7
146										

图 3-40 "2 级分类汇总"结果

如果单击"1 级分类汇总"按钮，这时只显示全部"职称"类别的汇总结果。同理，单击第 145 行行标左侧的"＋"号按钮 ＋ ，各类"职称"的汇总结果就显示出来，如图 3-41 所示。

	A	B	C	D	E	F	G	H	I	J
1	序号	姓名	单位	性别	职称	职务	基本工资	职务工资	岗位津贴	总工资
145					总计平均值					8850.7
146										

图 3-41 "1 级分类汇总"结果

3. 删除分类汇总

想要删除分类汇总，有两个办法：一是单击位于"快速访问工具栏"上的"撤销"按钮，二是打开"分类汇总"对话框，如图 3-42 所示，单击"全部删除"按钮即可。

67

图 3-42 "分类汇总"对话框

四、数据透视表

数据透视表是 Excel 提供一种功能强大的高级数据管理与分析工具，它允许用户通过将不同字段拖入"筛选""行""列""值"列表框，创建出复杂的交互式表格，从而深度挖掘海量数据的内部规律。用户可以随意调整字段拖放位置，Excel 将动态展示由此带来的版面布局调整。如果原始数据发生变化，不需要重新建立数据透视表，仅仅通过"刷新"或者"更改数据源"即可实现分析结果的动态调整。数据透视表涉及的内容包括数据透视表窗口介绍、建立数据透视表、调整汇总方式、设置会计专用数据、刷新/更改数据源和删除数据透视表。

1. 数据透视表窗口介绍

数据透视表窗口包含相互联系的三个部分：一是编辑区左侧的"数据透视表"数据区域，二是编辑区右侧的"数据透视表字段"列表框，三是功能区上方的"数据透视表工具"。

（1）"数据透视表"数据区域位于工作表编辑区的左侧，主要用于展现数据透视表建立的交互式表格，如图3-43所示。（2）"数据透视表字段"列表框位于工作表编辑区的右侧，主要用于将备选字段拖放到不同列表框中，如图3-44所示。"筛选"列表框用于存放基于整个报表的字段，"行"列表框，用于存放显示行方向的字段，"列"列表框，用于存放显示列方向的字段，"值"列表框，存放用于汇总数据的字段。

图 3-43 "数据透视表"数据区域 　　图 3-44 "数据透视表字段"列表框

(3)"数据透视表工具"位于功能区上方,是数据透视表专用工具,包括"分析"选项卡和"设计"选项卡,如图3-45所示。前者用于设置一些高级功能,后者用于版面布局控制。

图3-45 "数据透视表工具"

2. 建立数据透视表

例如,要对某企业139位职工工资表数据建立数据透视表,操作方法如下:

第一步:选定存放某企业139位职工工资表数据的工作表数据区域任一单元格,单击"插入"选项卡"表格"功能组中"数据透视表"按钮,打开"创建数据透视表"对话框,如图3-46所示。Excel默认已经选好用于建立数据透视表的数据区域(如果要调整数据区域,可以在工作表编辑区重新选择),以及已经建好的数据透视表存放位置。

图3-46 "创建数据透视表"对话框

第二步:单击"确定"按钮,Excel将创建名为"Sheet1"的新工作表,在"数据透视表字段"列表框中,将"单位"字段拖入"行"列表框,将"职称"字段拖入"列"列表框,将"总工资"字段拖入"值"列表框,设置结果如图3-47所示。

第三步:双击存放数据透视表的"Sheet1"工作表,重命名为"数据透视表",建立的数据透视表如图3-48所示。

需要说明:将备选字段拖入不同列表框,数据透视表的数据区可以同步反映字段拖放调整带来的变化。

3. 调整汇总方式

建立数据透视表时,Excel给了默认的汇总方式,如果不满意,可以及时调整。调整汇总方式操作方法如下:

图3-47 "数据透视表字段"列表框设置结果

第一步:选定数据透视表数据区域任一单元格,单击"值"列表框中的"总工资"按钮,展开下拉列表选择"值字段设置"命令,打开"值字段设置"对话框,如图 3-49 所示。

图 3-48 创建数据透视表　　　　　图 3-49 "值字段设置"对话框

第二步:在"值汇总方式"选项卡中的"计算类型"列表框中,选择"平均值",单击"确定"按钮,调整汇总方式为求平均数的数据透视表如图 3-50 所示。

图 3-50 改变"汇总方式"为"平均值"的数据透视表

4. 设置会计专用数据

汇总方式改为求平均值后,数据透视表中汇总数据的小数位长短不一,且长数位也未能每三位一分段,可以使用"设置单元格格式"对话框设置会计专用数据。设置会计专用数据的操作方法如下:

第一步:单击数据透视表中"B 列"列标,按住鼠标左键水平向右滑动到"F 列"列标,放开鼠标左键,对着选定区域单击鼠标右键,展开下拉列表选择"设置单元格格式"命令,打开"设置单元格格式"对话框,如图 3-51 所示。

第二步:选择"数字"选项卡"分类"列表框中的"会计专用",保留默认的两位小数,单击"货币符号"下拉列表,选择"无",单击"确定"按钮,即可完成会计专用数据的格式设置,结果如图 3-52 所示。

5. 刷新/更改数据源

如果数据透视表所引用的数据源发生变化,这种变化是不会自动传递给数据透视表的,需要通过数据透视表"分析"选项卡"数据"功能组中的"刷新"按钮或"更改数据源"按钮来实现。

(1)"刷新"按钮适用于数据透视表所引用的数据范围不变,仅仅是个别数字发生变化的情况。这时只要选定数据透视表数据区域任一单元格,单击数据透视表"分析"选项卡"数据"功能组中的"刷新"按钮,即可实现数据透视表的数据更新。

(2)"更改数据源"按钮适用于数据透视表所引用的数据范围(行数)发生变化的情况。这时把要数据源发生的变化传递到数据透视表,具体操作方法如下:

图 3-51 "设置单元格格式"对话框

图 3-52 设定数据为"会计专用"格式

第一步:选定数据透视表数据区域任一单元格,单击数据透视表"分析"选项卡"数据"功能组中的"更改数据源"按钮,打开"更改数据透视表数据源"对话框,如图 3-53 所示。

图 3-53 "更改数据透视表数据源"对话框

第二步:在"139名职工工资表"工作表中重新选定单元格区域"A1:J45",即"A 部门"职工工资信息,设置结果如图 3-54 所示。

第三步:单击"确定"按钮,数据源由"A 部门""B 部门""C 部门"变为"A 部门",这时就只对"A 部门"职工工资信息建立数据透视表,结果如图 3-55 所示。

图 3-54 "移动数据透视表"对话框

图 3-55 更改数据源后的数据透视表

6. 删除数据透视表

删除数据透视表包括两种情况：一是删除数据透视表的所有功能设置，这时允许用户重新设置数据透视表功能；二是删除存放数据透视表的工作表，数据透视表也就一并删除。

(1) 删除数据透视表的所有功能设置，只要选定数据透视表数据区域任一单元格，单击数据透视表"分析"选项卡"操作"功能组中的"清除"按钮，如图 3-56 所示，弹出列表选择"全部清除"命令即可。

(2) 删除存放数据透视表的工作表，只要鼠标右击该工作表标签，展开下拉列表选择"删除"命令，打开确认删除对话框，如图 3-57 所示，单击"确定"按钮即可。

图 3-56 "分析"选项卡"操作"功能组

图 3-57 确认删除对话框

五、数据透视图

数据透视图在数据透视表的基础上增加了图形绘制功能，它保留了数据透视表的所有功能，同时具备数据透视表所没有的绘图功能。图形在反映数据特征和规律方面要显著优于表格，因此数据透视图是比数据透视表更为有效的深度挖掘数据规律的高级数据管理和分析工具。

数据透视图具备数据透视表的全部功能，两者共有的功能只要查阅数据透视表部分即可，这里不再赘述。下面，仅就数据透视图所特有的数据透视图窗口、建立数据透视图、数据透视图的格式修改，以及数据透视图筛选数据等功能进行介绍。

1. 数据透视图窗口

数据透视图窗口包含相互联系的四个部分：一是编辑区左侧的"数据透视表"数据区域，二是编辑区右侧的"数据透视表字段"列表框，三是编辑区中间的"数据透视图"图表区，四是功能区上方的"数据透视图工具"。前两个部分是数据透视表和数据透视图共有的，后两个部分则是数据透视图特有的。

（1）"数据透视图"图表区位于工作表编辑区的中间，使用图形展示数据透视表的数据特征和规律，如图3-58所示。

图3-58 "数据透视图"的图形区域

（2）"数据透视图工具"位于功能区上方，是数据透视图专用工具，包括"分析"选项卡、"设计"选项卡和"格式"选项卡，如图3-59所示。前者用于设置一些高级功能，中者用于版面布局控制，后者用于图形格式设置。

图3-59 "数据透视图工具"

2. 建立数据透视图

数据透视图实际上是在数据透视表的基础上加上绘图功能，因此没有必要重复数据透视表建立过程，直接在已有的数据透视表基础上，启用数据透视图的绘图功能即可。其操作方法如下：

第一步：选定数据透视表数据区域任一单元格，单击数据透视表"分析"选项卡"工具"功能组中的"数据透视图"按钮，打开"插入图表"对话框，如图3-60所示。

第二步：保留默认选择的"簇状柱形图"，单击"确定"按钮，进入"数据透视图"窗口，工作表编辑区中间位置出现"数据透视图"，如图3-61所示。

3. 数据透视图的格式修改

数据透视图的格式修改就是在已经建立的数据透视图基础上，进行一些美化操作，从而让数据透视图更美观。例如，要给数据透视图各个柱形图上加上数据标签，只要鼠标右键单击"高工"柱形图，展开下拉列表选择"添加数据标签"命令，即可为三个部门的"高工"带上数据标签，同理可以分别给"工程师""技师""技术员"加上数据标签。数据透视图的格式修改结果如图3-62所示。

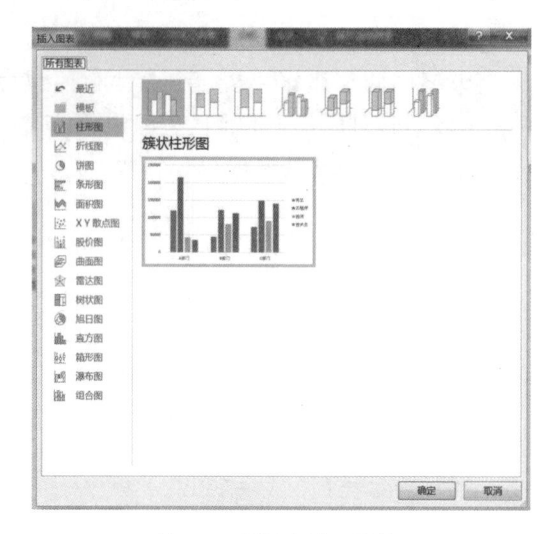

图 3-60 "插入图表"对话框

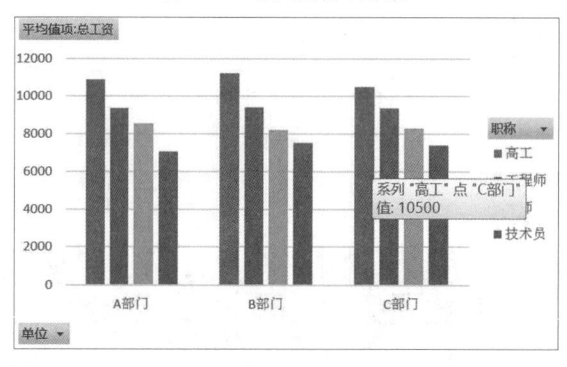

图 3-61 "数据透视图"

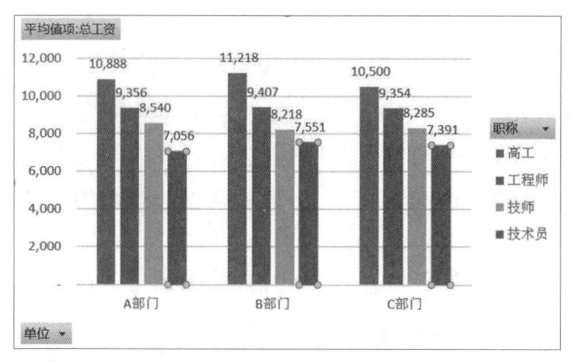

图 3-62 添加数据标签的"数据透视图"

4. 数据透视图筛选数据

数据透视图实际上是三个"单位"和四种"职称"进行交互分析的二维图像,如果用户只想对其中部分"单位"或者部分"职称"进行交互分析,可以单击"职称"或者"单位"下拉列表,从中选择要参与交互的字段值即可。例如,只想对比分析不同部门"工程师"的平均工资,操作方法如下:

第一步:单击"职称"按钮,展开下拉列表,取消"全选"复选项的选中状态,选中"工程师"复选项,如图 3-63 所示。

图 3-63　"职称"下拉列表

第二步：单击"确定"按钮，设置结果如图 3-64 所示。

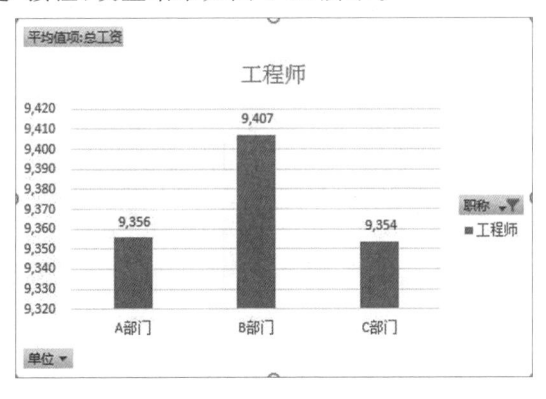

图 3-64　筛选出职称为"工程师"的数据透视图

练习题

1. 思考题

(1) 如何将"记录单"添加到 Excel 的自定义功能区中？
(2) 如何使用 Excel"快速分析"功能建立数据透视表？
(3) 请简要描述如何进行数据的分级显示。

2. 实训操作

(1) 根据表 3-2，利用数据透视表对不同职称职工的基本工资进行汇总，并建立柱形图。
(2) 根据表 3-2，计算每名职工的总工资（基本工资、职务工资和岗位津贴之和），并筛选出职务为职员、总工资不低于 4 000 元的职工。

表 3-2　　　　　　　　　　员工工资表　　　　　　　　　金额单位：元

姓名	单位	性别	职务	职称	基本工资	职务工资	岗位津贴
金则林	B部门	男	职员	技术员	2 100	1 200	50
朱庆明	B部门	女	职员	技师	2 400	1 600	70
张其祝	B部门	男	职员	工程师	2 100	1 800	50
蔡学民	B部门	男	职员	技师	2 400	1 600	70
贺页龙	B部门	男	职员	技术员	2 100	1 200	50
陈金山	B部门	男	职员	工程师	2 100	1 800	50
梁永红	C部门	男	职员	技术员	2 100	1 200	50
徐梅东	C部门	男	职员	技术员	2 100	1 200	50
和会明	C部门	女	副经理	技师	2 100	1 600	300
程松泉	C部门	男	副经理	技术员	2 100	1 200	300
林秀英	A部门	男	职员	技术员	2 100	1 200	50
朱小娟	A部门	女	职员	技师	2 100	1 600	50
黄权统	A部门	男	经理	工程师	2 400	1 800	500
周川南	A部门	男	职员	技术员	2 100	1 200	50
王权英	A部门	男	职员	技师	2 100	1 600	50
范绍天	A部门	男	副经理	工程师	2 400	1 800	300
田兴涛	C部门	男	职员	高工	2 400	2 400	70
彭曼萍	C部门	男	职员	高工	2 400	2 400	70
赵彩虹	C部门	女	职员	高工	2 400	2 400	70
张惠信	C部门	女	职员	工程师	2 400	1 800	70
周章兵	A部门	男	职员	技术员	2 100	1 200	50
王文	A部门	男	职员	技术员	2 100	1 200	50
张小英	C部门	女	职员	技术员	1 950	1 200	30
熊金春	C部门	男	职员	工程师	2 400	1 800	70
叶国邦	C部门	男	职员	技术员	2 100	1 200	50
钟成江	C部门	男	职员	高工	2 550	2 400	100

第二篇
Excel 在会计核算中的应用

会计是以货币为主要计量单位,采用一系列专门的方法和程序,对经济交易或事项进行连续、系统、综合的核算和监督,提供经济信息,参与预测决策的一种管理活动。会计的基本职能包括会计核算和会计监督两个方面。会计核算是指主要运用货币计量形式,通过确认、计量、记录和报告,连续、系统和完整地反映各项单位的经济活动情况,为加强经济管理和提高经济效益提供会计信息。会计监督是指对特定主体经济活动和相关会计核算的合法性、合理性进行审查。

手工方式进行会计核算是最为常见的会计核算方法。手工方式进行会计核算的主要流程:经纪业务发生后,经办人员要填制或取得原始凭证,经会计人员审核整理后,按照设置的会计科目,运用复式记账法,编制记账凭证,并据以登记账簿;要依据凭证和账簿记录对生产经营过程中发生的各项费用进行成本计算,并依据财产清查对账簿记录加以核实,在保证账实相符的基础上,定期编制会计报表(资产负债表、利润表、现金流量表等)。手工方式进行会计核算的流程如图 1 所示。

手工方式进行会计的核算缺点很多,主要表现为三个方面:一是处理环节多,处理内容分散;二是处理流程重复,数据核对工作复杂;三是处理周期长,信息传递、反馈慢,财务报告的时效性差。

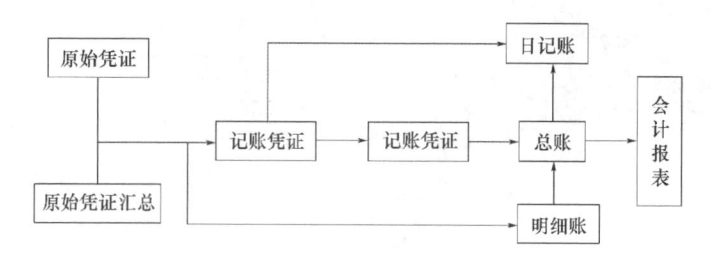

图 1　手工方式进行会计核算的流程

借助 Excel 进行会计核算就是在遵守会计准则的前提下,利用 Excel 提供的各种数据分析和管理功能,模拟并优化手工方式进行会计核算的主要环节,高效、快捷地编制会计报表的过程。借助 Excel 进行会计核算不仅可以有效克服手工方式进行会计核算的诸多缺点,而且可以显著提高核算效率,最大限度减少出错。借助 Excel 进行会计核算的流程如图 2 所示。

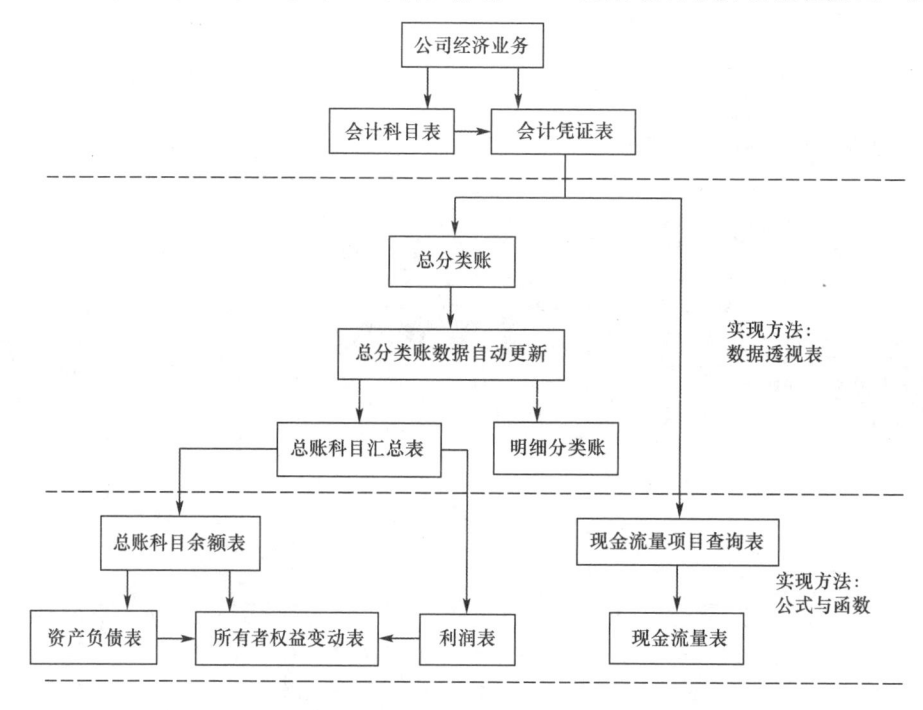

图 2　借助 Excel 进行会计核算的流程

案例导入　西安兴达有限责任公司会计核算

一、企业基本资料概况

(1) 公司名称：西安兴达有限责任公司。
(2) 地址及电话：西安市锦什路76号，029-6667××××。
(3) 纳税人识别号：358208×××2028Q。
(4) 开户行及账号：西安市雁塔区锦什路支行，58200128000××××。
(5) 主要产品：MS、MV两种产品。
(6) 核算要求：材料发出采用先进先出法，固定资产提取折旧采用直线法，增值税税率为13%，企业所得税税率为25%。

二、企业经济业务数据

1. 2021年12月总账科目期初余额

2021年12月总账科目期初余额见表1。

表1　　　　2021年12月总账科目期初余额　　　　单位：元

总账科目	期末借方余额	期末贷方余额
库存现金	2 000.00	
银行存款	800 000.00	
交易性金融资产	100 000.00	
应收票据	20 000.00	
应收账款	224 000.00	
预付账款	75 000.00	
其他应收款	—	
坏账准备		11 200.00
在途物资	—	
原材料	330 000.00	
库存商品	325 000.00	
债权投资		
长期股权投资	300 000.00	
固定资产	2 700 000.00	

(续表)

总账科目	期末借方余额	期末贷方余额
累计折旧		128 000.00
在建工程	—	
无形资产	136 000.00	
累计摊销		27 600.00
长期待摊费用	—	
待处理财产损溢	—	
短期借款		300 000.00
应付票据		—
应付账款		266 000.00
预收账款		—
应付职工薪酬		—
应交税费		120 000.00
应付利息		3 000.00
应付股利		—
其他应付款		58 000.00
长期借款		400 000.00
应付债券		—
实收资本		2 000 000.00
资本公积		4 75 000.00
盈余公积		646 400.00
本年利润		622 300.00
利润分配		333 500.00
生产成本	305 000.00	
制造费用		
主营业务收入		
其他业务收入		
投资收益		
营业外收入		
主营业务成本		
其他业务成本		
税金及附加		
销售费用		
管理费用		
财务费用		
信用减值损失		
资产减值损失		
营业外支出		
所得税费用		
合计	5 325 000.00	5 325 000.00

2.2021年12月明细科目期初余额

交易性金融资产——海芝星公司股票	借:100 000.00
应收账款——依兰特公司	借:150 000.00
——曜盛公司	借:74 000.00
应收票据——星月公司	借:20 000.00
预付账款——华杉盟机械厂	借:75 000.00
原材料——甲,60吨,每吨3 000.00元	借:180 000.00
——乙,30吨,每吨3 600.00元	借:108 000.00
——丙,40吨,每吨1 050.00元	借:42 000.00
库存商品——MS,20台,每台10 300.00元	借:206 000.00
——MV,24台,每台6 000.00元	借:144 000.00
固定资产——生产用	借:1 700 000.00
——非生产用	借:1 000 000.00
应付账款——西丰公司	贷:160 000.00
——长江公司	贷:106 000.00
应交税费——未交增值税	贷:25 000.00
——应交城建税	贷:1 750.00
——教育费附加	贷:750.00
——应交所得税	贷:26 500.00
生产成本——MS	借:200 000.00
——MV	借:105 000.00
盈余公积——法定盈余公积	贷:360 000.00
——任意盈余公积	贷:286 400.00
利润分配——未分配利润	贷:333 500.00

3.2021年12月发生的经济业务及分录

【1】12月1日,用现金购买办公用品500.00元。

借:管理费用——办公费	500.00	
贷:库存现金		500.00

【2】12月2日,用支票偿还前欠西丰公司货款160 000.00元。

借:应付账款——西丰公司	160 000.00	
贷:银行存款		160 000.00

【3】12月3日,车间领用甲材料20吨,每吨3 000.00元,用于MS产品的生产;领用乙材料15吨,每吨3 600.00元,用于生产MV产品;领用丙材料11吨,其中,6吨用于生产MS产品,4吨用于生产MV产品,1吨用于车间一般耗用,每吨1 050.00元。

借:生产成本——MS	66 300.00	
——MV	58 200.00	
制造费用——生产车间	1 050.00	
贷:原材料——甲材料		60 000.00
——乙材料		54 000.00
——丙材料		11 550.00

【4】12月4日，从银行提取3 000.00元现金作为备用金及零星开支。

借：库存现金　　　　　　　　　　　　　　　　　　3 000.00
　　贷：银行存款　　　　　　　　　　　　　　　　　　3 000.00

【5】12月4日，采购员张寒出差，借差旅费2 000.00元。

借：其他应收款——张寒　　　　　　　　　　　　　　2 000.00
　　贷：库存现金　　　　　　　　　　　　　　　　　　2 000.00

【6】12月5日，缴纳上月增值税、城建税和教育费附加。

借：应交税费——未交增值税　　　　　　　　　　　　25 000.00
　　　　　　　——应交城建税　　　　　　　　　　　　1 750.00
　　　　　　　——教育费附加　　　　　　　　　　　　750.00
　　　　　　　——应交所得税　　　　　　　　　　　　26 500.00
　　贷：银行存款　　　　　　　　　　　　　　　　　　5 4000.00

【7】12月7日 从华杉盟厂购买甲材料10吨，每吨3 000.00元，增值税3 900.00元；乙材料20吨，每吨3 600.00元，货款共计72 000.00元，增值税9 360.00元，预付不足的余款用支票支付；取得增值税专用发票，材料已入库。

借：原材料——甲材料　　　　　　　　　　　　　　　30 000.00
　　　　　——乙材料　　　　　　　　　　　　　　　72 000.00
　　应交税费——应交增值税（进项税额）　　　　　　13 260.00
　　贷：银行存款　　　　　　　　　　　　　　　　　　65 260.00
　　　　预付账款——华杉盟厂　　　　　　　　　　　　50 000.00

【8】12月8日，销售给万丰公司MS产品一批，货款308 000.00元（14台×22 000元/台）增值税税率为13%，收到的支票已存入银行。该批产品成本为144 200元。

确认收入：

借：银行存款　　　　　　　　　　　　　　　　　　　348 040.00
　　贷：主营业务收入　　　　　　　　　　　　　　　　308 000.00
　　　　应交税费——应交增值税（销项税额）　　　　　40 040.00

结转销货成本：

借：主营业务成本　　　　　　　　　　　　　　　　　144 200
　　贷：库存商品——MS　　　　　　　　　　　　　　 144 200

【9】12月10日，用支票预付明年上半年的报刊费1 250.00元。

借：其他应付款　　　　　　　　　　　　　　　　　　1 250.00
　　贷：银行存款　　　　　　　　　　　　　　　　　　1 250.00

【10】12月11日，到银行提取现金准备支付本月工资120 000元。

借：库存现金　　　　　　　　　　　　　　　　　　　120 000.00
　　贷：银行存款　　　　　　　　　　　　　　　　　　120 000.00

【11】12月11日，发放本月工资120 000.00元。

借：应付职工薪酬——工资　　　　　　　　　　　　　120 000.00
　　贷：库存现金　　　　　　　　　　　　　　　　　　120 000.00

【12】12月12日，厂部招待客户餐费支付现金1 000.00元。

借：管理费用——招待费　　　　　　　　　　　　　　1 000.00
　　贷：库存现金　　　　　　　　　　　　　　　　　　1 000.00

【13】12月13日,收到曜盛公司前欠货款 74 000.00 元,款项已存入银行。
　　借:银行存款　　　　　　　　　　　　　　　　　　　74 000.00
　　　贷:应收账款——曜盛公司　　　　　　　　　　　　　　　74 000.00

【14】12月14日,用银行存款支付本月水费 5 000.00 元,其中,生产车间 3 000 元,行政管理部门 2 000.00 元。
　　借:制造费用——生产车间　　　　　　　　　　　　　　3 000.00
　　　管理费用——水电费　　　　　　　　　　　　　　　　2 000.00
　　　贷:银行存款　　　　　　　　　　　　　　　　　　　　5 000.00

【15】12月16日,销售给蓝池公司 MV 产品 10 台,每台 13 000.00 元,已经开具增值税发票,增值税税率为 13%,货款尚未收到。
　　借:应收账款——蓝池公司　　　　　　　　　　　　　146,900.00
　　　贷:主营业务收入—— MV 产品　　　　　　　　　　　130 000.00
　　　　　应交税费——应交增值税(销项税额)　　　　　　　16 900.00

结转销货成本:
　　借:主营业务成本—— MS　　　　　　　　　　　　　　60 000.00
　　　贷:库存商品—— MS　　　　　　　　　　　　　　　　60 000.00

【16】12月17日,用支票支付广告费 8 000.00 元。
　　借:销售费用——广告费　　　　　　　　　　　　　　　8 000.00
　　　贷:银行存款　　　　　　　　　　　　　　　　　　　　8 000.00

【17】12月18日,采购员张寒出差回来报销差旅费 2 200.00 元,不足部分用现金支付。
　　借:管理费用——差旅费　　　　　　　　　　　　　　　2 200.00
　　　贷:其他应收款——张寒　　　　　　　　　　　　　　　2 000.00
　　　　　库存现金　　　　　　　　　　　　　　　　　　　　200.00

【18】12月19日,用银行存款支付本月电费 4 700.00 元,其中,厂部用电 800.00 元,车间用电 3 900.00 元。
　　借:制造费用——生产车间　　　　　　　　　　　　　　3 900.00
　　　管理费用——水电费　　　　　　　　　　　　　　　　　800.00
　　　贷:银行存款　　　　　　　　　　　　　　　　　　　　4 700.00

【19】12月21日,销售给宏发公司丙材料 10 吨,每吨 1 600.00 元,共计 16 000.00 元,款项存入银行。丙材料成本为每吨 1 050.00 元。
确认收入:
　　借:银行存款　　　　　　　　　　　　　　　　　　　18 080.00
　　　贷:其他业务收入——丙材料　　　　　　　　　　　　16 000.00
　　　　　应交税费——应交增值税(销项税额)　　　　　　　2 080.00

结转成本:
　　借:其他业务成本　　　　　　　　　　　　　　　　　10 500.00
　　　贷:原材料——丙材料　　　　　　　　　　　　　　　10 500.00

【20】12月22日,分配本月工资,其中,生产 MS 产品的生产工人工资为 35 000.00 元;生产 MV 产品的生产工人工资为 25 000.00 元 车间管理人员工费为 10 500.00 元;厂部人员工资为 25 500.00 元。

借:生产成本——MS　　　　　　　　　　　　　　　35 000.00
　　　　　——MV　　　　　　　　　　　　　　　25 000.00
　　制造费用——生产车间　　　　　　　　　　　　10 500.00
　　管理费用——工资　　　　　　　　　　　　　　25 500.00
　　贷:应付职工薪酬——工资　　　　　　　　　　　　　　96 000.00

【21】12月22日,按工资总额的14%计提福利费。
借:生产成本——MS　　　　　　　　　　　　　　　4 900.00
　　　　　——MV　　　　　　　　　　　　　　　3 500.00
　　制造费用——基本车间　　　　　　　　　　　　1 470.00
　　管理费用——福利费　　　　　　　　　　　　　3 570.00
　　贷:应付职工薪酬—福利费　　　　　　　　　　　　　13 440.00

【22】12月23日,接受协作单位捐赠甲材料10吨,对方开具增值税普通发票,价款为30 000.00元,增值税税额为3 900.00元。
借:原材料——甲材料　　　　　　　　　　　　　　33 900
　　贷:营业外收入——捐赠利得　　　　　　　　　　　　　33 900

【23】12月24日,购买生产用设备一台,对方开具增值税专用发票,200 000.00元设备款用银行存款支付。
借:固定资产——生产用　　　　　　　　　　　　　200 000.00
　　应交税费——应交增值税(进项税额)　　　　　　260.000
　　贷:银行存款　　　　　　　　　　　　　　　　　　　226 000.00

【24】12月25日,年终盘点,盘亏甲材料1吨,金额为3 000.00元(应负担的增值税为390.00元);盘盈全新生产用设备一台,市场价50 000元。
盘亏材料会计处理:
借:待处理财产损溢——待处理流动资损溢　　　　3 390.00
　　贷:原材料——甲材料　　　　　　　　　　　　　　　3 000.00
　　　　应交税费——应交增值税(进项税额转出)　　　　390.00
盘盈设备会计处理:
借:固定资产——生产用　　　　　　　　　　　　　50 000
　　贷:以前年度损益调整　　　　　　　　　　　　　　　50 000
盘盈设备调整企业所得税会计处理:
借:以前年度损益调整　　　　　　　　　　　　　　12 500
　　贷:应交税费——应交所得税　　　　　　　　　　　　12 500

【25】12月25日,用银行存款支付本月电话、网费500元。
借:管理费用——电话、网费　　　　　　　　　　　500
　　贷:银行存款　　　　　　　　　　　　　　　　　　　500

【26】12月26日,计提12月利息1 500.00元,并用银行存款支付第四季度借款利息4 500.00元。
计提利息:
借:财务费用——利息　　　　　　　　　　　　　　1 500.00
　　贷:应付利息　　　　　　　　　　　　　　　　　　　1 500.00

支付利息：
 借：应付利息   4 500.00
  贷：银行存款   4 500.00

【27】12月26日，计提本月固定资产折旧11 250元，其中，车间应负担折旧6 000.00元，厂部应负担折旧5 250.00元。
 借：制造费用——基本车间   6 000.00
   管理费用——折旧费   5 250.00
  贷：累计折旧   11 250.00

【28】12月26日，计提本月无形资产摊销1 200元。
 借：管理费用——无形资产摊销   1 200.00
  贷：累计摊销   1 200.00

【29】12月27日，盘亏的甲材料3 390.00元列入营业外支出。
 借：营业外支出   3 390.00
  贷：待处理财产损溢——待处理流动资产损溢   3 390.00

【30】12月27日，盘盈的设备，调整留存收益。
 借：以前年度损益调整   37 500.00
  贷：盈余公积——法定盈余公积   3 750.00
    利润分配——未分配利润   33 750.00

【31】12月31日，转出未交增值税。
 借：应交税费——应交增值税（转出未交增值税）   20 150.00
  贷：应交税费——未交增值税   20 150.00

【32】12月31日，计提本月城建税、教育费附加。（城建税：20 150.00×7% = 1 410.50元；教育费附加：20 150.00×3% = 604.50元）
 借：税金及附加   2 015.00
  贷：应交税费——应交城建税   1 410.50
     ——应交教育费附加   604.50

【33】12月31日，按年末应收账款余额的5%计提坏账准备。
 借：信用减值损失   3 145.00
  贷：坏账准备   3 145.00

【34】12月31日，甲材料减值，计提减值准备3 500元。
 借：资产减值损失   3 500.00
  贷：存货跌价准备   3 500.00

【35】12月31日，结转本月制造费用，按工人工资比例分配。（制造费用：25 920.00元）
制造费用分配率 = 25 920/(35 000 + 25 000) = 0.432
产品MS分得制造费用：35 000×0.432 = 15 120.00元
产品MV分得制造费用：25 000×0.432 = 10 800.00元
 借：生产成本——MS   15 120.00
    ——MV   10 800.00
  贷：制造费用——生产车间   25 920.00

【36】12月31日，MS产品31台本月刚好全部完工，单位生产成本为10 365.16元/台，总

成本四舍五入为 321 320.00 元；MV 产品完工 20 台，单位生产成本为 6 050.00 元/台，完工 MV 产品成本为 121 000.00 元，结转已完工产品的成本。

  借：库存商品——MS   321 320.00
      ——MV   121 000.00
   贷：生产成本——MS   321 320.00
       ——MV   121 000.00

【37】12 月 31 日，结转本月各项损益。

结转收入：

  借：主营业务收入   438 000.00
    其他业务收入   16 000.00
    营业外收入   33 900.00
   贷：本年利润   487 900.00

结转费用：

  借：本年利润   278 770.00
   贷：主营业务成本   204 200.00
     其他业务成本   10 500.00
     税金及附加   2 015.00
     信用减值损失   3 145.00
     资产减值损失   3 500.00
     管理费用   42 520.00
     销售费用   8 000.00
     财务费用   1 500.00
     营业外支出   3 390.00

【38】12 月 31 日，计算并结转所得税费用。（本期利润总额为 209 130.00 元，纳税调增 8 045.00 元）

  应纳税所得额：209 130＋8 045＝217 175.00 元
  确认当期所得税：217 175×25％＝54 293.75 元
  借：所得税费用——当期所得税   54 293.75
   贷：应交税费——应交所得税   54 293.75

结转所得税费用：

  借：本年利润   54 293.75
   贷：所得税费用   54 293.75

【39】12 月 31 日，将本年利润 777 136.25 元（622 300 元＋154 836.25 元）转入利润分配科目。

  借：本年利润   777 136.25
   贷：利润分配——未分配利润   777 136.25

【40】12 月 31 日，按净利润的 10％计提法定盈余公积金，提取 150 000.00 元的任意盈余公积。

  借：利润分配——提取法定盈余公积   77 713.63
     ——提取任意盈余公积   150 000.00

贷：盈余公积——法定盈余公积   77 713.63
  　　　　　　——任意盈余公积   150 000.00

【41】公司决议，向股东发放现金股利200 000.00元。
  借：利润分配——应付现金股利   200 000.00
  　　贷：应付股利   200 000.00

【42】结转已分配利润
  借：利润分配——未分配利润   427 713.63
  　　贷：利润分配——提取法定盈余公积   77 713.63
  　　　　　　　　——提取任意盈余公积   150 000.00
  　　　　　　　　——应付现金股利   200 000.00

三、会计核算的目标要求

为了更好实现会计核算的目标要求，本篇将安排三个章节：Excel在会计凭证中的应用、Excel在会计账簿中的应用、Excel在会计报表中的应用。在这三个章节中，具体展示了借助Excel数据分析和管理功能，根据西安兴达有限责任公司的经济业务数据，首先建立"会计科目表"工作表和"会计凭证表"工作表；其次一步步建立"总分类账""明细分类账""总账科目汇总表""总账科目余额表"等工作表；最后根据"总账科目余额表"工作表编制"资产负债表"工作表，根据"总账科目汇总表"工作表编制"利润表"工作表，以及根据"现金流量项目查询表"工作表编制"现金流量表"工作表。本篇将会计核算的总体目标拆分成以下相对独立的具体目标：

(1)根据公司涉及的经济业务建立"会计科目表"。
(2)根据公司发生的经济业务结合"会计科目表"编制"会计凭证表"。
(3)根据审核无误的"会计凭证表"，首先建立总"总分类账"，进而建立"明细分类账"。
(4)根据"总分类账"建立"总账科目汇总表"。
(5)根据"总账科目汇总表"建立"总账科目余额表"。
(6)根据"总账科目余额表"编制"资产负债表"。
(7)根据"总账科目汇总表"编制"利润表"。
(8)根据"明细分类账""总账科目余额表""资产负债表""利润表"编制"所有者权益变动表"。
(9)根据"会计凭证表"建立"现金流量项目查询表"。
(10)根据"现金流量项目查询表"编制"现金流量表"。

第四章　Excel 在会计凭证中的应用

通过本章的学习,读者应该在理解会计凭证相关概念的基础上,学会会计科目表和会计凭证表的建立方法。

第一节　会计凭证概述

一、会计凭证的含义和作用

1. 会计凭证的含义

会计凭证是指按一定格式编制,用于记录经济业务和明确经济责的书面证明,也是登记会计账簿的依据。正确地填列和审核会计凭证,是会计核算工作的一项重要内容,也是反映和监督经济活动的重要方法。

2. 会计凭证的作用

会计凭证的重要作用表现为以下三个方面:
(1)填列会计凭证,可以及时反映各项经济业务的完成情况。
(2)审核会计凭证,可以很好地发挥会计的监督作用。
(3)填列和审核会计凭证,可以更好地区分和强化经济责任。

二、会计凭证的种类

会计凭证按其填列的程序及其用途的不同分为原始凭证和记账凭证。

1. 原始凭证

原始凭证又称单据,是指在经济业务最初发生之时填列的原始书面证明,用以证明经济业务的发生或完成等情况,是具有法律效力的书面证明,也是编制记账凭证的依据。出差乘坐的车船票、采购材料的发货票、到仓库领料的领料单等,都是原始凭证。

原始凭证按其取得的来源不同,可以分为自制原始凭证和外来原始凭证两类。

(1)自制原始凭证

自制原始凭证是指在经济业务发生、执行或完成时,由本单位的经办人员自行填列,仅供内部使用的原始凭证,如收料单、领料单、产品入库单等。

(2)外来原始凭证

外来原始凭证是指在同其他单位发生经济往来关系时,从这些单位取得的凭证。外来原始凭证都是一次凭证。如企业购买材料,从供货单位取得的发货票,就是外来原始凭证。

需要注意,不管是自制原始凭证,还是外来原始凭证,都必须做到真实、完整、规范、及时和正确。此外,原始凭证只有经过审核后,才能作为记账依据。

2. 记账凭证

记账凭证是会计人员根据审核无误的原始凭证填列,用来确定经济业务应借、应贷的会计科目和金额,作为登记账簿直接依据的会计凭证。

记账凭证按其适用的经济业务,可以分为专用记账凭证和通用记账凭证两类。

(1)专用记账凭证

专用记账凭证是用来专门记录某一类经济业务的记账凭证。专用凭证按其所记录的经济业务是否与现金和银行存款的收付有关,又分为收款凭证、付款凭证和转账凭证三种。

① 收款凭证。收款凭证是用来记录现金和银行存款等货币资金收款业务的凭证,它是根据现金和银行存款收款业务的原始凭证填列的。

② 付款凭证。付款凭证是用来记录现金和银行存款等货币资金付款业务的凭证,它是根据现金和银行存款付款业务的原始凭证填列的。

③ 转账凭证。转账凭证是用来记录与现金、银行存款等货币资金收付款业务无关的转账业务的凭证,它是根据有关转账业务的原始凭证填列的。

(2)通用记账凭证

通用记账凭证是以一种通用格式来记录全部经济业务的记账凭证。对于经济业务比较简单的企业,为了简化凭证,就可以使用通用记账凭证来记录所发生的各种经济业务。

三、记账凭证和原始凭证的差别

记账凭证和原始凭证同属于会计凭证,但二者存在以下四个方面的差别:

(1)原始凭证由经办人员填列;记账凭证则由会计人员填列。

(2)原始凭证是根据发生或完成的经济业务填列的;记账凭证是根据审核后的原始凭证填列的。

(3)原始凭证仅用以记录、证明经济业务已经发生或完成;记账凭证要依据会计科目对已经发生或完成的经济业务进行归类、整理。

(4)原始凭证是填列记账凭证的依据;记账凭证是登记账簿的依据。

第二节 会计科目表的建立和美化

一、会计科目表的建立

1. 会计科目表的编码规则

会计科目编码是供企业填列会计凭证、登记会计账簿以及查阅会计科目编制的一套编码系统。会计科目编码的一级编码是由财政部统一规定的,企业可以根据实际需要制定明细科目编码。其中,会计科目编码的第一位数字用来表示会计科目的类别,比如 1 表示资产类、2 表示负债类、3 表示共同类(比较少用)、4 表示权益类、5 表示成本类、6 表示损益类。根据西安兴达有限责任公司的经济业务,以手工方式建立的"会计科目表"见表4-1。

表 4-1　　　　西安兴达有限责任公司会计科目表

序号	总账科目编号	总账科目	序号	总账科目编号	总账科目
(一)资产类			30	2241	其他应付款
1	1001	库存现金	31	2501	长期借款
2	1002	银行存款	32	2502	应付债券
3	1101	交易性金融资产	(三)共同类		
4	1121	应收票据	(略)		
5	1122	应收账款	(四)所有者权益类		
6	1123	预付账款	33	4001	实收资本
7	1221	其他应收款	34	4002	资本公积
8	1231	坏账准备	35	4003	其他综合收益
9	1402	在途物资	36	4101	盈余公积
10	1403	原材料	37	4103	本年利润
11	1405	库存商品	38	4104	利润分配
12	1471	存货跌价准备	(五)成本类		
13	1501	债权投资	39	5001	生产成本
14	1511	长期股权投资	40	5101	制造费用
15	1601	固定资产	(六)损益类		
16	1602	累计折旧	41	6001	主营业务收入
17	1604	在建工程	42	6051	其他业务收入
18	1701	无形资产	43	6111	投资收益
19	1702	累计摊销	44	6301	营业外收入
20	1801	长期待摊费用	45	6401	主营业务成本
21	1901	待处理财产损溢	46	6402	其他业务成本
(二)负债类			47	6403	税金及附加
22	2001	短期借款	48	6601	销售费用
23	2201	应付票据	49	6602	管理费用
24	2202	应付账款	50	6603	财务费用
25	2203	预收账款	51	6701	资产减值损失
26	2211	应付职工薪酬	52	6702	信用减值损失
27	2221	应交税费	53	6711	营业外支出
28	2231	应付利息	54	6801	所得税费用
29	2232	应付股利	55	6901	以前年度损益调整

需要说明:西安兴达有限责任公司的经济业务不涉及"共同类"的"总账科目",因此表 4-1 没有列出此类总账科目。

2. 用 Excel 建立会计科目表

与手工方式建立"会计科目表"不同,Excel 方式建立的"会计科目表"要考虑到"总账科目编号""总账科目"与"明细科目"精准的对应关系,因此单个"总账科目"名下存在几笔"明细科目",就要求"总账科目"重复几次。Excel 方式建立"会计科目表"的操作流程如下:

第一步:新建一个工作簿文档,重命名为"4.xlsx"。打开"4.xlsx",在 Sheet1 的"A1"单元格中输入"西安兴达有限责任公司会计科目表",在"A2""B2""C2"单元格中,分别输入"总账科目编号""总账科目""明细科目"。

第二步:从"A3"单元格开始,键盘输入西安兴达有限责任公司经济业务可能涉及的总账科目编号、总账科目和明细科目。

第三步:双击"Sheet1"工作表标签,键盘输入工作表标签"会计科目表"。建立好的"西安兴达有限责任公司会计科目表"如图4-1所示。

	A	B	C
1	西安兴达有限责任公司会计科目表		
2	总账科目编号	总账科目	明细科目
3	1000	资产类	
4	1001	库存现金	
5	1002	银行存款	
6	1101	交易性金融资产	海芝星股票
7	1121	应收票据	星月公司
8	1122	应收账款	依兰特公司
9	1122	应收账款	曜盛公司
10	1122	应收账款	蓝池公司

图 4-1　西安兴达有限责任公司会计科目表

需要说明,在图 4-1 中,"总账科目"的子科目"应收账款"下有 4 个"明细科目",为确保"总账科目编号""总账科目"与"明细科目"精准的对应关系,"应收账款"这一"总账科目"及其"总账科目编号"就要被重复 4 次。

二、会计科目表的美化

初步建立的会计科目表工作表比较粗糙,可以通过一些操作进行美化,比如字体、对齐方式、填充背景颜色等。美化会计科目表可以通过"套用表格格式"功能实现一步到位,也可以从字体、对齐方式等方面逐步实现。只是前者允许用户从 Excel 提供的多套美化方案中选择一种,后者则允许用户进行个性化的格式美化。

1. 使用"套用表格格式"功能美化会计科目表

使用"套用表格格式"功能美化会计科目表简便快捷。其操作方法如下:

第一步:选定"会计科目表"数据区域任一单元格,单击"开始"选项卡"样式"功能组中的"套用表格格式"按钮,下拉列表选择"蓝色,表样式中等深浅 2",打开"套用表格式"对话框,如图 4-2 所示。

第二步:修改"表数据的来源"为"=＄A＄2:＄C＄98",维持默认选择"表包含标题"复选项,单击"确定"按钮,会计科目表美化结果如图 4-3 所示。

图 4-2　"套用表格式"对话框　　　　图 4-3　使用"套用表格格式"功能美化会计科目表的结果

需要说明:使用"套用表格格式"功能,只是给存放字段名的单元格设置了字体和背景色,给存放字段值的单元格隔行设置了浅蓝色背景。如果美化不满意,可以在此基础上继续开展格式美化。

2. 使用多个功能组合美化会计科目表

使用多个功能组合美化会计科目表,比较耗时,但允许用户开展个性化的格式美化。这里只以常见且简单的格式美化效果为例,说明其操作流程。

(1)表头部分的格式操作

表头部分包括表名和字段名,常见格式美化操作如存放表名的第一行要合并居中,字体要加粗凸显,存放字段名的第二行对齐方式要居中,字体要加粗凸显等。其操作方法如下:

第一步:选定单元格区域"A1:C1",单击"开始"选项卡"对齐方式"功能组中的"合并后居中"按钮,表名置于表格第一行的正中心。

第二步:选定"A1:C2"单元格区域,依次单击"开始"选项卡"字体"功能组中的"加粗"按钮和"对齐方式"功能组中的"居中"按钮,让表名和字段名加粗且居中显示。

(2)字段值部分隔行设置相同的背景色

字段值部分是指除表头外的数据区域,为避免看错行,字段值部分常见的格式美化操作就是隔行设置相同的背景色。其操作方法如下:

第一步:选定单元格区域"A3:C3",单击"开始"选项卡"字体"功能组中的"填充颜色"下拉按钮,下拉列表选择"其他颜色",打开"颜色"对话框,选择"标准"选项卡中浅蓝色,如图4-4所示,单击"确定"按钮,即可将单元格区域"A3:C3"的背景色设置为浅蓝色。

第二步:选定单元格区域"A3:C4",单击"开始"选项卡"剪贴板"功能组中的"格式刷"按钮,鼠标指针变成格式刷,拖动鼠标左键刷过单元格区域"A5:C98",即可将单元格区域"A3:C4"蓝白间隔的美化效果复制到单元格区域"A5:C98",如图4-5所示。

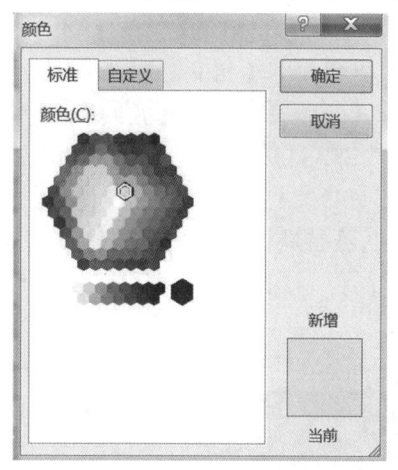

图4-4 "颜色"对话框

图4-5 使用"格式刷"功能实现蓝白间隔的美化效果

需要说明:复制蓝白间隔的格式美化效果,除了使用"格式刷"左键拖动功能以外,也可以使用"填充句柄"左键拖动功能来实现。两种操作方法的第一步相同;不同的是,后者的第二步中,使用"填充句柄"左键拖动功能时,鼠标指针要指向单元格区域"A3:C4"右下角,当鼠标指针变成黑色实心十字时,拖动鼠标左键到单元格"C98"后放开鼠标左键。单击"自动填充选项"下拉按钮,弹出下拉列表选择"仅填充格式"单选项,最终的格式美化效果与图4-5一致。

第三节　会计凭证表的相关操作

一、会计凭证表的设计

会计凭证表的设计是指对会计凭证表的表头，包括表名和字段名，以及字段值等进行文字录入、格式美化、数据类型设置等操作。根据西安兴达有限责任公司的经济业务设计的"会计凭证表"如图4-6所示。

图4-6　会计凭证表的设计

会计凭证表设计的操作方法如下：

第一步：打开名为"4.xlsx"的"Sheet2"工作表，在"A1"单元格输入会计凭证表表名"西安兴达有限责任公司会计凭证表"，在单元格区域"A2：K2"依次输入"年""月""日""序号""凭证编号""摘要""总账科目编号""总账科目""明细科目""借方金额""贷方金额"等字段名。

第二步：选定"A1：K1"单元格区域，单击"开始"选项卡"对齐方式"功能组中的"合并后居中"按钮，选定"A2：K2"单元格区域，依次单击"开始"选项卡"字体"功能组中的"加粗"按钮和"对齐方式"功能组中的"居中"按钮，让表名和字段名加粗且居中显示。

第三步：选定整个"J"列和"K"列，单击鼠标右键，在弹出的菜单中选择"设置单元格格式"命令，打开"设置单元格格式"对话框，在"数字"选项卡中，选择"分类"列表框中的"会计专用"，设置"小数数位"为"2"，"货币符号"下拉列表选择"无"，设置结果如图4-7所示，单击"确定"按钮，即可实现"借方金额"和"贷方金额"的"会计专用"数据显示方式的设置。

图4-7　"设置单元格格式"对话框

第四步：双击存放会计凭证表的工作表表名"Sheet2"，输入工作表名称"会计凭证表"，按"Enter"键，即可完成会计凭证表的设计。

二、会计凭证表的数据录入

会计凭证表的数据录入就是将根据企业经济业务编制好的会计分录录入到 Excel 数据表格的过程。这个过程中的大部分工作表属于手工录入操作,但对于像"凭证编号""总账科目"等字段,可以改手工输入为使用 Excel 公式或者函数进行自动生成,或者叫批量化生成。

1. 批量化填列凭证编号

凭证编号是计人员记录经济业务时所加的编号,用于查找和核对经济业务。凭证编号是将经济业务发生的年、月、日和经济业务的序号连接起来形成的数字编码。在 Excel 中,批量化填列"凭证编号"可以通过 CONCATENATE 函数实现,也可以通过连接符"&"构建公式来实现。

(1)使用 CONCATENATE 函数批量化填列会计凭证编号

在使用 CONCATENATE 函数时,可以在编辑栏中输入函数,也可以通过对话框操作函数。考虑到编辑栏直接录入函数和设置函数参数难度较大,初学者容易出错,本教材涉及函数使用时,一般都给出对话框操作示范。使用 CONCATENATE 函数批量化填列"凭证编号"的操作方法如下:

第一步:选定"会计凭证表"中的"E3"单元格,输入"=CONCATENATE()",单击编辑栏上的"插入函数"按钮,弹出 CONCATENATE"函数参数"对话框,鼠标指针指向第一个参数框,点选单元格"A3",即可完成第一个参数的设置,同理依次将鼠标指针指向第二到第四个参数,依次点选单元格"B3""C3""D3",完成剩下三个参数的设置,设置结果如图 4-8 所示。

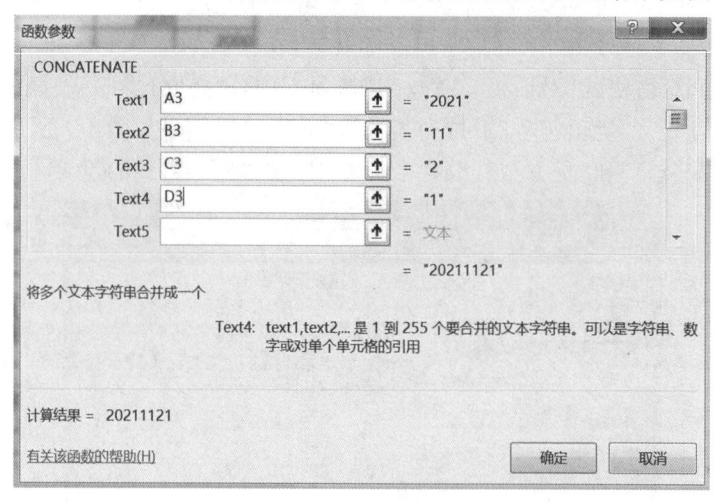

图 4-8 CONCATENATE"函数参数"对话框

第二步:单击"确定"按钮,"E3"单元格就会填列"凭证编号",鼠标指针指向"E3"单元格右下角,当鼠标指针变为黑色实心十字形状时,按住鼠标左键垂直向下拖动,此时"E"列其他单元格就复制了"E3"单元格的函数。批量化填列"凭证编号"如图 4-9 所示。

(2)通过连接符"&"批量化填列会计凭证编号

第一步:选定"会计凭证表"的"E3"单元格,输入公式"=A3&B3&C3&D3",按"Enter"键,"E3"单元格填列了"凭证编号"。

第二步:选择"E3"单元格,鼠标指针指向"E3"单元格右下角,当鼠标指针变为黑色实心十字形状时,按住鼠标左键垂直向下拖动,此时"E"列其他单元格就复制了"E3"单元格的公式。

Excel在会计凭证中的应用 第四章

	A	B	C	D	E	F	G	H	I	J	K
1						西安兴达有限责任公司会计凭证表					
2	年	月	日	序号	凭证编号	摘要	总账科目编号	总账科目	明细科目	借方金额	贷方金额
3	2021	11	02	01	2021110201	提现	1001			2000	
4	2021	11	02	01	2021110201	提现	1002				2000
5	2021	11	05	02	2021110502	缴纳上月税、费	2221		未交增值税	10500	
6	2021	11	05	02	2021110502	缴纳上月税、费	2221		应交城建税	735	
7	2021	11	05	02	2021110502	缴纳上月税、费	2221		应交教育费附加	301.5	
8	2021	11	05	02	2021110502	缴纳上月税、费	1002				11536.5

图 4-9 批量化填列凭证编号的结果

需要说明：考虑到后续以"会计凭证表"为基础建立"总分类账"的数据源范围可以方便进行调整，"会计凭证表"每增加一个月的经济业务，总是从"字段名"开始，即相邻两个月经济业务之间都以"字段名"来间隔。因此，上述通过公式或者函数批量化填列 2021 年 11 和 12 月的"凭证编号"，实际上覆盖了 12 月的字段名"凭证编号"，需要批量化填列后进行修改。

2. 批量化填列总账科目

"总账科目"字段可以手工录入，但效率更高的做法是使用 Excel 提供的 VLOOKUP 函数实现批量化填列。同时，考虑到 VLOOKUP 函数的参数设置复杂，这里只介绍对话框操作函数的方法。

第一步：选定"会计凭证表"的"H3"单元格，输入"＝VLOOKUP()"，单击编辑栏上的"插入函数"按钮，弹出 VLOOKUP"函数参数"对话框，将光标插入点移动到第一个参数的文本框，输入"G3"，将光标插入点移动到第二个参数框，选定"会计科目表"的单元格区域"A3：B98"，选定第二个参数框，按"F4"键，单元格区域"A3：B98"的行标和列标前就分别带上了绝对引用符号"$"，在第三个参数框和第四个参数框中分别输入"2"和"0"，如图 4-10 所示，单击"确定"按钮，"H3"单元格就填列完成了。

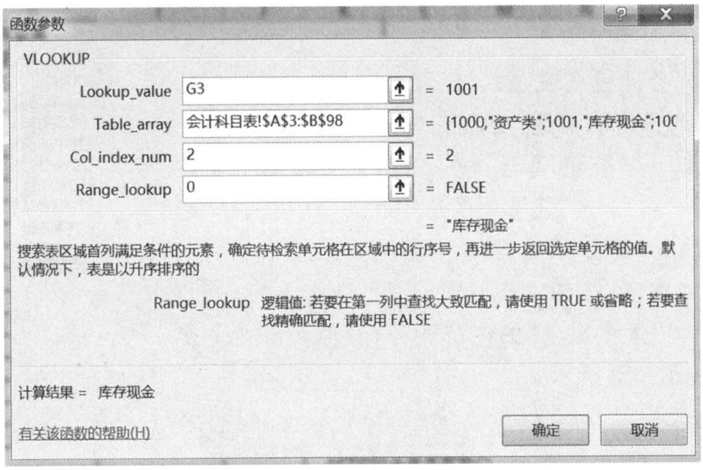

图 4-10 VLOOKUP"函数参数"对话框

第三步：选择"H3"单元格，鼠标指针指向"H3"单元格右下角，当鼠标指针变为黑色实心十字形状时，按住鼠标左键垂直向下拖动，此时"H"列的其他单元格就复制了"H3"单元格的函数，如图 4-11 所示。

需要说明：VLOOKUP 函数是会计核算中最为常用的函数，有关这个函数的具体介绍，可以参考本书之前的函数部分。这里仅就该函数的参数含义再次强调一下。VLOOKUP 函数的结构可以表达为：VLOOKUP(查找目标，查找范围，返回值在查找范围的列编号，查找方式)。其后三个参数的含义解释如下：

	A	B	C	D	E	F	G	H	I	J	K
1						西安兴达有限责任公司会计凭证表					
2	年	月	日	序号	凭证编号	摘要	总账科目编号	总账科目	明细科目	借方金额	贷方金额
3	2021	11	02	01	2021110201	提现	1001	库存现金		2000	
4	2021	11	02	01	2021110201	提现	1002	银行存款			2000
5	2021	11	05	02	2021110502	缴纳上月税、费	2221	应交税费	未交增值税	10500	
6	2021	11	05	02	2021110502	缴纳上月税、费	2221	应交税费	应交城建税	735	
7	2021	11	05	02	2021110502	缴纳上月税、费	2221	应交税费	应交教育费附加	301.5	
8	2021	11	05	02	2021110502	缴纳上月税、费	1002	银行存款			11536.5

图 4-11　批量化填列总账科目的结果

(1) VLOOKUP 函数第二个参数代表"查找范围",这个查找范围一定要以查找目标作为第一列;查找范围的行列编号前要带上绝对引用符号"$",表示公式复制过程中查找范围始终固定。

(2) VLOOKUP 函数第三个参数代表"返回值在查找范围的列编号",而不代表返回值在工作表的列编号。

(3) VLOOKUP 函数第四个参数用 1 代表模糊查询,用 0 表示精确查询。本实验要求根据科目编码准确查询科目名称,所以只能用 0。

三、会计凭证表的筛选操作

"会计凭证表"记录着大量的经济业务,直接查找数据非常耗时,利用 Excel 的"自动筛选"功能可以缩小数据范围,也可以定向查找数据。例如,使用"自动筛选"功能查找"总账科目"为"银行存款"和"库存现金"的经济业务,可以按照如下步骤操作:

第一步:选定"会计凭证表"数据区域的任意一个单元格,单击"数据"选项卡"排序和筛选"功能组中的"筛选"按钮,每一个字段右侧会增加下拉按钮,单击"总账科目"字段的下拉按钮,弹出下拉列表解除"全选"复选项的选中状态,然后选择"银行存款"和"库存现金"复选项,如图 4-12 所示。

第二步:单击"确定"按钮,"会计凭证表"只显示"总账科目"为"银行存款"和"库存现金"的经济业务,其他经济业务全都被隐藏起来,如图 4-13 所示。

图 4-12　"自动筛选"下拉列表

	A	B	C	D	E	F	G	H	I	J	K
1						西安兴达有限责任公司会计凭证表					
2	年	月	日	序	凭证编号	摘要	总账科目编	总账科目	明细科目	借方金	贷方金
3	2021	11	02	01	2021110201	提现	1001	库存现金		2000	
4	2021	11	02	01	2021110201	提现	1002	银行存款			2000
8	2021	11	05	02	2021110502	缴纳上月税、费	1002	银行存款			11536.5
13	2021	11	10	03	2021111003	购料	1002	银行存款			169500
14	2021	11	11	04	2021111104	提现	1001	库存现金		111500	
15	2021	11	11	04	2021111104	提现	1002	银行存款			111500
18	2021	11	11	05	2021111105	发放工资及福利费	1001	库存现金			111500

图 4-13　自动显示筛选结果

需要说明:Excel 提供的"自动筛选"功能,允许用户设置多个筛选条件,Excel 只显示同时满足这些条件的经济业务,其他经济业务实际上被暂时隐藏起来。

练习题

1．思考题

(1) 手工方式进行会计核算有何弊端？

(2) 什么是会计凭证？

(3) 会计凭证有哪些重要作用？

(4) 简要说明原始凭证和记账凭证的差别。

(5) 简要说明按经济业务编制会计分录的步骤。

2．实训操作题

(1) 企业资料概况

西安玉凡有限责任公司是一家制造类企业，主要生产 NG、NC 两种产品。该企业的存货采用先进先出法，固定资产采用直线法计提折旧。该企业属于增值税一般纳税人，增值税税率为 13%，企业所得税税率为 25%；

(2) 企业经济业务数据

① 2021 年 11 月总账科目期初余额

2021 年 11 月总账科目期初余额见表 4-2。

表 4-2　　　　　　2021 年 11 月总账科目期初余额　　　　　　单位：元

总账科目	期初余额 借方	期初余额 贷方	总账科目	期初余额 借方	期初余额 贷方
库存现金	600.00		应付利息		1 500.00
银行存款	787 530.00		应付股利		
交易性金融资产	150 000.00		其他应付款		61 500.00
应收票据	30 000.00		长期借款		425 000.00
应收账款	225 000.00		应付债券		
预付账款	75 000.00		实收资本		2 700 000.00
其他应收款			资本公积		210 000.00
坏账准备		11 250.00	盈余公积		344 000.00
在途物资			本年利润		326 572.50
原材料	475 000.00		利润分配		198 975.00
库存商品	455 550.00		生产成本	157 500.00	
债权投资	75 000.00		制造费用		
长期股权投资	105 000.00		主营业务收入		
固定资产	2 700 000.00		其他业务收入		
累计折旧		217 650.00	投资收益		
在建工程			营业外收入		
无形资产	122 292.50		主营业务成本		
长期待摊费用			其他业务成本		
待处理财产损溢			税金及附加		
短期借款		300 000.00	销售费用		
应付票据			管理费用		
应付账款		120 000.00	财务费用		
预收账款			资产减值损失		
应付职工薪酬			营业外支出		
应交税费		14 025.00	所得税费用		

② 明细账期初余额

应收账款——红星公司	借:150 000.00
——兰特公司	借:75 000.00
应收票据——瑞光公司	借:30 000.00
预付账款——华盟机械厂	借:75 000.00
原材料——甲,40 吨,每吨 5 000.00 元	借:200 000.00
——乙,20 吨,每吨 6 250.00 元	借:125 000.00
——丙,50 吨,每吨 3 000.00 元	借:150 000.00
库存商品 ——NG,20 台,每台 15 450.00 元	借:309 000.00
——NC,24 台,每台 9 000.00 元	借:216 000.00
固定资产 ——生产用	借:1 500 000.00
——非生产用	借:1 200 000.00
应付账款——西飞公司	贷:1 280 000.00
应交税费——未交增值税	贷:12 750.00
——应交城建税	贷:892.50
——教育费附加	贷:382.50
生产成本——NG	借:105 000.00
——NC	借:52 500.00
盈余公积——法定盈余公积	贷:270 000.00
——任意盈余公积	贷:174 000.00

③ 11 月份发生的经济业务及分录

【1】11 月 2 日,从银行提取 800.00 元现金备用。

借:库存现金　　　　　　　　　　　　　　　　　　　　　　　　　　800.00
　贷:银行存款　　　　　　　　　　　　　　　　　　　　　　　　　　　800.00

【2】11 月 5 日,缴纳上月增值税、城建税和教育费附加。

借:应交税费——未交增值税　　　　　　　　　　　　　　　　　　12 750.00
　　　　　　——应交城建税　　　　　　　　　　　　　　　　　　　　892.50
　　　　　　——教育费附加　　　　　　　　　　　　　　　　　　　　382.50
　贷:银行存款　　　　　　　　　　　　　　　　　　　　　　　　　14 025.00

【3】11 月 10 日,购买原材料 100 000.00 元,其中甲材料 10 吨,每吨 5 000.00 元;乙材料 10 吨,每吨 7 000.00 元,丙材料 40 吨,每吨 2 000.00 元。

借:原材料——甲材料　　　　　　　　　　　　　　　　　　　　　25 000.00
　　　　　——乙材料　　　　　　　　　　　　　　　　　　　　　　35 000.00
　　　　　——丙材料　　　　　　　　　　　　　　　　　　　　　　40 000.00
　　应交税费——应交增值税(进项税额)　　　　　　　　　　　　　17 000.00
　贷:银行存款　　　　　　　　　　　　　　　　　　　　　　　　117 000.00

【4】11 月 11 日,提现 71 820.00 元,备发工资及福利费。

借:库存现金　　　　　　　　　　　　　　　　　　　　　　　　　71 820.00
　贷:银行存款　　　　　　　　　　　　　　　　　　　　　　　　　71 820.00

【5】11 月 11 日,发放本月工资及福利费 71 820.00 元。

借:应付职工薪酬 71 820.00
  贷:库存现金 71 820.00

【6】11月15日,销售给玫捷公司产品一批,其中,NG 5台,每台18 000.00元;NC 6台,每台10 000.00元,货款150 000.00元,增值税税率为13%,收到的支票已存入银行。

借:银行存款 195 500.00
  贷:主营业务收入 150 000.00
    应交税费——应交增值税(销项税额) 45 500.00

【7】11月18日,用银行存款支付水费3 600.00元,其中生产车间2 500.00元,管理部门1 100.00元。

借:制造费用——基本车间 2 500.00
  管理费用——水电费 1 100.00
  贷:银行存款 3 600.00

【8】11月20日,车间领用甲材料20吨,每吨2 500.00元,用于NG产品的生产;领用乙材料10吨,每吨3 500.00元,用于NC产品的生产;领用丙材料82吨,每吨1 000.00元,其中35吨用于生产NG,45吨用于生产NC,2吨用于车间一般耗用。行政管理部门领用丙材料1吨。

借:生产成本——NG 85 000.00
    ——NC 80 000.00
  制造费用 2 000.00
  管理费用 1 000.00
  贷:原材料——甲材料 50 000.00
    ——乙材料 35 000.00
    ——丙材料 83 000.00

【9】12月22日,分配本月工资,其中生产NG产品的生产工人工资为28 000.00元;生产NC产品的生产工人工资为12 000.00元;车间管理人员工费为9 500.00元;厂部人员工资为10 500.00元。

借:生产成本——NG 30 000.00
    ——NC 13 000.00
  制造费用——基本车间 9 500.00
  管理费用——福利费 10 500.00
  贷:应付职工薪酬——福利费 63 000.00

【10】11月22日,按工资总额的14%计提福利费。

借:生产成本——NG 4 200.00
    ——NC 1 820.00
  制造费用——基本车间 1 330.00
  管理费用——工资 1 470.00
  贷:应付职工薪酬——工资 8 820.00

【11】11月26日,计提本月借款利息1 000.00元。

借:财务费用——利息 1 000.00
  贷:应付利息 1 000.00

【12】11月26日,计提本月固定资产折旧,其中,车间应负担折旧4 000.00元,厂部应负担

折旧 3 200.00 元。

  借:制造费用——基本车间   4 000.00
    管理费用——折旧费   3 200.00
  贷:累计折旧   7 200.00

【13】11 月 30 日,转出未交增值税。

  借:应交税费——应交增值税(转出未交增值税)   8 500.00
  贷:应交税费——未交增值税   8 500.00

【14】11 月 30 日,计提本月城建税、教育费附加。

  借:税金及附加   850.00
  贷:应交税费——应交城建税   595.00
      ——应交教育费附加   255.00

【15】11 月 30 日,结转本月制造费用,按工人工资比例分配。

制造费用分配率=19 330/(30 000+13 000)=0.449 5
产品 M 分得制造费用:30 000×0.449 5=13 485.00 元
产品 TC 分得制造费用:19 330-13 485=5 845.00 元

  借:生产成本——NG   13 485.00
      ——NC   5 845.00
  贷:制造费用——基本车间   19 330.00

【16】11 月 30 日,NG 产品完工 5 台,成本共 51 500.00 元;NC 产品完工 10 台,成本共 60 000.00 元,结转已完工产品的成本。

  借:库存商品——NG   51 500.00
      ——NC   60 000.00
  贷:生产成本——NG   51 500.00
      ——NC   60 000.00

【17】11 月 30 日,结转本月销售 TG 产品 5 台,每台成本为 10 300.00 元;TC 产品 6 台,每台成本 6 000.00 元。

  借:主营业务成本——NG   51 500.00
        ——NC   36 000.00
  贷:库存商品——NG   51 500.00
      ——NC   36 000.00

【18】11 月 30 日,结转本月各项损益。

结转收入:

  借:主营业务收入   150 000.00
  贷:本年利润   150 000.00

结转费用:

  借:本年利润   106 620.00
  贷:主营业务成本   87 500.00
    税金及附加   850.00
    资产减值损失   3 350.00
    管理费用   17 270.00
    财务费用   1 000.00

【19】11月30日,计算并结转所得税费用。(本年纳税调整项目调增1 000.00元,利润总额为43 380.00元)。

应纳税所得额:43 380+1 000=44 380.00元

所得税费用:44 380×25%=11 095.00元

借:所得税费用	11 095.00
贷:应交税费——应交所得税	11 095.00

结转所得税费用:

借:本年利润	11 095.00
贷:所得税费用	11 095.00

(3)实训目标要求

①设计并建立"会计科目表"。

②对建立好的"会计科目表"做适当格式美化。

③设计"会计凭证表",将公司经济业务信息录入"会计凭证表"。

④在"会计凭证表"中,练习借助Excel的CONCATENATE函数或者"&"符号批量化填列"凭证编号",借助VLOOKUP函数批量化填列"总账科目"。

⑤在"会计凭证表"中,筛选"总账科目"为"银行存款"和"库存现金"的所有经济业务。

第五章 Excel 在会计账簿中的应用

通过本章的学习,读者应该在理解会计账簿相关概念的基础上,学会总分类账、明细分类账、总账科目汇总表和总账科目余额表的建立方法。

第一节 会计账簿概述

一、会计账簿的含义和作用

1. 会计账簿的含义

会计账簿简称账簿,是以会计凭证为依据,由相互联系的账页所组成,用来序时、分类、全面记录企业各项经济业务的会计簿籍。会计账簿是上承会计凭证、下接会计报表的中间环节,做好会计账簿的设置和登记工作,对于加强企业的会计核算具有十分重要的意义。

2. 会计账簿的作用

会计账簿在会计核算中具有十分重要的意义,会计账簿的作用的主要表现在以下几个方面。

(1)可以序时、分类、全面记录一定时期内企业发生的各项经济业务。

(2)可以反映企业的财务状况及经营成果。

(3)可以帮助企业检查和校正会计信息。

(4)可以为企业编制会计报表提供依据。

二、会计账簿的种类

1. 按照用途分类

按照经济业务的不同用途,会计账簿可以分为日记账、分类账簿和备查账簿。

(1)日记账

日记账又称序时账簿,是按照经济业务发生或完成时间的先后次序逐日逐笔进行登记的账簿。在会计核算的过程中,一般要求企业将每天发生的经济业务逐一登记,因而习惯地称序时账簿为日记账。日记账按其记录内容的不同,又分为普通日记账和特种日记账两种。

①普通日记账。普通日记账是将企业每天发生的所有经济业务,按先后顺序编成会计分录记入账簿。

②特种日记账。特种日记账是将特定项目的经济业务,按照发生的先后顺序记入账簿。特种日记账只把特定项目的经济业务记入账簿,可以详细反映企业特定项目的经济业务,如库存现金日记账和银行存款日记账。

(2)分类账簿

分类账簿是将全部经济业务按照会计要素类别设置的分类账户进行登记的账簿。分类账簿按核算指标的不同详细程度,又分为总分类账和明细分类账。

①总分类账。总分类账简称总账,是根据总分类科目开设账户,用来登记全部经济业务,进行总分类核算的分类账簿。

②明细分类账。明细分类账简称明细账,是根据明细分类科目开设账户,用来登记某类经济业务,进行明细分类核算的分类账簿。

(3)备查账簿

备查账簿又称辅助账簿,是对某些在日记账和分类账簿不予登记或登记不够详细的经济业务进行补充登记的账簿。备查账簿的设置应视实际需要而定,并非一定要设置,而且没有固定格式。

2. 按照账页格式分类

按照账页的不同格式,会计账簿可以分为两栏式账簿、三栏式账簿和多栏式账簿。

(1)两栏式账簿

这种账簿只有借方和贷方,普通日记账通常采用这种格式。

(2)三栏式账簿

这种账簿设有借方、贷方和余额。这种账簿常用用于反映资本、债权和债务明细分类账等。

(3)多栏式账簿

这种账簿是将借方和贷方这两个基本栏目按照需要分设若干个专栏的账簿。

第二节 日记账

一、日记账的格式设置

日记账是用于序时记录企业发生的经济业务的账簿。普通日记账一般是两栏式账簿,即列出借方金额和贷方金额,其格式见表5-1。

表5-1   普通日记账

年		摘要	会计科目	借方金额	贷方金额	过账
月	日					

现金日记账和银行存款日记账经常采用三栏式账簿。这种账簿设有借方、贷方,以及余额,其格式见表5-2。

表5-2   现金日记账

年		凭证号数	摘要	对方科目	借方									贷方									余额								
月	日				千	百	十	万	千	百	十	元	角	分	千	百	十	万	千	百	十	元	角	分	千	百	十	万	千	百	十	元	角	分

不管是普通日记账,还是现金日记账,其结构与会计凭证表极为相似,因此在开展会计核算时,可以直接使用审核无误的会计凭证表来建立总分类账、科目明细分类账、总账科目汇总表以及总账科目余额表。

二、会计凭证表的审核

会计凭证是登记账簿的重要依据,为确保登记账簿内容真实、项目完备和借贷平衡,编制好会计凭证表后,一般要对其内容的真实性、项目的完备性和借贷的平衡性等方面进行审核。其中,内容的真实性和项目的完备性审核属于专业审核的范畴;借贷的平衡性则可以利用函数,根据"有借必有贷,借贷必相等"的原则进行审核。

其中,借方金额合计和贷方金额合计,可以分别在"会计凭证表"中使用 SUM 函数进行汇总,但这样做可能给以"会计凭证表"为基础建立的表格,比如"总分类账""总账科目汇总表"等造成负面影响。为此,需要另建新表,将会计凭证表审核的过程和结果记录下来。

会计凭证表审核的具体操作流程如下:

(1)新建工作表,设计用于记录审核过程和结果的表格。

第一步:单击标签栏"新工作表"按钮,新建一张工作表,双击工作表标签,重命名为"记账凭证借贷平衡检验"。

第二步:选定新建工作表的"A1"单元格,输入"记账凭证借贷平衡检验",在"A2""B2""A4"单元格分别输入"借方金额合计""贷方金额合计""借贷是否平衡",选定单元格区域"A1:B1",单击"开始"选项卡"对齐方式"功能组中的"合并后居中"按钮,选定单元格区域"A2:B4",单击"开始"选项卡"对齐方式"功能组中的"居中"按钮。设计结果如图 5-1 所示。

(2)分别计算借方金额合计与贷方金额合计。

第一步:选定"A3"单元格,输入"=SUM()",单击编辑栏上的"插入函数"按钮,打开 SUM"函数参数"对话框,鼠标指针移到第一个参数框,单击"会计凭证表"中"J 列"列编号,实际上选定的是整个"J 列",设置结果如图 5-2 所示。

图 5-1 记账凭证借贷平衡性检验工作表

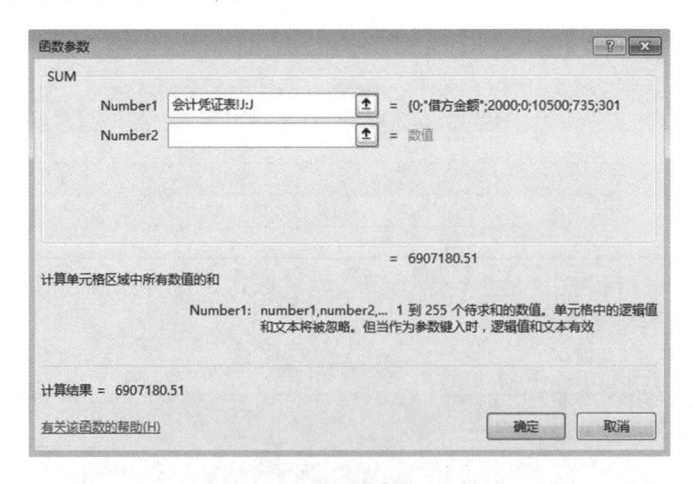

图 5-2 SUM"函数参数"对话框

第二步：单击"确定"按钮，即可实现"借方金额合计"的跨工作表汇总。按照类似的操作，也可以实现"贷方金额合计"的跨工作表汇总。不过，最为简洁的做法还是进行函数复制，即选择"A3"单元格，鼠标指针指向"A3"单元格右下角，当鼠标指针变为黑色实心十字形状时，按住鼠标左键进行水平拖动，从而将"A3"单元格的函数复制到"B3"单元格。"借方金额合计"与"贷方金额合计"的计算结果如图5-3所示。

(3) 进行借贷平衡性检验。

借贷平衡性检验就是将"借方金额合计"和"贷方金额合计"进行对比，如果两者相同，输出检验结果"借贷平衡"，否则输出"借贷不平衡"。借贷平衡性检验可以通过目测对比来实现，也可以使用IF函数来实现。这里使用IF函数来进行借贷平衡性检验。

图5-3　借方、贷方金额合计计算结果

第一步：选定"B4"单元格，输入"＝IF()"，单击编辑栏上的"插入函数"按钮，打开IF"函数参数"函数对话框，鼠标指针移到第一个参数框，输入"A3=B3"，鼠标指针移到第二个参数框，输入"平衡"，鼠标指针移到第三个参数框，输入"不平衡"，设置结果如图5-4所示。

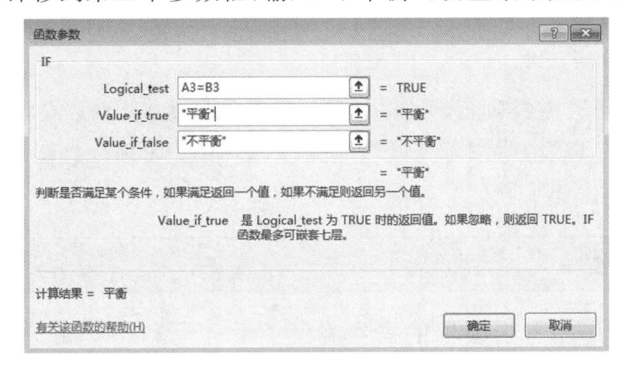

图5-4　IF"函数参数"对话框

第二步：单击"确定"按钮，即可开展借贷平衡检验，输出结果如图5-5所示。

需要说明：有时目测"借方金额合计"与"贷方金额合计"相等，但使用IF函数来判断，"借方金额合计"与"贷方金额合计"并不相等，很可能是设置显示2位小数，掩盖了

图5-5　记账凭证借贷平衡性检验结果

"借方金额合计"与"贷方金额合计"的细微差异导致。解决办法有两个：一是采用目测法，如果目测借方金额合计和贷方金额合计相等，就认定借贷是平衡的；二是先对借方金额合计和贷方金额合计采用ROUND函数通过四舍五入强制保留2位小数，再用IF函数进行判断。

第三节　分类账

一、分类账的格式设置

会计分类账可以将企业的经济活动分门别类地显示出来。与日记账只是按照经济业务发生时间次序进行登记不同，分类账则是首先按照会计科目分类，然后按照经济业务发生的时间次序排列。会计分类账一般分为总分类账和明细分类账，其中总分类账格式见表5-3。

表 5-3　　　　　　　　　　　　　总分类账

科目名称_____

年		凭证号数	摘要	借方								贷方								借或贷	余额							
月	日			千	百	十	万	千	百	十	元	角	分	千	百	十	万	千	百	十	元	角	分		千	百	十	万	千	百	十	元	角	分

利用Excel的数据透视表功能,可以用"日记账"(实际上直接用"会计凭证表"工作表来代替)来建立"总分类账",以及"明细分类账"。它们的差别是"明细分类账"包含"明细科目"这个字段,但"总分类账"不含此字段。

二、建立总分类账

运用数据透视表方法建立总分类账

1. 建立总分类账的操作流程

通过Excel的数据透视表功能建立"总分类账"工作表的具体操作步骤如下:

(1)设置数据透视表所引用的数据范围以及数据透视表存放的位置。

数据透视表可以存放在原工作表中,也可以存放在新工作表中。这里选择存放在新工作表中,具体操作步骤如下。

第一步:打开"5.xlsx"工作簿,打开"会计凭证表",选择"会计凭证表"数据区域任一单元格,单击"插入"选项卡"表格"功能组中的"数据透视表"按钮,打开"创建数据透视表"对话框,在"会计凭证表"中选择要建立数据透视表的单元格区域"A2:K74"(只选11月份的数据,默认选择的是11和12月份的数据),选择数据透视表存放位置为"新工作表"单选项(默认已经选好)。"创建数据透视表"对话框设置结果如图5-6所示。

图5-6 "创建数据透视表"对话框

第二步:单击"确定"按钮。Excel新建了一张用于存放数据透视表的工作表"Sheet1",如图5-7所示。

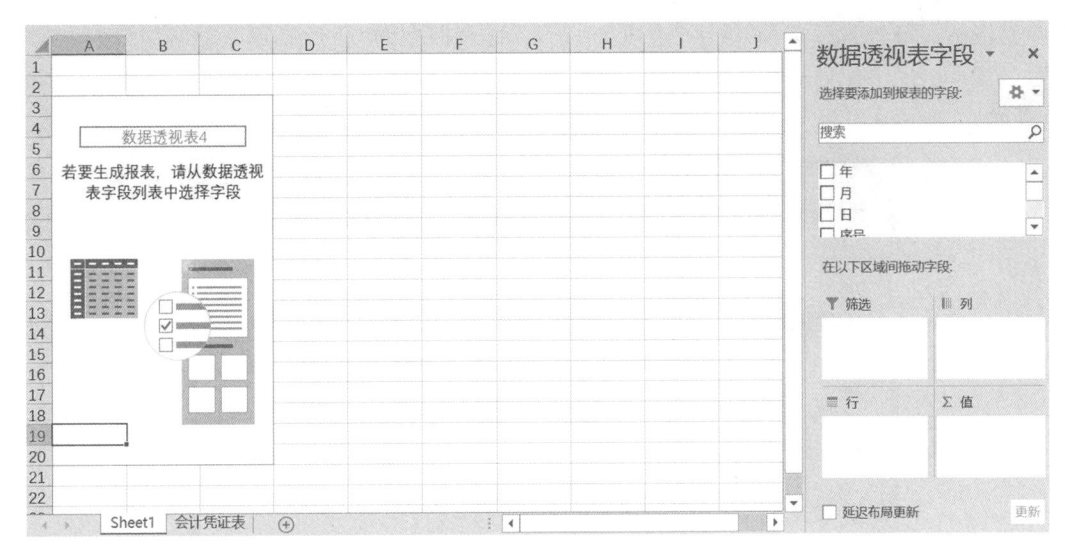

图 5-7 数据透视表

（2）选择要显示字段，并将这些字段拖入特定的列表框。

在"数据透视表字段"列表框中，选择要显示的字段，选择不同的拖放位置，以及不同的排列次序。这些最终都决定着数据透视表的结构特征。为确保数据透视表的结构特征统一，具体操作如下：

第一步：选定"数据透视表数据区域"任一单元格，鼠标指针指向"数据透视表字段"列表框的"年"字段，当鼠标指针变为四向箭头"✣"，按住鼠标左键拖动到达"筛选"列表框，放开鼠标左键，"年"字段就出现在"筛选"列表框。同理，将"月"字段也拖放到"筛选"列表框，且位于"年"字段的下方。

第二步：依次拖动"总账科目编号""总账科目""日"字段，到"行"列表框；接着依次拖动"借方金额"和"贷方金额"字段到"值"列表框，拖放结果如图5-8所示。

需要说明：如果先在"数据透视表字段"列表框选择"年"字段复选项，Excel 会自动将"年"字段加入"值"列表框，这是 Excel 推荐的目标位，不是本操作预想的目标位置。想要达成目标，还要手动将"年"字段从"值"列表框拖到"筛选"列表框。

图 5-8 数据透视表字段设置结果

为避免上述手动调整字段位置的操作，应该将"数据透视表字段"列表框中的字段直接拖放到目标列表框。

（3）设置"借方金额"字段和"贷方金额"字段的汇总方式（维持默认）。

需要说明：Excel 2016 以前的版本，数据透视表默认的汇总方式是"计数"，即统计经济业务的笔数。但 Excel 2016 数据透视表默认的汇总方式是"求和"，正是这里需要的汇总方式，因此不需要调整汇总方式，维持默认即可。

（4）设置"借方金额"字段和"贷方金额"字段的显示方式为"会计专用"。

设置"借方金额"字段和"贷方金额"字段的显示方式为"会计专用"，是指字段的整数部分每三位一分段，允许设定小数位和货币符号。具体操作步骤如下：

第一步：选定"B"列列标，单击鼠标右键，弹出菜单选择"设置单元格格式"命令，打开"设

运用插入计算字段对话框给总分类账插入借方（贷方）余额字段

置单元格格式"对话框,选择"数字"选项卡"分类"列表框中的"会计专用",设置"小数位数"为"2","货币符号"下拉列表中选择"无",即设定保留2位小数,且不带货币符号。设置结果如图5-9所示。

图5-9 "设置单元格格式"对话框

第二步:单击"确定"按钮,即可将"借方金额"字段的显示方式改为"会计专用"。同理,可以将"贷方金额"字段的显示方式设置为"会计专用"。设置完字段显示方式后,数据透视表如图5-10所示。

	A	B	C
1	年	(全部)	
2	月	(全部)	
3			
4	行标签	求和项:借方金额	求和项:贷方金额
5	⊟1001	113,500.00	111,500.00
6	⊟库存现金	113,500.00	111,500.00
7	02	2,000.00	
8	11	111,500.00	111,500.00
9	⊟1002	253,120.00	298,536.50
10	⊟银行存款	253,120.00	298,536.50
11	02		2,000.00
12	05		11,536.50
13	10		169,500.00

图5-10 设置"借款金额"字段和"贷款金额"字段的显示方式为"会计专用"

(5)设置以表格形式显示数据透视表。

选定"数据透视表数据区"任一单元格,选择"设计"选项卡"布局"功能组中的"报表布局"按钮,弹出菜单选择"以表格形式显示"命令,此时的数据透视表如图5-11所示。

(6)给数据透视表添加表头。

给数据透视表添加表头就是给数据透视表起一个醒目的名字,以便用户快速识别数据透视表的内容。给数据透视表添加表头的具体操作如下:

	A	B	C	D	E
1	年	(全部)			
2	月	(全部)			
3					
4	总账科目编号	总账科目	日	求和项:借方金额	求和项:贷方金额
5	⊟1001	库存现金	02	2,000.00	
6			11	111,500.00	111,500.00
7		库存现金 汇总		113,500.00	111,500.00
8	1001 汇总			113,500.00	111,500.00
9	⊟1002	银行存款	02		2,000.00
10			05		11,536.50

图 5-11　以表格形式显示数据透视表

第一步:鼠标右键单击数据透视表所在工作表中的行标"1",弹出菜单选择"插入"命令,即可为数据透视表插入一个空行,同理,再插入一个空行。

第二步:选择"A1:E1"单元格区域,单击"开始"选项卡下"对齐方式"功能组中的"合并后居中"按钮,同理选择"A2:E2"单元格区域,单击"开始"选项卡下"对齐方式"功能组中的"合并后居中"按钮,分别在合并后的单元格中输入"西安兴达有限责任公司"和"11月总分类账",选择"A1:E2"单元格区域,单击"开始"选项卡"字体"功能组中的"加粗"按钮。添加表头的数据透视表如图 5-12 所示。

	A	B	C	D	E
1			西安兴达有限责任公司		
2			11月总分类账		
3	年	(全部)			
4	月	(全部)			
5					
6	总账科目编号	总账科目	日	求和项:借方金额	求和项:贷方金额
7	⊟1001	库存现金	02	2,000.00	
8			11	111,500.00	111,500.00
9		库存现金 汇总		113,500.00	111,500.00
10	1001 汇总			113,500.00	111,500.00
11		⊟1002	银行存款	02	2,000.00
12			05		11,536.50

图 5-12　添加表头的数据透视表

(7)将存放数据透视标的"Sheet1"工作表重命名为"11月总分类账"。

将数据透视表的工作表标签改名为"11月总分类账",从而完成由"会计凭证表"建立"总分类账"的全部操作。

2.总分类账借贷平衡性检验

总分类账借贷平衡性检验,就是对"总分类账"中的"借方金额"合计和"贷方金额"合计是否相等进行检验,如果"借贷平衡",就说明总分类账通过借贷平衡性检验,可进行后续工作了。在刚刚建立的"总分类账"中,借贷双方金额总计都是 1 931 109.50 元,如图 5-13 所示。这说明总分类账通过了借贷平衡性检验,可以据此进行后续工作了。

	A	B	C	D	E
82		所得税费用 汇总		13,754.50	13,754.50
83	6801 汇总			13,754.50	13,754.50
84	⊟(空白)	⊟应付职工薪酬	11	10,500.00	
85		应付职工薪酬 汇总			10,500.00
86	(空白) 汇总				10,500.00
87	总计			1,931,109.50	1,931,109.50
88					
89					
90					
91					

11月总分类账 | 会计凭证表

图 5-13　总分类账借贷平衡性检验

三、总分类账数据自动更新

"总分类账"是根据"会计凭证表"建立起来的。企业的经济业务会随着时间的推延不断增加,直接表现就是"会计凭证表"的数据行不断增加,这就要求"总分类账"适应这种动态变化。Excel的数据透视表提供的更改数据源功能,可以让用户不必因为"会计凭证表"的数据变化重新建立"总分账",只要执行更改数据源功能,就能让"总分类账"动态反映来自"会计凭证表"的数据变化,这就是总分类账数据自动更新。

假设"会计凭证表"原来存放着西安兴达有限责任公司2021年11月的经济业务数据,已经据此建立了"11月总分类账",现在新增了2021年12月的经济业务数据,那么可执行更改数据源功能,直接建立"12月总分类账",即实现总分类账数据更新。其操作流程如下:

(1)复制"11月总分类账"中的全部数据到新建的工作表中。

第一步:选定"11月总分类账"工作表行标与列标交汇处的"全选"按钮，即可选定"11月总分账"的全部数据,鼠标右键单击"A1"单元格,弹出菜单选择"复制"命令。

第二步:单击工作表"标签栏"上的"新工作表"按钮，新建一个工作表。

第三步:选定新建工作表"A1"单元格,单击鼠标右键,弹出菜单选择"粘贴"命令,即可将"11月总分类账"中的全部数据复制到新建的工作表中。

(2)重命名新建工作表的标签和表头。

第一步:鼠标双击新工作表的标签,键盘录入"12月总分类账"作为新工作表的名称,按"Enter"键,即可实现新建工作表标签的重命名。

第二步:鼠标双击"12月总分类账"的"A2"单元格,键盘录入"12月总分类账",按"Enter"键,即可实现表头修改。

(3)执行更改数据源功能,建立2021年12月的总分类账。

第一步:选定"总分类账"数据区域任一单元格,单击"分析"选项卡"数据"功能组中的"更改数据源"按钮,打开"更改数据透视表数据源"对话框,如图5-14所示。

第二步:在同时打开的"会计凭证表"中,选定单元格区域"A75:K219","更改数据透视表数据源"对话框的设置结果如图5-15所示

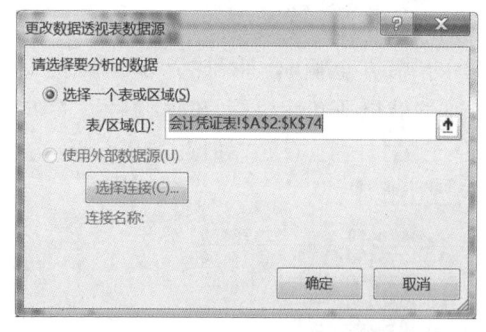

图5-14 "更改数据透视表数据源"对话框1   图5-15 "更改数据透视表数据源"对话框2

第三步:单击"确定"按钮,同步打开"12月总分类账",单击"月"字段"下拉库"按钮，如图5-16所示。这表明,通过"更改数据源"功能,原来的"11月总分账",已经变更为"12月总分类账"。

需要说明：

①上述操作并非从"会计凭证表"出发一步一步建立"12月总分类账"，而是利用 Excel 数据透视表提供的更改数据源功能，在已经建立的"11月总分类账"基础上，直接建立"12月总分类账"。

②如果第二步操作中更改单元格区域为"A2：A219"（包含 2021 年 11 和 12 月份的数据），执行"更改数据源"功能，建立的将是 2021 年 11 和 12 月合并后的"总分类账"。

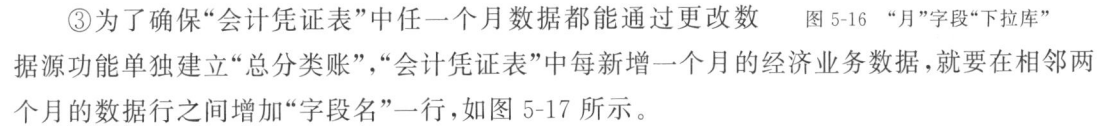

③为了确保"会计凭证表"中任一个月数据都能通过更改数据源功能单独建立"总分类账"，"会计凭证表"中每新增一个月的经济业务数据，就要在相邻两个月的数据行之间增加"字段名"一行，如图 5-17 所示。

图 5-16 "月"字段"下拉库"

72	2021	11	30	21	2021113021	计提所得税	2221	应交税费	应交所得税		13754.5
73	2021	11	30	22	2021113022	结转所得税费用	4103	本年利润		13754.5	
74	2021	11	30	22	2021113022	结转所得税费用	6801	所得税费用			13754.5
75	年	月	日	序号	凭证编号	摘要	总账科目编号	总账科目	明细科目	借方金额	贷方金额
76	2021	12	01	01	2021120101	购办公用品	6602	管理费用	办公费	500	
77	2021	12	01	01	2021120101	购办公用品	1001	库存现金			500
78	2021	12	02	02	2021120202	偿还欠款	2202	应付账款	西丰公司	160000	

图 5-17 增加"字段名"一行

四、建立明细分类账

在建立好"总分类账"的基础上，在数据透视表中追加"明细科目"字段，就可以进一步建立"明细分类账"了。

建立"12月明细分类账"的具体操作流程如下：

(1)将"12月总分类账"中的数据复制到新建的工作表中。

第一步：选定"12月总分账"工作表行标与列标交汇处的"全选"按钮，即可选定"12月总分类账"的全部数据，鼠标右键单击"A1"单元格，弹出菜单选择"复制"命令。

第二步：单击工作表"标签栏"上的"新工作表"按钮，新建一个工作表。

第三步：选定新建工作表"A1"单元格，单击鼠标右键，弹出菜单选择"粘贴"命令，即可将"12月总分类账"中的全部数据复制到新建的工作表中。

(2)添加"明细科目"字段。

选定新建工作表"数据透视表数据区"任一单元格，将"数据透视表字段"列表中的"明细科目"字段拖到"行"列表框"日"字段的下方，如图 5-18 所示。

图 5-18 添加"明细科目"的数据透视表

(3)重命名新建工作表和表头。

第一步：鼠标双击新工作表的标签，键盘录入"12月明细分类账"作为新工作表的名称，按

"Enter"键,即可实现新建工作表标签的重命名。

第二步:鼠标双击"12月明细分类账"的"A2"单元格,键盘录入"12月明细分类账",按"Enter"键,即可实现表头修改。最后,建立的"12月明细分类账"如图5-19所示。

	A	B	C	D	E	F
1			西安兴达有限责任公司			
2			12月明细分类账			
3	年	(全部)				
4	月	(全部)				
5						
6	总账科目编号	总账科目	日	明细科目	求和项:借方金额	求和项:贷方金额
7		⊟1001	⊟库存现金	⊟11	(空白)	96,000.00	96,000.00
8				11 汇总		96,000.00	96,000.00
9				⊟18	(空白)		200.00
10				18 汇总			200.00
11				⊟01	(空白)		500.00
12				01 汇总			500.00
13				⊟04	(空白)	3,000.00	2,000.00
14				04 汇总		3,000.00	2,000.00
15				⊟12	(空白)		1,000.00
16				12 汇总			1,000.00
17			库存现金 汇总			99,000.00	99,700.00

图5-19 新建的"12月明细分类账"

第四节 总账科目汇总表

一、总账科目汇总表概述

1. 总账科目汇总表的含义

总账科目汇总表又称记账凭证汇总表,是根据一定时期内所有的记账凭证加以汇总而重新编制的记账凭证。在利用Excel开展会计核算整个过程中,总账科目汇总表居于承上启下的关键环节:一方面,它将按照时间先后次序排列的经济业务重新按照总账科目类别进行汇总;另一方面,它为总账科目余额表的建立奠定了基础,也为利润表的编制奠定了基础。

2. 总账科目汇总表的格式

总账科目汇总表根据总账科目进行归类,从而可以显示各总账科目的借方发生额和贷方发生额。总账科目汇总表的格式见表5-4。

表5-4 总账科目汇总表

会计科目	借方金额									记账符号 √	贷方金额									记账符号 √
	千	百	十	万	千	百	十	元	角	分		千	百	十	万	千	百	十	元	角	分	
合 计																						

二、建立总账科目汇总表

虽然,总账科目汇总表是以会计凭证表为基础的,但"总账科目汇总表"却没有必要从"会计凭证表"工作表开始一步一步建立,完全可以以已经建立好的"12月总分类账"为基础,通过简单的数据透视表功能操作来建立。

1. 总账科目汇总表的建立流程

根据"12月总分类账"建立"12月总账科目汇总表"的操作流程如下

(1)打开"显示报表筛选页"对话框,选择"月"。

第一步:选定"12月总分类账"数据区域任一单元格,单击"分析"选项卡"数据透视表"功能组中"选项"的"下拉库"按钮,展开下拉库选择"显示报表筛选页"命令,打开"显示报表筛选页"对话框,在"选定要显示的报表筛选页字段"列表框中,选择"月"字段,"显示报表筛选页"对话框设置结果如图5-20所示。

第二步:单击"确定"按钮,即由"12月总分类账"建立名为"12"的新工作表。

(2)删除"日"字段。

选定新建的名为"12"的工作表数据区域任一单元格,单击"行"列表框中的"日"按钮,弹出菜单选择"删除字段"命令。删除"日"字段的数据透视表如图5-21所示。

图5-20 "显示报表筛选页"对话框　　图5-21 删除"日"字段的数据透视表

(3)选择"不显示分类汇总"命令。

选定新建的名为"12"的工作表数据区域任一单元格,选择"设计"选项卡"布局"功能组中的"分类汇总"按钮,弹出菜单,选择"不显示分类汇总"命令,数据透视表如图5-22所示。

图5-22 设置"不显示分类汇总"的数据透视表

(4)给工作表添加表头。

第一步:在新建的名为"12"的工作表上端插入两个空行。选择单元格区域"A1:D1",单击"开始"选项卡"对齐方式"功能组中的"合并后居中"按钮,即可将单元格区域"A1:D1"合并为"A1",同理也可将单元格区域"A2:D2"合并为"A2"。

第二步:分别在"A1"和"A2"单元格输入"西安兴达有限责任公司"和"12月总账科目汇总表",选定"A1:A2"单元格区域,单击"字体"功能组中的"加粗"按钮,即可将表头字体加粗,结果如图5-23所示。

	A	B	C	D
1		西安兴达有限责任公司		
2		12月总账科目汇总表		
3	年	(全部) ▼		
4	月	12 ▼		
5				
6	总账科目编号 ▼	总账科目 ▼	求和项:借方金额	求和项:贷方金额
7	1001	库存现金	99,000.00	99,700.00
8	1002	银行存款	440,120.00	628,160.00
9	1403	原材料	135,900.00	139,050.00

图 5-23　添加表头后的工作表

(5)重命名新建工作表。

双击名为"12"的工作表标签,键盘录入"12月总账科目汇总表",即可完成从"12月总分类账"建立"12月总账科目汇总表"。

2.总账科目汇总表数量审核

总账科目汇总表数量审核就是对"总账科目汇总表"中的"借方金额"和"贷方金额"分别进行总计,如果借贷双方金额总计相等,就说明总账科目汇总表通过了数量审核,可以进行后续工作了。例如,在新建立的"12月总账科目汇总表"中,借贷双方金额总计都是 4,976,071.01元,如图 5-24 所示。这表明"12月总账科目汇总表"通过了数量审核,可以据此建立"12月总账科余额表"了。

41	1231	坏账准备		3,145.00
42	6701	资产减值损失	3,500.00	3,500.00
43	1471	存货跌价准备		3,500.00
44	2232	应付股利		200,000.00
45	总计		4,976,071.01	4,976,071.01
46				
47				
48				
49				

会计凭证表 | 11月总分类账 | 12月总分类账 | 12月总账科目汇总表

图 5-24　借贷双方金额总计

第五节　总账科目余额表

一、总账科目余额表概述

1.总账科目余额表的含义

总账科目余额表又称总账余额汇总表,是用来记录本期所有总账科目的发生额和余额的表格。"总账科目余额表"工作表是根据"总账科目汇总表"工作表建立的,通常要求总账科目余额要与该科目的明细账余额之和一致。总账科目余额表是总账科目汇总表的进一步延伸,又是编制资产负债表的基础。

2.总账科目余额表的格式

总账科目余额表能够反映一定时期内各项会计科目的期初余额、本期发生额,以及期末余额,其结构见表 5-5。

表 5-5 总账科目余额表

编制单位：　　　　　　　　　　　　　年　月　日　　　　　　　　　　　　　　单位：元

科目代码	总账科目	期初余额		本期发生额		期末余额	
		借方	贷方	借方	贷方	借方	贷方
合计							

二、总账科目余额表的编制

总账科目余额表的编制，其实就是对总账科目余额表各项指标的期初余额、本期发生额和期末余额的填列。在 Excel 中，可以借助公式或者函数对总账科目余额表各项指标进行填列。

1."期初余额"的填列

余额属于时点指标，上月期末和本月期初的时间节点相连，因此可以认为上月期末和本月期初的余额是相同的。总账科目余额表中本月的"期初余额"可以通过跨工作表引用上月的"期末余额"来实现。Excel 跨工作表引用单元格的格式为"=被引用工作表名称！被引用单元格"。被引用单元格与被引用工作表之间通过"！"连接，表示前后是所属关系。

这里以借方"期初余额"字段为例，说明 2021 年 12 月"期初余额"跨工作表引用 2021 年 11 月"期末余额"的操作流程。

具体操作方法如下：

（1）跨工作表引用数据填列借方"期初余额"。

打开"12 月总账科目余额表"，选择"C5"单元格，输入"="，选择"11 月总账科目余额表"中的"G5"单元格，按"Enter"键，即可将上月的"期末余额"跨工作表引用作为本月的"期初余额"。

（2）垂直方向进行公式复制。

选定"12 月总账科目余额表"中的"C5"单元格，鼠标指针指向"C5"单元格右下角的控制句柄，当鼠标指针变成黑色实心十字形状时，按住鼠标左键垂直向下拖动，即可完成"C"列其他单元格对"C5"单元格公式的复制。

（3）借方"期初余额"汇总。

第一步：选定"12 月总账科目余额表"中的"C58"单元格，输入"=SUM()"，单击"编辑栏"上的"插入函数"按钮，打开 SUM 函数对话框，将光标插入点移动到第一个参数框中，在"12 月总账科目余额表"中选定单元格区域"C5:C57"。SUM 函数设置结果如图 5-25 所示。

第二步：单击"确定"按钮，即可完成借方"期初余额"的汇总。

同理，可以接着填列贷方"期初余额"，但更为简单的方法是两次执行公式复制。其操作流程如下：

（1）水平方向进行公式复制。

选定"12 月总账科目余额表"中的"C5"单元格，鼠标指针指向"C5"单元格右下角的控制句柄，当鼠标指针变成黑色实心十字形状时，按住鼠标左键水平向右拖动，即可完成"D5"单元格对"C5"单元格的公式复制。

（2）垂直方向进行公式复制。

选定"12 月总账科目余额表"中的"D5"单元格，鼠标指针指向"D5"单元格右下角的控制

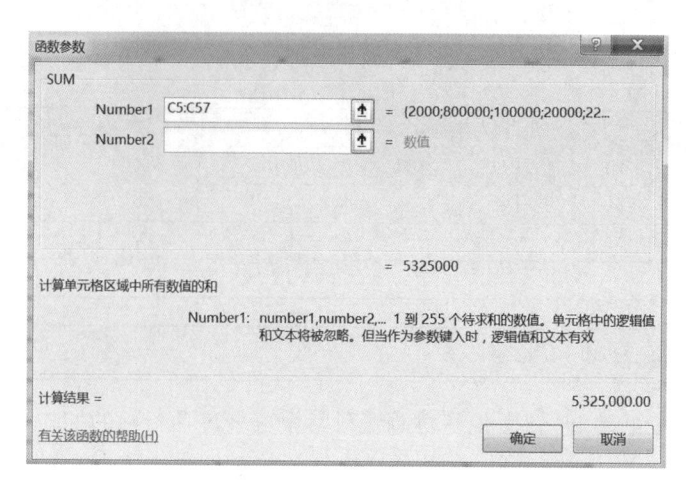

图5-25 SUM"函数参数"对话框设置结果

句柄,当鼠标指针变成黑色十字形状时,按住鼠标左键垂直向下拖动,即可完成"D"列其他单元格对"D5"单元格的公式复制。完成"期初余额"填列的"12月总账科目余额表"如图5-26所示。

图5-26 总账科目余额表"期初余额"填列结果

需要说明:垂直方向公式复制除了可以使用鼠标左键拖动选定单元格的控制句柄实现以外,还可以通过双击选定单元格的控制句柄来实现。(感兴趣的读者,可以就鼠标左键拖动控制句柄和双击控制句柄实现公式复制的异同进行探讨)

2."本期发生额"的填列

"本期发生额"虽然无法像"期初余额"那样通过跨工作表引用上期"期末余额"来填列,但却可以使用VLOOKUP函数引用总账科目汇总表中"借方余额"或者"贷方余额"来完成。同时,因为各不同时段企业发生的经济业务不尽相同,使得根据"会计凭证表"建立的"总账科目汇总表"的总账科目也不尽相同。如果"总账科目汇总表"里面没有"总账科目余额表"中所列的总账科目,单独使用VLOOKUP函数会出现"♯N/A"的错误提示。为避免这种错误发生,可以考虑将IF函数、ISNA函数和VLOOKUP函数嵌套起来使用。

IF函数、ISNA函数和VLOOKUP函数嵌套使用的大体思路:最外层的IF函数以ISNA函数内嵌VLOOKUP函数为第一个参数,即条件表达式,如果ISNA函数读取VLOOKUP函数的返回结果是"♯N/A"确实发生了,表示"总账科目汇总表"里面确实没有"总账科目余额表"中所要查找的"总账科目编号",这时执行IF函数的第二个参数,输出为"0",否则执行IF函数的第三个参数,单独执行VLOOKUP函数,也就是依据"总账科目编号"从"总账科目汇总表"中找到与之相对应的"借方金额"或者"贷方金额"。

本期发生额的填列,可以通过编辑栏直接输入函数实现,也可以通过对话框操作实现。但考虑到编辑栏直接输入多层嵌套函数难度太大,且很容易出错,对于初学者来说,简单易行的办法还是对话框操作。

(1)借方"本期发生额"各项指标的填列

通过将 IF 函数、ISNA 函数和 VLOOKUP 函数嵌套起来进行借方"本期发生额"各项指标的填列,涉及多层嵌套函数对话框操作的一般流程,即先设置外层函数的部分参数,再进入并设置内层函数的部分参数,直至进入并设置最内层函数的所有参数;接着在由内层函数逐步退回到外层函数的过程中,完成相关层次函数所有参数的设置。严格按照这个操作流程推进,原本复杂的多层嵌套函数实际上也可以变得简单,且不太容易出错。

下面以借方"本期发生额"各项指标的填列为例,说明由 IF 函数、ISNA 函数和 VLOOKUP 函数结合形成的多层嵌套函数对话框操作的具体操作方法。

第一步:选定"12 月总账科目余额表"的"E5"单元格,输入"=IF()",单击编辑栏上的"插入函数"按钮,打开 IF "函数参数"对话框,也就是进入第一层函数。

第二步:将光标插入点移到第一个参数框中,输入"isna()",如图 5-27 所示,将光标移到编辑栏"ISNA 函数"的函数名上,单击鼠标左键,打开 ISNA "函数参数"对话框,从而进入第二层函数。

图 5-27　IF 函数内嵌 ISNA 函数

第三步:将光标插入点移到 ISNA 函数的括号中,输入"vlookup()",如图 5-28 所示,将光标插入点移到编辑栏 VLOOKUP 函数的函数名上,单击鼠标左键,打开 VLOOKUP "函数参数"对话框,进入第三层函数。

图 5-28　IF 函数内嵌 ISNA 函数和 VLOOKUP 函数

第四步：将光标插入点移到 VLOOKUP"函数参数"第一个参数框，选择"A5"单元格，然后将光标插入点移到第二个参数框中，打开"12月总账科目汇总表"，选择单元格区域"A7：D39"，按"F4"键，给单元格区域"A7:D39"的行、列编号前面分别带上"＄"符号，接着分别在第三个参数框和第四个参数框中输入"3"和"0"，从而完成第三层，也是最内层函数的参数设置。VLOOKUP 函数参数设置结果图 5-29 所示。

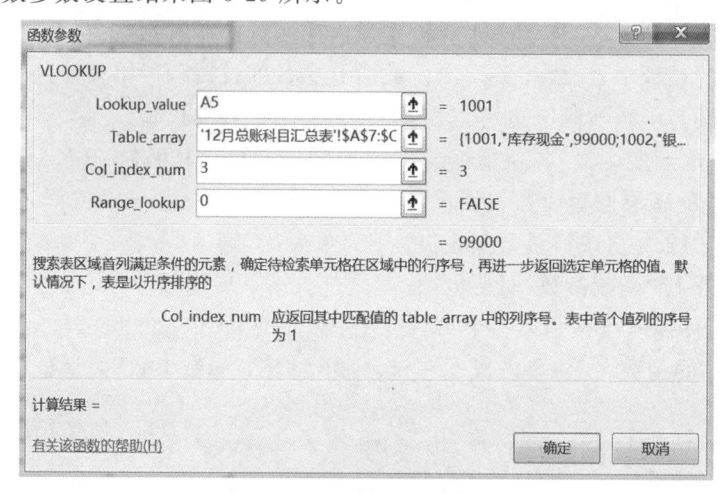

图 5-29　VLOOKUP"函数参数"对话框 1

第五步：单击编辑栏 IF 函数的函数名，再次打开 IF"函数参数"对话框，在第二个参数框中输入"0"，从而完成第二个参数框的设置，如图 5-30 所示。

图 5-30　IF"函数参数"对话框

第六步：将光标插入点移到 IF 函数第三个参数框中，输入"vlookup( )"，单击编辑栏 VLOOKUP 函数的函数名，打开 VLOOKUP"函数参数"对话框，重复第四步的操作，设置 VLOOKUP 函数的四个参数，也就是进入并完成第二层函数所有参数设置。VLOOKUP 函数参数设置结果如图 5-31 所示。

第七步：单击编辑栏 IF 函数的函数名，打开 IF"函数参数"对话框，也就是再次退回到最外层函数，此时 IF 函数的三个参数框设置完毕，如图 5-32 所示

其中，IF 函数三个参数分别是：

第一个参数："ISNA(VLOOKUP(A5,12月总账科目汇总表！＄A＄7：＄C＄44,3,0))"

第二个参数："0"

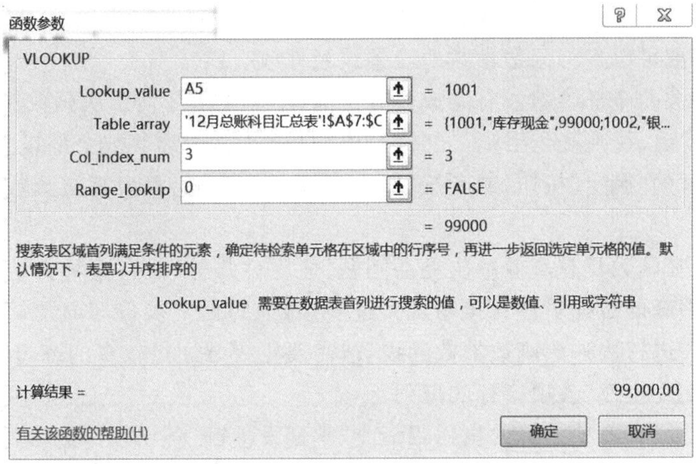

图 5-31 "VLOOKUP"函数对话框 2

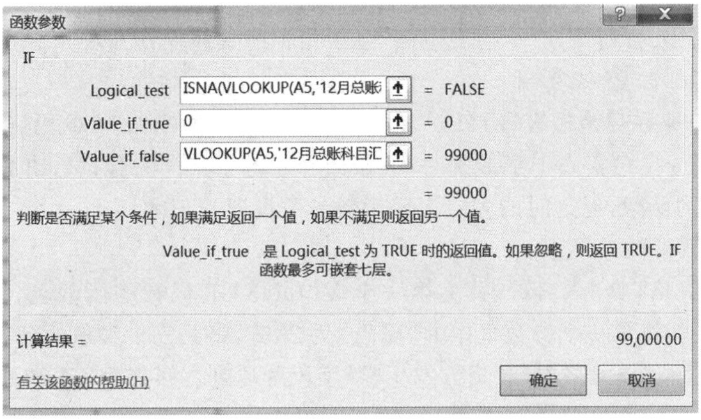

图 5-32 IF 函数三个参数设置结果

第三个参数:"VLOOKUP(A5,12月总账科目汇总表!＄A＄7:＄C＄44,3,0)"

所有层次函数参数已经设置完毕,所以单击"确定"按钮,即可完成"E5"单元格借方"本期发生额"字段的填列。

第八步:选定"12月总账科目汇总表"的"E5"单元格,鼠标指针指向"E5"单元格右下角的控制句柄,当鼠标指针变为黑色实心十字形状时,按住鼠标左键垂直向下拖动,此时"E"列其他单元格就复制了"E5"单元格的函数,也就是实现了借方"本期发生额"的批量化填列,填列结果如图 5-33 所示。

	A	B	C	D	E	F	G	H
1				西安兴达有限责任公司				
2				12月总账科目余额表				
3	总账科目编号	总账科目	期初余额		本期发生额		期末余额	
4			借方	贷方	借方	贷方	借方	贷方
5	1001	库存现金	2,000.00	—	99,000.00			
6	1002	银行存款	800,000.00	—	440,120.00			
7	1101	交易性金融资产	100,000.00	—	—			
8	1121	应收票据	20,000.00	—				
9	1122	应收账款	224,000.00	—	146,900.00			
10	1123	预付账款	75,000.00	—				
11	1221	其他应收款	—	—	2,000.00			
12	1231	坏账准备	—	11,200.00	—			

图 5-33 总账科目余额表借方"本期发生额"计算结果

说明:多层嵌套函数参数设置和修改应该注意的几个要点:

第一，如果要给某层函数设置或者修改参数，只要在编辑栏单击这层函数的名称，打开这个函数的对话框，就可以进行函数参数的设置或者修改。

第二，各层函数的全部参数没有完成设置之前，不能单击任何层次函数对话框的"确定"按钮，或者按"Enter"键，否则就会出错。也就是说，只有各层函数参数全部设置完毕了，单击任何一层函数对话框的"确定"按钮，或者按"Enter"键，才能避免因为某层函数参数设置不完整导致的错误。

第三，多层嵌套函数具有高效解决复杂问题、适应性强等特性，这种方法在本教材中使用频率较高。多层嵌套函数编辑栏直接输入太过复杂，但对话框操作明显要简单。只是初学者不太适应来回跳转进行内外层函数参数的设置，需要重视并通过较多的练习予以掌握。

(2) 贷方"本期发生额"各项指标的填列

贷方"本期发生额"各项指标的填列跟借方"本期发生额"各项指标的填列类似。考虑到对话框操作需要不断在内外层函数之间进行跳转，比较耗时，可以先复制借方"本期发生额"的函数，然后修改函数参数，进而快速实现贷方"本期发生额"各项指标的填列。

通过公式复制来填列贷方"本期发生额"各项指标的具体操作方法如下：

① 进行水平方向的公式复制

选定"12月总账科目余额表"的"E5"单元格，鼠标指针指向"E5"单元格右下角的控制句柄，当鼠标指针变为黑色实心十字形状时，按住鼠标左键水平向右拖动，此时"F5"单元格就复制了"E5"单元格的函数，但这时的多层嵌套函数参数设置不正确。

② 修改套函数参数

选定"F5"单元格，单击"编辑栏"上第一个VLOOKUP函数的函数名，打开VLOOKUP"函数参数"对话框，将第一个参数框中的"B5"改为"A5"，将第三个参数的"3"改为"4"，按"Enter"键，即可完成"F5"单元格本期"贷方发生额"字段的填列。第二个VLOOKUP函数各项参数的修改与第一个VLOOKUP函数相同，这里不再赘述。

③ 进行垂直方向的函数复制

选择"F5"单元格，鼠标指针指向"F5"单元格右下角的控制句柄，当鼠标指针变为黑色实心十字形状时，按住鼠标左键向下拖动，此时"F"列其他单元格就复制了"F5"单元格的函数。通过公式复制填列贷方"本期发生额"字段的结果如图5-34所示。

	A	B	C	D	E	F	G	H
1				西安兴达有限责任公司				
2				12月总账科目余额表				
3	总账科	总账科目	期初余额		本期发生额		期末余额	
4	目编号		借方	贷方	借方	贷方	借方	贷方
5	1001	库存现金	2,000.00	—	99,000.00	99,700.00		
6	1002	银行存款	800,000.00	—	440,120.00	628,160.00		
7	1101	交易性金融资产	100,000.00	—	—	—		
8	1121	应收票据	20,000.00	—	—	—		
9	1122	应收账款	224,000.00	—	146,900.00	74,000.00		
10	1123	预付账款	75,000.00	—	—	50,000.00		
11	1221	其他应收款	—	—	2,000.00	2,000.00		
12	1231	坏账准备	—	11,200.00	—	3,145.00		

图5-34 总账科目余额表贷方"本期发生额"计算结果

说明：直接复制借方"本期发生额"各项指的公式来填列贷方"本期发生额"各项指标，操作步骤少，填列效率明显提升，特别适用于多次重复使用相同多层嵌套函数的场合。

3. "期末余额"各项指标的填列

总账科目余额表中涉及的"总账科目"包括六类：资产类(类别代码"1")、负债类(类别代码"2")、共同类(类别代码"3")、所有者权益类(类别代码"4")、成本类(类别代码"5")和损益类(类别代码"6")。总账科目余额表各项指标"期末余额"的填列就是利用这六类"总账科目"，根据会计核算的规则来填列的。

(1)期末余额各项指标的填列公式

① 资产/成本类借方期末余额各项指标的填列公式

借方期末余额＝期初借方余额＋本期借方发生额－本期贷方发生额

② 负债/所有者权益类贷方期末余额各项指标填列公式

贷方期末余额＝期初贷方余额＋本期贷方发生额－本期借方发生额

需要说明：

① 本来属于资产/成本类的"坏账准备""累计折旧""存货跌价准备""累计摊销""未实现融资收益"等"总账科目"作为特殊情况，要划归到负债/所有者权益类。

② 上述公式的一个共同特征是，表达式中的第一项来自"期初余额"，后两项则来自"本期发生额"。

(2)"期末余额"各项指标的具体填列操作

科目余额表中"期末余额"各项指标的填列可以利用 Excel 公式进行批量化填列。考虑到期末余额各项指标并非都要填列，而不论是借方"期末余额"还是贷方"期末余额"各项指标能够填列的位置都处在多个不连贯单元格区域，为了避免出错和提高效率，可以先将资产/成本类、负债/所有者权益类的会计科目对应的能够填列"期末余额"的指标设置为不同的背景颜色，然后再用 Excel 公式进行批量化填列。

"期末余额"各项指标填列的具体操作方法如下：

① 给"期末余额"能够填列的单元格区域设置不同的背景色。

第一步：打开"12月总账科目余额表"，按住"Ctrl"键不放，依次选定所有资产/成本类"总账科目"对应的借方"期末余额"相关单元格(科目代码以"1""5"开头，以及"6"开头的费用类指标)，单击"开始"选项卡"字体"功能组的"填充颜色"下拉按钮，下拉列表选择"黄色"按钮，从而将借方"期末余额"中的资产/成本类指标所在的单元格区域背景颜色设置为黄色。

第二步，按住"Ctrl"键不放，依次将贷方"期末余额"中的"坏账准备""存货跌价准备""累计摊销""累计折旧"选定，单击"填充颜色"下拉按钮，下拉列表选择"白色"按钮，也就是将借方"期末余额"中的上述特殊情况背景颜色还原。

第三步，按住"Ctrl"键不放，依次选定负债/所有者权益类"总账科目"对应的贷方"期末余额"相关单元格(科目代码以"2""4"开头，以及"6"开头收益类指标)，以及"坏账准备""存货跌价准备""累计折旧""累计摊销"，单击"填充颜色"下拉按钮，下拉列表选择"绿色"按钮，从而将贷方"期末余额"能够填列的单元格区域背景颜色设置为绿色。最终，"期末余额"能够填列的单元格区域设置背景颜色的结果如图 5-35 所示。

②借方"期末余额"能够填列的各项指标批量化填列。

第一步：选择要填列借方"期末余额"的"G5"单元格，输入"＝C5＋E5－F5"，按"Enter"键，即可完成"库存现金"指标的填列。

第二步：右击"G5"单元格，弹出菜单选择"复制"命令，按住"Ctrl"键不放，依次选定背景色为"黄色"的单元格区域，鼠标指针对着选定区域右击，弹出菜单选择"粘贴"命令，即可实现其他能够填列借方"期末余额"指标的批量化填列。

③贷方"期末余额"能够填列的各项指标批量化填列。

第一步：选择要填列贷方"期末余额"的"H12"单元格，输入"＝D12＋F12－E12"，按

	A	B	C	D	E	F	G	H
1					西安兴达有限责任公司			
2					12月总账科目余额表			
3	总账科	总账科目	期初余额		本期发生额		期末余额	
4	目编号		借方	贷方	借方	贷方	借方	贷方
5	1001	库存现金	2,000.00	-	99,000.00	99,700.00		
6	1002	银行存款	800,000.00	-	440,120.00	628,160.00		
7	1101	交易性金融资产	100,000.00	-	-	-		
8	1121	应收票据	20,000.00	-	-	-		
9	1122	应收账款	224,000.00	-	146,900.00	74,000.00		
10	1123	预付账款	75,000.00	-	-	50,000.00		
11	1221	其他应收款	-	-	2,000.00	2,000.00		
12	1231	坏账准备	-	11,200.00	-	3,145.00		
13	1402	在途物资	-	-	-	-		
14	1403	原材料	330,000.00	-	135,900.00	-		
15	1405	库存商品	325,000.00	-	442,320.00	-		
16	1471	存货跌价准备	-	-	-	3,500.00		

图 5-35 "期末余额"各项指标能够填列位置背景颜色设置

"Enter"键,即可完成"坏账准备"指标的填列。

第二步:右击"H12"单元格,弹出菜单选择"复制"命令,按住"Ctrl"键不放,依次选定背景色为"绿色"的单元格区域,鼠标指针对着选定区域右击,弹出菜单选择"粘贴"命令,即可实现其他能够填列贷方"期末余额"指标的批量化填列。"期末余额"各项指标的批量化填列结果如图 5-36 所示。

	A	B	C	D	E	F	G	H
1					西安兴达有限责任公司			
2					12月总账科目余额表			
3	总账科	总账科目	期初余额		本期发生额		期末余额	
4	目编号		借方	贷方	借方	贷方	借方	贷方
5	1001	库存现金	2,000.00	-	99,000.00	99,700.00	1,300.00	
6	1002	银行存款	800,000.00	-	440,120.00	628,160.00	611,960.00	
7	1101	交易性金融资产	100,000.00	-	-	-	100,000.00	
8	1121	应收票据	20,000.00	-	-	-	20,000.00	
9	1122	应收账款	224,000.00	-	146,900.00	74,000.00	296,900.00	
10	1123	预付账款	75,000.00	-	-	50,000.00	25,000.00	
11	1221	其他应收款	-	-	2,000.00	2,000.00	-	
12	1231	坏账准备	-	11,200.00	-	3,145.00		14,345.00
13	1402	在途物资	-	-	-	-	-	
14	1403	原材料	330,000.00	-	135,900.00	139,050.00	326,850.00	
15	1405	库存商品	325,000.00	-	442,320.00	204,200.00	563,120.00	
16	1471	存货跌价准备	-	-	-	3,500.00		3,500.00

图 5-36 总账科目余额表"期末余额"计算结果

④"期初余额""本期发生额""期末余额"的汇总填列。

"期初余额""本期发生额""期末余额"的汇总填列可以通过反复使用 SUM 函数来实现。为了提高效率,可以使用 SUM 函数对借方"期初余额"进行汇总,其他余额的汇总,可以通过公式复制来批量化完成。

第一步:选定"12月总账科目余额表"中的"C55"单元格,输入"=SUM()",将光标插入点移到 SUM 函数的括号内,选定单元格区域"C5:C55",按"Enter"键,即可完成借方"期初余额"的汇总填列。

第二步:选定"C55"单元格,鼠标指针指向"C55"单元格右下角的控制句柄,按住鼠标左键水平向右拖动,即可完成贷方"期初余额""本期发生额""期末余额"的汇总填列。总账科目余额表各项金额汇总结果见表 5-6。

表 5-6　　　　　　　　总账科目余额表各项金额合计　　　　　　　　单位:元

	期初余额		本期发生额		期末余额	
	借方	贷方	借方	贷方	借方	贷方
合计	5 325 000.00	5 325 000.00	4 926 071.01	4 926 071.01	5 420 630.00	5 420 630.00

需要说明:多个不连贯区域的选定,一般要借助 Ctrl 键来实现,不过操作难度较大。一个

相对简单的做法是一次复制和多次粘贴(可以使用鼠标右键、键盘组合键、功能区按钮,甚至它们的组合来实现)。例如,在标注了黄色背景的"G5"单元格用公式计算了"库存现金"指标的借方"期末余额",先对这个单元格执行"复制",再对标注了黄色背景的其他单元格区域分别执行"粘贴",就可以实现多个不连贯区域的快速复制。

4. 总账科目余额表数量审核

总账科目余额表数量审核就是对"期初余额""本期发生额""期末余额"的"贷方"和"借方"进行分别合计,如果"期初余额""本期发生额""期末余额"的"贷方"和"借方"合计分别对应相等,就说明总账科目余额表通过了数量审核,可以进行后续工作了(比如编制资产负债表)。在刚建立的"12月总账科目余额表"中,"期初余额""本期发生额""期末余额"的"贷方"和"借方"分别相等,就说明总账科目余额表通过了数量审核,可以据此编制资产负债表了。

练习题

1. 思考题

(1)什么是会计账簿?
(2)会计账簿的重要作用有哪些?
(3)简述用 Excel 提供的数据透视表功能建立"总分类账"的步骤。
(4)为什么不能单用 VLOOKUP 函数填列"总账科目余额表"的"本期借方发生额"字段?
(5)"总账科目余额表"的"期末余额"计算有什么特殊情况?该如何处理?

2. 实训操作题

利用第四章实训练习建立的"会计科目表"和"会计凭证表",依次建立"总分类账""明细分类账""总账科目汇总表""总账科目余额表"。

实训目标要求:
(1)利用 IF 函数进行"会计凭证表"借贷平衡性检验。
(2)根据"会计凭证表",利用 Excel 提供的数据透视表功能建立"总分类账"。
(3)根据"总分类账",利用 Excel 提供的数据透视表功能建立"明细分类账"。
(4)根据"总分类账",利用 Excel 提供的数据透视表功能建立"总账科目汇总表"。
(5)根据"总账科目汇总表",利用 Excel 公式和函数建立"总账科目余额表"。

第六章 Excel 在会计报表中的应用

通过本章的学习,读者应该在理解会计报表(包括资产负债表、利润表和现金流量表等)相关概念的基础上,学会资产负债表、利润表和现金流量表的编制方法。

第一节 会计报表概述

一、会计报表的含义和作用

1. 会计报表的含义

会计报表是企业的会计人员根据日常会计核算资料定期(如月、季、年)编制的,用于综合反映某一特定时刻财务状况,以及某一会计期间经营成果、现金流量的总结性书面文件。会计报表是企业财务报告的主要部分,是企业向外传递会计信息的主要手段。

2. 会计报表的作用

会计报表的重要作用主要有以下几点:

(1)会计报表是与企业有经济利害关系的外部单位和个人了解企业的财务状况和经营成果,并据以做出决策的重要依据。

(2)会计报表是国家经济管理部门进行宏观调控和管理的信息源。

(3)会计报表提供的经济信息是企业内部加强和改善经营管理的重要依据。

二、会计报表的种类

(1)按照会计报表的服务对象(报送对象),会计报表可以分为对外公开报表和内部使用报表。

(2)按照会计报表反映财务活动方式的不同,会计报表可以分为静态会计报表和动态会计报表。

(3)按照会计报表编制的范围不同,会计报表可以分为个别会计报表和合并会计报表。

(4)按照会计报表的编报时间,会计报表可以分为月报、季报和年报。

(5)按照会计报表的编制单位,会计报表可以分为单位报表和汇总报表。

(6)按照会计报表的主从关系,会计报表可以分为基本报表和附属报表等。

按照《中华人民共和国公司法》的规定,企业的会计报表主要包括:资产负债表、损益表、现金流量表、各种附表,以及附注说明。

第二节 资产负债表

一、资产负债表概述

1. 资产负债表的含义

资产负债表又称财务状况表,是反映企业在某一特定时刻(如月末、季末、年末)的资产、负债和所有者权益的会计报表,是企业经营活动的静态体现。资产负债表是根据"资产=负债+所有者权益"这一平衡公式,依照一定的分类标准和一定的排列次序,将某一特定日期的资产、负债、所有者权益的具体项目分成"资产"和"负债及所有者权益"两大区块,经过分录、转账、分类账、试算、调整等会计程序后,以特定日期的静态企业情况为基准,浓缩成的一张报表。资产负债表表明企业在某一特定时刻所控制的经济资源、承担的经济义务,以及所有者对资产的要求权。

2. 资产负债表的作用

资产负债表的作用表现为以下几点:

(1)资产负债表反映企业资产的构成及其状况,分析企业在某一日期所拥有的经济资源及其分布情况。

(2)资产负债表反映企业某一日期的负债总额及其结构,揭示该企业的资产来源及其构成。

(3)资产负债表反映企业所有者权益的情况,借以了解企业现有投资者在企业投资总额中所占的份额。

(4)资产负债表解释、评价和预测企业的偿债能力、盈利能力、财务弹性以及企业的经营绩效。

3. 资产负债表的分类

根据格式编排的不同,资产负债表一般分为账户式资产负债表和报告式资产负债表。

(1)账户式资产负债表

账户式资产负债表将资产分列在表格左端,将负债及所有者权益分列在表格右端,表格左右两端遵循"资产=负债+所有者权益"的原则。账户式资产负债表样表见表6-1。

表 6-1　　　　　　　　　账户式资产负债表样表

编制单位:　　　　　　　　　填列时间:　　　　　　　　　单位:

资产	行次	期初数	期末数	负债及所有者权益	期初数	期末数
流动资产	1			**流动负债**		
货币资金	2			短期借款		
交易性金融资产	3			交易性金融负债		
应收票据	4			衍生金融负债		
应收账款	5			应付票据		

(续表)

资产	行次	期初数	期末数	负债及所有者权益	期初数	期末数
应收账款融资	6			应付账款		
预付账款	7			预收账款		
其他应收款	8			合同负债		
应收利息	9			应付职工薪酬		
应收股利	10			应交税费		
存货	11			其他应付款		
合同资产	12			应付利息		
持有待售资产	13			应付股利		
一年内到期的非流动资产	14			持有待售负债		
其他流动资产	15			一年到期的非流动负债		
流动资产合计	16			**其他流动负债**		
非流动资产	17			**流动负债合计**		
债权投资	18			非流动负债		
其他债权投资	19			长期借款		
长期应收款	20			应付债券		
长期股权投资	21			租赁负债		
其他权益工具投资	22			长期应付款		
其他非流动金融资产	23			预计负债		
投资性房地产	24			递延所得税负债		
固定资产	25			其他非流动负债		
在建工程	26			**非流动负债合计**		
生产性生物资产	27			**负债合计**		
油气资产	28			**所有者权益**		
无形资产	29			实收资本		
开发支出	30			其他权益工具		
商誉	31			资本公积		
长期待摊费用	32			其他综合收益		
递延所得税资产	33			专项储备		
其他非流动资产	34			盈余公积		
非流动资产合计	35			未分配利润		
	36			**所有者权益合计**		
资产总计	37			**负债和所有者权益总计**		

(2) 报告式资产负债表

与账户式资产负债表左右排列不同,报告式资产负债表采用了上下排列,即按照资产、负债和所有者权益的次序,自上而下进行排列。报告式资产负债表样表见表6-2。

表 6-2　　　　　报告式资产负债表样表

编制单位：　　　　　年　月　日　　　　　单位：

资产	金　额
流动资产	
非流动资产	
资产合计	
负债	
流动负债	
非流动负债	
负债合计	
所有者权益	
实收资本	
资本公积	
盈余公积	
未分配利润	
所有者权益合计	
负债及所有者权益合计	

需要说明，在我国的会计实务中，启用最多就是的账户式资产负债表。因此，本章后续内容就将专门讨论账户式资产负债表的编制。

二、资产负债表的编制

1. 手工方法填列资产负债表的各项指标数据来源

资产负债表各项目的期初余额即为上期期末余额，可以通过上期期末余额直接获得。因此"资产负债表"工作表的编制重点就是资产负债表各项目期末余额的填列。手工方法填列资产负债表的各项指标数据来源多样，主要通过下列六种途径获得并填列：

(1)根据"总账科目余额表"直接填列：包括"交易性金融资产""工程物资""递延所得税资产""短期借款""应付票据""应付职工薪酬""应交税费""应付利息""应付股利""其他应付款""应付债券""预计负债""递延所得税负债""实收资本(或股本)""资本公积""盈余公积"等。

(2)根据"总账科目余额表"计算填列：包括"货币资金"等。比如"货币资金"，应根据"库存现金""银行存款""其他货币资金"三个总账科目贷方期末余额合计填列。

(3)根据"明细账科目余额表"计算填列：包括"应付账款""预收款项""一年内到期的非流动资产""未分配利润"等。

(4)根据"总账科目余额表"和"明细账科目余额表"计算填列：包括"长期借款""其他非流动资产"等。

(5)根据有关科目余额减去备抵科目余额后的净额填列：包括"可供出售金融资产""持有至到期投资""长期股权投资""在建工程""商誉""固定资产""无形资产""长期应收款""长期应付款"等。

(6)综合运用上述填列方法分析填列：包括"应收票据""应收利息""应收股利""其他应收款""应收账款""预付款项""存货"等。

2. Excel方式填列资产负债表的各项指标数据来源

相对于手工方式填列资产负债表的数据来源复杂且多样，Excel方式填列的资产负债表各项指标的数据来源明显简单,就是总账科目余额表。"资产负债表"工作表填列指标数据包含三种情况:一是直接填列,就是跨工作表引用"总账科目余额表"工作表中的相关指标数据;二是计算填列,就是依据相关指标的计算公式,对跨工作表引用"总账科目余额表"工作表的多个指标数据进行计算;三是汇总填列,就是将"资产负债表"工作表中的某类指标数据进行汇总。为了降低填列的难度,提高填列效率,下面以"资产负债表"工作表各项指标期末余额为例,分别给出计算公式和操作公式,见表 6-3、表 6-4、表 6-5。

表 6-3　　　　　　　　资产负债表各资产项目期末数余额填列的操作公式

流动资产	期末余额填列的计算公式	期末余额填列的操作公式
货币资金	库存现金+银行存款+其它货币资金	=12月总账科目余额表!G5+12月总账科目余额表!G6
交易性金融资产	交易性金融资产	=12月总账科目余额表!G7
应收票据	应收票据	=12月总账科目余额表!G8
应收账款	应收账款－坏账准备	=12月总账科目余额表!G9－12月总账科目余额表!H12
应收账款融资	应收账款融资	(12月总账科目余额表不含此项)
预付账款	预付账款	=12月总账科目余额表!G10
其他应收款	其他应收款+应收利息+应收股利	=12月总账科目余额表!G32+12月总账科目余额表!G33+12月总账科目余额表!G34
应收利息	应收利息	(12月总账科目余额表不含此项)
应收股利	应收股利	(12月总账科目余额表不含此项)
存货	原材料+在途物资+低值易耗品+库存商品+分期收款发出商品+委托加工物资+包装物+委托代销商品+受托代销商品+生产成本－受托代销商品款－存货跌价准备	=12月总账科目余额表!G13+12月总账科目余额表!G14+12月总账科目余额表!G15+12月总账科目余额表!G42－12月总账科目余额表!H16
合同资产	合同资产	(12月总账科目余额表不含此项)
持有待售资产	持有待售资产	(12月总账科目余额表不含此项)
一年内到期的非流动资产	一年内到期的非流动资产	(12月总账科目余额表不含此项)
其他流动资产	其他流动资产	(12月总账科目余额表不含此项)
流动资产合计	流动资产合计	=SUM(D5:D18)
非流动资产	期末余额填列的计算公式	期末余额填列的操作公式
债权投资	债权投资	(12月总账科目余额表不含此项)
其他债权投资	其他债权投资	(12月总账科目余额表不含此项)
长期应收款	长期应收款	(12月总账科目余额表不含此项)
长期股权投资	长期股权投资－长期股权投资减值准备	=12月总账科目余额表!G18
其他权益工具投资	其他权益工具投资	(12月总账科目余额表不含此项)
其他非流动金融资产	其他非流动金融资产	(12月总账科目余额表不含此项)
投资性房地产	投资性房地产	(12月总账科目余额表不含此项)
固定资产	固定资产－累计折旧－固定资产减值准备	=12月总账科目余额表!G19－12月总账科目余额表!H20
在建工程	在建工程－在建工程减值准备+工程物资	=12月总账科目余额表!G21

(续表)

非流动资产	期末余额填列的计算公式	期末余额填列的操作公式
生产性生物资产	生产性生物资产	(12月总账科目余额表不含此项)
油气资产	油气资产	(12月总账科目余额表不含此项)
无形资产	无形资产－累计摊销－无形资产减值准备	＝12月总账科目余额表！G22－12月总账科目余额表！H23
开发支出	开发支出	(12月总账科目余额表不含此项)
商誉	商誉	(12月总账科目余额表不含此项)
长期待摊费用	长期待摊费用	(12月总账科目余额表不含此项)
递延所得税资产	递延所得税资产	(12月总账科目余额表不含此项)
其他非流动资产	其他非流动资产	(12月总账科目余额表不含此项)
非流动资产合计	非流动资产合计	＝SUM(D21:D37)
资产总计	资产总计	＝D19＋D38

表 6-4　　资产负债表各负债项目期末余额填列的操作公式

流动负债	期末余额填列的计算公式	期末余额填列的操作公式
短期借款	短期借款	＝12月总账科目余额表！H26
交易性金融负债	交易性金融负债	(12月总账科目余额表不含此项)
衍生金融负债	衍生金融负债	(12月总账科目余额表不含此项)
应付票据	应付票据	(12月总账科目余额表不含此项)
应付账款	应付账款	＝12月总账科目余额表！H28
预收账款	预收账款	(12月总账科目余额表不含此项)
合同负债	合同负债	(12月总账科目余额表不含此项)
应付职工薪酬	应付职工薪酬	＝12月总账科目余额表！H30
应交税费	应交税费	＝12月总账科目余额表！H31
其他应付款	其他应付款＋应付利息＋应付股利	＝12月总账科目余额表！H32＋12月总账科目余额表！H33＋12月总账科目余额表！H34
持有待售负债	持有待售负债	(12月总账科目余额表不含此项)
一年到期的非流动负债	一年到期的非流动负债	(12月总账科目余额表不含此项)
其他流动负债	其他流动负债	(12月总账科目余额表不含此项)
流动负债合计	流动负债合计	＝SUM(G5:F19)
非流动负债	期末余额填列的计算公式	期末余额填列的操作公式
长期借款	长期借款	＝12月总账科目余额表！H35
应付债券	应付债券	(12月总账科目余额表不含此项)
租赁负债	租赁负债	(12月总账科目余额表不含此项)
长期应付款	长期应付款	(12月总账科目余额表不含此项)
预计负债	预计负债	(12月总账科目余额表不含此项)
递延所得税负债	递延所得税负债	(12月总账科目余额表不含此项)
其他非流动负债	其他非流动负债	(12月总账科目余额表不含此项)
非流动负债合计	非流动负债合计	＝SUM(G22:G28)
负债合计	负债合计	＝G20＋G29

表 6-5　资产负债表各所有者权益项目期末余额填列的操作公式

所有者权益	期末余额填列的计算公式	期末余额填列的操作公式
实收资本	实收资本	＝12月总账科目余额表！H37
其他权益工具	其他权益工具	（12月总账科目余额表不含此项）
资本公积	资本公积	＝12月总账科目余额表！H36
其他综合收益	其他综合收益	（12月总账科目余额表不含此项）
专项储备	专项储备	（12月总账科目余额表不含此项）
盈余公积	盈余公积	＝12月总账科目余额表！H39
未分配利润	本年利润＋分配利润	＝12月总账科目余额表！H40＋12月总账科目余额表！H41
所有者权益合计	所有者权益合计	＝SUM(G32:G38)
负债和所有者权益总计	负债和所有者权益总计	＝G30＋G39

3. 资产负债表各项指标"期末余额"填列的操作方法

资产负债表各项指标"期末余额"的填列分为三步：计算填列指标的填列；直接填列指标的填列；汇总填列指标的填列。

资产负债表各项指标"期末余额"填列具体操作过程如下：

（1）计算填列指标的填列

资产负债表需要计算填列的指标包括"货币资金""应收账款""其他应收款""存货""长期股权投资""固定资产""在建工程""无形资产""其他应付款""未分配利润"。它们的填列公式如下：

①货币资金期末余额＝库存现金＋银行存款＋其他货币资金

②应收账款期末余额＝应收账款－坏账准备

③其他应收款期末余额＝其他应收款＋应收利息＋应收股利

④存货期末余额＝原材料＋在途物资＋低值易耗品＋库存商品＋分期收款发出商品＋委托加工物资＋包装物＋委托代销商品＋受托代销商品＋生产成本－受托代销商品款－存货跌价准备

⑤长期股权投资期末余额＝长期股权投资－长期股权投资减值准备

⑥固定资产期末余额＝固定资产－累计折旧－固定资产减值准备

⑦在建工程期末余额＝在建工程－在建工程减值准备＋工程物资

⑧无形资产期末余额＝无形资产－累计摊销－无形资产减值准备

⑨其他应付款期末余额＝其他应付款＋应付利息＋应付股利

⑩未分配利润期末余额＝本年利润＋分配利润

其中，公式中个别指标前面带"－"，说明该指标应该从总账科目余额表的"贷方"引用数据，否则应该从"借方"引用数据。

这里以"货币资金"为例，说明计算填列的操作方法。

第一步：打开"资产负债表"工作表，参考表6-3提供的货币资金期末余额计算公式，选择"资产负债表"工作表的"D5"单元格，输入"＝"，选择"12月总账科目余额表"工作表的"G5"单元格，键盘输入"＋"，选择"12月总账科目余额表"工作表的"G6"单元格，按"Enter"键，即可实现"货币资金"期末余额的填列。

第二步：可以用类似的方法填列"应收账款""其他应收款""存货""长期股权投资""固定资产""在建工程""无形资产""其他应付款""未分配利润"这些需要计算填列的指标，填列结果见表6-6。

(2) 直接填列指标的填列

这里以"交易性金融资产"为例，说明直接填列指标填列的操作方法。

第一步：选择"资产负债表"工作表的"D6"单元格，输入"="，选择"12月总账科目余额表"工作表的"G6"单元格，按"Enter"键，即可实现"交易性金融资产"指标的直接填列。

第二步：除了标注灰色背景，表示没有相关数据来填列的指标以外，其他直接填列的指标可以按照类似的操作方法进行填列，填列结果见表6-6。

(3) 汇总填列指标的填列

资产负债表期末余额各项指标中，需要汇总填列的包括"流动资产合计""非流动资产合计""资产总计"。这里以"流动资产合计"为例，说明汇总填列指标填列的操作方法。

第一步：选择"资产负债表"工作表的"D19"单元格，输入"=SUM()"，将光标移入SUM函数括号里面，用鼠标选择单元格区域"D5:D18"，按"Enter"键，即可实现各项非流动资产的合计。

第二步：可以用类似的方法填列"非流动资产合计"和"资产总计"这些需要汇总填列的指标，填列结果见表6-6。

表6-6　　　　　　　　　　　　　资产负债表编制结果

资产负债表

编制单位：西安兴达有限责任公司　填列时间：2021年12月31日　　　　　　　　　单位：元

资产	行次	期初数	期末数	负债及所有者权益	期初数	期末数
流动资产	1			流动负债		
货币资金	2	802 000.00	613 260.00	短期借款	300 000.00	300 000.00
交易性金融资产	3	100 000.00	100 000.00	交易性金融负债	—	—
应收票据	4	20 000.00	20 000.00	衍生金融负债	—	—
应收账款	5	212 800.00	282 555.00	应付票据		
应收账款融资	6	—	—	应付账款	266 000.00	106 000.00
预付账款	7	75 000.00	25 000.00	预收账款	—	—
其他应收款	8			合同负债		
应收利息	9	—	—	应付职工薪酬	—	13 440.00
应收股利	10	—	—	应交税费	54 000.00	88 958.75
存货	11	960 000.00	967 970.00	其他应付款	58 000.00	56 800.00
合同资产	12	—	—	应付利息	3 000.00	—
持有待售资产	13			应付股利	—	200 000.00
一年内到期的非流动资产	14			持有待售负债		
其他流动资产	15			一年到期的非流动负债		
流动资产合计	16	2 169 800.00	2 008 785.00	其他流动负债		
非流动资产	17			流动负债合计	681 000.00	765 198.75
债权投资	18	—	—	非流动负债		
其他债权投资	19			长期借款	400 000.00	400 000.00
长期应收款	20			应付债券		
长期股权投资	21	300 000.00	300 000.00	租赁负债		
其他权益工具投资	22			长期应付款		
其他非流动金融资产	23			预计负债		
投资性房地产	24			递延所得税负债		

(续表)

资产	行次	期初数	期末数	负债及所有者权益	期初数	期末数
固定资产	25	2 572 000.00	2 810 750.00	其他非流动负债	—	—
在建工程	26	—	—	非流动负债合计	400 000.00	400 000.00
生产性生物资产	27	—	—	负债合计	1 081 000.00	1 165 198.75
油气资产	28	—	—	所有者权益		
无形资产	29	116 400.00	115 200.00	实收资本	2 000 000.00	2 000 000.00
开发支出	30	—	—	其他权益工具	—	—
商誉	31	—	—	资本公积	475 000.00	475 000.00
长期待摊费用	32	—	—	其他综合收益	—	—
递延所得税资产	33	—	—	专项储备	—	—
其他非流动资产	34	—	—	盈余公积	646 400.00	877 863.63
非流动资产合计	35	2 988 400.00	3 225 950.00	未分配利润	955 800.00	716 672.62
	36			所有者权益合计	4 077 200.00	4 069 536.25
资产总计	37	5 158 200.00	5 234 735.00	负债和所有者权益总计	5 158 200.00	5 234 735.00

说明:从资产负债表各项指标期末余额填列的情况来看,属于需要直接填列的指标分量最大,需要多次重复直接填列这项操作,比较浪费时间。同时,标注为灰色的指标表示没有相关指标数值来填列,这给初学者填列资产负债表节约了时间,但事先寻找并标注这些没有相关数据的指标也要额外消耗时间。为了提高资产负债表的编制效率,可以考虑将 IF 函数、ISNA 函数和 VLOOKUP 函数嵌套起来,一方面可以对需要直接填列的指标进行批量化填列,另一方面也省去了事先寻找并标注这些没有相关数据指标的时间消耗。

这里以"资产负债表"工作表中"资产"类指标需要直接填列的期末余额指标为例,说明如何将 IF 函数、ISNA 函数和 VLOOKUP 函数嵌套起来使用,从而实现需要直接填列指标的批量化处理的具体操作方法。

使用多层嵌套函数批量化填列需要直接填列指标的操作方法如下:

(1)单用并执行 VLOOKUP 函数。

第一步:选定资产负债表的"C6"单元格,输入"=VLOOKUP()",单击"插入函数"按钮,打开 VLOOKUP"函数参数"对话框,将光标插入点移到第一个参数框,选择"A6"单元格。

第二步:将光标插入点移到第二个参数框,打开"总账科目余额表"工作表,选择单元格区域"B5:H57",选定第二个参数框,按"F4"键,从而给单元格区域"B5:H57"的行、列编号前都分别带上"$"符号(由相对引用改为绝对引用)。

第三步:将光标插入点移到第三个参数框和第四个参数框,分别输入数字"6"和"0"。VLOOKUP 函数的参数设置结果如图 6-1 所示。

第四步:单击"确定"按钮,执行 VLOOKUP 函数。

(2)复制 VLOOKUP 函数,将 VLOOKUP 函数粘贴到 IF 函数和 ISNA 函数的参数框中,执行多层嵌套函数。

第一步:复制编辑栏上的 VLOOKUP 函数部分(不含括号)。

第二步:在"资产负债表"工作表的"C6"单元格中,输入"=IF()",单击编辑栏上的"插入函数"按钮,打开 IF"函数参数"对话框,将光标插入点移到 IF 函数第一个参数框,输入"ISNA()",将光标插入点移到 ISNA 函数的括号里面,粘贴 VLOOKUP 函数。

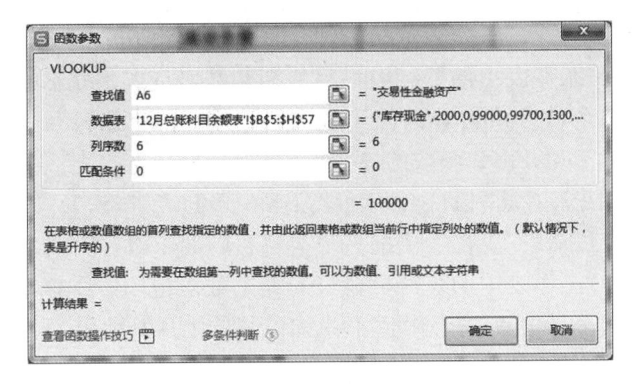

图 6-1 VLOOKUP"函数参数"对话框

第三步:将光标插入点移到 IF 函数第二个参数框和第三个参数框,分别输入"0"和粘贴 VLOOKUP 函数。由 IF 函数、ISNA 函数和 VLOOKUP 函数构成多层嵌套的函数参数设置结果如图 6-2 所示。

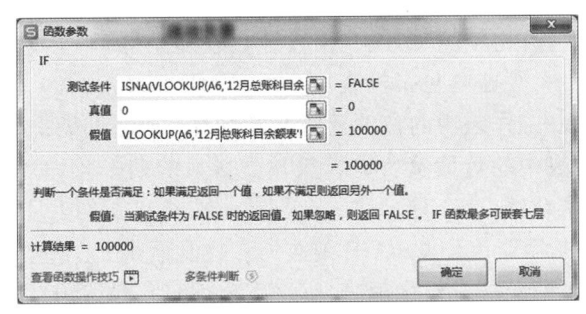

图 6-2 IF"函数参数"对话框

第四步:单击"确定"按钮,执行这个多层嵌套函数。

(3)采用一次复制、多次粘贴的方法批量化填列需要直接填列的指标。

第一步:复制"资产负债表"工作表的"C6"单元格多层嵌套函数的执行结果。

第二步:依次选定需要直接填列指标的单元格,执行粘贴操作,从而批量化填列需要直接填列的指标。

需要说明:

(1)VLOOKUP 函数第二个参数的单元格区域行列编号前带上"$"符号,即设置绝对引用,这是因为要确保查询区域在公式复制的过程中不能发生变化;VLOOKUP 函数第三个参数为"6",表示查询目标"交易性金融资产"科目的期末数处在查询区域的第 6 列;VLOOKUP 函数第四个参数为"0",表示精准查询。

(2)ISNA 函数的功能是专门读取 VLOOKUP 函数执行结果,如果是"♯N/A",表示以"资产负债表"工作表中的"交易性金融资产"科目为关键词,在"12月总账科目余额表"工作表中没有找到这样的科目。

(3)以 IF 函数为外层函数,内嵌 ISNA 函数和 VLOOKUP 函数的多层嵌套函数的含义是,以"交易性金融资产"科目为关键词在"12月总账科目余额表"的查询区域进行查找,如果没有找到,输出"0",如果找到了,就执行 VLOOKUP 函数,输出"交易性金融资产"的期末数。

(4)"资产负债表"工作表中其他需要直接填列科目的填列可以模仿上述做法,主要的差别还是在于 VLOOKUP 函数的第一个参数和第三个参数。

下列依次给出单用 VLOOKUP 函数填列"12月资产负债表"直接填列科目的参数设置。

①填列"12月资产负债表"工作表中的资产类科目的期初数。

"12月资产负债表"工作表中的资产类科目的期初数对应"12月总账科目余额表"工作表中的借方期初余额,这个借方期初余额位于查询区域"12月总账科目余额表!＄B＄5:＄H＄57"的第2列,因此VLOOKUP函数的参数设置如下:

　　VLOOKUP(A6,12月总账科目余额表!＄B＄5:＄H＄57,2,0)

②填列"12月资产负债表"工作表中的资产类科目的期末数。

"12月资产负债表"工作表中的资产类科目的期末数对应"12月总账科目余额表"工作表中的借方期末余额,这个借方期末余额位于查询区域"12月总账科目余额表!＄B＄5:＄H＄57"的第6列,因此VLOOKUP函数的参数设置如下:

　　VLOOKUP(A6,12月总账科目余额表!＄B＄5:＄H＄57,6,0)

③填列"资产负债表"工作表中的负债及所有者权益类科目的期初数。

"资产负债表"工作表中的负债及所有者权益类科目的期初数,对应"12月总账科目余额表"工作表中的贷方期初余额,这个贷方期初余额位于查询区域"12月总账科目余额表!＄B＄5:＄H＄57"的第3列,因此VLOOKUP函数的参数设置如下:

　　VLOOKUP(E5,12月总账科目余额表!＄B＄5:＄H＄57,3,0)

④填列"资产负债表"工作表中的负债及所有者权益类科目的期末数。

"资产负债表"工作表中的负债及所有者权益类科目的期末数,对应"12月总账科目余额表"工作表中的贷方期末余额,这个贷方期末余额位于查询区域"12月总账科目余额表!＄B＄5:＄H＄57"的第7列,因此VLOOKUP函数的参数设置如下:

　　VLOOKUP(E5,12月总账科目余额表!＄B＄5:＄H＄57,7,0)

4. 资产负债表编制结果审查

资产负债表编制结果审查就是对资产负债表的编制结果进行数量核对。最为简单的审查办法,就是审查资产的"期初数"和负债及所有者权益"期初数"是否平衡;审查资产的"期末数"和负债及所有者权益的"期末数"是否平衡。如果上述审查中的"期初数"和"期末数"分别平衡,就说明资产负债表通过了数量审查,基本说明资产负债表编制成功了。例如,表6-6中,资产、负债及所有者权益的期初数都是5 158 200.00元,资产、负债及所有者权益的期末数都是5 234 735.00元,说明资产负债表通过了数量审查,基本说明资产负债表编制成功了。

第三节　利润表

一、利润表概述

1. 利润表的含义

利润表又称损益表,是反映企业某一会计期间(如月、季、半年或年)生产经营成果的会计报表。利润表全面揭示了企业在某一特定时期实现的各种收入,发生的各种费用、成本或支出,以及企业实现的利润或发生的亏损情况。

2. 利润表的作用

编制利润表的主要目的是将企业经营成果的信息,提供给各种报表使用者作为决策的依据或参考。利润表的主要作用表现为以下三个方面:

(1)可据以解释、评价和预测企业的经营成果、获利能力和偿债能力。
(2)可以帮助企业管理人员做出经营决策。
(3)可以帮助评价和考核管理人员的绩效。

3．利润表的分类

利润表的格式一般有两种：单步式利润表和多步式利润表。

(1)单步式利润表

单步式利润表是将当期所有的收入列在一起，然后将所有的费用列在一起，两者相减得出当期净损益。单步式利润表的格式结构见表6-7。

表6-7　　　　　　　　　　单步式利润表样表

编制单位：　　　　　　　　　年　　月　　　　　　　　　　单位：

项目	行次	本月数	本年数
一、收入			
营业收入			
公允价值变动收益			
投资收益			
营业外收入			
收入合计			
二、费用			
营业成本			
税金及附加			
销售费用			
管理费用			
财务费用			
资产减值损失			
营业外支出			
所得税费用			
费用合计			
三、净利润			

(2)多步式利润表

多步式利润表是通过对当期的收入、费用、支出项目按性质加以归类，按照利润形成的主要环节列示一些中间性利润指标，如营业利润、利润总额、净利润，分步计算当期净损益。多步式利润表的格式结构见表6-8。

表6-8　　　　　　　　　　多步式利润表样表

编制单位：　　　　　　　　　编制时间：　　　　　　　　　　单位：

项目	行次	本月数	本年数
一、营业收入	1		
减：营业成本	2		
税金及附加	3		
销售费用	4		
管理费用	5		
财务费用	6		
其中：利息费用	7		
利息收入	8		

(续表)

项目	行次	本月数	本年数
加：其他收益	9		
投资收益（损失以"－"填列）	10		
其中：对联营企业和合营企业的投资（损失以"－"填列）	11		
以摊余成本计量的金融资产终止确认收益	12		
公允价值变动损益（损失以"－"填列）	13		
信用减值损失（损失以"－"填列）	14		
资产减值损失（损失以"－"填列）	15		
资产处置收益（损失以"－"填列）	16		
二、营业利润	17		
加：营业外收入	18		
减：营业外支出	19		
三、利润总额	20		
减：所得税费用	21		
四、净利润（净亏损以"－"填列）	22		
（一）持续经营净利润（净亏损以"－"填列）	23		
（二）终止经营净利润（净亏损以"－"填列）	24		
五、其他综合收益的税后净额	25		
（一）不能重分类进损益的其他综合收益	26		
1.重新计量设定收益计划变动额	27		
2.权益法下不能转损益的其他综合收益	28		
3.其他权益工具投资公允价值变动	29		
4.企业自身信用风险公允价值变动	30		
（二）将重分类进损益的其他综合收益	31		
1.权益法下可转损益的其他综合收益	32		
2.其他债权投资公允价值变动	33		
3.金融资产重分类计入其他综合收益的金额	34		
4.其他债权投资信用减值准备	35		
5.现金流量套期储备	36		
6.外币财务报表折算差额	37		
六、综合收益总额	38		

我国的会计实务中，多步式利润表使用最为广泛，因此本章主要介绍多步式利润表的编制方法。

二、利润表的编制

1. 利润表各项指标的数据来源

利润表是收入、费用和利润三个会计要素构成，各会计要素又可以具体化为不同的会计账户，相关的数据通过会计特有的方法记录在各相关的反映企业经营成果的损益类账户中，因此，利润表的数据来源于收入、费用和利润等账户的日常记录中。使用Excel方式编制"利润表"各项指标可以来自"总账科目余额表"的借方"本期发生额"和贷方"本期发生额"，也可以来自"总账科目汇总表"的"借方金额"和"贷方金额"。相比之下，后者更为简单和快捷。"利润表"填列指标数据包含三种情况：一是直接填列，就是跨工作表引用"总账科目汇总表"中的相关指标数据；二是计算填列，就是依据相关指标的计算公式，将跨工作表引用"总账科目汇总表"的多个指标数据进行计算；三是汇总填列，就是将"利润表"中的某类指标数据进行汇总。

2．利润表各项指标"本月数"的填列

（1）利润表各项指标"本月数"的填列公式

为了降低利润表的填列难度，提高填列效率，这里给出利润表各项指标"本月数"的填列公式，见表6-9。

表6-9　　　　　　　　利润表各项指标"本月数"填列的操作公式

编制单位：　　　　　　　　编制时间：　　　　　　　　单位：

项目	行次	"本月数"填列公式
一、营业收入	1	＝12月总账科目汇总表！D19＋12月总账科目汇总表！D31
减：营业成本	2	＝12月总账科目汇总表！C20＋12月总账科目汇总表！C32
税金及附加	3	＝12月总账科目汇总表！C21
销售费用	4	＝12月总账科目汇总表！C30
管理费用	5	＝12月总账科目汇总表！C22
财务费用	6	＝12月总账科目汇总表！C23
其中：利息费用	7	（12月总账科目汇总表不含此项）
利息收入	8	（12月总账科目汇总表不含此项）
加：其他收益	9	（12月总账科目汇总表不含此项）
投资收益（损失以"－"填列）	10	（12月总账科目汇总表不含此项）
其中：对联营企业和合营企业的投资（损失以"－"填列）	11	（12月总账科目汇总表不含此项）
以摊余成本计量的金融资产终止确认收益	12	（12月总账科目汇总表不含此项）
公允价值变动损益（损失以"－"填列）	13	（12月总账科目汇总表不含此项）
信用减值损失（损失以"－"填列）	14	＝－12月总账科目汇总表！C40
资产减值损失（损失以"－"填列）	15	＝－12月总账科目汇总表！C42
资产处置收益（损失以"－"填列）	16	（12月总账科目汇总表不含此项）
二、营业利润	17	＝D4－D5－D6－D7－D8－D9＋D12＋D13＋D15＋D16＋D17＋D18＋D19
加：营业外收入	18	＝12月总账科目汇总表！C33
减：营业外支出	19	＝12月总账科目汇总表！C37
三、利润总额	20	＝D20＋D21－D22
减：所得税费用	21	＝12月总账科目汇总表！C24
四、净利润（净亏损以"－"填列）	22	＝D23－D24
（一）持续经营净利润（净亏损以"－"填列）	23	＝D25
（二）终止经营净利润（净亏损以"－"填列）	24	（12月总账科目汇总表不含此项）
五、其他综合收益的税后净额	25	＝D29＋D34
（一）不能重分类进损益的其他综合收益	26	＝SUM(D30:D33)
1．重新计量设定收益计划变动额	27	（12月总账科目汇总表不含此项）

(续表)

项目	行次	"本月数"填列公式
2.权益法下不能转损益的其他综合收益	28	(12月总账科目汇总表不含此项)
3.其他权益工具投资公允价值变动	29	(12月总账科目汇总表不含此项)
4.企业自身信用风险公允价值变动	30	(12月总账科目汇总表不含此项)
(二)将重分类进损益的其他综合收益	31	=SUM(D35:D40)
1.权益法下可转损益的其他综合收益	32	(12月总账科目汇总表不含此项)
2.其他债权投资公允价值变动	33	(12月总账科目汇总表不含此项)
3.金融资产重分类计入其他综合收益的金额	34	(12月总账科目汇总表不含此项)
4.其他债权投资信用减值准备	35	(12月总账科目汇总表不含此项)
5.现金流量套期储备	36	(12月总账科目汇总表不含此项)
6.外币财务报表折算差额	37	(12月总账科目汇总表不含此项)
六、综合收益总额	38	=D25+D28

(2)利润表各项指标"本月数"的填列方法

利润表各项指标"本月数"填列分为三种情况:填列需要计算填列的指标;填列需要直接填列的指标;填列需要汇总填列的指标。

利润表各项指标"本月数"填列操作过程如下:

① 填列需要计算填列的指标

利润表中,需要计算填列的指标包括"营业收入"和"营业成本",它们的填列公式为:

"营业收入"="主营业务收入"+"其他业务收入"

"营业成本"="主营业务成本"+"其他业务成本"

这里以"营业收入"指标的填列为例,说明需要计算填列指标的操作方法。

选定"12月利润表"的"D5"单元格,输入"=",选择"12月总账科目汇总表"的"D31"单元格,键盘输入"+",选择"12月总账科目余额表"的"D32"单元格,按"Enter"键,即可实现"营业收入"指标的计算填列。同理,可以实现"营业成本"指标的计算填列。

② 填列需要直接填列的指标

利润表中,除了需要计算填列的指标和汇总填列的指标,剩下的都是需要直接填列的指标。对于直接填列的指标,一般采用简单的跨工作表引用指标数据即可。然而,像"投资收益""公允价值变动损益""信用减值损失""资产减值损失""资产处置收益"等需要直接填列的指标,还要对指标是否属于"损失"加以判断。如果属于"损失",还要在跨工作表引用的指标数据前面带上"—"号,否则就按照一般的跨工作表引用指标数据处理即可。然而,有关上述指标是否属于"损失"的判断,手工方式编制利润表和Excel方式编制利润表是不同的。前者是根据总账账户来判断,后者则是根据会计凭证表来判断。

以"资产减值损失"为例,如果会计凭证表中"资产减值损失"的本期发生额最终是一个借方发生的金额,应以"—"号填列,也就是说,跨工作表引用指标数据的前面要带上"—"号;反之,"资产减值损失"的本期发生额最终是一个贷方发生的金额,则不需要带"—"号。

这里以"资产减值损失"为例，说明直接填列指标填列的操作方法。

第一步：选定"会计凭证表"数据区域任一单元格，单击"数据"选项卡"排序和筛选"功能组中的"筛选"按钮，单击"总账科目"字段右侧的下拉按钮，弹出下拉列表，将光标插入点移到"搜索"文本框，输入"资产减值损失"，如图6-3所示。

第二步：单击"确定"按钮，"会计凭证表"中就筛选出"总账科目"为"资产减值损失"的经济业务，如图6-4所示。因为181行"资产减值损失"的本期发生额最终是一个借方发生的金额（从该经济业务的"摘要"来看，应该是"计提存货跌价准备"而不是"结转损益"），因此可以判定"资产减值损失"属于"损失"，也就是说，跨工作表引用"资产减值损失"指标数据的前面要带上"－"号。

图6-3 "总账科目"下拉列表

图6-4 筛选后的"会计凭证表"

第三步：选定"12月利润表"的"D18"单元格，输入"＝－"，选择"12月总账科目汇总表"的"C42"单元格，按"Enter"键，即可实现"资产减值损失"指标的直接填列。

需要说明：从利润表各项指标填列的情况来看，属于需要直接填列的指标分量最大，需要多次重复直接填列这项操作，比较浪费时间。同时，标注为灰色的指标表示没有相关指标数值来填列，这给初学者填列利润表节约了时间，但事先寻找并标注这些没有相关数据的指标也要额外消耗时间。为了提高利润表的填列效率，可以考虑将 IF 函数、ISNA 函数和 VLOOKUP 函数嵌套起来，一方面可以实现需要直接填列的指标进行批量化处理，另一方面也省去了事先寻找并标注这些没有相关数据指标的时间消耗。

利润表中使用多层嵌套函数批量化填列需要直接填列指标的操作流程如下：

第一步：单用并执行 VLOOKUP 函数。

第二步：复制 VLOOKUP 函数，将 VLOOKUP 函数粘贴到 IF 函数和 ISNA 函数的参数框中，执行多层嵌套函数。

第三步：采用一次复制、多次粘贴的方法批量化填列需要直接填列的指标。

有关使用多层嵌套函数批量化填列利润表中需要直接填列指标的操作方法，可以参考本章第二节有关资产负债表需要直接填列指标的填列方法，这里不再赘述。

③ 填列需要汇总填列的指标

利润表中需要汇总填列的包括"营业利润""利润总额""净利润""其他综合收益的税后净额""综合收益总额"，这些指标的填列需要借助公式来实现。这里以"营业利润"为例，说明需要汇总填列指标填列的操作方法。

选定"12月利润表"的"D20"单元格，输入公式"＝D4－D5－D6－D7－D8－D9＋D12＋

D13+D15+D16+D17+D18+D19",按"Enter"键,即可实现"营业利润"指标的汇总填列。同理,可以实现"利润总额"和"净利润"指标的汇总填列,结果见表 6-10。

表 6-10　　　　　　　　利润表各项指标"本月数"的填列结果

公司名称：西安兴达有限责任公司　　　编制时间：2021 年 12 月 31 日　　　　单位：元

项目	行次	本月数
一、营业收入	1	454 000.00
减：营业成本	2	214 700.00
税金及附加	3	2 015.00
销售费用	4	8 000.00
管理费用	5	42 520.00
财务费用	6	1 500.00
其中：利息费用	7	—
利息收入	8	—
加：其他收益	9	
投资收益（损失以"－"填列）	10	
其中：对联营企业和合营企业的投资（损失以"－"填列）	11	
以摊余成本计量的金融资产终止确认收益	12	
公允价值变动损益（损失以"－"填列）	13	
信用减值损失（损失以"－"填列）	14	－3 145.00
资产减值损失（损失以"－"填列）	15	－3 500.00
资产处置收益（损失以"－"填列）	16	
二、营业利润	17	178 620.00
加：营业外收入	18	33 900.00
减：营业外支出	19	3 390.00
三、利润总额	20	209 130.00
减：所得税费用	21	54 293.75
四、净利润（净亏损以"－"填列）	22	154 836.25
（一）持续经营净利润（净亏损以"－"填列）	23	154 836.25
（二）终止经营净利润（净亏损以"－"填列）	24	—
五、其他综合收益的税后净额	25	
（一）不能重分类进损益的其他综合收益	26	
1.重新计量设定收益计划变动额	27	
2.权益法下不能转损益的其他综合收益	28	
3.其他权益工具投资公允价值变动	29	
4.企业自身信用风险公允价值变动	30	
（二）将重分类进损益的其他综合收益	31	—
1.权益法下可转损益的其他综合收益	32	
2.其他债权投资公允价值变动	33	
3.金融资产重分类计入其他综合收益的金额	34	
4.其他债权投资信用减值准备	35	
5.现金流量套期储备	36	
6.外币财务报表折算差额	37	
六、综合收益总额	38	154 836.25

需要说明："持续经营净利润"是指企业正常生产经营产生的净利润。"终止经营净利润"是指企业因为各种原因结束经营,比如破产、倒闭、卖出等产生的净利润。案例企业西安兴达有限责任公司生产经营正常,满足持续性假设,"持续经营净利润"就等于"净利润","终止经营净利润"就等于 0。

3. 利润表各项指标"本年累计数"的填列

（1）利润表各项指标"本年累计数"的填列公式

为了降低利润表的填列难度，提高填列效率，这里给出利润表各项指标"本年累计数"的填列公式，见表 6-11。

表 6-11　　　　　　　　利润表各项指标"本年累计数"的填列公式

编制单位：　　　　　　　　编制时间：　　　　　　　　　　　　　　单位：

项目	行次	"本年累计数"填列公式
一、营业收入	1	＝全年总账科目汇总表！D19＋全年总账科目汇总表！D31
减：营业成本	2	＝全年总账科目汇总表！C20＋全年总账科目汇总表！C32
税金及附加	3	＝全年总账科目汇总表！C21
销售费用	4	＝全年总账科目汇总表！C30
管理费用	5	＝全年总账科目汇总表！C22
财务费用	6	＝全年总账科目汇总表！C23
其中：利息费用	7	（全年总账科目汇总表不含此项）
利息收入	8	（全年总账科目汇总表不含此项）
加：其他收益	9	（全年总账科目汇总表不含此项）
投资收益（损失以"－"填列）	10	（全年总账科目汇总表不含此项）
其中：对联营企业和合营企业的投资（损失以"－"填列）	11	（全年总账科目汇总表不含此项）
以摊余成本计量的金融资产终止确认收益	12	（全年总账科目汇总表不含此项）
公允价值变动损益（损失以"－"填列）	13	（全年总账科目汇总表不含此项）
信用减值损失（损失以"－"填列）	14	＝全年总账科目汇总表！C40
资产减值损失（损失以"－"填列）	15	＝全年总账科目汇总表！C42
资产处置收益（损失以"－"填列）	16	（全年总账科目汇总表不含此项）
二、营业利润	17	＝E4－E5－E6－E7－E8－E9＋E12＋E13＋E15＋E16＋E17＋E18＋E19
加：营业外收入	18	＝全年总账科目汇总表！C33
减：营业外支出	19	＝全年总账科目汇总表！C37
三、利润总额	20	＝E20＋E21－E22
减：所得税费用	21	＝全年总账科目汇总表！C24
四、净利润（净亏损以"－"填列）	22	＝E23－E24
（一）持续经营净利润（净亏损以"－"填列）	23	＝25
（二）终止经营净利润（净亏损以"－"填列）	24	（全年总账科目汇总表不含此项）
五、其他综合收益的税后净额	25	＝E29＋E34
（一）不能重分类进损益的其他综合收益	26	＝SUM(E30:E33)
1. 重新计量设定收益计划变动额	27	（全年总账科目汇总表不含此项）
2. 权益法下不能转损益的其他综合收益	28	（全年总账科目汇总表不含此项）
3. 其他权益工具投资公允价值变动	29	（全年总账科目汇总表不含此项）
4. 企业自身信用风险公允价值变动	30	（全年总账科目汇总表不含此项）
（二）将重分类进损益的其他综合收益	31	＝SUM(E35:E40)
1. 权益法下可转损益的其他综合收益	32	（全年总账科目汇总表不含此项）
2. 其他债权投资公允价值变动	33	（全年总账科目汇总表不含此项）
3. 金融资产重分类计入其他综合收益的金额	34	（全年总账科目汇总表不含此项）
4. 其他债权投资信用减值准备	35	（全年总账科目汇总表不含此项）
5. 现金流量套期储备	36	（全年总账科目汇总表不含此项）
6. 外币财务报表折算差额	37	（总账科目汇总表不含此项）
六、综合收益总额	38	＝E25＋E28

需要说明：利润表各项指标"本月数"的填列公式和"本年累计数"的填列公式十分相似，差别就是前者数据来源于"12月总账科目汇总表"，后者数据来源于"全年总账科目汇总表"。

(2)利润表各项指标"本年累计数"的填列方法

填列利润表各项指标的"本年累计数",需要根据"总账科目汇总表"建立"全年总账科目汇总表",然后按照表 6-11 给出各项指标"本年累计数"的填列公式进行填列。

具体操作步骤如下:

①新建工作表,将"12月总账科目汇总表"中的数据复制到新工作表中。

单击标签栏上的"新工作表"按钮,新建一个工作表,打开"12月总账科目汇总表",单击"行标"和"列标"交汇处的"全选"按钮,选定"12月总账科目汇总表"中的全部数据,右击,弹出菜单选择"复制"命令,打开新建的工作表,在"A1"单元格右击,弹出菜单选择"粘贴"命令,即可将"12月总账科目汇总表"中的全部数据复制到新工作表中。

②重命名新建工作表和表头。

第一步:双击新工作表的标签,键盘录入"全年总账科目汇总表"作为新工作表的名称,按"Enter"键,即可实现新建工作表标签的重命名。

第二步:双击存放字符串"12月总账科目汇总表"的"A2"单元格,键盘录入"全年总账科目汇总表",按"Enter"键,即可实现表头修改。

③使用数据透视表"更改数据源"功能,建立"全年总账科目汇总表"。

第一步:选定"数据透视表数据区域"任一单元格,单击"分析"选项卡"数据"功能组中"更改数据源"按钮,打开"更改数据透视表数据源"对话框,如图 6-5 所示,单击"确定"按钮,即可完成数据源的更改,但并未完成"全年总账科目汇总表"的建立。

第二步:单击"月"字段的下拉按钮,下拉列表选择"全部",如图 6-13 所示,单击"确定"按钮,即可完成"全年总账科目汇总表"的建立。

图 6-5 "更改数据透视表数据源"对话框   图 6-6 "月"字段下拉列表

需要说明:利用 Excel 数据透视表提供的"更改数据源"功能,在"12月总账科目汇总表"的基础上,通过扩大数据源范围到全年的经济业务数据,即可建立"全年总账科目汇总表"。不过本教材只给了2021年11月和12月的经济业务数据,利用"更改数据源"功能建立的"全年总账科目汇总表"只包含2个月的经济业务,实际上是用来代表全年的经济业务。如果具备全年12个月的经济业务数据,要建立真正的"全年总账科目汇总表",那么所用方法将完全一样。

④填列利润表各项指标"本年累计数"

利润表各项指标"本年累计数"填列也分为三种情况:一是填列需要计算填列的指标,二是填列需要直接填列的指标,三是填列需要汇总填列的指标。利润表各项指标"本年累计数"的填列方法与"本月数"各项指标的填列方法完全相同,不同的地方是前者数据来源是"12月总账科目汇总表",后者数据来源是"全年总账科目汇总表"。因此,利润表各项指标"本年累计数"的填列,完全可以模仿其各项指标"本月数"的填列方法,结果见表6-12。

表 6-12　　　　　　　　　　　利润表各项指标的填列结果
公司名称:西安兴达有限责任公司　　编制时间:2021年12月31日　　　　　　单位:元

项目	行次	本月数	本年数
一、营业收入	1	454 000.00	678 000.00
减:营业成本	2	214 700.00	345 100.00
税金及附加	3	2 015.00	2 977.00
销售费用	4	8 000.00	8 000.00
管理费用	5	42 520.00	78 640.00
财务费用	6	1 500.00	3 000.00
其中:利息费用	7	—	—
利息收入	8	—	—
加:其他收益	9	—	—
投资收益(损失以"-"填列)	10	—	—
其中:对联营企业和合营企业的投资(损失以"-"填列)	11	—	—
以摊余成本计量的金融资产终止确认收益	12	—	—
公允价值变动损益(损失以"-"填列)	13	—	—
信用减值损失(损失以"-"填列)	14	-3 145.00	-3 145.00
资产减值损失(损失以"-"填列)	15	-3 500.00	-3 500.00
资产处置收益(损失以"-"填列)	16	—	—
二、营业利润	17	178 620.00	233 638.00
加:营业外收入	18	33 900.00	33 900.00
减:营业外支出	19	3 390.00	3 390.00
三、利润总额	20	209 130.00	264 148.00
减:所得税费用	21	54 293.75	68 048.25
四、净利润(净亏损以"-"填列)	22	154 836.25	196 099.75
(一)持续经营净利润(净亏损以"-"填列)	23	154 836.25	196 099.75
(二)终止经营净利润(净亏损以"-"填列)	24	—	—
五、其他综合收益的税后净额	25		
(一)不能重分类进损益的其他综合收益	26	—	—
1.重新计量设定收益计划变动额	27	—	—
2.权益法下不能转损益的其他综合收益	28	—	—
3.其他权益工具投资公允价值变动	29	—	—
4.企业自身信用风险公允价值变动	30	—	—
(二)将重分类进损益的其他综合收益	31	—	—
1.权益法下可转损益的其他综合收益	32	—	—
2.其他债权投资公允价值变动	33	—	—
3.金融资产重分类计入其他综合收益的金额	34	—	—
4.其他债权投资信用减值准备	35	—	—
5.现金流量套期储备	36	—	—
6.外币财务报表折算差额	37	—	—
六、综合收益总额	38	154 836.25	196 099.75

第四节　现金流量表

一、现金流量表概述

1. 现金流量表的含义

现金流量表是反映企业在一定时期（一般为一个月，主要是一年）现金流入和现金流出动态状况的报表。通过现金流量表，可以概括反映经营活动、投资活动和筹资活动对企业现金流入和流出的影响，对于评价企业的实现利润、财务状况及财务管理，要比传统的利润表提供更好的基础。现金流量表为我们提供了判定企业经营状况是否健康的证据：如果某企业生产活动产生的现金流无法支付股利与保持股本的生产能力，得用借款的方式满足这些需要，说明这家企业从长期来看无法维持正常情况下的支出。

2. 现金流量表的作用

现金流量表一般用于分析一家企业在短期内有没有足够的现金去应付开销，其主要作用表现为以下四个方面：

(1) 有助于评价企业支付能力、偿还能力和周转能力。

(2) 有助于预测企业未来现金流量。

(3) 有助于分析企业收益质量及影响现金净流量的因素。

(4) 对以权责发生制为基础的会计报表进行了必要的补充，增强了会计信息的可比性。

3. 现金流量表的格式

企业的现金流量由经营活动产生的现金流量、投资活动产生的现金流量和筹资活动产生的现金流量三部分构成。分析现金流量及其结构，可以了解企业现金的来龙去脉和现金收支构成，评价企业经营状况、创现能力、筹资能力和资金实力。根据现行《企业会计准则》，企业的现金流量表格式见表6-13。

表6-13　　　　　　　　　　现金流量表格式

公司名称：　　　　　　　编制时间：　　　　　　　　　　　　　　单位：

项目	行次	金额
一、经营活动产生的现金流量	1	
销售商品或提供劳务收到现金	2	
收到税费返还	3	
收到其他与经营业务有关的现金	4	
现金流入小计	5	
购买商品、接受劳务支付的现金	6	
支付给职工以及为职工支付的现金	7	
支付的各项税费	8	
支付其他与经营活动有关的现金	9	
现金流出小计	10	
经营活动产生的现金流量净额	11	

(续表)

项目	行次	金额
二、投资活动产生的现金流量	12	
收回投资所收到的现金	13	
取得投资收益所收到的现金	14	
处置固定资产、无形资产和其他长期资产的现金净额	15	
处置子公司及其他营业单位收到的现金净额	16	
收到其他与投资活动有关的现金	17	
现金流入小计	18	
购建固定资产、无形资产和其他长期资产支付的现金	19	
投资所支付的现金	20	
取得子公司及其营业单位支付的现金净额	21	
支付的其他与投资活动有关的现金	22	
现金流出小计	23	
投资活动产生的现金流量净额	24	
三、筹资活动产生的现金流量	25	
吸收投资所收到的现金	26	
取得借款收到的现金	27	
收到其他与筹资活动有关的现金	28	
现金流入小计	29	
偿还债务所支付的现金	30	
分配股利、利润、偿付利息所支付的现金	31	
支付其他与筹资活动有关的现金	32	
现金流出小计	33	
筹资活动产生的现金流量净额	34	
四、汇率变动对现金的影响	35	
五、现金流量净额	36	

二、现金流量表的编制

1. 现金流量表的编制原理

在手工条件下,先要根据会计凭证表手工编制调整分录表,然后根据调整分录表手工编制成现金流量表。其中,调整分录表的调整方式是根据库存现金、银行存款以及其他货币资金的明细记录,逐笔确定现金流入和流出性质与额度。手工方式编制现金流量表工序烦琐,编制效率极为低下,只适用于经济业务很少的小微企业。利用 Excel 筛选、公式和函数等功能,可以由会计凭证表出发,先编制"现金流量项目查询表",再由"现金流量项目查询表"编制"现金流量表"。利用 Excel 筛选、公式和函数等功能,不光可以省去手工编制调整分录的复杂工序,而且可以大大降低现金流量表的编制难度,同时显著提升了现金流量表的编制效率,特别适合经济业务比较多的中小企业。

2. 现金流量表的编制过程

在 Excel 中,现金流量表的编制大体上会经过以下两个阶段:

第一,准备工作。正式填列现金流量表前,需要做的准备工作就是新建两张工作表,分别命名为"现金流量项目名称摘要对照表"和"现金流量项目查询表"。前者的作用是让用户通过经济业务的摘要判断其所属现金流量项目,后者则是通过多轮筛选将要进入现金流量表的经济业务筛选出来。

第二,实施工作。在上述准备工作的基础上,运用公式和函数最终实现现金流量表的编制。

(1)准备工作

①建立现金流量项目名称摘要对照表

现金流量项目名称摘要对照表用于记录"现金流量项目名称"和经济业务"摘要"的对应关系。依据这样的对应关系,可以非常方便地根据经济业务的摘要识别其所属的现金流量项目。这种对应关系见表6-14。

表6-14　　　　　　　　　　　现金流量项目名称摘要对照表

现金流量项目名称	摘要
销售商品或提供劳务收到现金	销售产品、收到欠款、销售材料
收到税费返还	收到返还的增值税、所得税、消费税、关税、教育费附加
收到其他与经营业务有关的现金	收到罚款收入、收到经营租赁固定资产收入、个人赔偿流动资产损失、其他政府补助收入
购买商品、接受劳务支付的现金	偿还欠款、购料、购买商品、支付劳务费
支付给职工以及为职工支付的现金	发放工资、职工福利
支付的各项税费	缴纳上月税、费,缴纳本期的税、费
支付其他与经营活动有关的现金	购办公用品,预借差旅费,预付报刊费,报差旅费,支付水费、电费、电话费、网费、广告费、招待费等
收回投资所收到的现金	出售交易性金融资产、债权投资、其他债权投资、其他权益工具投资、长期股权投资,投资性房地产,收回债权投资、其他债权投资本金
取得投资收益所收到的现金	收到现金股利、收到现金利息收入
处置固定资产、无形资产和其他长期资产的现金净额	出售固定资产、出售无形资产、出售其他长期资产
处置子公司及其他营业单位收到的现金净额	处置子公司及其他营业单位
收到其他与投资活动有关的现金	收到其他投资现金
购建固定资产、无形资产和其他长期资产支付的现金	购生产设备、支付在建工程人员工资
投资所支付的现金	购买股票、购买债券
取得子公司及其营业单位支付的现金净额	支付子公司及其营业单位购买出价
支付的其他与投资活动有关的现金	支付其他投资活动现金
吸收投资所收到的现金	发行股票、发行债券
取得借款收到的现金	取得长期借款、取得短期借款
收到其他与筹资活动有关的现金	收到其他筹资现金
偿还债务所支付的现金	偿还借款、偿付到期债券
分配股利、利润、偿付利息所支付的现金	支付现金、股利、支付利息
支付其他与筹资活动有关的现金	支付审计费、咨询费

说明:现金流量项目名称摘要对照表提出了根据经济业务的摘要判断其所属现金流量项目的方法,这让以往不得不依赖手工调整分录,以及不得不依赖复杂函数进行汇总的来编制现金流量表实现了大幅简化。

②建立现金流量项目查询表

现金流量项目查询表实际上是在会计凭证表的基础上,利用 Excel 提供的"自动筛选"功能,将要进入现金流量表的经济业务筛选出来,然后根据现金流量项目名称摘要对照表,识别筛选出来的每笔经济业务到底属于哪个现金流量项目。

现金流量项目查询表各项指标的填列操作步骤如下:

A.新建一个名为"现金流量项目查询表"的工作表,将会计凭证表中的全部数据复制到新建的工作表中。

第一步:单击"会计凭证表"行标和列标交汇处的"全选"按钮,使用键盘组合键"Ctrl+C",单击标签栏的"新工作表"按钮,新建一个工作表,选定"A1"单元格,使用键盘组合键"Ctrl+V",即可将"会计凭证表"中的全部数据复制到新建工作表中。

第二步:双击新建工作表的标签,键盘录入新建工作表名称"现金流量项目查询表",双击"A1"单元格,键盘录入表头"现金流量项目查询表"。

B.完成三轮筛选:筛选"总账科目"为"银行存款"和"库存现金"的经济业务;筛选 2021 年 12 月的经济业务;剔除"摘要"为成对出现"提现"的经济业务。

a.筛选总账科目为"银行存款"和"库存现金"的经济业务。

第一步:选定"现金流量项目查询表"数据区任一单元格,单击"数据"选项卡"排序和筛选"功能组中的"筛选"按钮 ,单击"总账科目"下拉按钮,弹出菜单取消"全选"复选项的选中状态,然后依次选择"银行存款"和"库存现金"复选项。筛选"银行存款"和"库存现金"的设置结果,如图 6-7 所示。

第二步:单击"确定"按钮,"现金流量项目查询表"就只显示"总账科目"为"银行存款"和"库存现金"的经济业务,筛选结果如图 6-8 所示。

图 6-7 "自动筛选"菜单

图 6-8 筛选出"总账科目"为"银行存款"和"库存现金"的经济业务

b.筛选 2021 年 12 月的经济业务。

选定"现金流量项目查询表"数据区任一单元格,单击"月"字段下拉按钮,弹出菜单取消"全选"复选项的选中状态,选择"12"复选项,单击"确定"按钮,即可筛选出 2021 年 12 月的经济业务,筛选结果如图 6-9 所示。

	A	B	C	D	E	F	G	H	I	J	K
1						现金流量项目查询表					
2	年	月	日	序	凭证编号	摘要	总账科目编号	总账科目	明细科目	借方金额	贷方金额
77	2021	12	01	01	2021120101	购办公用品	1001	库存现金			500
79	2021	12	02	02	2021120202	偿还欠款	1002	银行存款			160000
86	2021	12	04	04	2021120404	提现	1001	库存现金		3000	
87	2021	12	04	04	2021120404	提现	1002	银行存款			3000
89	2021	12	04	05	2021120405	预借差旅费	1001	库存现金			2000
94	2021	12	05	06	2021120506	缴纳上月税、费	1002	银行存款			54000
98	2021	12	07	07	2021120707	购料	1002	银行存款			65260

图 6-9 筛选出 2021 年 12 月的经济业务

c.剔除"摘要"为成对出现"提现"的经济业务。

由于库存现金、银行存款和其他货币资金都属于现金,所以库存现金、银行存款和其他货币资金内部的增减变动不影响现金流量。

例如,提现 500.00 元,会计分录为:

借:库存现金　　　　　　　　　　　　　　　　　　　　　　500.00

　贷:银行存款　　　　　　　　　　　　　　　　　　　　　　500.00

上述会计分录表示:现金增加 500.00 元,同时银行存款减少 500.00 元,属于现金内部的增减变动,现金总额未发生变化。

这类经济业务因为不影响现金流量的变动,编制现金流量表时,不予考虑。这些不计入现金流量表的经济业务,一般要从现金流量项目查询表中予以剔除。剔除的办法如下:

选定"现金流量项目查询表"数据区任一单元格,单击"摘要"字段下拉按钮,弹出菜单取消"提现"复选项的选中状态,单击"确定"按钮,有关"摘要"为"提现"的经济业务就从"现金流量项目查询表"的查询结果中剔除了。

C.根据某笔经济业务的摘要识别其所属的现金流量项目。

要根据某笔经济业务的摘要识别其所属的现金流量项目,可以给"现金流量项目查询表"增加名为"现金流量项目名称"的字段,用于记录经济业务所属现金流量项目名称。然而,直接识别并输入该经济业务所属的现金流量项目名称烦琐且容易出错,一个简单且不容易出错的办法是利用 Excel 提供的"数据验证"功能,将 22 个现金流量项目名称做成下拉列表,只要根据经济业务的"摘要",从"现金流量项目名称"下拉列表中选择所属现金流量项目名称即可。其操作方法如下:

第一步:对着"现金流量项目查询表"的"I 列"列标单击鼠标右键,弹出菜单选择"插入"命令,选定"I2"单元格,输入新的字段名"现金流量项目名称"。

第二步:选定单元格区域"I77:I163",单击"数据"选项卡"数据工具"功能组中的"数据验证"按钮,打开"数据验证"对话框,在"设置"选项卡的"允许"下拉列表中选择"序列",在"来源"文本框中输入"=",打开"现金流量项目名称摘要对照表",选定单元格区域"A2:A23",设置结果如图 6-10 所示。

第三步:单击"确定"按钮,即可给"现金流量项目查询表"的单元格区域"I77:I163"的每个单元格都设置包含 22 个现金流量项目名称的下拉列表。接下来,参考"现金流量项目名称摘要对照表",根据每条经济业务的"摘要"点选其所属的现金流量项目名称即可,结果如图 6-11 所示。

(2)实施工作

现金流量表编制的实施工作,就是在成功编制现金流量项目查询表的基础上,借助 Excel

图 6-10 "数据验证"对话框设置

	A	B	C	D	E	F	G	H	I	J	K	L
1							现金流量项目查询表					
2	年	月	日	序	凭证编号	摘要	总账科目编	总账科目	现金流量项目名称	明细科目	借方金	贷方金
77	2021	12	01	01	2021120101	购办公用品	1001	库存现金	支付其他与经营活动有关的现金			500
79	2021	12	02	02	2021120202	偿还欠款	1002	银行存款	购买商品、接受劳务支付的现金			160000
89	2021	12	04	05	2021120405	预借差旅费	1001	库存现金	支付其他与经营活动有关的现金			2000
94	2021	12	05	06	2021120506	缴纳上月税、费	1002	银行存款	支付的各项税费			54000
98	2021	12	07	07	2021120707	购料	1002	银行存款	购买商品、接受劳务支付的现金			65260
100	2021	12	08	08	2021120808	销售产品	1002	银行存款	销售商品或提供劳务收到现金		348040	
106	2021	12	10	10	2021121010	预付报刊费	1002	银行存款	支付其他与经营活动有关的现金			1000
110	2021	12	12	12	2021121112	发放工资	1001	库存现金	支付给职工以及为职工支付的现金			96000
112	2021	12	12	13	2021121213	支付招待费	1001	库存现金	支付其他与经营活动有关的现金			1000
113	2021	12	13	14	2021121314	收到欠款	1002	银行存款	销售商品或提供劳务收到现金		74000	

图 6-11 根据经济业务"摘要"点选"现金流量项目名称"的结果

的公式和函数进行查询并汇总,最终完成现金流量表的编制工作。现金流量表各项指标的填列包括两种情况:一是使用 SUMIF 函数来计算填列,二是使用 SUM 函数或者公式来汇总填列。现金流量表编制的实施工作大体包括三个阶段,各项阶段操作过程如下:

①根据现金流动方向,给需要用 SUMIF 函数进行计算填列的单元格设置不同的背景色。

考虑到现金流量表中需要计算填列的单元格区域并不连贯,且现金流入项目单元格区域和现金流出项目单元格区域呈现交错状态,为了清楚区分,且便于使用 SUMIF 函数进行批量化填列,需要给现金流入与现金流出项目单元格区域设置不同的背景色加以区分。这里以"现金流入项目"单元格区域为例,说明需要计算填列的单元格区域背景色如何统一设置为"黄色"

第一步:打开现金流量表,选定需要计算填列的单元格区域,也就是经营活动、投资活动和筹资活动产生现金流入量的单元格区域,按住"Ctrl"键不放,鼠标左键依次选定"C5:C7""C16:C20""C29:C31"单元格区域,单击"开始"选项卡"字体"功能组中"填充颜色"下拉按钮,弹出"调色板"菜单,选择"黄色"。这样,需要计算填列的经营活动、投资活动和筹资活动产生的现金流入量的单元格区域的背景色就被统一设置为"黄色"了。

第二步:同理,选定要计算填列的经营活动、投资活动和筹资活动产生的现金流出量的单元格,即按住"Ctrl"键不放,鼠标左键依次选定"C9:C12""C22:C25""C33:C35"单元格区域,单击"填充颜色"下拉按钮,弹出"调色板"菜单,选择"绿色"按钮。这样,需要计算填列的经营活动、投资活动和筹资活动产生的现金流出量的单元格区域背景色就被统一设置为"绿色"了。现金流量表中需要计算填列的单元格区域背景色设置结果见表 6-15。

表 6-15　　　　　　　　　　现金流量表格式

公司名称:西安兴达有限责任公司　　编制时间:2021.12.31　　　　　单位:元

项目	行次	金额
一、经营活动产生的现金流量	1	
销售商品或提供劳务收到现金	2	
收到税费返还	3	
收到其他与经营业务有关的现金	4	
现金流入小计	5	
购买商品、接受劳务支付的现金	6	
支付给职工以及为职工支付的现金	7	
支付的各项税费	8	
支付其他与经营活动有关的现金	9	
现金流出小计	10	
经营活动产生的现金流量净额	11	
二、投资活动产生的现金流量	12	
收回投资所收到的现金	13	
取得投资收益所收到的现金	14	
处置固定资产、无形资产和其他长期资产的现金净额	15	
处置子公司及其他营业单位收到的现金净额	16	
收到其他与投资活动有关的现金	17	
现金流入小计	18	
购建固定资产、无形资产和其他长期资产支付的现金	19	
投资所支付的现金	20	
取得子公司及其营业单位支付的现金净额	21	
支付的其他与投资活动有关的现金	22	
现金流出小计	23	
投资活动产生的现金流量净额	24	
三、筹资活动产生的现金流量	25	
吸收投资所收到的现金	26	
取得借款收到的现金	27	
收到其他与筹资活动有关的现金	28	
现金流入小计	29	
偿还债务所支付的现金	30	
分配股利、利润、偿付利息所支付的现金	31	
支付其他与筹资活动有关的现金	32	
现金流出小计	33	
筹资活动产生的现金流量净额	34	
四、汇率变动对现金的影响	35	
五、现金流量净额	36	

说明:对于多个不连贯区域设置相同的背景色,除了可以使用"Ctrl"实现多个不连贯的选定以外,还可以使用"格式刷"按钮。这里以现金流入项目背景色设置为例说明"格式刷"按钮的使用方法。

第一步:选定现金流量表的"A5"单元格,单击功能区"开始"选项卡中的"字体"功能组中的"填充颜色"下拉按钮,弹出"调色板"菜单,选择"黄色",即可将"A5"单元格背景色设置为黄色。

第二步：双击功能区"开始"选项卡"剪贴板"功能组中"格式刷"按钮，鼠标左键依次刷过现金流入项目，从而将处在多个不连贯区域的现金流入项目背景色统一设置为"黄色"。

将多个不连贯区域现金流出项目背景色统一设置为"绿色"，操作方法完全相同，这里不再赘述。

②对设置好背景色的单元格，分别运用SUMIF函数进行计算填列。

考虑到"现金流量表"中单个现金流量项目在"现金流量项目查询表"中可能对应多笔经济业务，且这些经济业务并不一定连贯起来，要将这些经济业务对应的借方金额或者贷方金额汇总起来，使用SUMIF函数就是较好的选择。这里以"现金流量项目查询表"的现金流入项目为例，即背景色设置为"黄色"的单元格区域，说明使用SUMIF函数进行计算填列的操作方法。

第一步：选择现金流量表中的"C5"单元格，输入"＝SUMIF()"，单击编辑栏上的"插入函数"按钮，打开SUMIF"函数参数"对话框，将光标插入点移动到SUMIF函数第一个参数框，打开"现金流量项目查询表"，选定单元格区域"I77:I163"，将光标插入点移动到SUMIF函数第二个参数框，输入"A5"，将光标插入点移动到SUMIF函数第三个参数框，打开"现金流量项目查询表"，选定单元格区域"K77:K163"，依次选定SUMIF函数第一个参数和第三个参数，按"F4"键，查询区域和汇总区域单元格行列编号前都带上"＄"符号。SUMIF"函数参数"对话框设置结果如图6-12所示。单击"确定"按钮，即可实现现金流入项目"销售商品和提供劳务收到的现金"的计算填列。

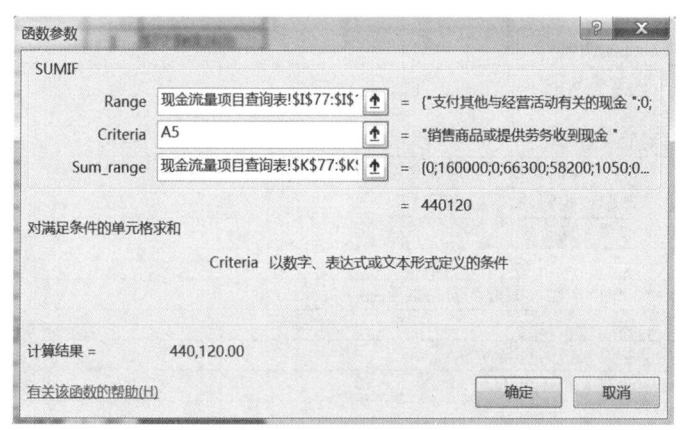

图6-12　SUMIF"函数参数"对话框

第二步：对着"C5"单元格右击，弹出菜单选择"复制"命令，按住"Ctrl"键不放，用鼠标左键依次选定背景色设置为"黄色"的单元格，对着选定区域右击，弹出菜单选择"粘贴"命令，即可将"C5"单元格的函数复制到背景色为"黄色"的单元格区域，从而完成多个不连贯区域现金流入项目的填列。填列结果见表6-16中标注为"黄色"背景的单元格区域。

说明：

<1> SUMIF函数的第一个参数和第三个参数分别代表查询区域和汇总区域，在公式复制的过程中，这两个区域的位置不能发生变化。为此，可以通过在单元格区域行、列编号前加"＄"符号，也就是单元格区域引用方式由相对引用改成绝对引用来实现。

<2>现金流量表中现金流入项目多个不连贯区域的计算填列,除了可以借助"Ctrl"键进行多个不连贯区域选定,进而执行一次复制和一次粘贴来实现以外,还可以用一次复制和多次粘贴的办法来实现,即复制"C5"单元格的函数,然后对多个不连贯区域依次进行粘贴。相比来说,前者操作更为简洁。

对于"现金流量表"中现金流出项目的计算填列,也就是背景色统一设置为"绿色"的单元格区域的计算填列,可以参考现金流入项目各项指标的填列方法进行填列,这里不再赘述,填列结果见表6-16中标注为"绿色"背景的单元格区域。需要注意的是,使用SUMIF函数进行现金流入项目各项指标计算填列,SUMIF函数第三个参数,即汇总区域实际是"现金流量项目查询表"的"借方金额";而使用SUMIF函数进行现金流出项目各项指标填列,汇总区域实际上是"现金流量项目查询表"的"贷方金额"。

表6-16　　　　　　　　　　现金流量表编制结果

公司名称:西安兴达有限责任公司　　编制时间:2021.12.31　　　　　　　单位:元

项　目	行次	金额
一、经营活动产生的现金流量	1	
销售商品或提供劳务收到现金	2	440 120.00
收到税费返还	3	—
收到其他与经营业务有关的现金	4	—
现金流入小计	5	
购买商品、接受劳务支付的现金	6	225 260.00
支付给职工以及为职工支付的现金	7	96 000.00
支付的各项税费	8	54 000.00
支付其他与经营活动有关的现金	9	23 100.00
现金流出小计	10	
经营活动产生的现金流量净额	11	
二、投资活动产生的现金流量	12	
收回投资所收到的现金	13	—
取得投资收益所收到的现金	14	
处置固定资产、无形资产和其他长期资产的现金净额	15	
处置子公司及其他营业单位收到的现金净额	16	
收到其他与投资活动有关的现金	17	
现金流入小计	18	—
购建固定资产、无形资产和其他长期资产支付的现金	99	226 000.00
投资所支付的现金	20	—
取得子公司及其营业单位支付的现金净额	21	
支付的其他与投资活动有关的现金	22	
现金流出小计	23	
投资活动产生的现金流量净额	24	
三、筹资活动产生的现金流量	25	
吸收投资所收到的现金	26	—
取得借款收到的现金	27	—
收到其他与筹资活动有关的现金	28	
现金流入小计	29	
偿还债务所支付的现金	30	—
分配股利、利润、偿付利息所支付的现金	31	4 500.00
支付其他与筹资活动有关的现金	32	
现金流出小计	33	
筹资活动产生的现金流量净额	34	
四、汇率变动对现金的影响	35	
五、现金流量净额	36	

③对需要汇总填列的指标进行汇总填列。

在"现金流量表"中,除了计算填列的单元格,剩下的就是需要汇总填列单元格。汇总填列方法要么使用 SUM 函数,要么使用公式。汇总填列的计算公式如下:

经营活动现金流入量小计:=SUM(C5:C7)
经营活动现金流出量小计:=SUM(C9:C12)
经营活动产生的现金流量净额:=C8－C13
投资活动现金流入量小计:=SUM(C16:C20)
投资活动现金流出量小计:=SUM(C22:C25)
投资活动产生的现金流量净额:=C21－C16
筹资活动现金流入量小计:=SUM(C29:C31)
筹资活动现金流出量小计:=SUM(C33:C35)
筹资活动产生的现金流量净额:=C32－C36
现金流量净额＝C14＋C27＋C37＋C38

通过上述三个阶段的相关操作,现金流量表编制工作就完成了,编制结果见表 6-17。

表 6-17　　　　　　　　　　现金流量表编制结果

公司名称:西安兴达有限责任公司　　编制时间:2021.12.31　　　　　　单位:元

项　目	行次	金额
一、经营活动产生的现金流量	1	
销售商品或提供劳务收到现金	2	440 120.00
收到税费返还	3	—
收到其他与经营业务有关的现金	4	—
现金流入小计	5	440 120.00
购买商品、接受劳务支付的现金	6	225 260.00
支付给职工以及为职工支付的现金	7	96 000.00
支付的各项税费	8	54 000.00
支付其他与经营活动有关的现金	9	23 100.00
现金流出小计	10	398 360.00
经营活动产生的现金流量净额	11	41 760.00
二、投资活动产生的现金流量	12	
收回投资所收到的现金	13	—
取得投资收益所收到的现金	14	—
处置固定资产、无形资产和其他长期资产的现金净额	15	—
处置子公司及其他营业单位收到的现金净额	16	—
收到其他与投资活动有关的现金	17	—
现金流入小计	18	—
购建固定资产、无形资产和其他长期资产支付的现金	19	226 000.00
投资所支付的现金	20	—
取得子公司及其营业单位支付的现金净额	21	—
支付的其他与投资活动有关的现金	22	—
现金流出小计	23	226 000.00
投资活动产生的现金流量净额	24	－226 000.00
三、筹资活动产生的现金流量	25	
吸收投资所收到的现金	26	—
取得借款收到的现金	27	—
收到其他与筹资活动有关的现金	28	—
现金流入小计	29	—
偿还债务所支付的现金	30	—

(续表)

项 目	行次	金额
分配股利、利润、偿付利息所支付的现金	31	4 500.00
支付其他与筹资活动有关的现金	32	—
现金流出小计	33	4 500.00
筹资活动产生的现金流量净额	34	−4 500.00
四、汇率变动对现金的影响	35	
五、现金流量净额	36	−188 740.00

第五节 所有者权益变动表

一、所有者权益变动表概述

1. 所有者权益变动表的概念

所有者权益变动表又称股东权益变动表,是指反映构成所有者权益的各组成部分当期增减变动情况的报表。所有者权益变动表应当全面反映一定时期所有者权益变动的情况。其不仅包括所有者权益总量的增减变动,还包括所有者权益增减变动的重要结构性信息,特别是要反映直接计入所有者权益的利得和损失,让报表使用者准确理解所有者权益变动的根源。

2. 所有者权益变动表的结构

为了清楚地表明构成所有者权益的各组成部分当期的增减变动情况,所有者权益变动表应当以矩阵的形式列示:一方面,列示导致所有者权益变动的交易或者事项,改变了以往仅仅按照所有者权益的各组成部分反映所有者权益的变动情况,而是从所有者权益变动的来源对一定时期所有者权益变动的情况进行全面反映;另一方面,按照所有者权益各组成部分(包括实收资本、资本公积、库存股、其他综合收益、盈余公积和未分配利润)及其总额列示交易或事项对所有者权益的影响。此外,所有者权益变动表各个项目还要再分为"本年金额"和"上年金额"两栏分别填列,详见表 6-18。

表 6-18　　　　　　　　所有者权益变动表

编制单位:　　　　　编制时间:　　　　　　　　　　单位:

项目	行次	本年金额							上年金额
		实收资本(或股本)	资本公积	减:库存股	其他综合收益	盈余公积	未分配利润	所有者权益合计	略
一、上年年末余额	1								
加:会计政策变更	2								
前期差错更正	3								
其他	4								
二、本年年初余额	5								
三、本年增减变动金额(减少以"—"号填列)	6								
(一)综合收益总额	7								
(二)所有者投入和减少资本	8								
1.所有者投入的普通股	9								
2.其他权益工具持有者投入资本	10								
3.股份支付计入所有者权益的金额	11								

(续表)

项目	行次	本年金额							上年金额
		实收资本（或股本）	资本公积	减:库存股	其他综合收益	盈余公积	未分配利润	所有者权益合计	略
4.其他	12								
（三）利润分配	13								
1.提取盈余公积	14								
2.对所有者(或股东)的分配	15								
3.其他	16								
（四）所有者权益内部结转	17								
1.资本公积转增资本(或股本)	18								
2.盈余公积转增资本(或股本)	19								
3.盈余公积弥补亏损	20								
4.设定收益计划变动额结转留存收益	21								
5.其他综合收益结转留存收益	22								
6.其他	23								
四、本年年末余额	24								

二、所有者权益变动表的编制方法

（一）所有者权益变动表各项（行）的填列方法

1."上年年末余额"项目

"上年年末余额"项目反映了企业上年资产负债表中实收资本（或股本）、其他权益工具、资本公积、库存股、其他综合收益、盈余公积、未分配利润的上年年末余额。其中，"会计政策变更"项目反映企业采用追溯调整法处理的会计政策变更的累积影响金额；"前期差错更正"项目反映采用追溯重述法处理的会计差错更正的累积影响金额。

为了体现会计政策变更和前期差错更正的影响，企业应当在上期期末所有者权益余额的基础上进行调整，得出本期期初所有者权益，根据"盈余公积""利润分配""以前年度损益调整"等科目的发生额进行填列。

2."本年年初余额"项目

"本年年初余额"项目反映了企业为体现会计政策变更和前期差错更正的影响，而在上年年末所有者权益余额的基础上进行调整得出的本年年初所有者权益余额。应根据"盈余公积""利润分配""以前年度损益调整"等科目的发生额进行填列。

3."本年增减变动金额"项目

"本年增减变动金额"项目包括"综合收益总额"项目、"所有者投入和减少资本"项目、"利润分配"项目和"所有者权益内部结转"项目。

（1）"综合收益总额"项目

"综合收益总额"项目反映企业在某一期间除所有者以其所有者身份进行的交易之外的其他交易或事项所引起的所有者权益变动，其金额为净利润和其他综合收益扣除所得税影响后的净额相加后的合计金额。

（2）"所有者投入和减少资本"项目

"所有者投入和减少资本"项目反映企业当年所有者投入的资本或减少的资本。其中，"所有者投入的普通股"项目反映企业接受投资者投入形成的股本和股本溢价，并对应列在"实收资本"和"资本或股本溢价"栏;"其他权益工具持有者投入资本"项目反映企业发行的除普通股以外分类为权益工具的金融工具的持有者投入的资本金额,本项目应根据金融工具类科目的相关明细科目的发生额分析填列;"股份支付计入所有者权益的金额"项目反映企业处于等待期中的权益结算的股份支付当年计入资本公积的金额,对应列在"资本公积"栏。

(3)"利润分配"项目

"利润分配"项目反映当年对所有者(或股东)分配的利润(或股利)金额和按照规定提取的盈余公积金额,并对应列在"未分配利润"和"盈余公积"栏。其中,"提取盈余公积"项目反映企业按照规定提取的盈余公积;"对所有者(或股东)的分配"项目,反映对所有者(或股东)分配的利润(或股利)金额。

(4)"所有者权益内部结转"项目

"所有者权益内部结转"项目反映不影响当年所有者权益总额的所有者权益各组成部分之间当年的增减变动,包括资本公积转增资本(或股本)、盈余公积转增资本分的增减变动情况(或股本)、盈余公积弥补亏损等项目金额。为了全面反映所有者权益各组成部分影响所有者权益况,所有者权益内部结转也是所有者权益变动表的重要组成部分,主要指不影响所有者权益总额、所有者权益各组成部分的当期增减变动。其中,"资本公积转增资本(或股本)"项目反映企业以资本公积转增资本(或股本)的金额;"盈余公积转增资本(或股本)"项目反映企业以盈余公积转增资本(或股本)的金额;"盈余公积弥补亏损"项目反映企业以盈余公积弥补亏损的金额。"其他综合收益结转留存收益"项目包括了两种情况:一是企业指定为以公允价值计量且其变动计入其他综合收益的非交易性权益工具投资终止确认时,之前计入其他综合收益的累计利得或损失从其他综合收益中转入留存收益的金额;二是企业指定为以公允价值计量且其变动计入当期损益的金融负债终止确认时,之前由企业自身信用风险变动引起而计入其他综合收益的累计利得或损失从其他综合收益中转入留存收益的金额。本项目应根据"其他综合收益"科目的相关明细科目的发生额分析填列。

(二)上年金额各栏(列)的填列方法

所有者权益变动表"上年金额"栏内各项数字,应根据上年度所有者权益变动表"本年金额"栏内所列数字填列。如果上年度所有者权益变动表规定的各个项目的名称和内容同本年度不相一致,应对上年度所有者权益变动表各项目的名称和数字按本年度的规定进行调整,填入所有者权益变动表"上年金额"栏内。

(三)本年金额各栏(列)的填列方法

所有者权益变动表"本年金额"栏内各项数字一般应根据"实收资本(或股本)""资本公积""盈余公积""利润分配""库存股""以前年度损益调整"等科目的发生额分析填列。

(四)所有者权益变动表本年各项目可能填列位置标注

所有者权益变动表中需要填列的项目和栏目包括三种情况:一是直接填列,就是跨工作表引用相关数据进行填列;二是计算填列,就是将跨工作表引用数据先计算再填列;三是汇总填列,就是将"所有者权益变动表"中的某些项目或者栏目先汇总再填列。为了简化所有者权益变动表的填列难度,提高填列效率,这里对可能导致所有者权益变动的交易和事项进行了标注。其中,"所有权变动表"需要直接填列的单元格标注"直接"字样;需要计算填列的单元格标注"计算"字样;需要汇总填列的单元格就不标注了;没有相关数据就标注灰色背景。标注结果见表6-19。

表 6-19　　　　　　　　　　所有者权益变动表填列位置标注

编制单位：西安兴达有限责任公司　编制时间：2021.12.31　　　　　　　　　单位：元

项目	行次	本年金额							上年金额
		实收资本（或股本）	资本公积	减：库存股	其他综合收益	盈余公积	未分配利润	所有者权益合计	略
一、上年年末余额	1	直接	直接	直接	直接	直接	直接		
加：会计政策变更	2		直接			直接	直接		
前期差错更正	3					直接	直接		
其他	4								
二、本年年初余额(5＝1＋2＋3＋4)	5								
三、本年增减变动金额（减少以"－"号填列）(6＝7＋8＋13＋17)	6								
（一）综合收益总额	7				直接		计算		
（二）所有者投入和减少资本(8＝9＋10＋11＋12)	8								
1.所有者投入的普通股	9	直接	直接						
2.其他权益工具持有者投入资本	10	直接	直接						
3.股份支付计入所有者权益的金额	11	直接	直接						
4.其他	12								
（三）利润分配(13＝14＋15＋16)	13								
1.提取盈余公积	14					计算	计算		
2.对所有者（或股东）的分配	15						计算		
3.其他	16								
（四）所有者权益内部结转(17＝18＋19＋20＋21＋22＋23)	17								
1.资本公积转增资本（或股本）	18	直接	直接						
2.盈余公积转增资本（或股本）	19	直接				直接			
3.盈余公积弥补亏损	20					直接	直接		
4.设定收益计划变动额结转留存收益	21								
5.其他综合收益结转留存收益	22				直接	直接	直接		
6.其他	23								
四、本年年末余额(24＝5＋6)	24								

（五）所有者权益变动表各项目（行）与各栏目（列）的填列方法

所有者权益变动表中需要填列的项目和栏目包括三种情况：一是需要直接填列的情况，二是需要计算填列情况，三是需要汇总填列的情况。

1. 需要直接填列的情况

所有者权益变动表中需要直接填列的项目（除了没有相关数据被标注为灰色背景的单元格），其数据源如下：

（1）"上年年末余额"项目的"实收资本""资本公积""盈余公积""未分配利润"等栏目，源于"12月总账科目余额表"。

（2）"前期差错更正"项目的"盈余公积"和"未分配利润"栏目，源于"12月明细分类账"。

(3)"综合收益总额"项目的"其他综合收益"栏目,源于"12月利润表"。

2.需要计算填列的情况

(1)"综合收益总额"项目的"未分配利润"栏目,源于"12月利润表"的"净利润"加上"11月总账科目余额表"的"本年利润"。

(2)"提取盈余公积"项目的"盈余公积"栏目,源于"12月明细分类账"的"提取法定盈余公积"加上"提取任意盈余公积"。

(3)"提取盈余公积"项目的"未分配利润"栏目,源于带"－"号的"盈余公积"栏目。

(4)"对所有者(或股东)的分配"项目的"未分配利润"栏目,源于带"－"号的"12月明细分类账"的"应付股利现金"。

3.需要汇总填列的情况

所有者权益变动表中需要的汇总填列包括两种情况:一是表中部分项目(行)汇总填列,二是表中"所有者权益合计"栏目(列)汇总填列。

(1)所有者权益变动表中部分项目(行)的汇总填列方法

所有者权益变动表中部分项目(行)的汇总填列实为垂直方向进行汇总填列,涉及的项目(行)包括第5、6、8、13、17和24行。这些项目(行)进行汇总填列的计算公式如下:

(5行)"本年年初余额"＝(1行)＋(2行)＋(3行)＋(4行)

(8行)"所有者投入和减少资本"＝(9行)＋(10行)＋(11行)＋(12行)

(13行)"利润分配"＝(14行)＋(15行)＋(16行)

(17行)"所有者权益内部结转"＝(18行)＋(19行)＋(20行)＋(21行)＋(22行)＋(23行)

(6行)"本年增减变动金额"＝(7行)＋(8行)＋(13行)＋(17行)

(24行)"本年年末余额"＝(5行)＋(6行)

这里以(5行)"本年年初余额"项目为例,说明其各栏目填列的操作方法。

第一步:选定"所有者权益变动表"的单元格"A10",输入"＝C6＋C7＋C8＋C9",按"Enter"键,即可完成"本年年初余额"项目"实收资本(或股本)"栏目的填列。

第二步:选定单元格"A10",鼠标指针指向其右下角的填充句柄,当鼠标指针变成黑色实心十字箭头时,水平拖动鼠标左键,直到"未分配利润"栏目放开鼠标左键,即可完成"本年年初余额"项目各栏目的填列。

按照相同的方法,可以填列其他几个需要汇总填列的项目,这里不再赘述。

(2)所有者权益变动表中"所有者权益合计"栏目(列)的汇总填列方法

所有者权益变动表中"所有者权益合计"栏目的汇总填列实为对水平方向可能涉及的栏目进行先汇总再填列。但由于所有者权益变动表各项可能需要汇总的栏目并不相同,需要分别给各个项目建立汇总公式或者函数,这将非常烦琐。相对简洁的做法是对所有者权益变动表中各项目采用统一的公式或者用SUM函数进行批量化处理。

这里用SUM函数批量化填列"所有者权益变动表"各项目的"所有者权益合计"栏目,操作方法如下:

第一步:选定"所有者权益变动表"的单元格"I6",输入"＝SUM()",将鼠标指针移到SUM函数括号里面,鼠标左键选定单元格区域"C6:H6",按"Enter"键,即可完成"上年年末余额"项目的"所有者权益合计"栏目的填列。

第二步:选定单元格"I6",鼠标指针指向其右下角的填充句柄,当鼠标指针变成黑色实心十字箭头时,垂直拖动鼠标左键,直到"本年年末余额"项目的"所有者权益合计"栏目放开鼠标左键,即可完成全部项目的"所有者权益合计"栏目的批量化填列。

依据上述填列方法编制的"所有者权益变动表"见表 6-20。

三、所有者权益变动表钩稽关系验证

所有者权益变动表钩稽关系验证是指验证所有者权益变动表的本年年末各栏目与资产负债表中所有者权益变动部分的对应指标是否相等,如果相等,就说所有者权益变动表通过了钩稽关系的验证,表明所有者权益变动表编制成功。

采用跨工作表引用单元格数据的方法,可以将"12月资产负债表"中的所有者权益指标数据引用到"所有者权益变动表"相应栏目的位置,如表 6-20 所示。

根据表 6-20,目测可见"所有者权益变动表"的本年年末各栏目与"12月资产负债表"中所有者权益变动部分对应的指标确实相等,说明所有者权益变动表编制成功。

表 6-20　　　　　　　　　　所有者权益变动表编制结果

编制单位:西安兴达有限责任公司　　编制时间:2021.12.31　　　　　　　　　　单位:元

项目	行次	本年金额						
		实收资本（或股本）	资本公积	减:库存股	其他综合收益	盈余公积	未分配利润	所有者权益合计
一、上年年末余额	1	2 000 000	475 000			646 400	333 500	3 454 900
加:会计政策变更	2							
前期差错更正	3					3 750	33 750	37 500
其他	4							
二、本年年初余额(5＝1＋2＋3＋4)	5	2 000 000	475 000	—	—	650 150	367 250	3 492 400
三、本年增减变动金额(减少以"－"号填列)(6＝7＋8＋13＋17)	6	—	—			227 713	349 422.62	577 136.25
(一)综合收益总额	7					—	777 136.25	777 136.25
(二)所有者投入和减少资本(8＝9＋10＋11＋12)	8	—	—			—	—	—
1.所有者投入的普通股	9							—
2.其他权益工具持有者投入资本	10							—
3.股份支付计入所有者权益的金额	11							—
4.其他	12							
(三)利润分配(13＝14＋15＋16)	13	—	—	—	—	227 713.63	－427 713.63	200 000
1.提取盈余公积	14					227 713.63	－227 713.63	—
2.对所有者(或股东)的分配	15						－200 000	200 000
3.其他	16							—

(续表)

项目	行次	本年金额						
		实收资本（或股本）	资本公积	减:库存股	其他综合收益	盈余公积	未分配利润	所有者权益合计
（四）所有者权益内部结转（17＝18＋19＋20＋21＋22＋23）	17	—	—	—	—	—	—	—
1.资本公积转增资本（或股本）	18							—
2.盈余公积转增资本（或股本）	19							
3.盈余公积弥补亏损	20							
4.设定收益计划变动额结转留存收益	21							
5.其他综合收益结转留存收益	22							
6.其他	23							
四、本年年末余额(24=5+6)	24	2 000 000	475 000	—	—	877 863.63	716 672.62	4 069 536.25
资产负债表中的所有者权益指标		2 000 000	475 000			877 863.63	716 672.62	4 069 536.25

练习题

1．思考题

(1)什么是会计报表？

(2)会计报表的重要作用有哪些？

(3)简述"资产负债表"的编制原理。

(4)简述"利润表"的"本月数"字段填列的操作流程。

(5)简述"现金流量表"摘要为"提现"的经济业务不能计入现金流量表的原因。

2．实训操作题

利用第四章建立的"会计凭证表"，以及第五章建立的"总账科目汇总表"和"总账科目余额表"工作表编制"资产负债表""利润表""现金流量表""所有者权益变动表"。

实训目标要求：

(1)根据"总账科目余额表"，编制"资产负债表"。

(2)根据"总账科目汇总表"，编制"利润表"。

(3)根据"会计凭证表"，建立"现金流量项目查询表"，进而编制"现金流量表"。

(4)根据"资产负债表""利润表""总账科目余额表""总账科目汇总表""明细分类账"编制"所有者权益变动表"。

第三篇
Excel 在财务管理中的应用

第七章 Excel 在工资管理中的应用

工资是企业在一定时间内直接支付给本单位员工的劳动报酬,也是企业进行各种费用计算的基础。工资管理是企业管理的重要组成部分,是每个单位财会部门最基本的业务之一,它不仅关系到每个员工的切身利益,也是直接影响产品成本核算的重要因素。手工进行工资核算,需要占用财务人员大量的精力和时间,并且容易出错,效率低。采用计算机进行工资核算可以有效地提高工资核算的准确性和及时性。通过对本章的学习,读者应了解并掌握 Excel 在工资账务处理流程中的应用。

第一节 工资表的建立

一、背景资料

恒鑫有限责任公司是一家小型制造业企业,生产的产品主要有 MG、MC 两种,年利润为 45 万元。该公司主要有管理部、生产部、销售部三个部门。本单位共有 25 名员工,每名员工的工资项目有基本工资、岗位工资、住房补贴、奖金、事假扣款、病假扣款、养老保险扣款和医疗保险扣款等。除基本工资因人而异外,其他工资项目将由员工职务类别和部门决定,而且随时间变化而变化。

2021 年 11 月恒鑫有限责任公司员工基本工资情况与出勤情况见表 7-1。

表 7-1 2021 年 11 月公司员工基本工资情况与出勤情况

员工编号	姓名	部门	性别	员工类型	基本工资(元)	事假天数(元)	病假天数(元)
1001	李晓楠	管理	女	公司管理	3 000		
1002	张青	管理	男	采购管理	2 500		
1003	刘小燕	管理	女	销售管理	2 500	2	
1004	李刚	管理	男	生产管理	2 500		
2001	胡一帆	销售	男	销售人员	2 000		
2002	张珊珊	销售	女	销售人员	2 000	13	
2003	肖华	销售	男	销售人员	2 000		
2004	田启	销售	男	销售人员	2 000		
2005	张朋	销售	男	销售人员	2 000		1
2006	吴海胜	销售	男	销售人员	2 000		
2007	王芳	销售	女	销售人员	2 000		
3001	李健	生产	男	生产工人	1 800		

(续表)

员工编号	姓名	部门	性别	员工类型	基本工资(元)	事假天数(元)	病假天数(元)
3002	马志国	生产	男	生产工人	1 800		
3003	徐旭	生产	男	生产工人	1 800		
3004	孟超	生产	男	生产工人	1 800		
3005	张浩	生产	男	生产工人	1 800		
3006	李权	生产	男	生产工人	1 800		
3007	张燕昌	生产	男	生产工人	1 800		
3008	李凯	生产	男	生产工人	1 800	16	
3009	王杰	生产	男	生产工人	1 800		
3010	周昆	生产	男	生产工人	1 800		
3011	朱连喜	生产	男	生产工人	1 800		
3012	沈志刚	生产	男	生产工人	1 800		15
3013	胡鹏程	生产	男	生产工人	1 800		
3014	赵志伟	生产	男	生产工人	1 800		

其他工资项目的发放情况及有关规定如下:

(1)岗位工资:根据员工类别进行发放,管理人员(公司管理、采购管理、销售管理、生产管理)为4 000元,销售人员3 500元,生产工人为3 000元。

(2)住房补贴:根据员工类别进行发放,生产工人为600元,销售人员为800,管理人员为1 000元。

(3)奖金:奖金根据部门的效益决定,本月管理部每人奖金为1 600元,生产部每人奖金为1 000元,销售部奖金与个人销售额相关,完成基本销售额60万元的奖金为2 000元,超额完成的奖金按超出金额的1%提成,未完成基本销售额的没有奖金。

(4)事假扣款:如果事假不超过14天,将应发工资平均到每天(每月按22天计算),按天扣钱;如果事假多于14天,扣除应发工资的70%。

(5)病假扣款:如果病假不超过14天,工人扣款800元,非工人扣款1 200元;如果病假多于14天,工人扣款1 200元,非工人扣款2 000元。

(6)养老保险扣款:按(基本工资+岗位工资)的8%扣除。

(7)医疗保险扣款:按(基本工资+岗位工资)的2%扣除。

(8)个人所得税:依据综合所得个人所得税税率表(表7-2)计算。

表7-2　　　　　　　　个人所得税税率表

	含税级距	税率(%)	速算扣除数(元)
1	不超过3 000元的	3	0
2	超过3 000元至12 000元的部分	10	210
3	超过12 000元至25 000元的部分	20	1 410
4	超过25 000元至35 000元的部分	25	2 660
5	超过35 000元至55 000元的部分	30	4 410
6	超过55 000元至80 000元的部分	35	7 160
7	超过80 000元的部分	45	15 160

二、基本工资项目与数据的输入

利用 Excel 输入基本工资项目与数据，具体操作步骤如下：

第一步：建立“工资表”工作表。

首先新建一个名为“第七章. xlsx”的工作簿，然后将 Sheet1 工作表重命名为“工资表”。

第二步：输入工资项目。

在 A1：V1 单元格中依次输入“员工编号”“姓名”“部门”“性别”“员工类别”“基本工资”“岗位工资”“住房补贴”“奖金”“应发合计”“事假天数”“事假扣款”“病假天数”“病假扣款”“其他扣款”“扣款合计”“养老保险”“医疗保险”“应扣社保合计”“应发工资”“代扣税”“实发合计”，将字体加粗，将单元格对齐方式设置为“居中对齐”，将列调整为合适的宽度，如图 7-1 所示。

	A	B	C	D	E	F	G	H	I	J	K	L	M	N	O	P	Q	R	S	T	U	V
1	员工编号	姓名	部门	性别	员工类别	基本工资	岗位工资	住房补贴	奖金	应发合计	事假天数	事假扣款	病假天数	病假扣款	其他扣款	扣款合计	养老保险	医疗保险	应扣社保合计	应发工资	代扣税	实发合计
2																						
3																						

图 7-1　输入工资项目

第三步：输入员工基本信息。

在 A2：B26 单元格中输入员工编号和姓名信息，设置单元格格式，如图 7-2 所示。

	A	B	C	D
1	员工编号	姓名	部门	性别
2	1001	李晓楠		
3	1002	张青		
4	1003	刘小燕		
5	1004	李刚		
6	2001	胡一帆		
7	2002	张珊珊		
8	2003	肖华		
9	2004	田启		
10	2005	张朋		
11	2006	吴海胜		
12	2007	王芳		
13	3001	李健		
14	3002	马志国		
15	3003	徐旭		
16	3004	孟超		
17	3005	张浩		
18	3006	李权		
19	3007	张燕昌		
20	3008	李凯		
21	3009	王杰		
22	3010	周昆		
23	3011	朱连喜		
24	3012	沈志刚		
25	3013	胡鹏程		
26	3014	赵志伟		
27				

图 7-2　输入员工编号和姓名信息

在输入“部门”(C 列)、“性别”(D 列)、“员工类别”(E 列)信息时，为方便信息输入且防止出错，可以设置数据验证控制。操作方法如下：

选择 C2 单元格，选择“数据”选项卡中的“数据验证”命令，在打开的“数据验证”对话框中，在“允许”中选择“序列”选项，在“来源”选项下的文本框中输入恒鑫公司的所有部门(管理、生产、销售)，见图 7-3 所示。

单击“确定”按钮，然后将 C2 单元格中的数据验证控制复制到 C 列其他单元格，接下来就可以通过按钮选择员工的部门信息了，结果如图 7-4 所示。

图 7-3 数据验证参数设置

图 7-4 输入员工部门信息

"性别"(D 列)和"员工类别"(E 列)的信息输入,仍然可以采用数据验证控制方法,此处不再赘述具体操作步骤。结果如图 7-5 所示。

图 7-5 输入员工性别和员工类别信息

第四步:输入员工工资基本信息。

直接输入员工"基本工资"(F 列)、"事假天数"(K 列)和"病假天数"(M 列)各项信息,结果如图 7-6 所示。

	A	B	C	D	E	F	G	H	I	J	K	L	M
1	员工编号	姓名	部门	性别	员工类别	基本工资	岗位工资	住房补贴	奖金	应发合计	事假天数	事假扣款	病假天数
2	1001	李晓楠	管理	女	公司管理	3000							
3	1002	张青	管理	男	采购管理	2500							
4	1003	刘小燕	管理	女	销售管理	2500					2		
5	1004	李刚	管理	男	生产管理	2500							
6	2001	胡一帆	销售	男	销售人员	2000							
7	2002	张珊珊	销售	女	销售人员	2000					13		
8	2003	肖华	销售	男	销售人员	2000							
9	2004	田启	销售	男	销售人员	2000							
10	2005	张朋	销售	男	销售人员	2000							1
11	2006	吴海胜	销售	男	销售人员	2000							
12	2007	王芳	销售	女	销售人员	2000							
13	3001	李健	生产	男	生产工人	1800							
14	3002	马志国	生产	男	生产工人	1800							
15	3003	徐旭	生产	男	生产工人	1800							
16	3004	孟超	生产	男	生产工人	1800							
17	3005	张浩	生产	男	生产工人	1800							
18	3006	李权	生产	男	生产工人	1800							
19	3007	张燕昌	生产	男	生产工人	1800							
20	3008	李凯	生产	男	生产工人	1800					16		
21	3009	王杰	生产	男	生产工人	1800							
22	3010	周昆	生产	男	生产工人	1800							
23	3011	朱连喜	生产	男	生产工人	1800							
24	3012	沈志刚	生产	男	生产工人	1800							15
25	3013	胡鹏程	生产	男	生产工人	1800							
26	3014	赵志伟	生产	男	生产工人	1800							

图 7-6 员工基本工资信息表

第二节 工资项目的计算

一、"岗位工资"项目

恒鑫公司规定,"岗位工资"是由"员工类别"决定的,具体情况见表 7-3。

表 7-3　　　　　　　　　岗位工资表　　　　　　　　　单位:元

员工类别	岗位工资
公司管理	4 000
生产管理	4 000
销售管理	4 000
采购管理	4 000
销售人员	3 500
生产工人	3 000

利用 Excel 中的 IF 函数输入员工的"岗位工资"(G 列)数据,具体操作步骤如下:

第一步:插入 IF 函数。

打开"第七章.xlsx"工作簿中的"工资表"工作表,选择 G2 单元格,插入 IF 函数,在打开的 IF"函数参数"对话框中设置参数,如图 7-7 所示。

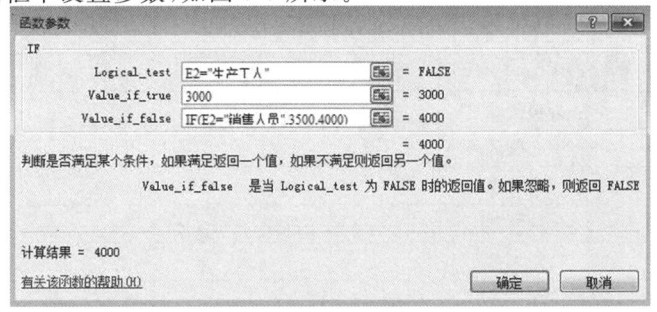

图 7-7 IF 函数各项参数设置 1

IF 函数公式说明：如果 E2 单元格为"生产工人"，G2 单元格显示"3000"；如果 E2 单元格为"销售人员"，G2 单元格显示"3500"；否则（E2 单元格为"管理人员"，即"公司管理、生产管理、销售管理、采购管理"），G2 单元格显示"4000"。

单击"确定"按钮，G2 单元格中显示出员工李晓楠的岗位工资，如图 7-8 所示。

图 7-8　利用 IF 函数输入岗位工资

第二步：复制 IF 函数公式。

将 G2 单元格中的公式复制到 G 列其他单元格，得到所有员工的岗位工资，结果如图 7-9 所示。

图 7-9　所有员工的岗位工资

二、"住房补贴"项目

恒鑫公司规定，"住房补贴"是由"员工类别"决定的，具体情况见表 7-4。

表 7-4　　　　　　　　　住房补贴表　　　　　　　　　单价：元

员工类别	住房补贴
公司管理	1 000
生产管理	1 000
销售管理	1 000
采购管理	1 000
销售人员	800
生产工人	600

利用 Excel 中的 IF 函数输入员工的"住房补贴"（H 列）数据，具体操作步骤如下：

第一步：插入 IF 函数。

选择 H2 单元格，插入 IF 函数，在打开的 IF"函数参数"对话框中设置参数，如图 7-10 所示。

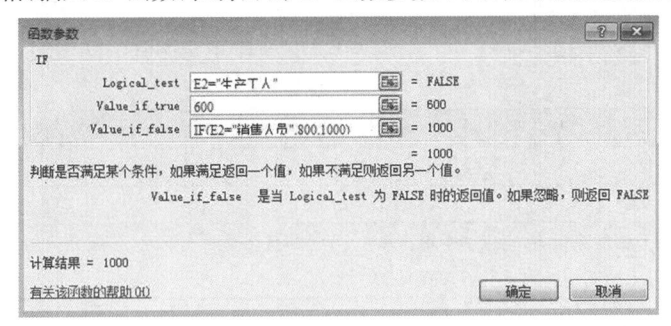

图 7-10　IF 函数各项参数设置 2

IF 函数公式说明：如果 E2 单元格为"生产工人"，H2 单元格显示"600"；如果 E2 单元格为"销售人员"，H2 单元格显示"800"；否则（E2 单元格为"管理人员"即"公司管理、生产管理、销售管理、采购管理"），H2 单元格显示"1000"。

单击"确定"按钮，H2 单元格中显示出员工李晓楠的住房补贴，如图 7-11 所示。

图 7-11　利用 IF 函数输入住房补贴

第二步：复制 IF 函数公式。

将 H2 单元格中的公式复制到 H 列其他单元格，得到所有员工的住房补贴，结果见图 7-12。

图 7-12　所有员工的住房补贴

三、"奖金"项目

恒鑫公司规定,"奖金"是由部门的效益决定的,具体情况如表 7-5 所示。

表 7-5　　　　　　　　　　　奖金情况表

部门	奖金
管理部	1 600 元
生产部	1 000 元
销售部	与个人销售额相关,完成基本销售额 60 万元的奖金为 2 000 元,超额完成的按超出金额的 1% 提成,未完成基本销售额的没有奖金

2021 年 11 月恒鑫公司销售部的销售情况见表 7-6。

表 7-6　　　　　　　　　　销售额情况表

销售人员	销售额(万元)
胡一帆	68
张珊珊	62
肖华	60
田启	63
张朋	58
吴海胜	66
王芳	56

运用多层函数嵌套分步计算奖金

利用 Excel 中的 IF 函数输入员工的"奖金"(I 列)数据,具体操作步骤如下:

第一步:插入 IF 函数。

选择 I2 单元格,插入 IF 函数,在打开的 IF"函数参数"对话框中设置参数,如图 7-13 所示。

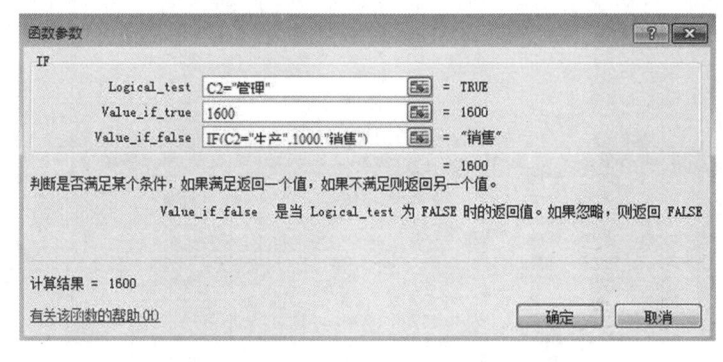

图 7-13　IF 函数各项参数设置 3

IF 函数公式说明:如果 C2 单元格为"管理"部门,I2 单元格显示"1600";如果 C2 单元格为"生产"部门,I2 单元格显示"1000";否则(C2 单元格为"销售"部门),I2 单元格显示销售。

单击"确定"按钮,I2 单元格中显示出员工李晓楠的奖金,如图 7-14 所示。

图 7-14　利用 IF 函数输入奖金

第二步:复制 IF 函数公式。

将 I2 单元格中的公式复制到 I 列其他单元格,得到除销售人员以外所有员工的奖金,结果如图 7-15 所示。

图 7-15 除销售人员以外所有员工的奖金

第三步:建立"销售额情况表"工作表。

在"第七章.xlsx"工作簿中新建一张名为"销售额情况表"的工作表,如图 7-16 所示。

注意:在"销售额情况表"工作表中,销售人员的顺序与"工资表"中销售人员的顺序一致。

第四步:再次利用 IF 函数计算销售人员的奖金。

由图 7-15 可见,第一个显示"销售"人员的单元格为 I6 单元格,选择 I6 单元格,删除单元格原有公式,再重新插入 IF 函数。在打开的 IF"函数参数"对话框中设置参数,如图 7-17 所示。

单击"确定"按钮,I6 单元格中显示出销售人员胡一帆的奖金,如图 7-18 所示。

图 7-16 销售额情况表

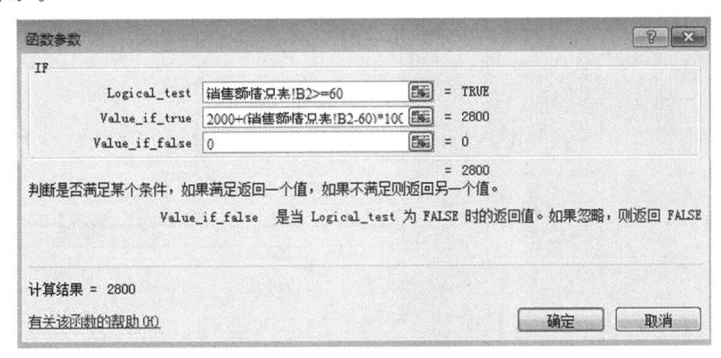

图 7-17 IF 函数各项参数设置 4

然后将 I6 单元格中的公式复制到 I7:I12 单元格,得到所有销售人员的奖金,结果

图 7-18　利用 IF 函数计算销售人员的奖金

如图 7-19 所示。

图 7-19　所有销售人员的奖金

四、"应发合计"项目

恒鑫公司的"应发合计"由"基本工资""岗位工资""住房补贴""奖金"四个部分构成,所以:

$$应发合计＝基本工资＋岗位工资＋住房补贴＋奖金$$

利用 Excel 计算"应发合计",具体操作步骤如下:

第一步:插入 SUM 函数。

选择 J2 单元格,单击"公式"选项卡中的"自动求和"下拉按钮,选择"求和"命令,则在编辑栏内得到计算公式,如图 7-20 所示。

图 7-20　"应发合计"的自动求和

按"Enter"键,在 J2 单元格中得到员工李晓楠的应发合计。

第二步:复制 SUM 函数公式。

将 J2 单元格中的公式复制到 J 列其他单元格,得到所有员工的应发合计,如图 7-21 所示。

图7-21 所有员工的"应发合计"计算结果

五、"事假扣款"项目

恒鑫公司规定,"事假扣款"与"事假天数"有关,具体情况见表7-7。

表7-7　　　　　　　　事假扣款情况表

事假天数	事假扣款
>14	应发工资的70%
<=14	应发工资/22*事假天数

利用Excel计算"事假扣款"项目,具体操作步骤如下:

第一步:插入IF函数。

选择L2单元格,插入IF函数,在打开的IF"函数参数"对话框中设置参数,如图7-22所示。

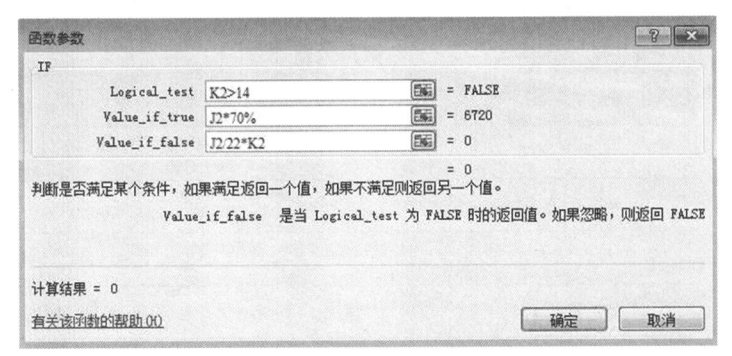

图7-22 IF函数各项参数设置5

IF函数公式说明:如果K2单元格中的请假天数大于14天,L2单元格显示的扣款金额为应发合计乘70%;否则(如果K2单元格中的请假天数小于等于14天),L2单元格显示的扣款金额为应发合计除以22天再乘请假天数。

单击"确定"按钮，L2 单元格中显示员工李晓楠的事假扣款金额，如图 7-23 所示。

图 7-23　利用 IF 函数计算事假扣款

第二步：复制 IF 函数公式。

将 L2 单元格中的公式复制到 L 列其他单元格，得到所有员工的事假扣款，结果如图 7-24 所示。

图 7-24　所有员工的事假扣款

六、"病假扣款"项目

恒鑫公司规定，"病假扣款"与"病假天数"和"员工类别"有关，具体情况见表 7-8。

表 7-8　　　　　　　　病假扣款情况表

员工类别	病假天数（天）	病假扣款（元）
生产工人	＞14	1 200
非生产工人	＞14	2 000
生产工人	＜=14	800
非生产工人	＜=14	1 200

运用多层 if 函数嵌套计算病假扣款

利用 Excel 计算"病假扣款"项目，具体操作步骤如下：

第一步：插入 IF 函数。

选择 N2 单元格，插入 IF 函数，在打开的 IF"函数参数"对话框中设置参数，如图 7-25 所示。

图 7-25　IF 函数各项参数设置 6

IF 函数公式说明：如果 M2 单元格中的请假天数为 0 天，则 N2 单元格显示的扣款金额为 0；如果 M2 单元格中的请假天数大于 14 天，且 E2 是生产工人，则 N2 单元格显示的扣款金额为"1200"，否则（E2 不是生产工人）显示的扣款金额为"2000"；如果 M2 单元格中的请假天数小于或等于 14 天，且 E2 是生产工人，则 N2 单元格显示的扣款金额为"800"，否则（E2 不是生产工人）显示的扣款金额为"1200"。

单击"确定"按钮，N2 单元格中显示员工李晓楠的病假扣款金额，如图 7-26 所示。

图 7-26　利用 IF 函数计算病假扣款

第二步：复制 IF 函数公式。

将 N2 单元格中的公式复制到 N 列其他单元格，得到所有员工的病假扣款，结果如图 7-27 所示。

图 7-27　所有员工的病假扣款

七、"扣款合计"项目

恒鑫公司的"扣款合计"为"事假扣款""病假扣款""其他扣款"的合计：

$$扣款合计＝事假扣款＋病假扣款＋其他扣款$$

假设2021年11月恒鑫公司所有员工没有发生其他扣款,利用Excel计算"扣款合计"项目,具体操作步骤如下：

第一步：输入计算公式。

选择P2单元格,输入公式"＝L2＋N2＋O2",按"Enter"键,得到员工李晓楠的扣款合计,如图7-28所示。

图7-28 利用公式计算扣款合计

第二步：将公式复制。

将P2单元格中的公式复制到P列其他单元格,得到所有员工的扣款合计,结果如图7-29所示。

图7-29 所有员工的扣款合计

八、"养老保险"和"医疗保险"项目

恒鑫公司规定,"养老保险"按照"(基本工资＋岗位工资)的8％"扣除,"医疗保险"按照"(基本工资＋岗位工资)的2％"扣除：

$$养老保险＝(基本工资＋岗位工资)×8\%$$

$$医疗保险＝(基本工资＋岗位工资)×2\%$$

利用Excel计算"养老保险"和"医疗保险"项目,具体操作步骤如下：

第一步：在 Q2 单元格输入计算公式。

选择 Q2 单元格，输入公式"=(F2+G2)*8%"，按"Enter"键，得到员工李晓楠的养老保险，如图 7-30 所示。

图 7-30　利用公式计算养老保险

第二步：将 Q2 单元格中的公式复制。

将 Q2 单元格中的公式复制到 Q 列其他单元格，得到所有员工的养老保险，结果如图 7-31 所示。

图 7-31　所有员工的养老保险

第三步：在 R2 单元格输入计算公式。

选择 R2 单元格，输入公式"=(F2+G2)*2%"，按"Enter"键，得到员工李晓楠的医疗保险，如图 7-32 所示。

图 7-32　利用公式计算医疗保险

第四步：将 R2 单元格中的公式复制。

将 R2 单元格中的公式复制到 R 列其他单元格，得到所有员工的医疗保险，结果如图 7-33 所示。

图 7-33 所有员工的医疗保险

九、"应扣社保合计"项目

恒鑫公司的"应扣社保合计"是"养老保险"与"医疗保险"的合计：

$$应扣社保合计＝养老保险＋医疗保险$$

利用 Excel 计算"应扣社保合计"项目，具体操作步骤如下：

第一步：输入计算公式。

选择 S2 单元格，输入公式"＝Q2+R2"，按"Enter"键，得到员工李晓楠的应扣社保合计，如图 7-34 所示。

图 7-34 利用公式计算应扣社保合计

第二步：将公式复制。

将 S2 单元格中的公式复制到 S 列其他单元格，得到所有员工的应扣社保合计，结果如图 7-35 所示。

图 7-35 所有员工的应扣社保合计

十、"应发工资"项目

恒鑫公司的"应发工资"是"应发合计"与"扣款合计""应扣社保合计"的差额：

应发工资＝应发合计－扣款合计－应扣社保合计

利用 Excel 计算"应发工资"项目，具体操作步骤如下：

第一步：输入计算公式。

选择 T2 单元格，输入公式"＝J2－P2－S2"，按"Enter"键，得到员工李晓楠的应发工资，如图 7-36 所示。

图 7-36　利用公式计算应发工资

第二步：将公式复制。

将 T2 单元格中的公式复制到 T 列其他单元格，得到所有员工的应发工资，结果如图 7-37 所示。

图 7-37　所有员工的应发工资

十一、"代扣税"项目

"代扣税"根据"应发工资"的金额而定，恒鑫公司的代扣税情况见表 7-9。

表 7-9　　　　　　　　个人所得税情况表　　　　　　　单价：元

应纳税所得额（应发工资－5 000）	代扣税
应发工资－5 000≤0	0
0＜应发工资－5 000≤3 000	（应发工资－5 000）*3%
3 000＜应发工资－5 000≤12 000	（应发工资－5 000）*10%－210
12 000＜应发工资－5 000≤25 000	（应发工资－5 000）*20%－1 410
25 000＜应发工资－5 000≤35 000	（应发工资－5 000）*25%－2660
35 000＜应发工资－5 000≤55 000	（应发工资－5 000）*30%－4 410
55 000＜应发工资－5 000≤80 000	（应发工资－5 000）*35%－7 160
80 000＜应发工资－5 000	（应发工资－5 000）*45%－15160

利用 Excel 计算"代扣税"项目,具体操作步骤如下:

第一步:插入"应发工资－5000"列。

为便于后续操作,在"代扣税"(U 列)的前面插入一列,在 U1 单元格中输入"应发工资－5000",将字体加粗,将单元格对齐方式设置为"居中对齐",将列调整为合适宽度,如图 7-38 所示。

图 7-38　插入"应发工资－5000"列

第二步:计算"应发工资－5000"的数值。

选择 U2 单元格,输入公式"＝T2－5000",按"Enter"键,得到员工李晓楠本月的应纳税所得额,然后将 U2 单元格中的公式复制到 U 列其他单元格,得到所有员工本月工资超过纳税起征点的应纳税所得额,如图 7-39 所示。

图 7-39　"应发工资－5000"的计算结果

计算结果说明:在 U 列的计算结果中,只有应纳税所得额(应发工资－5 000)的值大于 0 的员工,本月才需要缴纳个人所得税;而值小于 0 代表该员工本月的工资低于纳税起征点 5 000 元,不需要缴纳个人所得税。

第三步:插入 IF 函数。

选择 V2 单元格,插入 IF 函数,在打开的 IF"函数参数"对话框中设置参数,如图 7-40 所示。

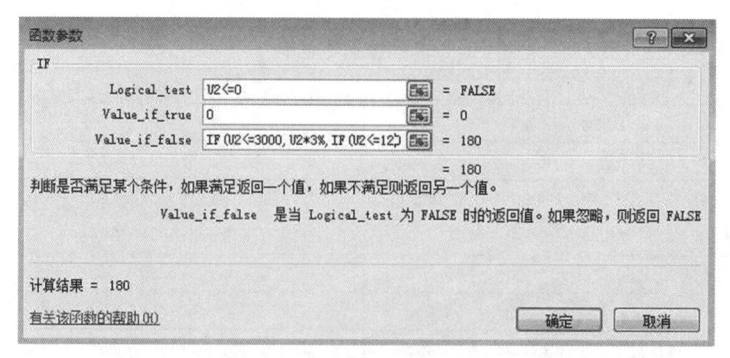

图 7-40　IF 函数各项参数设置 7

IF 函数说明:V2 单元格中的公式为"＝IF(U2＜＝0,0,IF(U2＜＝3000,U2＊3%,IF(U2

≤=12000,U2*10%-210,IF(U2≤=25000,U2*20%-1410,IF(U2≤=35000,U2*25%-2660,IF(U2≤=55000,U2*30%-4410,IF(U2≤=80000,U2*35%-7160,"复核应发工资")))))))

单击"确定"按钮,在 V2 单元格中得到员工李晓楠本月的代扣税,如图 7-41 所示。

图 7-41 利用 IF 函数计算的代扣税

第四步:复制 IF 函数公式。

将 V2 单元格中的公式复制到 V 列其他单元格,得到所有员工的代扣税,结果如图 7-42 所示。

图 7-42 所有员工的代扣税

十二、"实发合计"项目

恒鑫公司的"实发合计"(实发工资)是"应发工资"与"代扣税"的差值:

$$实发合计=应发工资-代扣税$$

利用 Excel 计算"实发合计"项目,具体操作步骤如下:

第一步:输入计算公式。

选择 W2 单元格,输入公式"=T2-V2",按"Enter"键,得到员工李晓楠的实发工资,将单元格格式设置为"会计专用",结果如图 7-43 所示。

图 7-43 利用公式计算实发合计

第二步:将公式复制。

将 W2 单元格中的公式复制到 W 列其他单元格,得到所有员工的实发合计,结果如图 7-44 所示。

W2 =T2-V2

	F	G	H	I	J	K	L	M	N	O	P	Q	R	S	T	U	V	W
1	基本工资	岗位工资	住房补贴	奖金	应发合计	事假天数	事假扣款	病假天数	病假扣款	其他扣款	扣款合计	养老保险	医疗保险	应扣社保合计	应发工资	应发工资-5000	代扣税	实发合计
2	3000	4000	1000	1600	9600		0		0		0	560	140	700	8900	3900	180	8,720.00
3	2500	4000	1000	1600	9100		0		0		0	520	130	650	8450	3450	135	8,315.00
4	2500	4000	1000	1600	9100	2	827.2727		0		827.2727	520	130	650	7622.727	2622.727273	78.68181818	7,544.05
5	2500	4000	1000	1600	9100		0		0		0	520	130	650	8450	3450	135	8,315.00
6	2000	3500	800	2800	9100		0		0		0	440	110	550	8550	3550	145	8,405.00
7	2000	3500	800	2200	8500	13	5022.727		0		5022.727	440	110	550	2927.273	-2072.727273	0	2,927.27
8	2000	3500	800	2000	8300		0		0		0	440	110	550	7750	2750	82.5	7,667.50
9	2000	3500	800	2300	8600		0		0		0	440	110	550	8050	3050	95	7,955.00
10	2000	3500	800	0	6300		0	1	1200		1200	440	110	550	4550	-450	0	4,550.00
11	2000	3500	800	2600	8900		0		0		0	440	110	550	8350	3350	125	8,225.00
12	2000	3500	800	0	6300		0		0		0	440	110	550	5750	750	22.5	5,727.50
13	1800	3000	600	1000	6400		0		0		0	384	96	480	5920	920	27.6	5,892.40
14	1800	3000	600	1000	6400		0		0		0	384	96	480	5920	920	27.6	5,892.40
15	1800	3000	600	1000	6400		0		0		0	384	96	480	5920	920	27.6	5,892.40
16	1800	3000	600	1000	6400		0		0		0	384	96	480	5920	920	27.6	5,892.40
17	1800	3000	600	1000	6400		0		0		0	384	96	480	5920	920	27.6	5,892.40
18	1800	3000	600	1000	6400		0		0		0	384	96	480	5920	920	27.6	5,892.40
19	1800	3000	600	1000	6400		0		0		0	384	96	480	5920	920	27.6	5,892.40
20	1800	3000	600	1000	6400	16	4480		0		4480	384	96	480	1440	-3560	0	1,440.00
21	1800	3000	600	1000	6400		0		0		0	384	96	480	5920	920	27.6	5,892.40
22	1800	3000	600	1000	6400		0		0		0	384	96	480	5920	920	27.6	5,892.40
23	1800	3000	600	1000	6400		0		0		0	384	96	480	5920	920	27.6	5,892.40
24	1800	3000	600	1000	6400		0	15	1200		1200	384	96	480	4720	-280	0	4,720.00
25	1800	3000	600	1000	6400		0		0		0	384	96	480	5920	920	27.6	5,892.40
26	1800	3000	600	1000	6400		0		0		0	384	96	480	5920	920	27.6	5,892.40

图 7-44　所有员工的实发合计

第三节　工资数据的查询与工资发放

一、工资数据的查询

将“第七章.xlsx”工作簿中的“工资表”工作表进行备份，重命名为“工资表数据查询”，利用 Excel 中的筛选功能进行数据查询，具体操作步骤如下：

选择“数据”选项卡中的“筛选”命令，此时工作表中的第一行字段旁添加了“筛选”按钮，工作表进入筛选状态，如图 7-45 所示。

	A	B	C	D	E	F	G	H	I	J	K	L	M	N	O	P	Q	R	S	T
1	员工编	姓名	部门	性	员工类	基本工	岗位工	住房补	奖金	应发合	事假天	事假扣	病假天	病假扣	其他扣	扣款合	养老保	医疗保	应扣社保合	应发工
2	1001	李晓楠	管理	女	公司管理	3000	4000	1000	1600	9600		0		0		0	560	140	700	8900
3	1002	张青	管理	男	采购管理	2500	4000	1000	1600	9100		0		0		0	520	130	650	8450
4	1003	刘小燕	管理	女	销售管理	2500	4000	1000	1600	9100	2	827.2727		0		827.2727	520	130	650	7622.727
5	1004	李刚	管理	男	生产管理	2500	4000	1000	1600	9100		0		0		0	520	130	650	8450
6	2001	胡一帆	销售	男	销售人员	2000	3500	800	2800	9100		0		0		0	440	110	550	8550
7	2002	张珊珊	销售	女	销售人员	2000	3500	800	2200	8500	13	5022.727		0		5022.727	440	110	550	2927.273
8	2003	肖华	销售	男	销售人员	2000	3500	800	2000	8300		0		0		0	440	110	550	7750
9	2004	田启	销售	男	销售人员	2000	3500	800	2300	8600		0		0		0	440	110	550	8050
10	2005	张朋	销售	男	销售人员	2000	3500	800	0	6300		0	1	1200		1200	440	110	550	4550
11	2006	吴海胜	销售	男	销售人员	2000	3500	800	2600	8900		0		0		0	440	110	550	8350
12	2007	王芳	销售	女	销售人员	2000	3500	800	0	6300		0		0		0	440	110	550	5750
13	3001	李健	生产	男	生产工人	1800	3000	600	1000	6400		0		0		0	384	96	480	5920
14	3002	马志国	生产	男	生产工人	1800	3000	600	1000	6400		0		0		0	384	96	480	5920
15	3003	徐旭	生产	男	生产工人	1800	3000	600	1000	6400		0		0		0	384	96	480	5920
16	3004	孟超	生产	男	生产工人	1800	3000	600	1000	6400		0		0		0	384	96	480	5920
17	3005	张浩	生产	男	生产工人	1800	3000	600	1000	6400		0		0		0	384	96	480	5920
18	3006	李权	生产	男	生产工人	1800	3000	600	1000	6400		0		0		0	384	96	480	5920
19	3007	张燕昌	生产	男	生产工人	1800	3000	600	1000	6400		0		0		0	384	96	480	5920
20	3008	李凯	生产	男	生产工人	1800	3000	600	1000	6400	16	4480		0		4480	384	96	480	1440
21	3009	王杰	生产	男	生产工人	1800	3000	600	1000	6400		0		0		0	384	96	480	5920
22	3010	周昆	生产	男	生产工人	1800	3000	600	1000	6400		0		0		0	384	96	480	5920
23	3011	朱连喜	生产	男	生产工人	1800	3000	600	1000	6400		0		0		0	384	96	480	5920
24	3012	沈志刚	生产	男	生产工人	1800	3000	600	1000	6400		0	15	1200		1200	384	96	480	4720
25	3013	胡鹏程	生产	男	生产工人	1800	3000	600	1000	6400		0		0		0	384	96	480	5920
26	3014	赵志伟	生产	男	生产工人	1800	3000	600	1000	6400		0		0		0	384	96	480	5920

图 7-45　添加“筛选”按钮

1. 以员工“姓名”为条件进行查询

以查询姓名为“胡一帆”的员工工资情况为例，具体操作步骤如下：

单击“姓名”列（B 列）的筛选按钮，在弹出的下拉列表中选择“文本筛选”中的“等于”选项，如图 7-46 所示。

在打开的“自定义自动筛选方式”对话框中，输入要查询的员工姓名“胡一帆”，如图 7-47 所示。

图 7-46　以员工"姓名"为条件进行查询　　　　图 7-47　自定义筛选条件设置 1

单击"确定"按钮,筛选后显示的查询结果如图 7-48 所示。

图 7-48　以员工姓名为筛选条件的查询结果

2. 以"部门"为条件进行查询

以查询生产部门所有员工的工资情况为例,具体操作步骤如下：

单击"部门"列（C 列）的筛选按钮,在弹出的下拉列表中去掉"全选"选项,勾选"生产"选项,如图 7-49 所示。

图 7-49　选择"生产"为查询条件

单击"确定"按钮,筛选后显示的查询结果如图 7-50 所示。

图 7-50 以"部门"为筛选条件的查询结果

3. 以"员工类别"和"实发合计"为条件进行查询

以查询销售人员的实发工资大于或等于 6 000 元的工资情况为例,具体操作步骤如下:

单击"员工类别"列(E 列)的筛选按钮,在弹出的下拉列表中去掉"全选"选项,勾选"销售人员"选项,如图 7-51 所示。

图 7-51 选择"销售人员"为查询条件

单击"确定"按钮,此时得到所有销售人员的工资表,结果如图 7-52 所示。

图 7-52 筛选出所有的销售人员

单击"实发合计"列(W 列)的筛选按钮,在弹出的下拉列表中选择"数字筛选"中的"大于或等于"选项,如图 7-53 所示。

在打开的"自定义自动筛选方式"对话框中,输入要查询的实发工资条件"6000",如图 7-54 所示。

图 7-53　以"实发合计"为条件进行查询　　　　图 7-54　自定义筛选条件设置 2

单击"确定"按钮,筛选后显示的查询结果如图 7-55 所示。

图 7-55　实发合计大于或等于 6 000 元的销售人员

二、工资数据的统计分析

以"部门"和"员工类别"为分类依据,利用 Excel 对工资表中的"实发合计"进行统计分析,具体操作步骤如下:

第一步:插入"数据透视表"。

打开"第七章.xlsx"工作簿中的"工资表"工作表,选中数据区域内任一单元格,选择"插入"选项卡下的"数据透视表"命令,在打开的"创建数据透视表"对话框中,各选项设置如图 7-56 所示。

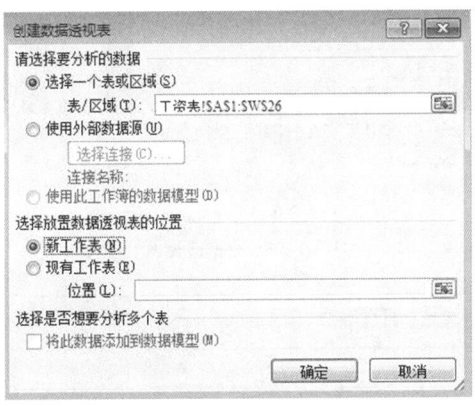

图 7-56　"创建数据透视表"对话框

第二步：数据透视表字段设置。

单击"确定"按钮，在"数据透视表字段"列表里，将"部门"和"员工类别"字段依次拖到"行"区域，将"实发合计"拖到"值"区域，如图7-57所示。

此时，在工作区域内得到一张按"部门"与"员工类别"分类统计的"实发合计"的数据透视表，如图7-58所示。

图7-57　数据透视表字段设置　　　　图7-58　数据透视表

第三步：创建数据透视图。

选中数据透视表区域内任一单元格，选择"分析"选项卡下"工具"功能组中的"数据透视图"命令，在打开的"插入图表"对话框中选择"柱形图"中的"簇状柱形图"，单击"确定"按钮，即可得到一张数据透视图，如图7-59所示。

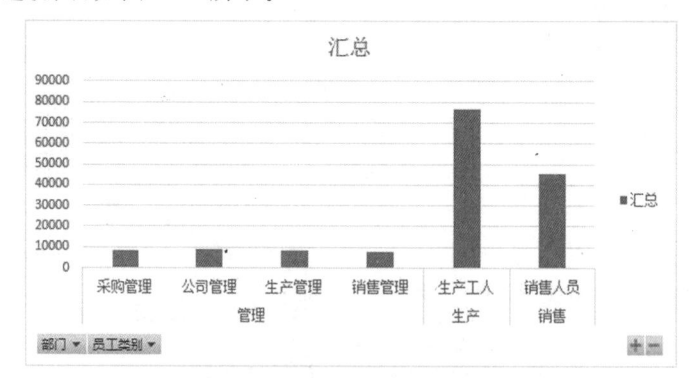

图7-59　数据透视图

三、工资发放条的制作与打印

企业需要每月将工资表生成工资发放条，打印出来发放给员工。由于每个员工的工资条上都要有标题，利用Excel制作工资发放条，可以采用复制和选择性粘贴功能，由"工资表"工作表中的数据直接生成工资发放条，然后保存到新的工作表中，并将其命名为"工资发放条

1”,如图 7-60 所示。

	A	B	C	D	E	F	G	H	I	J	K	L	M	N	O	P	Q	R	S	T
1	员工编号	姓名	部门	性别	员工类别	基本工资	岗位工资	住房补贴	奖金	应发合计	事假天数	事假扣款	病假天数	病假扣款	其他扣款	扣款合计	养老保险	医疗保险	应扣社保合计	应发工资
2	1001	李晓楠	管理	女	公司管理	3000	4000	1000	1600	9600		0		0		0	560	140	700	8900
3																				
4																				
5	员工编号	姓名	部门	性别	员工类别	基本工资	岗位工资	住房补贴	奖金	应发合计	事假天数	事假扣款	病假天数	病假扣款	其他扣款	扣款合计	养老保险	医疗保险	应扣社保合计	应发工资
6	1002	张青	管理	男	采购管理	2500	4000	1000	1600	9100		0		0		0	520	130	650	8450
7																				
8																				
9	员工编号	姓名	部门	性别	员工类别	基本工资	岗位工资	住房补贴	奖金	应发合计	事假天数	事假扣款	病假天数	病假扣款	其他扣款	扣款合计	养老保险	医疗保险	应扣社保合计	应发工资
10	1003	刘小燕	管理	女	销售管理	2500	4000	1000	1600	9100	2	827.2727		0		827.2727	520	130	650	7622.727
11																				
12																				
13	员工编号	姓名	部门	性别	员工类别	基本工资	岗位工资	住房补贴	奖金	应发合计	事假天数	事假扣款	病假天数	病假扣款	其他扣款	扣款合计	养老保险	医疗保险	应扣社保合计	应发工资
14	1004	李刚	管理	男	生产管理	2500	4000	1000	1600	9100		0		0		0	520	130	650	8450
15																				
16																				
17	员工编号	姓名	部门	性别	员工类别	基本工资	岗位工资	住房补贴	奖金	应发合计	事假天数	事假扣款	病假天数	病假扣款	其他扣款	扣款合计	养老保险	医疗保险	应扣社保合计	应发工资
18	2001	胡一帆	销售	男	销售人员	2000	3500	800	2800	9100		0		0		0	440	110	550	8550
19																				
20																				
21	员工编号	姓名	部门	性别	员工类别	基本工资	岗位工资	住房补贴	奖金	应发合计	事假天数	事假扣款	病假天数	病假扣款	其他扣款	扣款合计	养老保险	医疗保险	应扣社保合计	应发工资
22	2002	张珊珊	销售	女	销售人员	2000	3500	800	2200	8500	13	5022.727		0		5022.727	440	110	550	2927.273
23																				
24																				
25	员工编号	姓名	部门	性别	员工类别	基本工资	岗位工资	住房补贴	奖金	应发合计	事假天数	事假扣款	病假天数	病假扣款	其他扣款	扣款合计	养老保险	医疗保险	应扣社保合计	应发工资
26	2003	肖华	销售	男	销售人员	2000	3500	800	2000	8300		0		0		0	440	110	550	7750

图 7-60　工资发放条 1

上述操作简单易懂,但操作比较烦琐。为避免每个月在生成工资发放条时都要重复以上烦琐的操作,可以将某一个月工资发放条的制作录制为宏,这样每个月在制作工资发放条时直接调用宏即可。

在实际工作中,会计人员还可以利用 Excel 中的打印功能,通过打印时的格式设置来制作工资发放条,具体操作如下:

第一步:创建“工资发放条 2”工作表。

将“第七章. xlsx”工作簿中的“工资表”工作表备份一份,重命名为“工资发放条 2”,在第一行前面插入一行,在 A1 单元格中输入“恒鑫有限责任公司 2021 年 11 月工资”,然后将 A1:W1 单元格的对齐方式设置为“合并后居中”,字体加粗,如图 7-61 所示。

	A	B	C	D	E	F	G	H	I	J	K	L	M	N	O	P	Q	R	S	T
1	恒鑫有限责任公司2021年11月工资																			
2	员工编号	姓名	部门	性别	员工类别	基本工资	岗位工资	住房补贴	奖金	应发合计	事假天数	事假扣款	病假天数	病假扣款	其他扣款	扣款合计	养老保险	医疗保险	应扣社保合计	应发工资
3	1001	李晓楠	管理	女	公司管理	3000	4000	1000	1600	9600		0		0		0	560	140	700	8900
4	1002	张青	管理	男	采购管理	2500	4000	1000	1600	9100		0		0		0	520	130	650	8450
5	1003	刘小燕	管理	女	销售管理	2500	4000	1000	1600	9100	2	827.2727		0		827.2727	520	130	650	7622.727
6	1004	李刚	管理	男	生产管理	2500	4000	1000	1600	9100		0		0		0	520	130	650	8450
7	2001	胡一帆	销售	男	销售人员	2000	3500	800	2800	9100		0		0		0	440	110	550	8550
8	2002	张珊珊	销售	女	销售人员	2000	3500	800	2200	8500	13	5022.727		0		5022.727	440	110	550	2927.273
9	2003	肖华	销售	男	销售人员	2000	3500	800	2000	8300		0		0		0	440	110	550	7750
10	2004	田启	销售	男	销售人员	2000	3500	800	2300	8600		0		0		0	440	110	550	8050
11	2005	张朋	销售	男	销售人员	2000	3500	800	0	6300		0	1	1200		1200	440	110	550	4550
12	2006	吴海胜	销售	男	销售人员	2000	3500	800	2600	8900		0		0		0	440	110	550	8350
13	2007	王芳	销售	女	销售人员	2000	3500	800	0	6300		0		0		0	440	110	550	5750
14	3001	李健	生产	男	生产工人	1800	3000	600	1000	6400		0		0		0	384	96	480	5920
15	3002	马志国	生产	男	生产工人	1800	3000	600	1000	6400		0		0		0	384	96	480	5920
16	3003	徐旭	生产	男	生产工人	1800	3000	600	1000	6400		0		0		0	384	96	480	5920
17	3004	孟超	生产	男	生产工人	1800	3000	600	1000	6400		0		0		0	384	96	480	5920
18	3005	张浩	生产	男	生产工人	1800	3000	600	1000	6400		0		0		0	384	96	480	5920
19	3006	李权	生产	男	生产工人	1800	3000	600	1000	6400		0		0		0	384	96	480	5920
20	3007	张燕昌	生产	男	生产工人	1800	3000	600	1000	6400		0		0		0	384	96	480	5920
21	3008	李凯	生产	男	生产工人	1800	3000	600	1000	6400	16	4480		0		4480	384	96	480	1440
22	3009	王杰	生产	男	生产工人	1800	3000	600	1000	6400		0		0		0	384	96	480	5920
23	3010	周昆	生产	男	生产工人	1800	3000	600	1000	6400		0		0		0	384	96	480	5920
24	3011	朱连喜	生产	男	生产工人	1800	3000	600	1000	6400		0		0		0	384	96	480	5920
25	3012	沈志刚	生产	男	生产工人	1800	3000	600	1000	6400		0	15	1200		1200	384	96	480	4720
26	3013	胡鹏程	生产	男	生产工人	1800	3000	600	1000	6400		0		0		0	384	96	480	5920
27	3014	赵志伟	生产	男	生产工人	1800	3000	600	1000	6400		0		0		0	384	96	480	5920

图 7-61　工资发放条 2 的格式

第二步:插入分页符。

由于每个员工都要发放一张工资条,因此需要对工资表中各个员工所在行进行分页。

选中第 4 行,选择“页面布局”选项卡“页面设置”功能组的“分隔符”下拉列表中的“插入分页符”命令,如图 7-62 所示。

此时在第一个员工下方插入了行分页符(第三行与第四行之间插入了分页符),按照此方法,依次在每名员工所在行的下面插入分页符,直至最后一位员工,如图 7-63 所示。

图 7-62　插入分页符

图 7-63　所有员工所在行均插入分页

第三步：打印标题设置。

每个员工的工资条所在的页面都要打印出总标题和工资项目，因此还需要对打印的标题进行设置。

选择"页面布局"选项卡"页面设置"功能组中的"打印标题"命令，在打开的"页面设置"对话框中，选择"工作表"选项卡，在"顶端标题行"中输入"＄1：＄2"，在"打印"选项中取消"行号列标"选项，如图 7-64 所示。

图 7-64　打印标题设置

单击"确定"按钮。通过这样的设置,在打印出来的每一张工资条上,第一行都会出现"恒鑫有限责任公司2021年11月工资",第二行都会出现各个工资项目,第三行则是每个员工工资的具体信息。

第四步:打印预览。

在打印前,可以先通过"打印预览"命令,或选择"视图"选项卡"工作簿视图"功能组中的"页面布局"命令,查看打印效果,如图7-65和图7-66所示。

图7-65 "打印预览"命令的预览效果

图7-66 "页面布局"命令的预览结果

由图7-64和图7-65可以看出,图7-65的预览效果更清晰些。

第五步:打印工资条。

通过打印预览查看打印效果,如果没有问题,就可以选择"文件"中的"打印"命令进行打印了。

练习题

1. 思考题

(1)员工工资表一般包括哪些工资项目?
(2)如何利用Excel计算奖金?
(3)如何利用Excel计算代扣税?
(4)如何利用Excel对工资进行统计分析?
(5)如何利用Excel制作工资条?

2. 实训操作

表7-10、表7-11为某高校教师2021年11月的工资信息,分别给出了教师的职称、基本工资、基本课时、实际课时、课时费标准。

表 7-10　　　　　　　教师课时费统计表

工号	姓名	职称	基本工资	实际课时	基本课时	超课时数	超课时费
1001	李倩	讲师		56			
1002	张晓庆	教授		28			
1003	刘亚男	副教授		32			
1004	李一帆	助教		18			
1005	王立祥	讲师		48			
1006	申笑笑	助教		20			
1007	李晓雅	讲师		52			
1008	张艳	副教授		36			
1009	刘勇	助教		22			
1010	李静	讲师		50			

表 7-11　　　教师不同职称与基本工资和课时费标准对照表

职称	基本工资(元)	课时费(元)	基本课时
助教	3500	40	10
讲师	4500	60	24
副教授	6000	72	16
教授	7500	90	8

利用 Excel 完成以下操作:

(1)填列员工的基本工资、基本课时,计算超课时数、超课时费,完成表 7-10 教师课时费统计表。

(2)计算员工的应发工资。

(3)假设教师的养老保险按基本工资的 8% 扣除,医疗保险按基本工资的 3% 扣除,请计算教师应缴纳的社会保险。

(4)个人所得税的起征点为 5 000 元,个人所得税税率见表 7-2,请计算完成 2021 年 11 月教师工资表。

(5)按照职称分类统计应发工资、实发工资。

第八章 Excel 在存货管理中的应用

通过本章的学习,读者应了解进销存管理中数据之间的关系,掌握利用 Excel 设计进销存管理系统并处理进销存的业务流程。

第一节 存货管理简介

一、存货管理的概念及内容

1. 存货及存货管理的概念

存货是指企业在生产经营过程中为了生产和销售而储备的物资。为生产而储备的存货,主要包括企业的原材料、辅助材料、包装物、低值易耗品等,为销售而储备的存货,主要包括库存商品、产成品等。

存货管理就是对企业的存货进行管理,主要包括存货的信息管理和在此基础上的决策分析,最后进行有效控制,达到存货管理的最终目的——提高经济效益。

2. 存货管理的内容

本章主要根据存货管理的业务流程,对存货进销存进行管理。具体指:

进:指询价、采购到入库与付款的过程。

销:指报价、销售到出库与收款的过程。

存:指出、入库之外,包括领料、退货、盘点、报损报溢、借入、借出、调拨等影响库存数量的动作。

商品流通进销存是从商品的采购(进)→入库(存)→销售(销)的动态管理过程。

工业企业进销存是从原材料的采购(进)→入库(存)→领料加工→产品入库(存)→销售(销)的动态管理过程。

随着信息技术的飞速发展,企业进销存可以使用 Excel 进行管理,让进销存过程更加有条理,不仅使企业的进销存管理实现了即时性,结合互联网技术还使进销存管理实现了跨区域管理。

二、存货管理的必要性

一般情况下,存货占工业企业总资产的 30% 左右,商业流通企业的则更高。存货管理水平的高低对企业生产经营的顺利与否,具有直接的影响,因此,存货管理在整个流动资产管理中具有重要的地位。具体体现以下几个方面:

1. 保证生产正常进行

为保障生产的正常进行,必须储备一定量的原材料;否则可能会造成生产中断、停工待料等现象。

2. 有利于销售

当企业市场需求量增加时，若产品储备不足就有可能失去销售良机，所以保持一定量的存货是有利于市场销售的。

3. 便于维持均衡生产

有些企业的产品属于季节性产品或者需求波动较大的产品，此时若根据需求状况组织生产，则可能有时生产能力得不到充分利用，有时又超负荷生产，会造成产品成本的上升。

4. 降低存货取得成本

许多供应商为鼓励客户多购买其产品，往往在客户采购量达到一定数量时，给予价格折扣，所以企业通过大批量集中进货，既可以享受价格折扣，降低购置成本，也因减少订货次数，降低了订货成本，使总的进货成本降低。

5. 防止意外事件的发生

企业在采购、运输、生产和销售过程中，都可能发生意料之外的事故，保持必要的存货保险储备，可以避免和减少意外事件的损失。

三、存货的计价方法

存货的计价方法有四种：个别计价法、先进先出法、月末一次加权平均法、移动加权平均法。

1. 个别计价法

个别计价法是按购入或生产时所确定的单位成本计算各批发出存货和期末存货成本的方法。个别计价法的成本计算准确，符合实际情况，但在存货收发频繁的情况下，其发出成本分辨的工作量较大。因此，这种方法通常适用于一般不能替代使用的存货、为特定项目专门购入或制造的存货以及提供的劳务，如珠宝名画等贵重物品。

2. 先进先出法

先进先出法是指以先购入的存货应先发出这样一种存货实物流假设为前提，对发出存货进行计价的一种方法。先进先出法可以随时结转存货发出成本，但较烦琐，如果存货收发业务较多，且存货单价不稳定，其工作量较大。

3. 月末一次加权平均法

月末一次加权平均法是指以本月全部进货数量加上月初存货数量作为权数，去除本月全部进货成本加上月初存货成本，计算出存货的加权平均单位成本，以此为基础计算本月发出存货的成本和期末结转存货成本的一种方法。

采用月末一次加权平均法只在月末一次计算加权平均单价，有利于简化成本计算工作。但由于平时无法从账上提供发出和结存存货的单价及金额，不利于存货成本的日常管理与控制。

4. 移动加权平均法

移动加权平均法是指以每次进货的成本加上原有结存存货成本的合计额，除以每次进货数量加上原有结存存货数量的合计数，据以计算加权平均单位成本，作为在下次进货前计算各次发出存货成本依据的一种方法。

采用移动加权平均法能够使企业管理层及时了解存货的结存情况，计算的平均单位成本以及发出和结存的存货成本比较客观。但由于每次收货都要计算一次平均单位成本，计算工作量较大,对收发货较频繁的企业不太适用。

第二节　入库管理

　　进销存管理是企业内部管理的重要环节。采购是企业实现价值的开始,采购成本的大小直接影响企业的利润,因此采购管理是企业管理的重点。销售是企业实现价值的主要手段,是企业进销存管理系统的重要组成部分。存货是企业会计核算和管理中的一个重要环节,存货管理的好坏和信息准确与否会直接影响到企业的采购、生产和销售业务能否顺利进行。

　　恒鑫公司的进销存业务相对比较简单,利用 Excel 进行进销存管理,不但可以提高工作效率,而且还可间接提高企业的经济效益。利用 Excel 进行恒鑫公司进销存管理,需要分成几个步骤来实现:输入期初存货数据→处理采购与付款业务→处理销售与收款业务→库存管理→登记商品和材料明细账。

　　恒鑫公司主要生产、销售 A、B 两种产品,其供应商、客户资料见表 8-1、表 8-2。

表 8-1　　　　　　　　　　　　　　供应商资料

供应商编号	供应商名称	开户银行	账户	纳税人识别号
1	启德机械公司	北京银行桃园路支行	720601549002778	358208830026789
2	海世工贸公司	交行翠华路支行	582001280002890	321456123455793
3	佳乐物资公司	交行桃园路支行	567098135793546	610024680139876

表 8-2　　　　　　　　　　　　　　客户资料

客户编号	客户名称	开户银行	账户	纳税人识别号
1	盛誉五金公司	农行鱼斗路支行	581234289871234	617896680131234
2	黄河机械厂	建行大寨路支行	370724246806578	426813570127689
3	成华机械公司	浦发胜利路支行	320156193203698	567890654322332
4	万兴纺织公司	工行科技路支行	879654136947665	358963124681609

其库存材料、库存商品资料见表 8-3、表 8-4。

表 8-3　　　　　　　　　　　　　　库存材料

明细账户		单位	数量	单位成本(元)	金额(元)
主要材料	甲材料	千克	1 200	120	144 000
	乙材料	千克	900	105	94 500
	丙材料	千克	600	60	36 000
辅助材料	配件 M	件	300	45	13 500
	配件 N	件	750	15	11 250
合计		—	—	—	299 250

表 8-4　　　　　　　　　　　　　　库存商品

明细账户	单位	数量	借贷	单位成本(元)	金额(元)
A 产品	件	600	借	450	270 000
B 产品	件	750	借	600	450 000
合计	—	—	—	—	720 000

2021年12月,恒鑫公司进销存业务如下:

(1)1日,从海世工贸公司购入甲材料450千克,120元/千克,采购发票号321001。

(2)3日,销售给盛誉五金公司A产品150件,700元/件。

(3)5日,从启德械公司购入丙材料225千克,60元/千克,材料验收入库,款项以电汇,结算单据号1001,采购发票号321002。

(4)7日,从佳乐物资公司采购配件M 90件,45元/件,货款未付,采购发票号321003。

(5)9日,销售B产品300件给黄河机械厂,800元/件。

(6)12日,车间领用材料,包括甲材料900千克,120元/千克;乙材料750千克,105元/千克;丙材料300千克,60元/千克。

(7)15日,从启德机械公司购入配件N 150件,15元/件;购入乙材料300千克,105元/千克,采购发票号321004。

(8)18日,从海世工贸公司购入甲材料450千克,120元/千克,采购发票号321005。

(9)21日,车间领用辅助材料配件M 225件,45元/件;配件N 450件,15元/件。

(10)27日,收到销售给盛誉五金公司A产品的价款105 000元,结算票据号12301。

(11)31日,结转完工产品成本。

一、输入期初存货数据

恒鑫公司要实现利用Excel管理进销存业务,首先要把期初商品和材料数据输入到Excel工作表中,以此作为原来的手工账和新的进销存管理系统的衔接。通过整理恒鑫公司的存货手工账以及对公司业务的分析,恒鑫公司期初存货数据包含的内容有:商品编码、商品名称、型号规格、计量单位、期初库存数量、期初单位成本和期初余额等。输入期初存货数据,具体操作步骤如下:

第一步:建立"期初存货数据"工作表。

首先新建一个名为"第八章.xlsx"的工作簿,然后将Sheet1工作表重命名为"期初存货数据"。

第二步:创建期初存货数据列表。

在A1:G1单元格中依次输入"商品编码""商品名称""型号规格""计量单位""期初库存数量""期初单位成本(元)""期初余额(元)",将字体加粗,将单元格对齐方式设置为"居中"对齐,将列调整为合适的宽度。

在A2:G8单元格中输入恒鑫公司期初存货具体数据,并设置单元格格式,得到恒鑫公司期初存货数据列表,如图8-1所示。

商品编码	商品名称	型号规格	计量单位	期初库存数量	期初单位成本(元)	期初余额(元)
R001	A产品	R型	件	600	450	270,000.00
R002	B产品	R型	件	750	600	450,000.00
C001	甲材料	L型	千克	1200	120	144,000.00
C002	乙材料	L型	千克	900	105	94,500.00
C003	丙材料	L型	千克	600	60	36,000.00
C004	配件M	M型	件	300	45	13,500.00
C005	配件N	M型	件	750	15	11,250.00

图8-1 恒鑫公司期初存货数据列表

二、编制采购业务表

在处理采购与付款业务的环节中,需要了解企业存货购入的基本信息和付款的有关信息,企业要同供应商建立良好的合作关系,根据采购计划请购,经过审批后签订采购合同,并实施采购。订货的存货到达后,经验收合格在收款单上签字,财务人员根据采购发票和签过字的入库凭证(收货单和请购单)决定付款方式,完成付款业务。恒鑫公司有稳定的供应商。恒鑫公司的进货流程是:采购员接到缺货信息后,分析缺货信息是否合理,再将订单下达给供应商;材料送达后,实物入库,根据入库单登记库存账,对于未付款的业务,转入未付款供应商单独处理。利用Excel进行采购与付款业务管理,需要建立采购业务和付款业务的数据清单。

在恒鑫公司的采购业务中,涉及材料和配件的采购,需要建立"采购业务表"和"付款业务表"两张工作表,分别由采购部门和财务部门记录。"采购业务表"是记录材料和备件采购情况相关信息的数据清单,"付款业务表"是记录付款情况相关信息的数据清单。本节介绍"采购业务表"的编制方法,具体操作步骤如下:

第一步:建立"采购业务表"工作表。

打开"第八章.xlsx"工作簿,将Sheet2工作表重命名为"采购业务表"。

第二步:设置采购业务表格式。

选择A1单元格,输入"恒鑫公司采购业务表",将字体加粗,将A1:M1单元格对齐方式设置为"合并后居中"。

在A2:M2单元格中依次输入"业务日期""采购发票号""摘要""商品编码""商品名称""型号规格""计量单位""进货数量""进货单价(元)""进货金额(元)""供应商""已付货款(元)""应付货款余额(元)",将字体加粗,将单元格对齐方式设置为"居中"对齐,将列调整为合适的宽度,如图8-2所示。

图8-2 恒鑫公司采购业务表格式

第三步:输入采购业务具体数据。

根据恒鑫公司本月(2021年12月)的采购资料,在A:D各列中输入公司各项采购业务具体数据,并设置单元格格式,如图8-3所示。

图8-3 恒鑫公司采购业务具体数据

在输入"商品名称"(E列)、"型号规格"(F列)、"计量单位"(G列)信息时,可以利用VLOOKUP函数对"期初存货数据"工作表中的对应数据进行自动显示。VLOOKUP函数构建方法如下:

选择E3单元格,插入VLOOKUP函数,在打开的"函数参数"对话框中,设置各项参数,如图 8-4 所示。

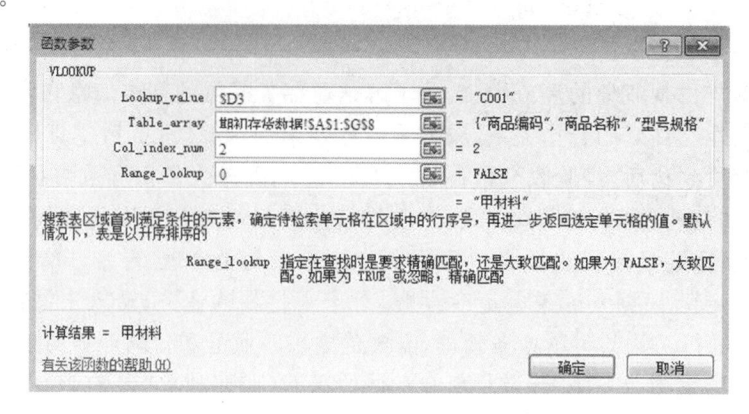

图 8-4　VLOOKUP 函数各项参数设置 1

单击"确定"按钮,在 E3 单元格中显示采购商品名称,然后将 E3 单元格中的公式复制到 E 列其他单元格,得到恒鑫公司所有采购业务的商品名称信息,如图 8-5 所示。

图 8-5　利用 VLOOKUP 函数输入商品名称信息

将 E3 单元格中的公式复制到 F3 单元格,选择 F3 单元格,在编辑栏内将 VLOOKUP 函数中的第三个参数"2"改为"3",即 F3 单元格中的公式为"=VLOOKUP(＄D3,期初存货数据!＄A＄1:＄G＄8,3,0)",按"Enter"键,然后将 F3 单元格中的公式复制到 F 列其他单元格,即可得到恒鑫公司所有采购业务的型号规格信息,如图 8-6 所示。

图 8-6　利用 VLOOKUP 函数输入型号规格信息

将 F3 单元格中的公式复制到 G3 单元格,选中 G3 单元格,在编辑栏内将 VLOOKUP 函数中的第三个参数"3"改为"4",即 G3 单元格中的公式为"=VLOOKUP(＄D3,期初存货数据!＄A＄1:＄G＄8,4,0)",按"Enter"键,然后将 G3 单元格中的公式复制到 G 列其他单元格,即可得到恒鑫公司所有采购业务的计量单位信息,如图 8-7 所示。

在 H 和 I 列中输入恒鑫公司进货数量和进货单价数据,并设置单元格格式,如图 8-8 所示。

根据进货数量和进货单价计算恒鑫公司的进货金额:选择 J3 单元格,输入公式"=H3＊I3",按"Enter"键,然后将 J3 单元格中的公式复制到 J 列其他单元格,得到恒鑫公司的进货金额,如图 8-9 所示。

为方便数据输入并防止出错,在输入"供应商"(K 列)数据时,可以通过设置数据有效性

图 8-7 利用 VLOOKUP 函数输入计量单位信息

图 8-8 恒鑫公司进货数量与进货单价数据

图 8-9 恒鑫公司进货金额数据

控制来实现,具体操作步骤为:选择 K3 单元格,在"数据"选项卡"数据工具"功能组中,选择"数据验证"命令,在打开的"数据验证"对话框中,在"允许"下拉菜单中选择"序列"选项,在"来源"框中填写供应商名称"启德机械公司,海世工贸公司,佳乐物资公司"(注意:不同供应商之间用逗号隔开,且逗号必须在英文模式下输入),如图 8-10 所示。

单击"确定"按钮,将 K3 单元格中的数据有效性控制复制到 K 列其他单元格,然后根据恒鑫公司每项采购业务信息选择对应的供应商名称,填制 K 列其他单元格,如图 8-11 所示。

图 8-10 数据验证设置

图 8-11 恒鑫公司采购业务供应商信息

在 L 列中输入恒鑫公司已付货款数据,并将单元格格式设置为"会计专用",如图 8-12 所示。

图 8-12 恒鑫公司已付货款数据

选择 M3 单元格,输入公式"=J3-L3",按"Enter"键,然后将 M3 单元格中的公式复制到 M 列其他单元格,得到恒鑫公司应付货款余额,将单元格格式设置为"会计专用",最终得到恒鑫公司完整的采购业务数据表,如图 8-13 所示。

图 8-13 恒鑫公司采购业务数据表

三、编制付款业务表

根据恒鑫公司具体业务编制付款业务表,具体操作步骤如下:

第一步:建立"付款业务表"工作表。

打开"第八章.xlsx"工作簿,将 Sheet3 工作表重命名为"付款业务表"。

第二步:设置付款业务表格式。

选择 A1 单元格,输入"恒鑫公司付款业务表",将字体加粗,将 A1:G1 单元格对齐方式设置为"合并后居中"。

在 A2:G2 单元格中依次输入"付款日期""结算方式""结算票据号""供应商""应付货款(元)""已付货款(元)""应付账款余额(元)",将字体加粗,将单元格对齐方式设置为"居中"对齐,将列调整为合适的宽度,如图 8-14 所示。

图 8-14 恒鑫公司付款业务表格式

第三步:输入付款业务具体数据。

根据恒鑫公司 2021 年 12 月的采购数据资料,在 A、C 列中直接输入公司具体付款业务数据,如图 8-15 所示。

图 8-15 恒鑫公司付款业务数据

为方便数据输入并防止出错,在输入"结算方式"(B 列)、"供应商"(D 列)数据时,可以通过设置数据有效性控制来实现。恒鑫公司的结算方式有:现金支票、转账支票、银行汇票、银行本票、汇兑、信用证。恒鑫公司的供应商有:启德机械公司、海世工贸公司、佳乐物资公司。设置方法不再赘述,填制结果如图 8-16 所示。

图 8-16 恒鑫公司付款业务供应商信息

在输入"应付货款"(E 列)和"已付货款"(F 列)信息时,可以利用 SUMIF 函数对"采购业务表"工作表中的相关数据进行计算。SUMIF 函数的构建方法如下:

选择 E3 单元格,插入 SUMIF 函数,在打开的"函数参数"对话框中,设置各项参数,如图 8-17 所示。

图 8-17 SUMIF 函数各项参数设置 1

单击"确定"按钮,在 E3 单元格中得到启德机械公司的应付货款金额,然后将 E3 单元格中的公式复制到 E 列其他单元格,得到恒鑫公司各个供应商的应付货款金额,将单元格格式设置为"会计专用",结果如图 8-18 所示。

图 8-18 利用 SUMIF 函数计算各供应商应付货款数据

选择 F3 单元格,插入 SUMIF 函数,在打开的"函数参数"对话框中,设置各项参数,如图 8-19 所示。

图 8-19　SUMIF 函数各项参数设置 2

单击"确定"按钮,在 F3 单元格中得到启德机械公司的已付货款金额,然后将 F3 单元格中的公式复制到 F 列其他单元格,得到恒鑫公司各个供应商的已付货款金额,将单元格格式设置为"会计专用",结果如图 8-20 所示。

图 8-20　利用 SUMIF 函数计算各供应商已付货款数据

选择 G3 单元格,输入公式"＝E3－F3",按"Enter"键,在 G3 单元格中得到启德机械公司的应付账款余额,然后将 G3 单元格中的公式复制到 G 列其他单元格,得到恒鑫公司各个供应商的应付账款余额,将单元格格式设置为"会计专用",此时得到恒鑫公司付款业务数据表,如图 8-21 所示。

图 8-21　恒鑫公司付款业务数据表

第三节　出库管理

销售是企业生产经营活动中的一个重要环节,是取得营业收入的必要手段,在销售与收款业务处理中,企业要了解有关的产品销售信息和收款结算信息,要记录与客户沟通联系和还款的情况。使用 Excel 进行销售收款业务处理,应建立销售业务和收款业务数据清单。产品销售业务是记录企业销售商品和销售结算相关信息的数据列表;领用材料表是记录车间领用材料相关信息的数据列表;收款业务表是记录收款信息的数据列表。

一、编制产品销售业务表

恒鑫公司的产品销售流程是:接收客户订单→签订销售合同→向客户发货并收款→对形成应收账款的业务单独进行管理。每笔销售业务发生时都要及时更新库存,登记各种库存产品的明细账。

利用 Excel 编制产品销售业务表,具体操作步骤如下:

第一步:建立"产品销售业务表"工作表。

打开"第八章.xlsx"工作簿,将一张新工作表重命名为"产品销售业务表"。

第二步:设置产品销售业务表格式。

选择 A1 单元格,输入"恒鑫公司产品销售业务表",将字体加粗,将 A1:L1 单元格对齐方式设置为"合并后居中"。

在 A2:L2 单元格中依次输入"业务日期""摘要""客户名称""商品编码""商品名称""型号规格""计量单位""销售数量""销售单价(元)""应收货款(元)""实收货款(元)""应收账款余额(元)",将字体加粗,将单元格对齐方式设置为"居中"对齐,将列调整为合适的宽度,如图 8-22 所示。

图 8-22 恒鑫公司产品销售业务表格式

第三步:输入产品销售业务具体数据。

根据恒鑫公司 2021 年 12 月的产品销售数据资料,在 A、B、D、H、I、K 列中直接输入公司产品销售业务各项具体数据,并设置适当的单元格格式,如图 8-23 所示。

图 8-23 恒鑫公司产品销售业务数据

为方便数据输入并防止出错,在输入"客户名称"(C 列)数据时,可以通过设置数据有效性控制来实现。恒鑫公司的客户有:盛誉五金公司、黄河机械厂、成华机械公司、万兴纺织公司。填制结果如图 8-24 所示。

图 8-24 恒鑫公司销售业务客户信息

在输入"商品名称"(E 列)、"型号规格"(F 列)、"计量单位"(G 列)信息时,可以利用 VLOOKUP 函数对"期初存货数据"工作表中的对应数据进行自动显示,具体设置方法见前文,此处不再赘述。得到恒鑫公司所有销售产品的商品名称、型号规格、计量单位等数据信息,如图 8-25 所示。

图 8-25　利用 VLOOKUP 函数自动显示产品销售业务数据

选择 J3 单元格，输入公式"＝H3＊I3"，按"Enter"键，在 J3 单元格中得到客户盛誉五金公司的应收货款金额，然后将 J3 单元格中的公式复制到 J 列其他单元格，得到恒鑫公司所有客户的应收货款金额，将单元格格式设置为"会计专用"，结果如图 8-26 所示。

图 8-26　恒鑫公司应收货款数据

选择 L3 单元格，输入公式"＝J3－K3"，按"Enter"键，在 L3 单元格中得到客户盛誉五金公司的应收账款余额，然后将 L3 单元格中的公式复制到 L 列其他单元格，得到恒鑫公司所有客户的应收账款余额数据，将单元格格式设置为"会计专用"，结果如图 8-27 所示。

图 8-27　恒鑫公司应收账款余额数据

为了清晰地显示出恒鑫公司的结清款项业务，对"应收账款余额"（L 列）单元格设置条件格式，将公司已结清款项的单元格设置为黄色背景，具体操作方法如下：

选择 L3 单元格，选择"开始"选项卡"样式"功能组中的"条件格式"按钮，在下拉菜单中，选择"突出显示单元格规则"中的"等于"命令，如图 8-28 所示。

图 8-28　"条件格式"命令

在打开的"等于"对话框中，在数值文本框中输入"0"，在"设置为"框中选择"黄填充色深黄色文本"，如图 8-29 所示。

图 8-29 结清款项业务的条件格式设置

单击"确定"按钮,此时 L3 单元格中的填充颜色显示为黄色,然后将 L3 单元格中的条件格式设置复制到 L 列其他单元格中,得到恒鑫公司所有销售业务应收账款余额单元格填充颜色情况,此时也完成了恒鑫公司产品销售业务数据表的制作,如图 8-30 所示。

图 8-30 恒鑫公司产品销售业务数据表

由图 8-30 可以看出:在恒鑫公司 2021 年 12 月的产品销售业务中,有一笔应收账款已经结清了,还有一笔款项没有结清,公司要注意这笔款项的催收工作。

第四步:计算销售成本和销售毛利润。

为方便销售结算,可以在"产品销售业务表"工作表的 M、N 列中直接添加"销售成本"和"销售毛利润"两个项目,随时获得每笔销售业务的利润数据,具体操作步骤如下:

在"产品销售业务表"工作表的 M2、N2 单元格中依次输入"销售成本""销售毛利润"。

$$销售成本=销售数量×单位成本$$

(说明:"单位成本"项目在工作表"库存管理表"的 K 列,即第 11 列中)

选择 M3 单元格,输入公式"=H3*VLOOKUP(E3,库存管理表!$A$3:$K$9,11,0)",按"Enter"键,在 M3 单元格中得到 A 产品的销售成本,然后将 M3 单元格中的公式复制到 M 列其他单元格,得到恒鑫公司所有销售商品的销售成本,将单元格格式设置为"会计专用",结果如图 8-31 所示。

图 8-31 恒鑫公司销售成本数据

选择 N3 单元格,输入公式"=J3-M3",按"Enter"键,在 N3 单元格中得到 A 产品的销售毛利润,然后将 N3 单元格中的公式复制到 N 列其他单元格,得到恒鑫公司所有销售商品的销售毛利润,将单元格格式设置为"会计专用",结果如图 8-32 所示。

图 8-32 恒鑫公司销售毛利润数据

二、编制领用材料表

利用 Excel 编制恒鑫公司领用材料表，具体操作步骤如下：

第一步：建立"领用材料表"工作表。

打开"第八章.xlsx"工作簿，将一张新工作表重命名为"领用材料表"。

第二步：设置领用材料表格式。

选择 A1 单元格，输入"恒鑫公司领用材料表"，将字体加粗，将 A1：I1 单元格对齐方式设置为"合并后居中"。

在 A2：I2 单元格中依次输入"业务日期""摘要""商品编码""商品名称""型号规格""计量单位""领用数量""领用单价(元)""领用金额(元)"，将字体加粗，将单元格对齐方式设置为"居中"对齐，将列调整为合适的宽度，如图 8-33 所示。

A1 fx 恒鑫公司领用材料表

	A	B	C	D	E	F	G	H	I
1	恒鑫公司领用材料表								
2	业务日期	摘要	商品编码	商品名称	型号规格	计量单位	领用数量	领用单价（元）	领用金额（元）
3									
4									

图 8-33　恒鑫公司领用材料表格式

第三步：输入领用材料具体数据。

根据恒鑫公司 2021 年 12 月的材料领用情况，在 A、B、C、G、H 列中直接输入公司领用材料各项具体数据，并设置适当的单元格格式，如图 8-34 所示。

	A	B	C	D	E	F	G	H	I
1	恒鑫公司领用材料表								
2	业务日期	摘要	商品编码	商品名称	型号规格	计量单位	领用数量	领用单价（元）	领用金额（元）
3	2021年12月12日	生产领料	C001				900	120	
4	2021年12月12日	生产领料	C002				750	105	
5	2021年12月12日	生产领料	C003				300	60	
6	2021年12月21日	生产领料	C004				225	45	
7	2021年12月21日	生产领料	C005				450	15	
8									
9									

图 8-34　恒鑫公司领用材料数据

在输入"商品名称"(D 列)、"型号规格"(E 列)、"计量单位"(F 列)信息时，可以利用 VLOOKUP 函数对工作表"期初存货数据"中的对应数据进行自动显示，具体操作步骤为：

选择 D3 单元格，插入 VLOOKUP 函数，在打开的"函数参数"对话框中，设置各项参数，如图 8-35 所示。

单击"确定"按钮，在 D3 单元格中得到商品编码 C001 对应的商品名称，然后将 D3 单元格中的公式复制到 D 列其他单元格，得到恒鑫公司所有领用材料的商品名称信息，如图 8-36 所示。

将 D3 单元格中的公式复制到 E3 单元格，选择 E3 单元格，在编辑栏内将 VLOOKUP 函数中的第三个参数"2"改为"3"，即 E3 单元格中的公式为"=VLOOKUP($C3,期初存货数据! $A$1:$G$8,3,0)"，按"Enter"键，然后将 E3 单元格中的公式复制到 E 列其他单元格，得到恒鑫公司所有领用材料的型号规格信息，如图 8-37 所示。

将 E3 单元格中的公式复制到 F3 单元格，选择 F3 单元格，在编辑栏内将 VLOOKUP 函数中的第三个参数"3"改为"4"，即 F3 单元格中的公式为"=VLOOKUP($C3,期初存货数

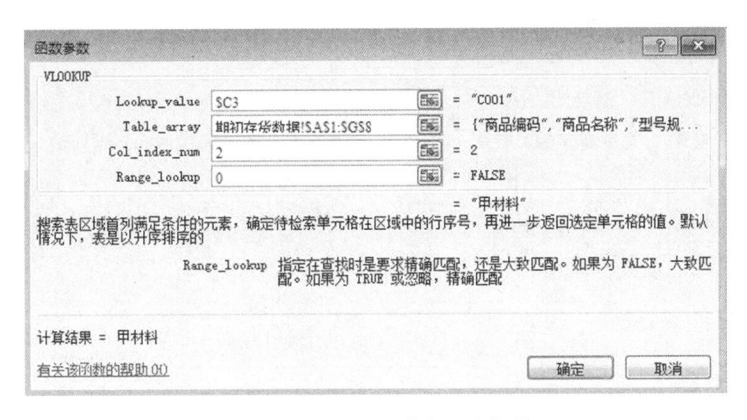

图 8-35　VLOOKUP 函数各项参数设置 2

图 8-36　利用 VLOOKUP 函数自动显示商品名称

图 8-37　利用 VLOOKUP 函数自动显示型号规格

据!＄A＄1:＄G＄8,4,0)",按"Enter"键,然后将 F3 单元格中的公式复制到 F 列其他单元格,得到恒鑫公司所有领用材料的计量单位信息,如图 8-38 所示。

图 8-38　利用 VLOOKUP 函数自动显示计量单位

选择 I3 单元格,输入公式"＝G3＊H3",按"Enter"键,然后将 I3 单元格中的公式复制到 I 列其他单元格,得到恒鑫公司领用材料的金额数据,将单元格格式设置为"会计专用",结果如图 8-39 所示。

	A	B	C	D	E	F	G	H	I
1					恒鑫公司领用材料表				
2	业务日期	摘要	商品编码	商品名称	型号规格	计量单位	领用数量	领用单价（元）	领用金额（元）
3	2021年12月12日	生产领料	C001	甲材料	L型	千克	900	120	108,000.00
4	2021年12月12日	生产领料	C002	乙材料	L型	千克	750	105	78,750.00
5	2021年12月12日	生产领料	C003	丙材料	L型	千克	300	60	18,000.00
6	2021年12月21日	生产领料	C004	配件M	M型	件	225	45	10,125.00
7	2021年12月21日	生产领料	C005	配件N	M型	件	450	15	6,750.00

图 8-39　恒鑫公司领用材料数据表

三、编制收款业务表

利用 Excel 编制恒鑫公司收款业务表，具体操作步骤如下：

第一步：建立"收款业务表"工作表。

打开"第八章.xlsx"工作簿，将一张新工作表重命名为"收款业务表"。

第二步：设置领用材料表格式。

选择 A1 单元格，输入"恒鑫公司收款业务表"，将字体加粗，将 A1:G1 单元格对齐方式设置为"合并后居中"。

在 A2:G2 单元格中依次输入"收款日期""结算方式""结算票据号""客户名称""应收货款（元）""已收货款（元）""应收账款余额（元）"，将字体加粗，将单元格对齐方式设置为"居中"对齐，将列调整为合适的宽度，如图 8-40 所示。

	A	B	C	D	E	F	G
1				恒鑫公司收款业务表			
2	收款日期	结算方式	结算票据号	客户名称	应收货款（元）	已收货款（元）	应收账款余额（元）
3							
4							

图 8-40　恒鑫公司收款业务表格式

第三步：输入收款业务具体数据。

根据恒鑫公司 2021 年 12 月的收款业务数据资料，在 A:C 列中直接输入公司收款业务具体数据，并设置适当的单元格格式，如图 8-41 所示。

	A	B	C	D	E	F	G
1				恒鑫公司收款业务表			
2	收款日期	结算方式	结算票据号	客户名称	应收货款（元）	已收货款（元）	应收账款余额（元）
3	2021年12月3日		12312				
4	2021年12月9日						
5							
6							

图 8-41　恒鑫公司收款业务具体数据

为方便数据输入并防止出错，在输入"客户名称"（D列）数据时，可以通过设置数据有效性控制来实现。恒鑫公司的客户有：盛誉五金公司、黄河机械厂、成华机械公司、万兴纺织公司。填制结果如图 8-42 所示。

在输入"应收货款"（E列）、"已收货款"（F列）信息时，可以利用 SUMIF 函数对工作表"产品销售业务表"中的相关数据进行计算得到，具体操作步骤为：

选择 E3 单元格，插入 SUMIF 函数，在打开的"函数参数"对话框中，设置各项参数，如图 8-43 所示。

图 8-42 恒鑫公司收款业务客户信息

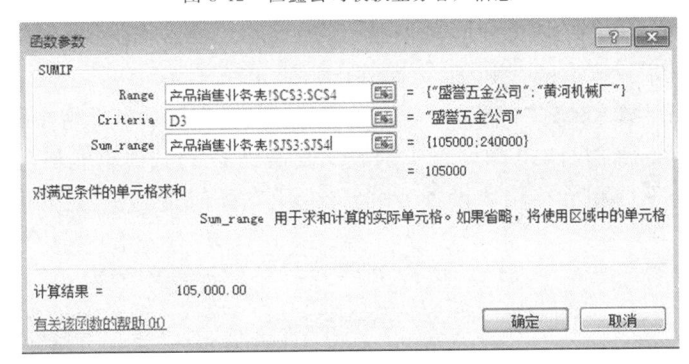

图 8-43 SUMIF 函数各项参数设置 3

单击"确定"按钮,在 E3 单元格中得到盛誉五金公司的应收货款金额,然后将 E3 单元格中的公式复制到 E 列其他单元格,得到恒鑫公司所有客户的应收货款金额,将单元格格式设置为"会计专用",结果如图 8-44 所示。

图 8-44 利用 SUMIF 函数计算收款业务应收货款金额

选择 F3 单元格,插入 SUMIF 函数,在打开的"函数参数"对话框中,设置各项参数,如图 8-45 所示。

图 8-45 SUMIF 函数各项参数设置 4

单击"确定"按钮,在 F3 单元格中得到客户盛誉五金公司的已收货款金额,然后将 F3 单元格中的公式复制到 F 列其他单元格，得到恒鑫公司所有客户的已收货款金额，将单元格格式设置为“会计专用”，结果如图 8-46 所示。

F3 =SUMIF(产品销售业务表!$C$3:$C$4,D3,产品销售业务表!$K$3:$K$4)

	A	B	C	D	E	F	G
1	恒鑫公司收款业务表						
2	收款日期	结算方式	结算票据号	客户名称	应收货款（元）	已收货款（元）	应收账款余额（元）
3	2021年12月3日		12312	盛誉五金公司	105,000.00	105,000.00	
4	2021年12月9日			黄河机械厂	240,000.00	-	
5							
6							

图 8-46　利用 SUMIF 函数计算收款业务已收货款金额

选择 G3 单元格，输入公式“＝E3－F3”，按“Enter”键，在 G3 单元格中得到客户盛誉五金公司的应收账款余额，然后将 G3 单元格中的公式复制到 G 列其他单元格，得到恒鑫公司所有客户的应收账款余额，将单元格格式设置为“会计专用”，此时得到恒鑫公司收款业务数据表，如图 8-47 所示。

G3 =E3-F3

	A	B	C	D	E	F	G
1	恒鑫公司收款业务表						
2	收款日期	结算方式	结算票据号	客户名称	应收货款（元）	已收货款（元）	应收账款余额（元）
3	2021年12月3日		12312	盛誉五金公司	105,000.00	105,000.00	-
4	2021年12月9日			黄河机械厂	240,000.00	-	240,000.00
5							
6							

图 8-47　恒鑫公司收款业务数据表

第四节　期末库存管理

库存管理是企业进销存管理中不可缺少的环节，与采购管理和销售紧密相连，无论是采购的原材料，还是企业的库存商品，都需要入库和出库统计。恒鑫公司的库存管理流程中，材料采购入库、产品完工入库、领料退货等业务均涉及库存量的变化。恒鑫公司实行一料一账制度，每收发一次存货就盘点一次，当天的所有材料和产品进出都要做记录，当天全部处理完毕。对当天所有的进出料账目清点一遍，如有异常及时处理。本节主要介绍如何利用 Excel 进行期末库存管理以及对库存量的控制。

一、编制库存管理工作表

利用 Excel 编制恒鑫公司库存管理表，具体操作步骤如下：

第一步：建立“库存管理表”工作表。

打开“第八章. xlsx”工作簿，将一张新工作表重命名为“库存管理表”。

第二步：设置库存管理表格式。

选择 A1 单元格，输入“恒鑫公司库存管理表”，将字体加粗，将 A1:K1 单元格对齐方式设置为“合并后居中”。

在 A2:K2 单元格中依次输入“商品名称”“型号规格”“期初结存数量”“期初结存金额”“购入数量”“本期增加金额”“发出数量”“发出成本”“库存数量”“结存金额”“单位成本”，将字体加粗，将单元格对齐方式设置为“居中”对齐，将列调整为合适的宽度，如图 8-48 所示。

图 8-48 恒鑫公司库存管理表格式

第三步:输入库存管理具体数据。

根据恒鑫公司 2021 年 12 月的库存数据资料,在 A、B 列中直接输入公司具体库存商品信息,并设置适当的单元格格式,如图 8-49 所示。

图 8-49 恒鑫公司库存商品信息

在输入"期初结存数量"(C 列)、"期初结存金额"(D 列)、"购入数量"(E 列)、"本期增加金额"(F 列)、"发出数量"(G 列)数据时,可以利用 SUMIF 函数对"存货期初数据""采购业务表""产品销售业务表"中的相关数据计算得到。构建 SUMIF 函数的操作步骤为:

选择 C3 单元格,插入 SUMIF 函数,在打开的"函数参数"对话框中,设置各项参数,如图 8-50 所示。

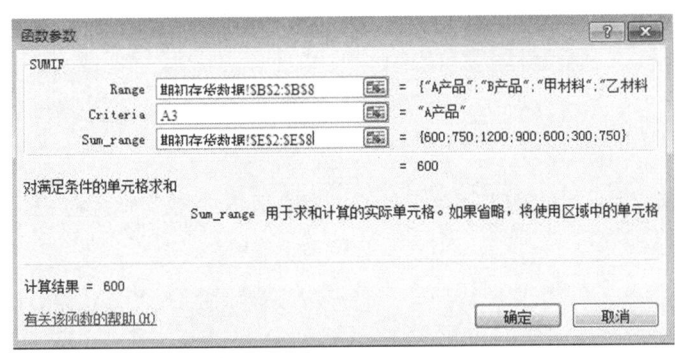

图 8-50 SUMIF 函数各项参数设置 5

单击"确定"按钮,在 C3 单元格中得到恒鑫公司 A 产品的期初结存数量,然后将 C3 单元格中的公式复制到 C 列其他单元格,得到恒鑫公司所有存货的期初结存数量,如图 8-51 所示。

图 8-51 恒鑫公司所有存货的期初结存数量

选择 D3 单元格，插入 SUMIF 函数，在打开的"函数参数"对话框中，设置各项参数，如图 8-52 所示。

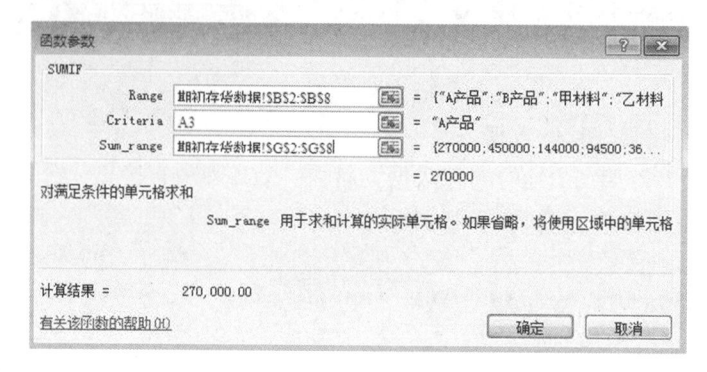

图 8-52 SUMIF 函数各项参数设置 6

单击"确定"按钮，在 D3 单元格中得到恒鑫公司 A 产品的期初结存金额，然后将 D3 单元格中的公式复制到 D 列其他单元格，得到恒鑫公司所有存货的期初结存金额，将单元格格式设置为"会计专用"，如图 8-53 所示。

图 8-53 恒鑫公司所有存货的期初结存金额

选择 E3 单元格，插入 SUMIF 函数，在打开的"函数参数"对话框中，设置各项参数，如图 8-54 所示。

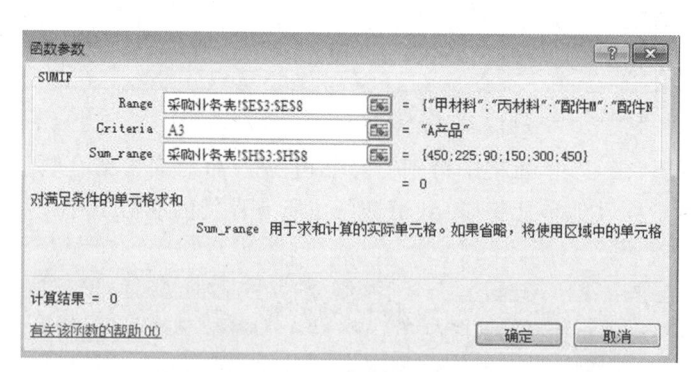

图 8-54 SUMIF 函数各项参数设置 7

单击"确定"按钮，在 E3 单元格中得到恒鑫公司 A 产品的购入数量，然后将 E3 单元格中的公式复制到 E 列其他单元格，得到恒鑫公司所有存货的购入数量，如图 8-55 所示。

选择 F3 单元格，插入 SUMIF 函数，在打开的"函数参数"对话框中，设置各项参数，如图 8-56 所示。

图 8-55 恒鑫公司所有存货的购入数量

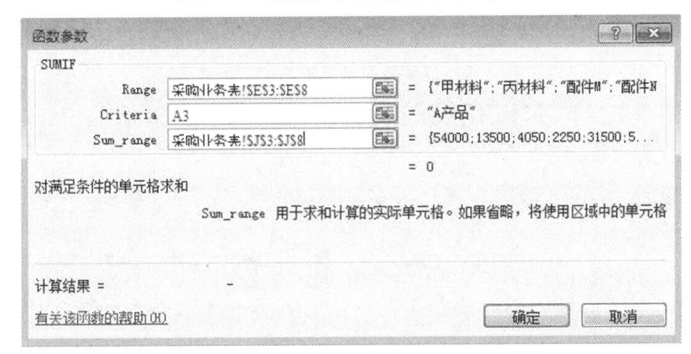

图 8-56 SUMIF 函数各项参数设置 8

单击"确定"按钮,在 F3 单元格中得到恒鑫公司 A 产品的本期增加金额,然后将 F3 单元格中的公式复制到 F 列其他单元格,得到恒鑫公司所有存货的本期增加金额,将单元格格式设置为"会计专用",如图 8-57 所示。

图 8-57 恒鑫公司所有存货的本期增加金额

选择 G3 单元格,插入 SUMIF 函数,在打开的"函数参数"对话框中,设置各项参数,如图 8-58 所示。

图 8-58 SUMIF 函数各项参数设置 9

单击"确定"按钮，在 G3 单元格中得到恒鑫公司 A 产品的发出数量，然后将 G3 单元格中的公式复制到 G4 单元格，得到恒鑫公司所有产品的发出数量，如图 8-59 所示。

图 8-59　恒鑫公司所有产品的发出数量

选择 G5 单元格，插入 SUMIF 函数，在打开的"函数参数"对话框中，设置各项参数，如图 8-60 所示。

图 8-60　SUMIF 函数各项参数设置 10

单击"确定"按钮，在 G5 单元格中得到恒鑫公司甲材料的本期发出数量，然后将 G5 单元格中的公式复制到 G6:G9 单元格，得到恒鑫公司所有材料和配件的发出数量，如图 8-61 所示。

图 8-61　恒鑫公司所有材料和配件的发出数量

恒鑫公司采用加权平均法进行计算存货的单位成本。

选择 K3 单元格，输入公式"=(D3+F3)/(C3+E3)"，按"Enter"键，在 K3 单元格中得到 A 产品的单位成本，然后将 K3 单元格中的公式复制到 K 列其他单元格，得到恒鑫公司所有存货的单位成本，计算结果如图 8-62 所示。

选择 H3 单元格，输入公式"=G3*K3"，按"Enter"键，在 H3 单元格中得到 A 产品的发出成本，然后将 H3 单元格中的公式复制到 H 列其他单元格，得到恒鑫公司所有存货的发出成本，将单元格格式设置为"会计专用"，结果如图 8-63 所示。

K3　=(D3+F3)/(C3+E3)

恒鑫公司库存管理表

商品名称	型号规格	期初结存数量	期初结存金额	购入数量	本期增加金额	发出数量	发出成本	库存数量	结存金额	单位成本
A产品	R型	600	270,000.00	0	-	150				450
B产品	R型	750	450,000.00	0	-	300				600
甲材料	L型	1200	144,000.00	900	108,000.00	900				120
乙材料	L型	900	94,500.00	300	31,500.00	750				105
丙材料	L型	600	36,000.00	225	13,500.00	300				60
配件M	M型	300	13,500.00	90	4,050.00	225				45
配件N	M型	750	11,250.00	150	2,250.00	450				15

图 8-62　采用加权平均法计算存货的单位成本

H3　=G3*K3

恒鑫公司库存管理表

商品名称	型号规格	期初结存数量	期初结存金额	购入数量	本期增加金额	发出数量	发出成本	库存数量	结存金额	单位成本
A产品	R型	600	270,000.00	0	-	150	67,500.00			450
B产品	R型	750	450,000.00	0	-	300	180,000.00			600
甲材料	L型	1200	144,000.00	900	108,000.00	900	108,000.00			120
乙材料	L型	900	94,500.00	300	31,500.00	750	78,750.00			105
丙材料	L型	600	36,000.00	225	13,500.00	300	18,000.00			60
配件M	M型	300	13,500.00	90	4,050.00	225	10,125.00			45
配件N	M型	750	11,250.00	150	2,250.00	450	6,750.00			15

图 8-63　恒鑫公司所有存货的发出成本

选择 I3 单元格，输入公式“＝C3＋E3－G3”，按“Enter”键，在 I3 单元格中得到 A 产品的库存数量，然后将 I3 单元格中的公式复制到 I 列其他单元格，得到恒鑫公司所有存货的库存数量，计算结果如图 8-64 所示。

I3　=C3+E3-G3

恒鑫公司库存管理表

商品名称	型号规格	期初结存数量	期初结存金额	购入数量	本期增加金额	发出数量	发出成本	库存数量	结存金额	单位成本
A产品	R型	600	270,000.00	0	-	150	67,500.00	450		450
B产品	R型	750	450,000.00	0	-	300	180,000.00	450		600
甲材料	L型	1200	144,000.00	900	108,000.00	900	108,000.00	1200		120
乙材料	L型	900	94,500.00	300	31,500.00	750	78,750.00	450		105
丙材料	L型	600	36,000.00	225	13,500.00	300	18,000.00	525		60
配件M	M型	300	13,500.00	90	4,050.00	225	10,125.00	165		45
配件N	M型	750	11,250.00	150	2,250.00	450	6,750.00	450		15

图 8-64　2021 年 12 月恒鑫公司存货的库存数量

选择 J3 单元格，输入公式“＝D3＋F3－H3”，按“Enter”键，在 J3 单元格中得到 A 产品的结存金额，然后将 J3 单元格中的公式复制到 J 列其他单元格，得到恒鑫公司所有存货的结存金额，将单元格格式设置为“会计专用”，结果如图 8-65 所示。

J3　=D3+F3-H3

恒鑫公司库存管理表

商品名称	型号规格	期初结存数量	期初结存金额	购入数量	本期增加金额	发出数量	发出成本	库存数量	结存金额	单位成本
A产品	R型	600	270,000.00	0	-	150	67,500.00	450	202,500.00	450
B产品	R型	750	450,000.00	0	-	300	180,000.00	450	270,000.00	600
甲材料	L型	1200	144,000.00	900	108,000.00	900	108,000.00	1200	144,000.00	120
乙材料	L型	900	94,500.00	300	31,500.00	750	78,750.00	450	47,250.00	105
丙材料	L型	600	36,000.00	225	13,500.00	300	18,000.00	525	31,500.00	60
配件M	M型	300	13,500.00	90	4,050.00	225	10,125.00	165	7,425.00	45
配件N	M型	750	11,250.00	150	2,250.00	450	6,750.00	450	6,750.00	15

图 8-65　2021 年 12 月恒鑫公司存货的结存金额

第四步：利用“条件格式”对库存数量设置预警提示。

恒鑫公司规定：当库存数量小于 300 时，提示要及时进货；当库存数量大于 1 000 时，提示不要再进货。利用“条件格式”对库存数量设置预警提示的操作步骤如下：

打开“库存管理表”工作表，选择 I3 单元格，选择“开始”选项卡“样式”功能组中的“条件格式"命令，在出现的菜单中选择"突出显示单元格规则"中的"大于"命令，在打开的"大于"对话框中，在"为大于以下值的单元格设置格式"框中输入"1000"，在"设置为"框中选择"浅红填充色深红色文本"，参数设置如图8-66所示。

图8-66　库存数量大于1 000的预警提示设置

单击"确定"按钮，接着在I3单元格中继续设置库存数量小于300的预警提示：选择I3单元格，选择"开始"选项卡"样式"功能组中的"条件格式"命令，在出现的菜单中选择"突出显示单元格规则"中的"小于"命令，在打开的"小于"对话框中，在"为小于以下值的单元格设置格式"框中输入"300"，在"设置为"框中选择"黄填充色深黄色文本"，参数设置如图8-67所示。

图8-67　库存数量小于300的预警提示设置

单击"确定"按钮，然后将I3单元格中的预警提示设置复制到I列其他单元格，即可得到恒鑫公司对库存数量进行预警提示的结果，如图8-68所示。

图8-68　恒鑫公司对库存数量进行预警提示结果

由图8-68可以清晰地看出：I5单元格的填充色为浅红色，提示该商品的存货不需要再进货了，而I8单元格的填充色为黄色，提示该商品的存货量不足了，要及时补货。

二、建立材料和商品明细账

为了方便计算结转材料、商品的成本，及时发现库存情况，需要按材料、商品编码、商品名称、型号规格分别设置活页式明细账。由财务人员根据仓管员每个月的库存报表登账，采用数量金额式账页。

恒鑫公司有甲材料、乙材料、丙材料三种原材料，配件M、配件N两种辅助材料，A产品、B产品两种库存商品，应分别按材料和商品的类别设置明细账。以"甲材料明细账"为例，介绍利用Excel建立明细账的两种方法。

1．输入法建立明细账

第一步：创建"甲材料明细账"工作表。

打开"第八章.xlsx"工作簿,将一张新工作表重命名为"甲材料明细账"。

第二步:设置甲材料明细账格式。

选择 A1 单元格,输入"恒鑫公司甲材料明细账",将字体加粗,将 A1:O1 单元格对齐方式设置为"合并后居中"。

在 A2:O2 单元格中依次输入"业务日期""摘要""商品编码""商品名称""型号规格""计量单位""入库数量""入库单位成本""入库金额""领用数量""领用单价""领用金额""结存数量""结存单位成本""结存金额",将字体加粗,将单元格对齐方式设置为"居中"对齐,将列调整为合适的宽度,如图 8-69 所示。

图 8-69　恒鑫公司甲材料明细账格式

第三步:输入甲材料明细账具体数据。

首先在第 3 行中输入甲材料的期初库存结转数据,如图 8-70 所示。

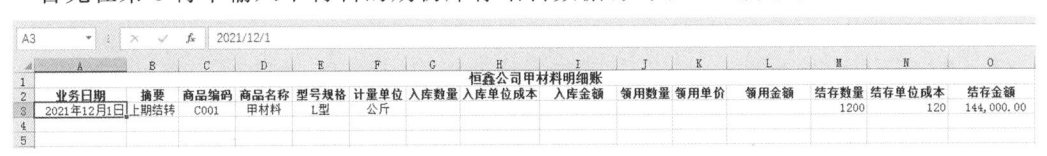

图 8-70　甲材料的期初库存结转数据

然后从第 4 行起输入甲材料的采购与领用数据。在输入"入库数量"(G 列)、"入库单位成本"(H 列)、"领用数量"(J 列)、"领用单价"(K 列)数据的时候,可以采用间接调用数据的方法分别从"采购业务表""领用材料表"工作表获得对应数据,操作步骤如下:

选择 G4 单元格,输入公式"=IF(ISNA(VLOOKUP(＄A4,采购业务表!＄A＄3:＄A＄8,1,0)),0,VLOOKUP(＄D4,采购业务表!＄E＄3:＄J＄9,4,0))",然后将 G4 单元格中的公式复制到 G 列第 4 行后的其他单元格,得到恒鑫公司甲材料的入库数量,结果如图 8-71 所示。

图 8-71　甲材料的入库数量

选择 H4 单元格,输入公式"=IF(ISNA(VLOOKUP(＄A4,采购业务表!＄A＄3:＄A＄8,1,0)),0,VLOOKUP(＄D4,采购业务表!＄E＄3:＄J＄9,5,0))",并然后将 H4 单元格中的公式复制到 H 列第 4 行后的其他单元格,得到恒鑫公司甲材料的入库单位成本,结果如图 8-72 所示。

选择 J4 单元格,输入公式"=IF(ISNA(VLOOKUP(＄A4,领用材料表!＄A＄3:＄A＄8,1,0)),0,VLOOKUP(＄D4,领用材料表!＄D＄3:＄I＄7,4,0))",然后将 J4 单元格中的公式复制到 J 列第 4 行后的其他单元格,得到恒鑫公司甲材料的领用数量,结果如图 8-73 所示。

图 8-72 甲材料的入库单位成本

图 8-73 甲材料的领用数量

选择 K4 单元格,输入公式"＝IF(ISNA(VLOOKUP($A4,领用材料表！$A$3：$A$8,1,0)),0,VLOOKUP($D4,领用材料表！$D$3：$I$7,5,0))"然后将 K4 单元格中的公式复制到 K 列第 4 行后的其他单元格,得到恒鑫公司甲材料的领用单价,结果如图 8-74 所示。

图 8-74 甲材料的领用单价

选择 I4 单元格,输入公式"＝G4＊H4",按"Enter"键,然后将 I4 单元格中的公式复制到 I 列第 4 行后的其他单元格,得到恒鑫公司甲材料的入库金额,将单元格格式设置为"会计专用",结果如图 8-75 所示。

图 8-75 甲材料的入库金额

选择 L4 单元格,输入公式"＝J4＊K4",按"Enter"键,然后将 L4 单元格中的公式复制到 L 列第 4 行后的其他单元格,得到恒鑫公司甲材料的领用金额,将单元格格式设置为"会计专用",结果如图 8-76 所示。

图 8-76 甲材料的领用金额

选择 M4 单元格,输入公式"＝M3＋G4－J4",按"Enter"键,然后将 M4 单元格中的公式复制到 M 列第 4 行后的其他单元格,得到恒鑫公司甲材料的结存数量,结果如图 8-77 所示。

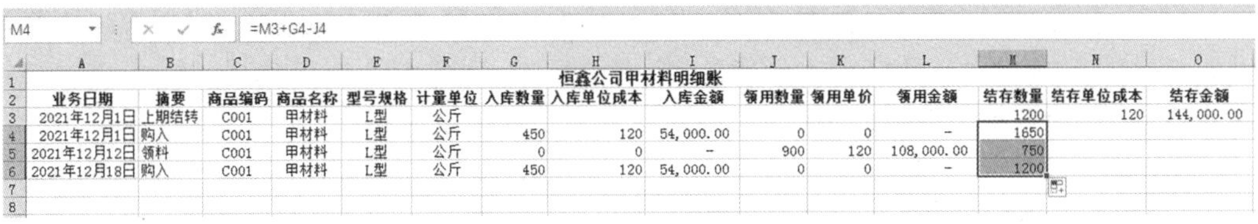

图 8-77 甲材料的结存数量

选择 O4 单元格,输入公式"=O3+I4-L4",按"Enter"键,然后将 O4 单元格中的公式复制到 O 列第 4 行后的其他单元格,得到恒鑫公司甲材料的结存金额,将单元格格式设置为"会计专用",结果如图 8-78 所示。

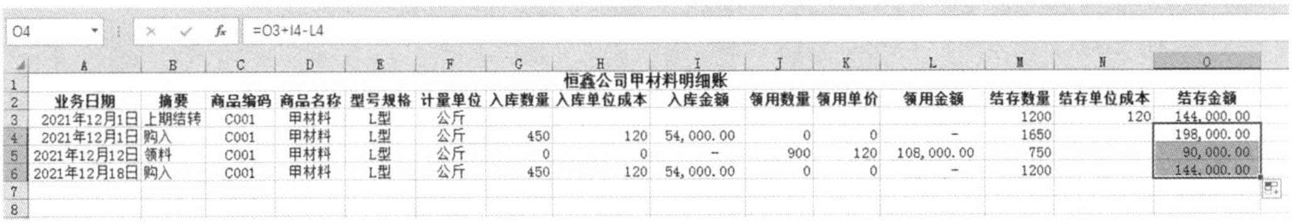

图 8-78 甲材料的结存金额

恒鑫公司采用加权平均法进行计算存货的单位成本。

选择 N4 单元格,输入公式"=(O3+I4)/(M3+G4)",按"Enter"键,然后将 N4 单元格中的公式复制到 N 列第 4 行后的其他单元格,得到恒鑫公司的结存单位成本,计算结果如图 8-79 所示。

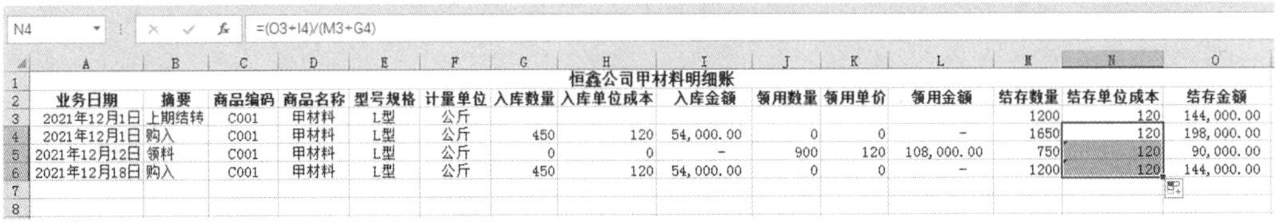

图 8-79 甲材料的结存单位成本

2. 根据进销总记录表建立甲材料明细账

第一步:建立"进销总记录表"工作表。

打开"第八章.xlsx"工作簿,将一张新工作表重命名为"进销总记录表"。

第二步:设置进销总记录表格式。

选择 A1 单元格,输入"恒鑫公司进销总记录表",将字体加粗,将 A1:L1 单元格对齐方式设置为"合并后居中"。

在 A2:L2 单元格中依次输入"业务日期""摘要""商品编码""商品名称""型号规格""计量单位""进货数量""进货单价""进货金额""销售/领用数量""销售/领用单价""销售/领用金额",将字体加粗,将单元格对齐方式设置为"居中"对齐,将列调整为合适的宽度,如图 8-80 所示。

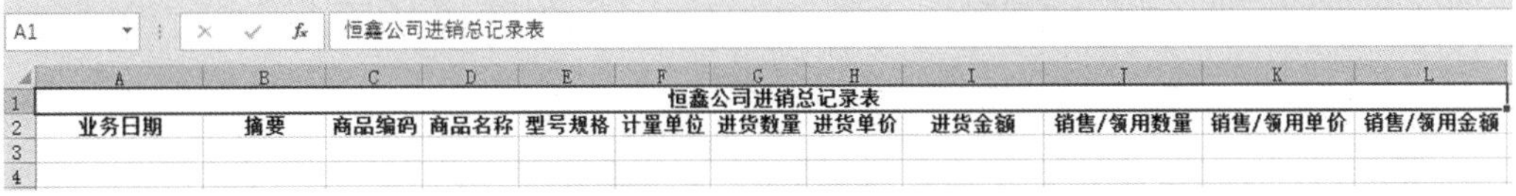

图 8-80 恒鑫公司进销总记录表格式

第三步：输入进销存具体数据。

从"期初存货数据表"工作表中复制、粘贴存货期初数据，从"采购业务表"工作表中复制、粘贴材料采购数据，从"产品销售业务表"工作表中复制、粘贴产品销售数据，从"领用材料表"工作表中复制、粘贴车间领料数据，即可得到恒鑫公司进销总记录表，如图 8-81 所示。

业务日期	摘要	商品编码	商品名称	型号规格	计量单位	进货数量	进货单价	进货金额	销售/领用数量	销售/领用单价	销售/领用金额
2021年12月1日	上期结转	R001	A产品	R型	件	600	450	270,000.00			
2021年12月1日	上期结转	R002	B产品	R型	件	750	600	450,000.00			
2021年12月1日	上期结转	C001	甲材料	L型	千克	1200	120	144,000.00			
2021年12月1日	上期结转	C002	乙材料	L型	千克	900	105	94,500.00			
2021年12月1日	上期结转	C003	丙材料	L型	千克	600	60	36,000.00			
2021年12月1日	上期结转	C004	配件M	M型	件	300	45	13,500.00			
2021年12月1日	上期结转	C005	配件N	M型	件	750	15	11,250.00			
2021年12月1日	从海世工贸公司	C001	甲材料	L型	千克	450	120	54000.00			
2021年12月5日	从启德械公司	C003	丙材料	L型	千克	225	60	13500.00			
2021年12月7日	从佳乐物资公司	C004	配件M	M型	件	90	45	4050.00			
2021年12月15日	从启德机械公司	C005	配件N	M型	件	150	15	2250.00			
2021年12月15日	从启德机械公司	C002	乙材料	L型	千克	300	105	31500.00			
2021年12月18日	从海世工贸公司	C001	甲材料	L型	千克	450	120	54000.00			
2021年12月9日	销售A产品	R001	A产品	R型	件				150	700	105,000.00
2021年12月9日	销售B产品	R002	B产品	R型	件				300	800	240,000.00
2021年12月12日	生产领料	C001	甲材料	L型	千克				900	120	108,000.00
2021年12月12日	生产领料	C002	乙材料	L型	千克				750	105	78,750.00
2021年12月12日	生产领料	C003	丙材料	L型	千克				300	60	18,000.00
2021年12月21日	生产领料	C004	配件M	M型	件				225	45	10,125.00
2021年12月21日	生产领料	C005	配件N	M型	件				450	15	6,750.00

图 8-81　恒鑫公司进销总记录表

第三步：通过"筛选"得到甲材料明细账。

将恒鑫公司进销总记录表按"业务日期"排序，排序结果如图 8-82 所示。

业务日期	摘要	商品编码	商品名称	型号规格	计量单位	进货数量	进货单价	进货金额	销售/领用数量	销售/领用单价	销售/领用金额
2021年12月1日	上期结转	R001	A产品	R型	件	600	450	270,000.00			
2021年12月1日	上期结转	R002	B产品	R型	件	750	600	450,000.00			
2021年12月1日	上期结转	C001	甲材料	L型	千克	1200	120	144,000.00			
2021年12月1日	上期结转	C002	乙材料	L型	千克	900	105	94,500.00			
2021年12月1日	上期结转	C003	丙材料	L型	千克	600	60	36,000.00			
2021年12月1日	上期结转	C004	配件M	M型	件	300	45	13,500.00			
2021年12月1日	上期结转	C005	配件N	M型	件	750	15	11,250.00			
2021年12月1日	从海世工贸公司	C001	甲材料	L型	千克	450	120	54000.00			
2021年12月5日	销售A产品	R001	A产品	R型	件				150	700	105,000.00
2021年12月5日	从启德械公司	C003	丙材料	L型	千克	225	60	13500.00			
2021年12月7日	从佳乐物资公司	C004	配件M	M型	件	90	45	4050.00			
2021年12月9日	销售B产品	R002	B产品	R型	件				300	800	240,000.00
2021年12月12日	生产领料	C001	甲材料	L型	千克				900	120	108,000.00
2021年12月12日	生产领料	C002	乙材料	L型	千克				750	105	78,750.00
2021年12月12日	生产领料	C003	丙材料	L型	千克				300	60	18,000.00
2021年12月15日	从启德机械公司	C005	配件N	M型	件	150	15	2250.00			
2021年12月15日	从启德机械公司	C002	乙材料	L型	千克	300	105	31500.00			
2021年12月18日	从海世工贸公司	C001	甲材料	L型	千克	450	120	54000.00			
2021年12月21日	生产领料	C004	配件M	M型	件				225	45	10,125.00
2021年12月21日	生产领料	C005	配件N	M型	件				450	15	6,750.00

图 8-82　按"业务日期"排序结果

进行筛选，单击"商品名称"（D列）的筛选按钮，去掉"全选"选项，勾选"甲材料"选项，单击"确定"按钮，此时显示出甲材料 2021 年 12 月所有的进销记录，即得到了甲材料的明细账，如图 8-83 所示。

业务日期	摘要	商品编码	商品名称	型号规格	计量单位	进货数量	进货单价	进货金额	销售/领用数量	销售/领用单价	销售/领用金额
2021年12月1日	上期结转	C001	甲材料	L型	千克	1200	120	144,000.00			
2021年12月1日	从海世工贸公司	C001	甲材料	L型	千克	450	120	54000.00			
2021年12月12日	生产领料	C001	甲材料	L型	千克				900	120	108,000.00
2021年12月18日	从海世工贸公司	C001	甲材料	L型	千克	450	120	54000.00			

图 8-83　甲材料明细账

第二种方法的优点在于：选择其他筛选条件，也可得到其他商品和材料的明细账。

三、经济订货批量基本模型

经济订货批量(Economic Order Quantity),简称 EOQ,指通过平衡采购进货成本和保管仓储成本核算,实现总库存成本最低的最佳订货量。经济订货批量可以用来确定企业一次订货(外购或自制)的数量。当企业按照经济订货批量来订货时,可实现订货成本和储存成本之和最小化。

1. 存货成本

与存货成本有关的有:取得成本、储存成本和缺货成本。

(1)取得成本(TC_a)

取得成本分为订货成本和购置成本。

订货成本分为订货固定成本和订货变动成本两部分,公式如下:

$$订货成本 = F_1 + \frac{D}{Q}K$$

其中,F_1 为固定成本;D 为存货年需求量;Q 为每次进货量;K 为每一次的变动成本。

购置成本,由数量和单价决定,假设单价为 U,年需求量为 D,则以 DU 表示购置成本。公式如下:

$$TC_a = F_1 + \frac{D}{Q}K + DU$$

其中,TC_a 是取得成本。

(2)储存成本(TC_c)

储存成本是指为保持存货而发生的费用,分成储存固定成本和储存变动成本。公式如下:

$$TC_c = F_2 + K_c \frac{Q}{2}$$

其中,TC_c 是储存成本;F_2 是固定成本;K_c 为单位成本;Q 为存货量。

(3)缺货成本(TC_s)

缺货成本是因中断而造成的损失,如停工损失、紧急外购成本等。

(4)总公式

总成本为 TC,其由上面三部分构成,公式如下:

$$TC = TC_a + TC_c + TC_s = F_1 + \frac{D}{Q}K + DU + F_2 + K_c \frac{Q}{2} + TC_s$$

2. 经济订货量基本模型的假设

经济订货量基本模型的假设为企业能够及时地补充存货;能集中到货;不允许缺货,即无缺货成本($TC_s = 0$);需求量稳定,并且能预测;存货单价不变;存货现金充足;所需存货市场供应充足。

3. 经济订货量基本模型公式

依据 EOQ 模型的基本假设,公式如下:

$$经济订货量: Q^* = \sqrt{\frac{2DK}{K_c}}$$

此外,还有如下公式演变:

每次最佳订货次数:

$$N^* = \frac{D}{Q} = \frac{D}{\sqrt{\frac{2KD}{K_c}}} = \sqrt{\frac{DK_c}{2K}}$$

与批量有关的存货总成本：

$$TC(Q^*) = \frac{KD}{\sqrt{\frac{2KD}{K_c}}} + \frac{\sqrt{\frac{2KD}{K_c}}}{2} \times K_c = \sqrt{2KDK_c}$$

最佳订货周期：

$$t^* = \frac{1}{N} = \frac{1}{\sqrt{\frac{DK_c}{2K}}}$$

经济订货量占用资金：

$$I^* = \frac{Q}{2}U = \sqrt{\frac{KD}{2K_c}}U$$

4. 经济订货量基本模型的举例

【例 8-1】 某企业每年消耗某种材料 3 600 千克，该材料单位成本为 10 元/千克，单位储存成本为 2 元/千克，一次订货成本为 25 元/千克，则有如下计算：

经济订货量：

$$Q = \sqrt{\frac{2DK}{Kc}} = \sqrt{\frac{2 \times 3\ 600 \times 25}{2}} = 300\ 千克$$

每次最佳订货次数：

$$N^* = \frac{D}{Q} = \frac{3\ 600}{300} = 12\ 次$$

与批量有关的存货总成本：

$$TC(Q^*) = \sqrt{2KDK_c} = \sqrt{2 \times 25 \times 3600 \times 2} = 600\ 元$$

最佳订货周期：

$$t^* = \frac{1}{N} = \frac{1}{12}\ 年$$

经济订货量占用资金：

$$I^* = \frac{Q}{2}U = \frac{300}{2} \times 10 = 1\ 500\ 元$$

练习题

1. 思考题

(1) 请阐述存货重点管理的重要性。
(2) 简要说明发出存货的计价方法有哪些，企业应如何进行选择。
(3) 企业应如何运用 Excel 对应付及已付货款进行统计？
(4) 企业应如何运用 Excel 进行商品入库和出库统计？
(5) 企业应如何运用 Excel 对库存量进行控制？

2. 实训操作

2021年12月某公司A商品的进销存数据资料见表8-5。

表8-5　　　　　　　2021年12月某公司A商品进销存明细账　　　　　　单位:元

日期	摘要	购进			发出			结存		
		数量	单位成本	金额	数量	单位成本	金额	数量	单位成本	金额
12月1日	期初余额							350	12	4 200
12月5日	购入	150	14	2 100				500		
12月11日	销售				300			200		
12月16日	购入	450	12	5 400				650		
12月20日	销售				350			300		
12月23日	购入	200	15	3 000				500		
12月27日	销售				450			50		
12月31日	本期合计	800		10 500	1 100			50		

根据上述资料完成以下实训:

(1)请运用Excel编制A商品采购业务表。

(2)请运用Excel编制A商品销售业务表。

(3)请运用Excel计算单位成本(采用加权平均法)。

(4)请运用Excel计算A商品发出成本。

(5)请运用Excel计算A商品结存成本。

第九章　Excel 在应收账款管理中的应用

通过本章的学习,读者应了解并掌握 Excel 在针对企业现有的应收账款进行管理的具体方法。

第一节　应收账款管理简介

一、应收账款管理的概念、目标及内容

1. 应收账款及应收账款管理的概念

应收账款是指企业因销售产品、提供劳务等经营活动,应向购货单位或接受劳务单位收取的款项,主要包括企业销售商品或提供劳务等应向有关债务人收取的价款及代购货单位垫付的包装费、运杂费等。形成应收账款的直接原因是赊销,应收账款实质是由于赊销向客户提供的信用。企业通过提供商业信用,采取赊销、分期付款等方式可以扩大销售,增强竞争力,获得利润。

应收账款管理就是分析赊销的条件,使赊销带来的收入增加大于应收账款投资产生的成本增加,最终使企业现金收入增加,企业价值上升。

2. 应收账款管理的目标

应收账款管理的目标是在发挥应收账款扩大销售、减少存货、增加竞争力的同时,制定合理的应收账款信用政策,强化应收账款管理,减少坏账损失。

3. 应收账款管理的内容

应收账款管理的基本内容包括客户(债务人)管理和应收账款账龄分析。

客户(债务人)管理的具体内容是对现有债权人的还款情况进行分析。客户通常都是货款到期后才付款,有的客户只有被不断催促后才付款,甚至还有些客户蓄意欺诈,根本无意还款。这就要求企业做好客户的甄别筛选工作,做好债权凭证的制作保管工作,尽可能防范和降低交易风险。

应收账款账龄分析是指根据应收账款入账时间的长短来估计坏账损失的方法。虽然应收账款能否收回以及能收回多少,不一定完全取决于时间的长短,但一般来说,账款拖欠的时间越长,发生坏账的可能性就越大。

二、应收账款管理的必要性

随着商品经济的发展,商业信用越来越重要,应收账款管理已经成为企业流动资产管理中的一个重要项目。根据对企业日常管理的调研分析发现,部分企业经营不善甚至倒闭,不是因

为没有盈利能力,而是因为没有重视应收账款理。

应收账款管理作为企业营销策略的重要组成部分,其必要性主要体现在:

1. 扩大销售,增强企业市场份额

随着市场经济的发展,市场上充斥着各种各样相类似的产品,市场竞争愈演愈烈,企业会使用分期付款、信用赊销等方式来吸引客户,达到促销的目的。赊销是促销的一种重要方式,赊销使企业不但向客户提供了产品或劳务,而且在一定期限内,为客户提供了一笔资金。在市场疲软、资金缺乏时,开拓新市场,销售新产品,赊销的促销作用尤为明显。

2. 有效减少库存,降低存货风险及管理成本

企业的产品存货较多时,存货的管理费、保险费和仓储费等支出会增加,而企业往往可采用较为宽松的信用政策进行赊销,把存货转化为应收账款,减少产品库存,节约相关成本。

3. 完成资金循环,保障企业继续运营发展

资金循环过程中,资金的形态依次由货币资金→储备资金→生产资金→产品资金。应收账款是企业资金循环的最后一步,也是最重要的一步。加强应收账款管理是企业回笼资金的重要一环,是保证企业继续运营发展的重要前提。

因此,加强应收账款管理并不意味着企业不能拥有应收账款,而是应将其控制在一定的合理范围内。

针对应收账款进行具体管理时,利用 Excel 可以极大地提高管理人员的工作效率。

第二节　应收账款统计

一、应收账款明细账的建立

应收账款明细账是用来记录每个顾客各项赊销、还款、销售退回及折让的明细账。各应收账款明细账的余额合计数应与应收账款总账的余额相等。

在 Excel 中进行应收账款管理,首先要将企业现有的应收账款信息登记到工作表中,即建立应收账款明细账。具体操作步骤如下:

第一步:建立"应收账款管理"工作表。

新建一张工作簿,命名为"第九章.xlsx",然后将 Sheet1 工作表重命名为"应收账款管理"。

第二步:设置应收账款明细账格式。

选择 A1 单元格,输入"恒鑫公司应收账款管理"。

选择 A2 单元格,输入"当前日期:2021 年 12 月 31 日"(注:在实际工作中,可以使用函数"NOW"来确定当前日期)。

在 A3:E3 单元格中,依次输入"赊销日期""债务人""应收金额""付款期限(天)""到期日"。设置单元格格式,如图 9-1 所示。(注:在具体实务处理中,可以根据企业的实际需要,对上述信息进行添加或删除)

第三步:输入企业应收账款详细信息。

在 A:D 列中分别输入恒鑫公司具体的赊销日期、债务人名称、应收金额,以及付款期限(天)信息。

图 9-1 应收账款明细账格式

赊销日期	债务人	应收金额	付款期限（天）	到期日

恒鑫公司应收账款管理
当前日期：2021年12月31日

选择 E4 单元格，输入公式"＝A4＋D4"，按"Enter"键，即可计算出该项应收账款的到期日，将此公式复制到 E 列其他单元格中，即可得到恒鑫公司各项应收账款的到期日，计算结果如图 9-2 所示。

图 9-2 恒鑫公司应收账款管理表

恒鑫公司应收账款管理
当前日期：2021年12月31日

赊销日期	债务人	应收金额	付款期限（天）	到期日
2021年3月12日	海路公司	8,400.00	27	2021年4月8日
2021年4月4日	鸿源公司	36,000.00	42	2021年5月16日
2021年4月10日	锦宏公司	2,940.00	27	2021年5月7日
2021年4月16日	海路公司	5,820.00	20	2021年5月6日
2021年5月8日	恒昌公司	16,500.00	30	2021年6月7日
2021年5月12日	和美公司	37,500.00	62	2021年7月13日
2021年6月13日	恒昌公司	97,500.00	62	2021年8月14日
2021年7月14日	亿丰公司	136,350.00	32	2021年8月15日
2021年7月27日	恒昌公司	7,200.00	22	2021年8月18日
2021年8月15日	和美公司	3,450.00	32	2021年9月16日
2021年9月3日	鸿源公司	3,000.00	42	2021年10月15日
2021年9月24日	海路公司	10,800.00	37	2021年10月31日
2021年10月4日	亿丰公司	2,940.00	32	2021年11月5日
2021年12月4日	锦宏公司	37,050.00	20	2021年12月24日
2021年12月17日	鸿源公司	24,000.00	22	2022年1月8日
2021年12月29日	亿丰公司	1,530.00	32	2022年1月30日

二、统计各债务人应收账款金额

当恒鑫公司现有的各项应收账款登记完毕后，由于债务人较多，为了统计各债务人所欠恒鑫公司的款项金额，可以利用 Excel 对各债务人应收金额进行汇总。有以下三种操作方法：

1. 分类汇总法

采用分类汇总法对恒鑫公司各债务人应收金额进行汇总，具体操作步骤如下：

第一步：创建"债务人应收账款分类汇总"工作表。

打开"第九章.xlsx"工作簿，将"应收账款管理"工作表进行备份，将备份的工作表重命名为"债务人应收账款分类汇总"。

第二步：对"债务人"和"赊销日期"字段进行排序。

选中 A3：E19 数据区域→选择"数据"选项卡"排序和筛选"功能组中的"排序"命令→在打开的"排序"对话框中，在"主要关键字"框中选择"债务人"，"排序依据"默认为"数值"，"次序"默认为"升序"→单击"添加条件"按钮→在出现的"次要关键字"框中选择"赊销日期"，"排序依据"默认为"数值"，"次序"默认为"升序"，排序条件设置如图 9-3 所示。

图 9-3 对"债务人"和"赊销日期"字段进行排序

单击"确定"按钮。执行命令后,原来按照应收账款发生的先后顺序(赊销日期)登记的数据,重新排序为按照"债务人"和"赊销日期"进行排序,排序结果如图 9-4 所示。

	A	B	C	D	E
1			恒鑫公司应收账款管理		
2			当前日期:2021年12月31日		
3	赊销日期	债务人	应收金额	付款期限(天)	到期日
4	2021年3月12日	海路公司	8,400.00	27	2021年4月8日
5	2021年4月16日	海路公司	5,820.00	20	2021年5月6日
6	2021年9月24日	海路公司	10,800.00	37	2021年10月31日
7	2021年5月12日	和美公司	37,500.00	62	2021年7月13日
8	2021年8月15日	和美公司	3,450.00	32	2021年9月16日
9	2021年5月8日	恒昌公司	16,500.00	30	2021年6月7日
10	2021年6月13日	恒昌公司	97,500.00	62	2021年8月14日
11	2021年7月27日	恒昌公司	7,200.00	22	2021年8月18日
12	2021年4月4日	鸿源公司	36,000.00	42	2021年5月16日
13	2021年9月3日	鸿源公司	3,000.00	42	2021年10月15日
14	2021年12月17日	鸿源公司	24,000.00	22	2022年1月8日
15	2021年4月10日	锦宏公司	2,940.00	27	2021年5月7日
16	2021年12月4日	锦宏公司	37,050.00	20	2021年12月24日
17	2021年7月14日	亿丰公司	136,350.00	32	2021年8月15日
18	2021年10月4日	亿丰公司	2,940.00	32	2021年11月5日
19	2021年12月29日	亿丰公司	1,530.00	32	2022年1月30日

图 9-4 对"债务人"和"赊销日期"字段排序的结果

第三步:对各债务人的应收账款金额进行汇总。

选中 A3:E19 数据区域→选择"数据"选项卡"分级显示"功能组中的"分类汇总"命令→在弹出的"分类汇总"对话框中,将"分类字段"选择为"债务人",将"汇总方式"选择为"求和",在"选定汇总项"中只勾选"应收金额"→在复选框中,选中"替换当前分类汇总"和"汇总结果显示在数据下方",选项设置如图 9-5 所示。

单击"确定"按钮。执行命令后,即可显示按照"债务人"对应收账款金额进行汇总的结果,如图 9-6 所示。

由图 9-6 可以看出:恒鑫公司的债务人共有六家公司,分别是:海路公司、和美公司、恒昌公司、鸿源公司、锦宏公司、亿丰公司。

图 9-5 分类汇总选项设置

第四步:对分类汇总结果进行分析。

单击分类显示按钮"2",此时显示各债务人的应收金额汇总,如图 9-7 所示。

选中 B3:C25 数据区域→选择"数据"选项卡"排序和筛选"功能组中的"排序"命令→在打

	A	B	C	D	E
1			恒鑫公司应收账款管理		
2			当前日期：2021年12月31日		
3	赊销日期	债务人	应收金额	付款期限（天）	到期日
4	2021年3月12日	海路公司	8,400.00	27	2021年4月8日
5	2021年4月16日	海路公司	5,820.00	20	2021年5月6日
6	2021年9月24日	海路公司	10,800.00	37	2021年10月31日
7		海路公司 汇总	25,020.00		
8	2021年5月12日	和美公司	37,500.00	62	2021年7月13日
9	2021年8月15日	和美公司	3,450.00	32	2021年9月16日
10		和美公司 汇总	40,950.00		
11	2021年5月8日	恒昌公司	16,500.00	30	2021年6月7日
12	2021年6月13日	恒昌公司	97,500.00	62	2021年8月14日
13	2021年7月27日	恒昌公司	7,200.00	22	2021年8月18日
14		恒昌公司 汇总	121,200.00		
15	2021年4月4日	鸿源公司	36,000.00	42	2021年5月16日
16	2021年9月3日	鸿源公司	3,000.00	42	2021年10月15日
17	2021年12月17日	鸿源公司	24,000.00	22	2022年1月8日
18		鸿源公司 汇总	63,000.00		
19	2021年4月10日	锦宏公司	2,940.00	27	2021年5月7日
20	2021年12月4日	锦宏公司	37,050.00	20	2021年12月24日
21		锦宏公司 汇总	39,990.00		
22	2021年7月14日	亿丰公司	136,350.00	32	2021年8月15日
23	2021年10月4日	亿丰公司	2,940.00	32	2021年11月5日
24	2021年12月29日	亿丰公司	1,530.00	32	2022年1月30日
25		亿丰公司 汇总	140,820.00		
26		总计	430,980.00		
27					

图 9-6 按照"债务人"对应收账款金额进行汇总的结果

	A	B	C	D	E
1			恒鑫公司应收账款管理		
2			当前日期：2021年12月31日		
3	赊销日期	债务人	应收金额	付款期限（天）	到期日
7		海路公司 汇总	25,020.00		
10		和美公司 汇总	40,950.00		
14		恒昌公司 汇总	121,200.00		
18		鸿源公司 汇总	63,000.00		
21		锦宏公司 汇总	39,990.00		
25		亿丰公司 汇总	140,820.00		
26		总计	430,980.00		
27					

图 9-7 各债务人应收金额汇总

开的"排序"对话框中，在"主要关键字"框中选择"应收金额"，"排序依据"默认为"数值"，"次序"设置为"降序"，排序条件设置如图 9-8 所示。

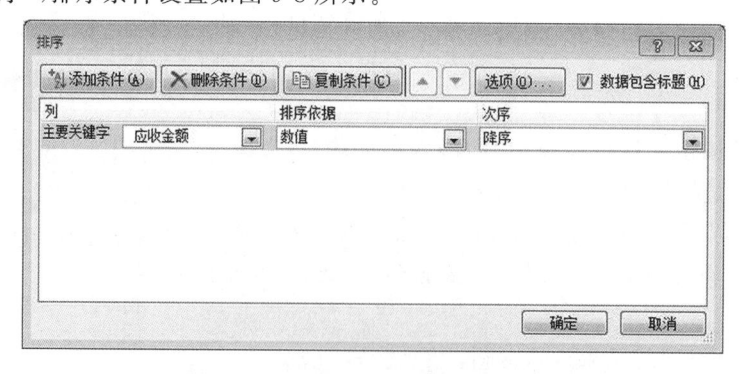

图 9-8 对"应收金额"字段进行降序排序

单击"确定"按钮。执行命令后,即可显示按照各债务人的应收金额进行降序排序的结果,如图9-9所示。

	A	B	C	D	E
1			恒鑫公司应收账款管理		
2			当前日期：2021年12月31日		
3	赊销日期	债务人	应收金额	付款期限（天）	到期日
7		亿丰公司 汇总	140,820.00		
11	2021年5月8日	恒昌公司 汇总	121,200.00	30	2021年6月7日
15	2021年4月4日	鸿源公司 汇总	63,000.00	42	2021年5月16日
18		和美公司 汇总	40,950.00		
21		锦宏公司 汇总	39,990.00		
25		海路公司 汇总	25,020.00		
26		总计	430,980.00		

图9-9　对各债务人的应收金额进行降序排序的结果

由图9-9可以看出：在恒鑫公司的所有债务人中,亿丰公司的应收金额最多,其次是恒昌公司,应收金额最少的是海路公司,可见,恒鑫公司必须对亿丰公司和恒昌公司的应收账款进行重点管理。

2.函数法

利用SUMIF函数对不同债务人应收账款金额进行汇总,具体操作步骤如下：

第一步：创建"各债务人应收账款统计"工作表。

打开"第九章.xlsx"工作簿,插入一张工作表,重命名为"各债务人应收账款统计"。

运用SUMIF函数或者数据透视表方法统计债务人的应收账款

第二步：设置各债务人应收账款统计表格式。

选择A1单元格,输入"恒鑫公司各债务人应收账款统计表",将A1、B1单元格合并居中；在A2、B2单元格中依次输入"债务人""应收账款合计",将对齐方式调整为"居中"；将B列单元格格式设置为"会计专用",如图9-10所示。

第三步：输入各个债务人名称。

在A3:A8单元格中分别输入各个债务人的名称,将对齐方式调整为"居中",如图9-11所示。

	A	B	C
1	恒鑫公司各债务人应收账款统计表		
2	债务人	应收账款合计	
3			
4			

图9-10　恒鑫公司各债务人应收账款统计表的格式

	A	B
1	恒鑫公司各债务人应收账款统计表	
2	债务人	应收账款合计
3	海路公司	
4	鸿源公司	
5	锦宏公司	
6	恒昌公司	
7	和美公司	
8	亿丰公司	
9		
10		

图9-11　恒鑫公司各债务人名称

第四步：利用SUMIF函数对不同债务人应收账款金额进行汇总。

在B3单元格中插入SUMIF函数,具体各项参数设置（注意：在数据区域中绝对引用符号的应用）如图9-12所示。

单击"确定"按钮。执行命令后,即可得到债务人海路公司应收账款合计的结果,如图9-13所示。

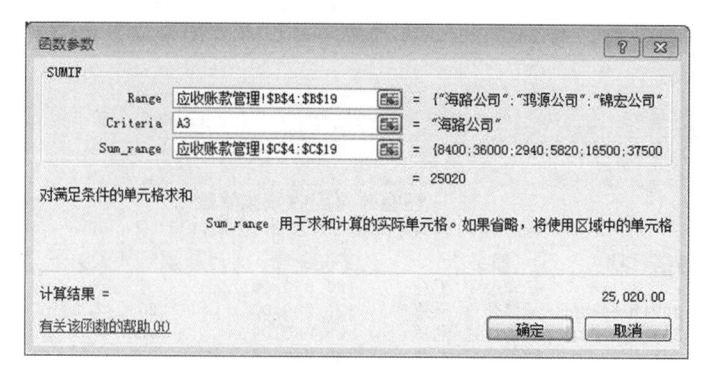

图 9-12 SUMIF 函数各参数设置

图 9-13 海路公司应收账款合计结果

将 B3 单元格中的公式复制到 B 列其他单元格中,则可得到恒鑫公司其他债务人的应收账款合计,结果如图 9-14 所示。

图 9-14 各债务人应收账款合计结果

第五步:计算应收账款总额。

选择 A9 单元格,输入"合计";在 B9 单元格中输入公式"=SUM(B3:B8)",按"Enter"键,即可得到恒鑫公司应收账款总额,计算结果如图 9-15 所示。

说明:为了便于进行分析,读者可以在计算结果基础上对债务人的应收账款合计进行排序。排序的操作方法和步骤此处不再赘述。

3.数据透视表法

利用数据透视表法对各债务人应收金额进行汇总,具体操作步骤如下:

第一步:打开"第九章.xlsx"工作簿,打开"应收账款管理"工作表。

第二步:插入数据透视表。

选中 A3:E19 数据区域→选择"插入"选项卡"表格"功能组中的"数据透视表"命令→在打开的"创建数据透视表"对话框中,在"请选择要分析的数据"选项中选择"选择一个表或区域",区域为"应收账款管理！＄A＄3:＄E＄19";在"选择放置数据透视表的位置"选项中选择"新工作表",如图 9-16 所示。

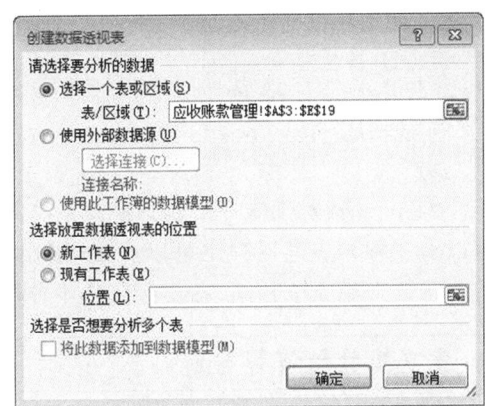

图 9-15　恒鑫公司应收账款总额计算结果　　　图 9-16　"创建数据透视表"对话框选项设置

单击"确定"按钮,得到一张新工作表,将其重新命名为"各债务人应收账款统计分析表"。

第三步:数据透视表的构建。

在"数据透视表字段"列表中,将"债务人"字段拖动到"行"区域,将"应收金额"字段拖动到"值"区域,设置结果如图 9-17 所示。

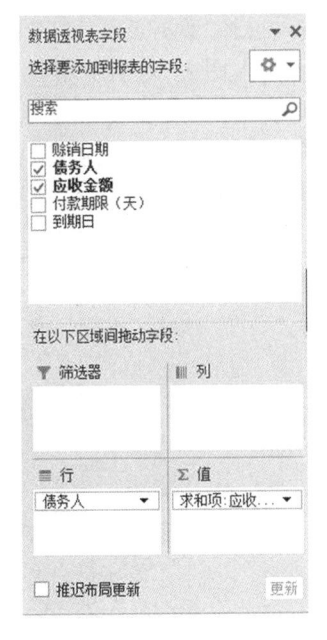

图 9-17　数据透视表字段设置

此时,在工作表区域得到各债务人应收金额的汇总结果,如图 9-18 所示。

将 B 列设置成"会计专用"格式,得到各债务人应收账款数据透视表,如图 9-19 所示。

图 9-18　各债务人应收金额汇总结果　　　　　图 9-19　各债务人应收账款数据透视表

将以上三种方法进行对比可以看出,采用分类汇总法、SUMIF 函数法、数据透视表法汇总的应收账款金额完全相同,在实际工作中,应收账款管理人员可根据实际需要进行选择。

三、建立统计图进行分析

如果要分析恒鑫公司各债务人应收账款的构成情况,需要计算各债务人应收账款占应收账款总额的比重,可以建立统计表计算,也可以建立统计图进行对比分析。为了更加直观地显示对比的结果,本教材采用建立统计图的方法进行对比分析,具体操作步骤如下:

第一步:打开"第九章.xlsx"工作簿,打开"各债务人应收账款统计表"工作表。

第二步:绘制"饼图"。

选择数据透视表内任一单元格→选择"数据透视表工具"中"分析"选项卡"工具"功能组中选择"数据透视图"命令→在打开的"插入图表"对话框中,选择"所有图表"中的"饼图"→在饼图的类型图中选择"饼图"图形→单击"确定"按钮,系统就会自动生成一张饼图→在生成的图形中添加数据标签,即可得到各债务人应收账款构成饼图,如图 9-20 所示。

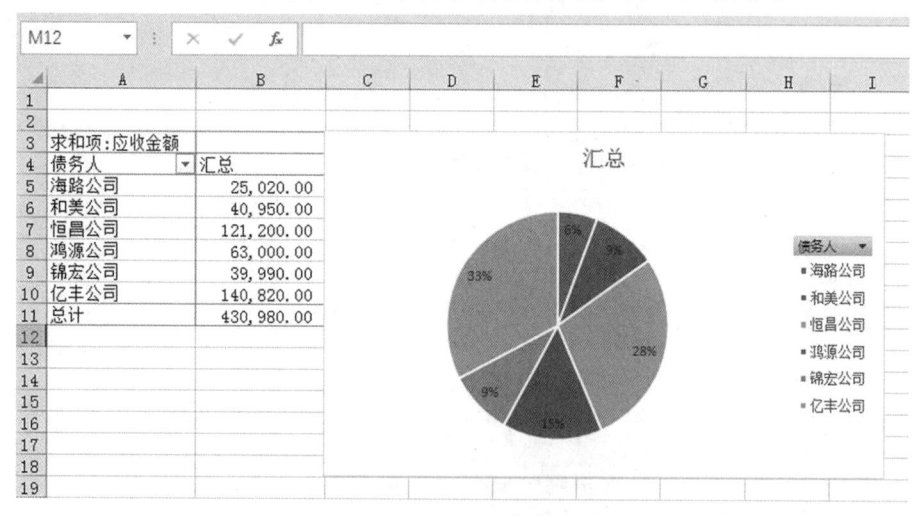

图 9-20　各债务人应收账款构成饼图

通过图 9-20 可以看出,亿丰公司与恒昌公司欠恒鑫公司的款项最多,分别占应收账款总额的 33% 和 28%,应该对这两家公司的应收账款进行重点管理。

说明:在插入饼图的操作中,也可以通过选择"插入"选项卡"图表"功能组中的"推荐的图表"命令来实现。

第三节 逾期应收账款分析

逾期应收账款是指在约定的账面应收回日期到期之后,仍然没有账面现金流入的应收账款,说明有坏账发生的风险,账龄越长,发生坏账的风险就越大。

应收账款在登记入账时会记录赊销日期和约定付款期限,当企业应收账款数量较多时,一般于月底统计本期是否有应收账款到期,如果到期应收账款尚未收回,必须计算逾期天数,以便及时采取催收措施,减少坏账发生的可能性,降低企业应收账款的坏账成本。

运用IF函数进行逾期应收账款分析

一、计算分析应收账款是否到期

第一步:创建"逾期应收账款分析"工作表。

计算应收账款是否到期,是在公司现有应收账款明细账的基础上进行计算分析,所以需要将"应收账款管理"工作表进行备份。具体操作步骤如下:

打开"第九章.xlsx"工作簿,将"应收账款管理"工作表备份,得到一张名为"应收账款管理(2)"的工作表,将该工作表重新命名为"逾期应收账款分析"。

第二步:计算"未收金额"。

为了便于后面的操作,首先将 A2 单元格中的"当前日期"与"2021 年 12 月 31 日"分列两列,分别放在 A2、B2 两个单元格中。

选中 E 列,在其左侧插入两列→在 E3 单元格中输入"已收金额"→在 E4:E19 区域输入恒鑫公司已收应收账款金额数据,同时将 E 列的单元格格式设置为"会计专用"→在 F3 单元格中输入"未收金额"→在 F4 单元格中输入公式"=C4-E4",按"Enter"键→将 F4 单元格中的公式复制到 F 列其他单元格中,此时得到恒鑫公司各项应收账款中未收金额的计算结果,如图 9-21 所示。

	A	B	C	D	E	F
1			恒鑫公司应收账款管理			
2	当前日期			2021年12月31日		
3	赊销日期	债务人	应收金额	付款期限(天)	已收金额	未收金额
4	2021年3月12日	海路公司	8,400.00	27	6,000.00	2,400.00
5	2021年4月4日	鸿源公司	36,000.00	42	-	36,000.00
6	2021年4月10日	锦宏公司	2,940.00	27	-	2,940.00
7	2021年4月16日	海路公司	5,820.00	20	-	5,820.00
8	2021年5月8日	恒昌公司	16,500.00	30	-	16,500.00
9	2021年5月12日	和美公司	37,500.00	62	30,000.00	7,500.00
10	2021年6月13日	恒昌公司	97,500.00	62	22,500.00	75,000.00
11	2021年7月14日	亿丰公司	136,350.00	32	60,000.00	76,350.00
12	2021年7月27日	恒昌公司	7,200.00	22	3,000.00	4,200.00
13	2021年8月15日	和美公司	3,450.00	32	-	3,450.00
14	2021年9月3日	鸿源公司	3,000.00	42	-	3,000.00
15	2021年9月24日	海路公司	10,800.00	37	6,000.00	4,800.00
16	2021年10月4日	亿丰公司	2,940.00	32	-	2,940.00
17	2021年12月4日	锦宏公司	37,050.00	20	15,000.00	22,050.00
18	2021年12月17日	鸿源公司	24,000.00	22	-	24,000.00
19	2021年12月29日	亿丰公司	1,530.00	32	-	1,530.00

图 9-21 恒鑫公司未收金额计算结果

第三步:利用 IF 函数判断各项应收账款是否到期。

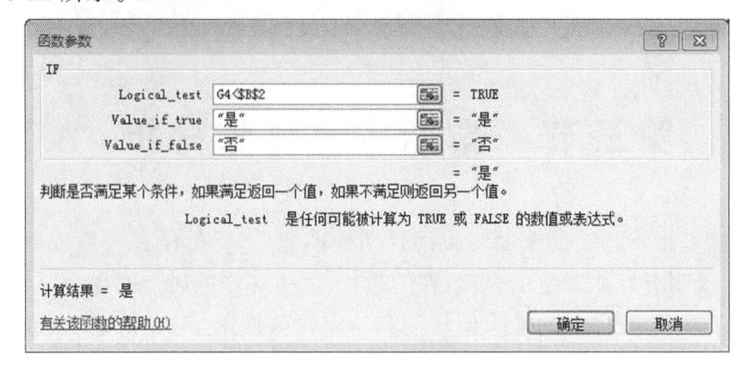

在 H3 单元格中输入"是否到期"→在 H4 单元格中插入 IF 函数。IF 函数中的各项函数参数设置如图 9-22 所示。

图 9-22　IF 函数各项参数设置 1

此处 IF 函数公式是针对恒鑫公司各笔应收账款是否到期进行判断：如果该笔应收账款的到期日（G4 单元格）小于当前日期（B2 单元格），说明该笔应收账款已经到期，H4 单元格就会返回"是"，否则就会返回"否"。单击"确定"按钮，H4 单元格返回"是"，如图 9-23 所示。

图 9-23　H4 单元格应收账款是否到期的判断结果

将 H4 单元格中的公式复制到 H 列其他单元格中，得到恒鑫公司各项应收账款是否到期的判断结果，如图 9-24 所示。

图 9-24　恒鑫公司各项应收账款是否到期判断结果

由图 9-24 可以看出：恒鑫公司只有两笔应收账款没有到期，其余款项均到期了，可见恒鑫公司应加强应收账款的管理。

第四步：利用 IF 函数计算未到期金额。

在 I3 单元格中输入"未到期金额"→在 I4 单元格中插入 IF 函数。IF 函数中的各项函数参数设置如图 9-25 所示。

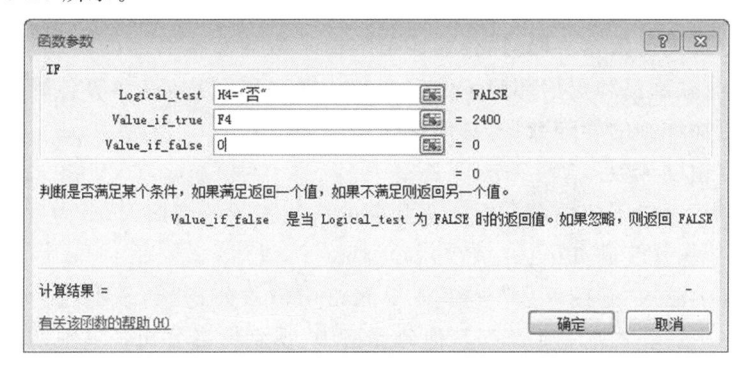

图 9-25　IF 函数各项参数设置 2

此处 IF 函数公式是针对恒鑫公司各笔应收账款是否到期的显示结果进行判断：如果 H4 单元格为"否"，则 I4 单元格显示该笔应收账款的"未收金额"，否则显示"0"。单击"确定"按钮，因为该笔应收账款到期了，所以 I4 单元格返回"0"，结果如图 9-26 所示。

图 9-26　I4 单元格未到期金额计算结果

将 I4 单元格中的公式复制到 I 列其他单元格，得到恒鑫公司各笔应收账款未到期金额的显示结果，同时将单元格格式设置为"会计专用"，结果如图 9-27 所示。

图 9-27　恒鑫公司未到期金额计算结果

二、应收账款逾期天数计算分析

对企业逾期应收账款天数进行计算分析,可以使企业了解欠款的可回收程度及可能发生的损失,为账龄分析提供依据。同时,企业还可酌情采取放宽或紧缩的商业信用政策,并可将其作为衡量负责收款部门和资信部门工作效率的依据。利用Excel计算各笔应收账款的逾期天数,以便提供更加详细的管理数据,具体操作步骤如下:

第一步:计算逾期天数。

计算逾期天数,可以了解恒鑫公司各笔到期的应收账款的逾期天数,为后面逾期天数的划分提供依据。具体操作步骤如下:

在J3单元格中输入"逾期天数"→在J4单元格中输入公式"=＄B＄2－G4",按"Enter"键→将J4单元格中的公式复制到J列其他单元格中,得到恒鑫公司各笔到期的应收账款的逾期天数,如图9-28所示。

	A	B	C	D	E	F	G	H	I	J
1				恒鑫公司应收账款管理						
2	当前日期				2021年12月31日					
3	赊销日期	债务人	应收金额	付款期限(天)	已收金额	未收金额	到期日	是否到期	未到期金额	逾期天数
4	2021年3月12日	海路公司	8,400.00	27	6,000.00	2,400.00	2021年4月8日	是	—	267
5	2021年4月4日	鸿源公司	36,000.00	42	—	36,000.00	2021年5月16日	是	—	229
6	2021年4月10日	锦宏公司	2,940.00	27	—	2,940.00	2021年5月7日	是	—	238
7	2021年4月16日	海路公司	5,820.00	20	—	5,820.00	2021年5月6日	是	—	239
8	2021年5月8日	恒昌公司	16,500.00	30	—	16,500.00	2021年6月7日	是	—	207
9	2021年5月12日	和美公司	37,500.00	62	30,000.00	7,500.00	2021年7月13日	是	—	171
10	2021年6月13日	恒昌公司	97,500.00	62	22,500.00	75,000.00	2021年8月14日	是	—	139
11	2021年7月14日	亿丰公司	136,350.00	32	60,000.00	76,350.00	2021年8月15日	是	—	138
12	2021年7月27日	恒昌公司	7,200.00	22	3,000.00	4,200.00	2021年8月18日	是	—	135
13	2021年8月15日	和美公司	3,450.00	32	—	3,450.00	2021年9月16日	是	—	106
14	2021年9月3日	鸿源公司	3,000.00	42	—	3,000.00	2021年10月15日	是	—	77
15	2021年9月24日	海路公司	10,800.00	37	6,000.00	4,800.00	2021年10月31日	是	—	61
16	2021年10月4日	亿丰公司	2,940.00	32	—	2,940.00	2021年11月5日	是	—	56
17	2021年12月4日	锦宏公司	37,050.00	20	15,000.00	22,050.00	2021年12月24日	是	—	7
18	2021年12月17日	鸿源公司	24,000.00	22	—	24,000.00	2022年1月8日	否	24,000.00	-8
19	2021年12月29日	亿丰公司	1,530.00	32	—	1,530.00	2022年1月30日	否	1,530.00	-30

图9-28 恒鑫公司应收账款逾期天数计算结果

由图9-28可以看出:恒鑫公司应收账款逾期天数较短的款项较少,逾期天数较长的款项较多,说明恒鑫公司的应收账款管理存在较大问题,应大力加强公司的应收账款管理。在计算结果中也可以看到恒鑫公司未到期应收账款距离到期日的天数,为催收应收账款提供了依据。

第二步:建立逾期天数分析表。

在J列的右侧建立"逾期天数分析"表,具体操作步骤如下:

在K1单元格中输入"逾期天数分析"→在K2单元格中输入"当前日期",在L2单元格中输入"2021年12月31日"→在K3:N3区域各单元格中依次输入"0～30""30～60""60～90""90天以上",对逾期天数进行分类→设置单元格格式,结果如图9-29所示。

第三步:利用IF函数显示不同逾期天数应收账款的未收金额。

在K4单元格中插入IF函数,IF函数中各项参数设置如图9-30所示。

该公式表示对恒鑫公司各笔逾期应收账款的逾期天数进行判断:如果J4单元格中的逾期天数大于0且小于或等于30天,则返回结果显示F4单元格中的未收金额,否则返回结果显示0,说明该笔应收账款的逾期天数不在0～30天这个范围。(提示:在设置IF函数各项参数的时候,要注意公式的相对引用与绝对引用的应用)

单击"确定"按钮。将K4单元格中的公式复制到已经逾期的K5:K17区域的单元格中

图 9-29 逾期天数分析表格式

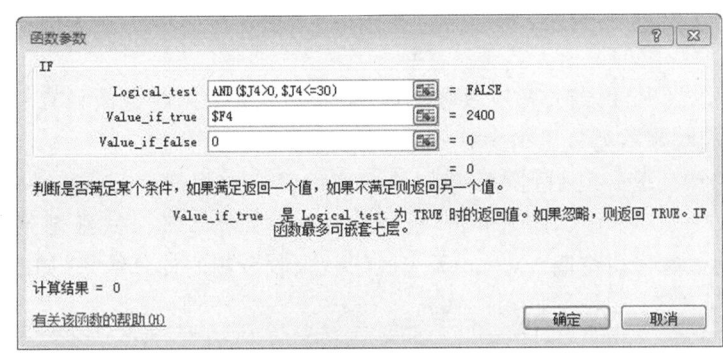

图 9-30 IF 函数各项参数设置 3

(说明:最后两笔应收账款尚未到期,不需要分析逾期天数),得到恒鑫公司逾期 0～30 天应收账款未收金额的计算结果,将 K4:K17 区域的单元格格式设置为"会计专用",结果如图 9-31 所示。

图 9-31 恒鑫公司应收账款逾期 0～30 天的未收金额

由图 9-31 可以看出:恒鑫公司应收账款逾期 0～30 天的未收金额只有一笔,可见恒鑫公司逾期天数短的应收账款笔数很少。

将 K4 单元格中的公式复制到 L4 单元格→在编辑栏内将 L4 单元格中的公式中的逾期天数 0～30 天改为 30～60 天,按"Enter"键→将 L4 单元格中的公式复制到 L5:L17 区域的单元格中,得到恒鑫公司逾期 30～60 天应收账款未收金额的计算结果,如图 9-32 所示。

图 9-32 恒鑫公司应收账款逾期 30～60 天的未收金额

未收金额	到期日	是否到期	未到期金额	逾期天数	0～30	30～60	60～90	90天以上
2,400.00	2021年4月8日	是	—	267	—	—		
36,000.00	2021年5月16日	是	—	229	—	—		
2,940.00	2021年5月7日	是	—	238	—	—		
5,820.00	2021年5月6日	是	—	239	—	—		
16,500.00	2021年6月7日	是	—	207	—	—		
7,500.00	2021年7月13日	是	—	171	—	—		
75,000.00	2021年8月14日	是	—	139	—	—		
76,350.00	2021年8月15日	是	—	138	—	—		
4,200.00	2021年8月18日	是	—	135	—	—		
3,450.00	2021年9月16日	是	—	106	—	—		
3,000.00	2021年10月15日	是	—	77	—	—		
4,800.00	2021年10月31日	是	—	61	—	—		
2,940.00	2021年11月5日	是	—	56	—	2,940.00		
22,050.00	2021年12月24日	是	—	7	22,050.00	—		
24,000.00	2022年1月8日	否	24,000.00	−8				
1,530.00	2022年1月30日	否	1,530.00	−30				

公式：`=IF(AND($J4>30,$J4<=60),$F4,0)`

该公式表示对恒鑫公司各笔逾期应收账款的逾期天数进行判断：如果 J4 单元格中的逾期天数大于 30 且小于或等于 60 天，则返回结果显示 F4 单元格中的未收金额，否则返回结果显示 0，说明该笔应收账款的逾期天数不在 30～60 天这个范围。

由图 9-32 可以看出：恒鑫公司应收账款逾期 30～60 天的未收金额只有一笔，可见恒鑫公司逾期天数短的应收账款笔数也很少。

将 L4 单元格中的公式复制到 M4 单元格→在编辑栏内将 M4 单元格中的公式中的逾期天数 30～60 天改为 60～90 天，按"Enter"键→将 M4 单元格中的公式复制到 M5：M17 区域的单元格中，得到恒鑫公司逾期 60～90 天应收账款未收金额的计算结果，如图 9-33 所示。

图 9-33 恒鑫公司应收账款逾期 60～90 天的未收金额

公式：`=IF(AND($J4>60,$J4<=90),$F4,0)`

未收金额	到期日	是否到期	未到期金额	逾期天数	0～30	30～60	60～90	90天以上
2,400.00	2021年4月8日	是	—	267	—	—	—	
36,000.00	2021年5月16日	是	—	229	—	—	—	
2,940.00	2021年5月7日	是	—	238	—	—	—	
5,820.00	2021年5月6日	是	—	239	—	—	—	
16,500.00	2021年6月7日	是	—	207	—	—	—	
7,500.00	2021年7月13日	是	—	171	—	—	—	
75,000.00	2021年8月14日	是	—	139	—	—	—	
76,350.00	2021年8月15日	是	—	138	—	—	—	
4,200.00	2021年8月18日	是	—	135	—	—	—	
3,450.00	2021年9月16日	是	—	106	—	—	—	
3,000.00	2021年10月15日	是	—	77	—	—	3,000.00	
4,800.00	2021年10月31日	是	—	61	—	—	4,800.00	
2,940.00	2021年11月5日	是	—	56	—	2,940.00	—	
22,050.00	2021年12月24日	是	—	7	22,050.00	—	—	
24,000.00	2022年1月8日	否	24,000.00	−8				
1,530.00	2022年1月30日	否	1,530.00	−30				

该公式表示对恒鑫公司各笔逾期应收账款的逾期天数进行判断：如果 M4 单元格中的逾期天数大于 60 且小于或等于 90 天，则返回结果显示 F4 单元格中的未收金额，否则返回结果显示 0，说明该笔应收账款的逾期天数不在 60～90 天这个范围。

由图 9-33 可以看出：恒鑫公司应收账款逾期 60～90 天的未收金额增多了，有两笔，可见恒鑫公司逾期天数较长的应收账款笔数较多。

将 M4 单元格中的公式复制到 N4 单元格→在编辑栏内将 N4 单元格中的公式中的逾期天数 60～90 天改为 90 天以上，按"Enter"键→将 N4 单元格中的公式复制到 N5：N17 区域的单元格中，得到恒鑫公司逾期 90 天以上应收账款未收金额的计算结果，如图 9-34 所示。

该公式表示对恒鑫公司各笔逾期应收账款的逾期天数进行判断：如果 N4 单元格中的逾期天数大于 90 天，则返回结果显示 F4 单元格中的未收金额，否则返回结果显示 0，说明该笔应收账款不在逾期 90 天以上这个范围。

未收金额	到期日	是否到期	未到期金额	逾期天数	逾期天数分析 当前日期 2021年12月31日			
					0~30	30~60	60~90	90天以上
2,400.00	2021年4月8日	是	—	267	—	—	—	2,400.00
36,000.00	2021年5月16日	是	—	229	—	—	—	36,000.00
2,940.00	2021年5月7日	是	—	238	—	—	—	2,940.00
5,820.00	2021年5月6日	是	—	239	—	—	—	5,820.00
16,500.00	2021年6月7日	是	—	207	—	—	—	16,500.00
7,500.00	2021年7月13日	是	—	171	—	—	—	7,500.00
75,000.00	2021年8月14日	是	—	139	—	—	—	75,000.00
76,350.00	2021年8月15日	是	—	138	—	—	—	76,350.00
4,200.00	2021年8月18日	是	—	135	—	—	—	4,200.00
3,450.00	2021年9月16日	是	—	106	—	—	—	3,450.00
3,000.00	2021年10月15日	是	—	77	—	—	3,000.00	—
4,800.00	2021年10月31日	是	—	61	—	—	4,800.00	—
2,940.00	2021年11月5日	是	—	56	—	2,940.00	—	—
22,050.00	2021年12月24日	是	—	7	22,050.00	—	—	—
24,000.00	2022年1月8日	否	24,000.00	-8	—	—	—	—
1,530.00	2022年1月30日	否	1,530.00	-30	—	—	—	—

图 9-34 恒鑫公司应收账款逾期 90 天以上的未收金额

由图 9-34 可以看出:恒鑫公司应收账款逾期 90 天以上的未收金额明显增多了,在恒鑫公司 14 笔到期应收账款中,有 10 笔逾期天数在 90 天以上,比重高达 71.43%,即恒鑫公司大多数的应收账款都在逾期 90 天以上这个范围,可见恒鑫公司逾期时间越长,未收应收账款笔数越多,说明应收账款逾期情况非常严重,恒鑫公司要高度重视逾期应收账款的催收,加强应收账款的管理,盘活流动资产,减少坏账的发生。

第四节 应收账款账龄管理

应收账款账龄是指资产负债表中的应收账款从销售实现、产生应收账款之日起,至资产负债表日止所经历的时间。简言之,就是应收账款在账面上存在的时间。账龄越长,发生坏账损失的可能性就越大。

账龄分析法是指根据应收账款的时间长短来估计坏账损失的一种方法,又称应收账款账龄分析法。

在估计坏账损失之前,可将应收账款按其账龄编制一张应收账款账龄分析表,借以了解应收账款在各个客户之间的金额分布情况以及拖欠时间的长短。应收账款账龄分析表实际上就是上文编制完成的逾期天数分析表,利用逾期天数分析表,不仅可以对债务人产生的应收账款进行分析,更为计算坏账准备提供了可靠依据。

一、不同账龄应收账款计算分析

第一步:创建"应收账款账龄分析"工作表。

打开"第九章.xlsx"工作簿,新建一张工作表,命名为"应收账款账龄分析"。

第二步:设置应收账款账龄分析表格式。

在 A1 单元格中输入"恒鑫公司应收账款账龄分析表"→在 A2 单元格中输入"当前日期:2021 年 12 月 31 日"(说明:假设"当前日期"为"2021 年 12 月 31 日",在实际工作中也可以使用 NOW 函数来确定当前日期)→在 A3 单元格中输入"账龄",在 B3 单元格中输入"应收账款",在 C3 单元格中输入"比重(%)"(说明:比重表示各个账龄的应收账款占公司应收账款总额的百分比)→在 A4:A8 区域单元格中依次输入账龄的类别:"未到期""0~30 天""30~60 天""60~90 天""90 天以上"→在 A9 单元格中输入"合计"→设置单元格格式,如图 9-35 所示。

图 9-35　恒鑫公司应收账款账龄分析表格式

第三步:汇总计算不同账龄应收账款未收金额。

对不同账龄应收账款未收金额进行汇总计算,可以利用 SUM 函数对"逾期应收账款分析"工作表中的"未到期金额"数据进行计算,具体操作步骤如下:

在 B4 单元格中插入 SUM 函数,SUM 函数中具体参数设置如图 9-36 所示。

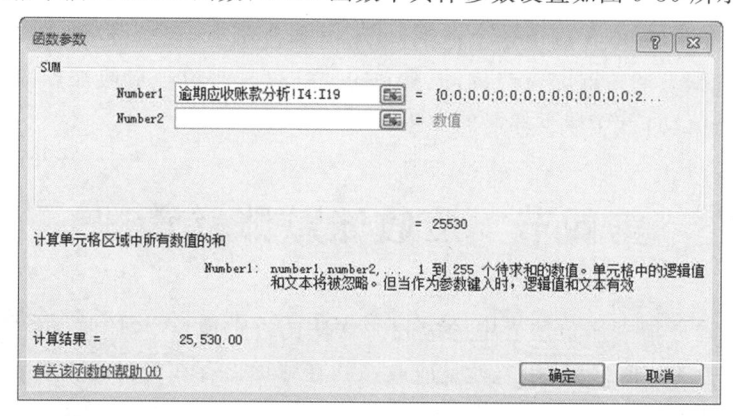

图 9-36　SUM 函数参数设置

单击"确定"按钮,得到恒鑫公司尚未到期的应收账款金额为 25 530 元,计算结果如图 9-37 所示。

图 9-37　恒鑫公司未到期的应收账款汇总额

按照上述方法,在 B5:B8 区域单元格中,利用 SUM 函数分别对"逾期应收账款分析"工作表中的"0～30 天""30～60 天""60～90 天""90 天以上"账龄的"未到期金额"进行汇总计算,即可得到恒鑫公司不同账龄的应收账款汇总额,计算结果如图 9-38 所示。

由图 9-38 可以看出:恒鑫公司账龄为 90 天以上的应收账款最多。

在 B9 单元格中输入公式"=SUM(B4:B8)",按"Enter"键,即可得到恒鑫公司应收账款总额,计算结果如图 9-39 所示。

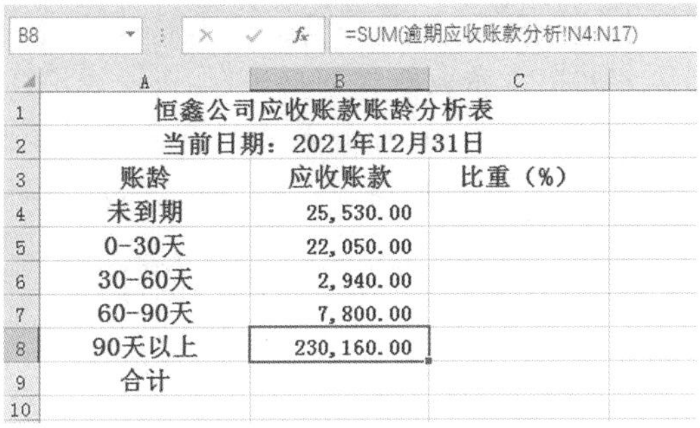

图 9-38　不同账龄的应收账款金额

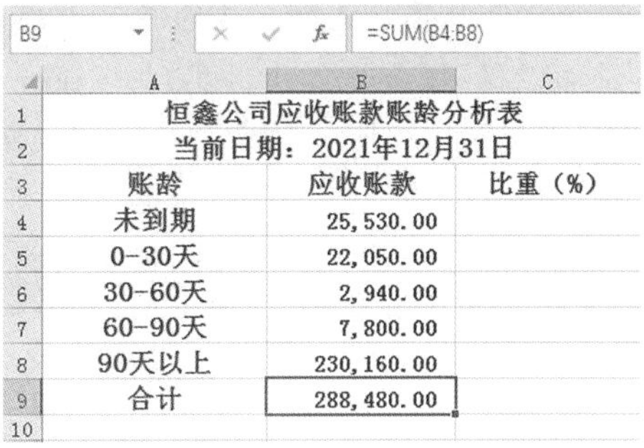

图 9-39　恒鑫公司应收账款总额计算结果

第四步:计算不同账龄应收账款占应收账款总额的比重。

在 C4 单元格中输入公式"＝B4/B＄9＊100"(说明:注意公式中绝对引用的应用),按"Enter"键,即可得到恒鑫公司未到期应收账款占应收账款总额的比重,计算结果如图 9-40 所示。

将 C4 单元格中的公式复制到 C5:C8 区域各单元格中,可以计算出其他账龄应收账款占应收账款总额的比重;将 C8 单元格中的公式继续复制到 C9 单元格中,可以计算出恒鑫公司应收账款占应收账款总额的比重合计,计算结果如图 9-41 所示。

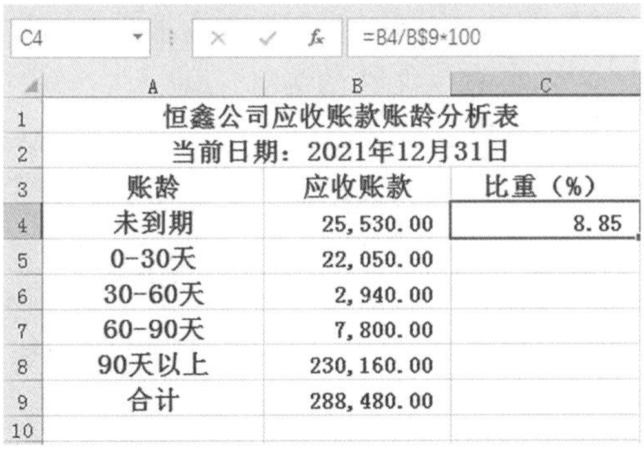

图 9-40　恒鑫公司未到期应收账款占应收账款总额的比重

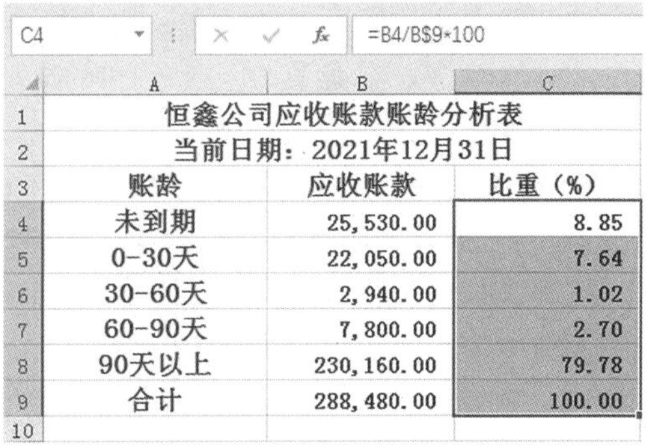

图 9-41　恒鑫公司不同账龄应收账款占应收账款总额的比重

由图 9-41 可以看出:恒鑫公司账龄最长(90 天以上)的应收账款占比最大,高达 79.78%,这些应收账款应作为重点管理对象,否则公司发生坏账的风险可能会增加。

二、计算应收账款坏账准备金额

企业的应收账款,可能会因购货人拒付、破产、死亡等原因而无法收回。这类无法收回的应收账款就是坏账。坏账是应收账款带来的最大损失,企业必须加以重视。

企业应当定期或者至少每年年度终了,对应收账款进行全面检查,预计各项应收账款可能发生的坏账,对于没有把握收回的应收账款,应当计提坏账准备。计提坏账准备的方法由企业自行确定,计提方法有四种:余额百分比法、账龄分析法、销货百分比法和个别认定法。本节主要介绍账龄分析法。

账龄分析法是根据应收账款账龄的长短来估计坏账损失的方法。通常而言,应收账款的账龄越长,发生坏账的可能性越大。为此,将企业的应收账款按账龄长短进行分组,分别确定不同的计提百分比估算坏账损失,将各组的坏账损失估计数求和,即为坏账损失的估计总额。采用该方法,使坏账损失的计算结果更符合客观情况。

坏账率是指坏账额占应收账款总额的比例,其计算公式为:坏账率=年坏账额/年应收账款总额。我国《企业会计制度》在坏账准备计提比例方面给予企业较大的自主权,主要表现在:首先,计提比例不限;其次,对不能够收回或收回的可能性不大的应收账款可以全额计提坏账准备。坏账准备计提比例应依据企业以往经验、债务单位的实际财务状况和现金流量等相关信息进行合理估计。估计坏账准备比例时具体应考虑以下因素:

(1)函证情况,每次函证发出后,对方是否及时、准确地回函。

(2)历史上应收账款回收的情况,包括回收时间和归还应收账款是否呈现周期性。

(3)债务单位历史上是否存在无法支付的情况。

(4)债务单位近期内是否有不良记录。

(5)债务单位目前发生的财务困难与过去已发生的财务状况是否存在类似的情形。

(6)债务单位的债务状况有否好转的可能性,包括债务单位的产品开发,现产品的销售、回款,市场需求以及资产质量状况,有否呈现出好转态势等。

(7)债务单位所处的经济、政治和法制环境。

(8)债务单位的内部控制、财务、生产、技术管理等情况,以及其他有利于判断可收回性的情况。

采用账龄分析法时,坏账准备计提比例比较简单,通常账龄越长,发生坏账的可能性越大,估计的坏账准备计提比例就越高。假设恒鑫公司根据历史经验估计:未到期的应收账款发生坏账的可能性是0%,逾期"0~30天"的应收账款发生坏账的可能性约为1%,逾期"30~60天"的应收账款发生坏账的可能性约为3%,逾期"60~90天"的应收账款发生坏账的可能性约为6%,逾期"90天以上"的应收账款发生坏账的可能性约为10%。具体操作步骤如下:

第一步:估计不同账龄的坏账准备计提比例。

打开"应收账款账龄分析"工作表,在D3单元格中输入"坏账准备计提比例",在D4:D8区域单元格中依次输入"0""1%""3%""6%""10%",如图9-42所示。

账龄	应收账款	比重(%)	坏账准备计提比例
未到期	25,530.00	8.85	0
0~30天	22,050.00	7.64	1%
30~60天	2,940.00	1.02	3%
60~90天	7,800.00	2.70	6%
90天以上	230,160.00	79.78	10%
合计	288,480.00	100.00	

图9-42 恒鑫公司不同账龄的坏账准备计提比例

第二步:计算不同账龄的坏账准备金额。

在E3单元格中输入"坏账准备金额"→在E4单元格中输入公式"=B4*D4",按"Enter"键,即可得到恒鑫公司未到期应收账款的坏账准备金额→将E4单元格中的公式复制到E5:E8区域单元格中,即可得到恒鑫公司其他账龄应收账款的坏账准备金额→将E4:E8区域单元格格式设置为"会计专用",结果如图9-43所示。

	A	B	C	D	E
					=B4*D4
1	恒鑫公司应收账款账龄分析表				
2	当前日期：2021年12月31日				
3	账龄	应收账款	比重（%）	坏账准备计提比例	坏账准备金额
4	未到期	25,530.00	8.85	0	—
5	0~30天	22,050.00	7.64	1%	220.50
6	30~60天	2,940.00	1.02	3%	88.20
7	60~90天	7,800.00	2.70	6%	468.00
8	90天以上	230,160.00	79.78	10%	23,016.00
9	合计	288,480.00	100.00		

图 9-43　恒鑫公司不同账龄坏账准备金额

在 E9 单元格中输入公式"＝SUM(E4:E8)"，按"Enter"键，即可得到恒鑫公司坏账准备金额汇总额，计算结果如图 9-44 所示。

	A	B	C	D	E
					=SUM(E4:E8)
1	恒鑫公司应收账款账龄分析表				
2	当前日期：2021年12月31日				
3	账龄	应收账款	比重（%）	坏账准备计提比例	坏账准备金额
4	未到期	25,530.00	8.85	0	—
5	0~30天	22,050.00	7.64	1%	220.50
6	30~60天	2,940.00	1.02	3%	88.20
7	60~90天	7,800.00	2.70	6%	468.00
8	90天以上	230,160.00	79.78	10%	23,016.00
9	合计	288,480.00	100.00		23,792.70

图 9-44　恒鑫公司坏账准备金额汇总额计算结果

由图 9-44 可以看出：恒鑫公司应收账款的坏账金额较高，主要原因是大多数应收账款都逾期了，且逾期 90 天以上的应收账款金额较多，而这一账龄的应收账款计提坏账的比例最高。恒鑫公司要加强对逾期应收账款的催收管理工作，防止债务人继续拖欠款项，以免公司损失更多的流动资产。

练习题

1. 思考题

(1)为什么需要对应收账款进行重点管理？
(2)什么是应收账款账龄？分析应收账款账龄有何意义？
(3)如何利用 Excel 对现有债务人所欠款项进行统计？
(4)如何利用 Excel 中的函数或图表分析现有债务人所欠款项？
(5)如何利用已知账龄快捷计算坏账准备金额？

2. 实训操作

2021 年 11 月 30 日华润公司发生的应收账款资料见表 9-1。

表 9-1　　　　2021 年 11 月 30 日华润公司应收账款概况

赊销日期	债务人名称	应收金额（元）	付款期限（天）
2021 年 1 月 8 日	蓝光公司	60 000	50
2021 年 2 月 18 日	阿里公司	600 000	40
2021 年 3 月 6 日	滨海公司	40 000	30
2021 年 4 月 20 日	庆安公司	200 000	40
2021 年 5 月 11 日	阿里公司	24 000	35
2021 年 6 月 4 日	庆安公司	50 000	30
2021 年 7 月 23 日	滨海公司	25 000	30
2021 年 8 月 15 日	蓝光公司	78 000	30
2021 年 10 月 17 日	阿里公司	32 000	30
2021 年 11 月 28 日	庆安公司	80 000	25

根据上述资料完成以下实训：

(1) 分别计算各应收账款到期日。

(2) 汇总统计各债务人所欠华润公司的欠款总额，并建立饼形图分析各债务人应收账款所占比重。

(3) 计算各应收账款是否到期以及未到期金额，进行逾期天数分析。

(4) 建立应收账款账龄分析表。

(5) 根据未到期的应收账款发生坏账的可能性是 0％，逾期"0～30 天"的应收账款发生坏账的可能性为 1％，逾期"30～60 天"的应收账款发生坏账的可能性为 3％，逾期"60～90 天"的应收账款发生坏账的可能性为 5％，逾期"90 天以上"的应收账款发生坏账的可能性为 8％的估计值，分别计算各账龄所涉及应收账款的坏账准备金额。

第十章　Excel 在固定资产管理中的应用

通过本章的学习,读者应了解并掌握 Excel 针对企业拥有或控制的固定资产进行管理的具体方法。

第一节　固定资产管理简介

一、固定资产管理的概念、特点及内容

1. 固定资产及固定资产管理的概念

固定资产是指同时具有以下特征的有形资产:

(1)为生产商品、提供劳务、出租或经营管理而持有的。

(2)使用寿命超过一个会计年度。

使用寿命是指企业使用固定资产的预计期间,或者该固定资产所能生产产品或提供劳务的数量。

如果同时满足上述两个条件但单位价值偏低也只能确认为低值易耗品而非固定资产。所以,固定资产还有一个隐含特点就是单位价值较高。

固定资产包括企业使用期限超过一个会计年度的房屋建筑物、机器设备、电子设备、运输工具、办公设备,以及其他与生产、经营有关的设备、器具、工具等。

固定资产管理是一种过程,是指通过对固定资产的管理活动以提高资产利用率,减少资产的无谓损失,最终使固定资产的效用达到最大化的一种活动。

2. 固定资产管理的特点

固定资产管理具有以下特点:

第一,长期性。固定资产管理活动贯穿于在企业生产活动的始终,包括从固定资产的购置、使用到报废等环节。

第二,广泛性。固定资产管理的对象包括企业房产、地产、设备等多种内容?牵涉到的管理部门也较为广泛,包括生产、经营、会计等部门;

第三,多样性。固定资产管理活动的方法较多,如日常监督、定期维护、评估等。

3. 固定资产管理的内容

首先,严格管理固定资产卡片。对固定资产卡片进行管理,包括卡片的增加、删除、查询、打印、按月汇总、分类汇总等。

其次,正确、全面、及时地记录固定资产的增加、减少、使用等情况,保护生产资料安全完整。企业可以通过购置、建造等方式增加固定资产;通过出售、报废等途径减少固定资产。

再次，正确计算固定资产的折旧和修理费用，并进行固定资产折旧和修理的核算，保证固定资产简单再生产的实现。

本章主要介绍固定资产卡片管理和固定资产折旧管理。

二、固定资产管理的必要性

固定资产由于其特殊性，在企业资产管理中处于举足轻重的地位，其必要性主要体现：

（1）通过加强对固定资产的管理，单位可以随时快速地了解从组建以来每年购置的资产状况。

（2）加强对购入固定资产的管理，可以避免重复购置和浪费；对闲置资产和使用效率较低的固定资产进行处置（如调配、变卖、出租等），从而提高资金利用效率。

（3）核查、盘点以及折旧计算不仅快速而且准确，为单位资产评估、决策提供了更为可靠的依据，避免单位在固定资产管理环节上可能造成的遗漏和隐患。

（4）员工离职或工作变动时，可以快速、完整地进行资产交接，避免了不必要的资产流失。

第二节 固定资产卡片账的建立

企业对固定资产的日常核算通常采用卡片账形式。卡片账是指将账户所需的格式印刷在硬卡上，详细登记固定资产的相关信息，能够对固定资产进行独立的、详尽的记录。卡片账是一种明细活页账，只不过它不是装在活页账夹中，而是装在卡片箱内。卡片账通常一式三份，分别由设备管理部门、使用保管部门和财会部门保管。

针对单项固定资产，登记其相关信息如下：

（1）资产购置日期。

（2）资产类别。该部分是固定资产管理的重要分类依据。固定资产基本分为5个类别：房屋建筑物、机器设备、办公设备、运输设备及其他设备。

（3）资产名称。

（4）增加方式。

（5）购置单位。

（6）购置数量。

（7）单位成本。

（8）总成本。

（9）使用年限。

（10）预计净残值。

（11）本月计提折旧、本月计提折旧修正。

（12）累计折旧。

（13）账面价值。

（14）处置时间。

（15）处置净损益。

卡片账能帮助企业完善固定资产的管理。但是，手工方式做纸质卡片账存在登记和保存不便的问题，而利用 Excel 对固定资产的信息进行记录、查询、修改和删除，比手工纸质卡片账更加准确、方便和快捷，保管也更加环保和安全。以恒鑫公司为例，建立企业固定资产卡片账的具体操作步骤如下：

第一步：建立“固定资产管理”工作表。

建立一个名为“第十章. xlsx”的工作簿，将一张空白的工作表“Sheet1”重命名为“固定资产管理”。

第二步：设置固定资产卡片账的格式。

在 A1 单元格中输入“恒鑫公司固定资产管理表”→在 A2 单元格中输入“购置日期”，将列单元格调整为合适的宽度，并将该列单元格格式调整为日期格式→在 B2：S2 区域单元格中，依次输入“资产类别”“资产名称”“增加方式”“计量单位”“购置数量”“单位成本”“总成本”“使用年限”“已计提折旧月份”“已计提折旧年份”“预计净残值”“当前日期”“本月计提折旧”“本月计提折旧修正”“累计折旧”“账面价值”“处置时间”“处置净损益”（说明：在具体实务中，可以根据实际情况增减名目）。

将 G、H、L、N、O、P、Q、S 列单元格的格式设置为“会计专用”，将 M、R 列单元格的格式设置为“日期”。将 A1：S1 区域单元格设置为“合并后居中”，A2：S2 区域单元格对齐方式设置为“居中”，结果如图 10-1 所示。

A1 恒鑫公司固定资产管理表

	A	B	C	D	E	F	G	H	I	J	K
1	恒鑫公司固定资产管理表										
2	购置日期	资产类别	资产名称	增加方式	计量单位	购置数量	单位成本	总成本	使用年限	已计提折旧月份	已计提折旧年份
3											
4											

A1 恒鑫公司固定资产管理表

	L	M	N	O	P	Q	R	S
1								
2	预计净残值	当前日期	本月计提折旧	本月计提折旧修正	累计折旧	账面价值	处置时间	处置净损益
3								
4								

图 10-1 恒鑫公司固定资产卡片账格式

第三步：输入固定资产具体数据。

在 A：C 列中依次输入恒鑫公司现有固定资产各项具体数据，如图 10-2 所示。

A1 恒鑫公司固定资产管理表

	A	B	C	D	E	F	G	H	I	J	K
1	恒鑫公司固定资产管理表										
2	购置日期	资产类别	资产名称	增加方式	计量单位	购置数量	单位成本	总成本	使用年限	已计提折旧月份	已计提折旧年份
3	2017年6月18日	办公设备	计算机								
4	2018年12月29日	办公设备	打印机								
5	2021年12月27日	办公设备	复印机								
6	2016年12月31日	房屋建筑物	办公楼								
7	2017年6月30日	房屋建筑物	厂房								
8	2016年5月16日	运输设备	货车								
9	2017年7月8日	运输设备	卡车								
10	2017年12月10日	机器设备	生产线								
11											
12											

图 10-2 恒鑫公司现有固定资产 A：C 列中具体数据

在输入“增加方式”（D 列）数据的时候，为了方便数据的输入且避免出错，可以设置数据有效性控制按钮，具体操作步骤如下：

选择 D3 单元格→选择“数据”选项卡“数据工具”功能中的组“数据验证”命令→在打开的“数据验证”对话框中，在“允许”框内选择“序列”选项，在“来源”框中输入固定资产的增加方式：“在建工程转入，投资者投入，直接购入，部门调拨，捐赠”（注意：不同增加方式之用逗号分开,逗号必须在英文模式下输入)。数据有效性设置情况如图10-3所示。

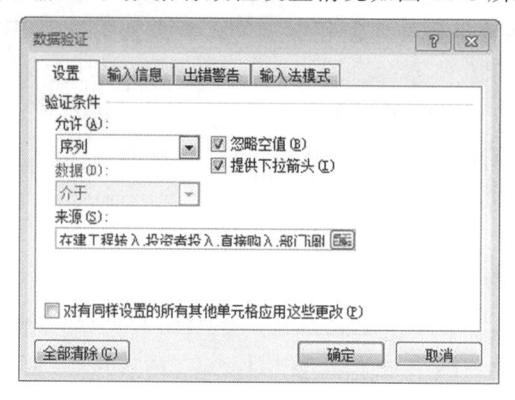

图10-3 数据有效性设置

单击"确定"按钮→将D3单元格中的有效性控制按钮复制到D列其他单元格中→在D3：D10区域各单元格中,根据恒鑫公司各项固定资产的实际增加方式选择对应的增加方式,填制情况如图10-4所示。

图10-4 恒鑫公司各项固定资产增加方式

在E、F、G、I、L列中分别输入恒鑫公司现有固定资产各项具体信息,如图10-5所示。

图10-5 恒鑫公司固定资产数据输入

在H3单元格中输入公式"=F3*G3",按"Enter"键→将H3单元格中的公式复制到H列其他单元格中,得到恒鑫公司固定资产卡片账,如图10-6所示。

说明：在恒鑫公司固定资产卡片账中,已计提折旧月份、已计提折旧年份、本月计提折旧、累计折旧、账面价值等项目的填写在本章第三节中介绍。

	A	B	C	D	E	F	G	H	I	J	K	L
1										恒鑫公司固定资产管理表		
2	购置日期	资产类别	资产名称	增加方式	计量单位	购置数量	单位成本	总成本	使用年期	已计提折旧月份	已计提折旧年份	预计净残值
3	2017年6月18日	办公设备	计算机	直接购入	台	10	4,500.00	45,000.00	5			300.00
4	2018年12月29日	办公设备	打印机	直接购入	台	6	2,000.00	12,000.00	5			100.00
5	2021年12月27日	办公设备	复印机	捐赠	台	4	1,000.00	4,000.00	5			200.00
6	2016年12月31日	房屋建筑物	办公楼	直接购入	间	8	200,000.00	1,600,000.00	30			40,000.00
7	2017年6月30日	房屋建筑物	厂房	在建工程转入	间	20	150,000.00	3,000,000.00	30			75,000.00
8	2016年5月16日	运输设备	货车	直接购入	辆	2	250,000.00	500,000.00	10			12,500.00
9	2017年7月6日	运输设备	卡车	直接购入	辆	4	160,000.00	640,000.00	10			16,000.00
10	2017年12月10日	机器设备	生产线	在建工程转入	条	4	90,000.00	360,000.00	10			9,000.00

图 10-6 恒鑫公司固定资产卡片账

第三节 固定资产折旧管理

一、固定资产折旧的计提

1. 固定资产折旧的概念和性质

（1）固定资产折旧的概念

固定资产折旧是指固定资产由于使用而逐渐磨损所减少的那部分价值。固定资产磨损的这部分价值应当在固定资产的有效使用年限内，按照确定的方法进行分摊，形成折旧费用并计入各期成本。

固定资产因投入使用会发生损耗。固定资产的损耗分为有形损耗和无形损耗两种：有形损耗是指由于固定资产的实际使用或者自然力侵蚀而产生的；无形损耗是指由于科学技术进步，使得原有的、使用价值较为落后的固定资产不断被更新和替代，从而引起原有固定资产价值的相对下降。一般情况下，当计算固定资产折旧时，要同时考虑这两种损耗。

（2）固定资产折旧的性质

固定资产的价值随着固定资产的使用而逐渐转移到生产的产品中或构成费用，然后通过产品（商品）的销售，收回货款，得到补偿。

2. 固定资产计提折旧的范围

企业在用的固定资产（包括经营用固定资产、非经营用固定资产、租出固定资产）一般均应计提折旧，包括房屋和建筑物，在用的机器设备、仪器仪表、运输工具，季节性停用、大修理停用的设备，融资租入和以经营租赁方式租出的固定资产。

不计提折旧的固定资产具体包括：未使用、不需用的机器设备，以经营租赁方式租入的固定资产，在建工程项目交付使用以前的固定资产，已提足折旧继续使用的固定资产，未提足折旧提前报废的固定资产，国家规定不计提折旧的其他固定资产（如单独计价入账的土地等）。

提足折旧是指已经提足该项固定资产的应提折旧总额。应提折旧总额为固定资产原值减去预计残值。

3. 固定资产折旧方法

固定资产折旧方法是指将应提折旧总额在固定资产各使用期间进行分配时所采用的具体计算方法。企业应当根据与固定资产有关的经济利益的预期实现方式，合理选择固定资产折旧方法。可选用的折旧方法包括年限平均法（又称直线法）、工作量法、双倍余额递减法和年数总和法。折旧方法一经选定，不得随意变更。

企业一般应按月提取折旧：当月增加的固定资产，当月不提折旧；当月减少的固定资产，当月照提折旧。

(1) 年限平均法

年限平均法又称直线法，是将固定资产的折旧均衡分摊到各期的一种方法。计算公式为：

$$年折旧率 = \frac{1-预计净残值率}{预计使用年限} \times 100\%$$

$$月折旧率 = 年折旧率 \div 12$$

$$月折旧额 = 固定资产原值 \times 月折旧率$$

采用年限平均法计提固定资产折旧，其特点是将固定资产的应计提折旧额均衡地分摊到固定资产预计使用寿命内，采用这种方法计算的每期折旧额是相等的。满足或部分满足这些条件时，选择平均年限法比较合理：当一项固定资产在各期使用情况大致相同，其负荷程度也相同时；修理和维护费用在资产的使用期内没有显著的变化时；资产的收入在整个年限内差不多时。

在实际工作中，平均年限法适用于房屋、建筑物等固定资产折旧的计算，是最简单、最普遍的折旧方法。

(2) 工作量法

工作量法是根据实际工作量计提折旧额的一种方法。计算公式为：

$$每一工作量折旧额 = \frac{固定资产 \times (1-预计净残值率)}{预计总工作量}$$

$$某项固定资产月折旧额 = 该项固定资产当月工作量 \times 每一工作量折旧额$$

采用工作量法计提固定资产折旧，其特点是每期计提的折旧额随当期固定资产提供工作量的多少而变动，提供的工作量多，就多提折旧，反之则少提折旧，而每一工作量多负担的折旧费是不变的。

在实际工作中，运输企业和其他的专业车队和客货汽车，某些价值大而又不经常使用或季节性使用的大型机器设备中，可以用工作量法来计提折旧。

(3) 双倍余额递减法

双倍余额递减法是在不考虑固定资产净残值的情况下，根据每期期初固定资产账面余额和双倍的直线法折旧率计算固定资产折旧的一种方法。计算公式为：

$$年折旧率 = \frac{2}{预计使用年限} \times 100\%$$

$$月折旧率 = 年折旧率 \div 12$$

$$月折旧额 = 固定资产账面净值 \times 月折旧率$$

由于每年年初固定资产净值没有扣除预计净残值，因此，在双倍余额递减法中，必须注意不能使固定资产的净值低于其预计净残值以下。通常在其折旧年限到期前两年内，将固定资产净值（扣除净残值）扣除预计净残值后的余额平均摊销。

双倍余额递减法是加速折旧法的一种，是假设固定资产的服务潜力在前期消耗较大，在后期消耗较少，采用双倍余额递减法计提固定资产折旧，其特点是早期多提折旧，后期少提折旧，从而相对加快折旧速度。

(4) 年数总和法

年数总和法又称合计年限法，是将固定资产的原值减去净残值后的净额乘以一个逐年递

减的分数计算每年的折旧额,这个分数的分子代表固定资产尚可使用的年数,分母代表使用年限的逐年数字总和。计算公式为:

$$年折旧率 = \frac{尚可使用的年数}{预计使用年限的年数总和}$$

或者

$$年折旧率 = \frac{预计使用年限 - 书使用年限}{预计使用年限 \times (预计使用年限 + 1) \div 2}$$

$$月折旧率 = 年折旧率 \div 12$$

$$月折旧额 = (固定资产原值 - 预计净残值) \times 月折旧率$$

年数总和法是加速折旧法的一种,采用年数总和法计提固定资产折旧,其特点是计提折旧的基础是固定资产的初始入账价值扣除预计净残值后的固定资产价值为每期计提折旧基数;每年计提基数不变;折旧率是一个逐年递减的等差数列。

固定资产磨损比较大,使用寿命较短,如一些化工企业、医药企业;生产周期比较短、技术淘汰比较快、技术更新比较快的产业,如电子生产企业、船舶工业企业、汽车制造企业;常年处于震动、超强度使用或受酸碱等强烈腐蚀状态的机器设备,都可以采用加速折旧法提取折旧,即采用双倍余额递减法或者年数总和法提取固定资产折旧。但是,一个会计期间只允许采用一种固定资产折旧方法,一旦采用固定资产折旧方法不得在会计期间随意变更。

二、固定资产折旧函数

手工计算固定资产的折旧金额过程非常烦琐,但是,利用 Excel 中提供的函数可以自动生成固定资产折旧金额。具体计算折旧的函数有 7 个(常用的有 5 个),每个折旧函数都有不同的使用方式,这里着重介绍前 5 个函数。

1. DB 函数

函数用途:DB 函数会返回利用固定余额递减法计算在一定日期内资产的折旧值。

使用语法:

DB(Cost,Salvage,Life. Period,Month)

参数说明如下:

- Cost:指固定资产的初始购置成本。
- Salvage:指固定资产的残值(预计残值)。
- Life:指固定资产的使用年限。
- Period:指需要计算折旧的日期。使用时 Period 必须与 Life 使用相同的衡量单位。
- Month:指第一年的月份数,如果 Month 自变量被省略,则假定其值为 12。

用法说明:固定余额递减法为在一固定比率下计算折旧。

DB 函数运用下列公式来计算折旧:(Cost - 上一期总折旧值) * 比率。

其中:(Salvage/Cost)^(1/Life)计算时四舍五入至小数第 3 位。对于第一期的折旧和最后一期的折旧,必须使用特别的运算公式。对第一期而言,DB 函数使用运算公式:Cost * 比率 * Month/12;对最后一期而言,DB 函数使用公司(Cost - 前几期折旧值总和) * 比率 * (12 - Month)/12。

2. DDB 函数

用途:DDB 函数返回指定固定资产在指定日期内按加倍余额递减法或其他指定方法计算

所得的折旧值。

使用语法：

DDB(Cost,Salvage,Life,Period,Factor)

参数说明如下：

- Cost：指固定资产的初始购置成本。
- Salvage：指固定资产的残值（估计残值）。
- Life：指固定资产的使用年限。
- Period：指要计算折旧的日期。使用时，Period 必须与 Life 使用相同的衡量单位。
- Factor：此参数用来指定余额递减的速率。如果该参数被省略，其假定值是 2（采用双倍余额递减法）。

3. SLN 函数

函数用途：SLN 函数返回指固定资产使用"直线折旧法"计算出的每期折旧金额。

使用语法：

SLN(Cost,Salvage,Life)

参数说明如下：

- Cost：指固定资产的初始购置成本。
- Salvage：指固定资产之残值（预计残值）。
- Life：指固定资产的使用年限。

4. SYD 函数

函数用途：SYD 函数返回指定固定资产在某段日期内按年数合计法（Sum-Of-Years）计算出的每期折旧金额。

使用语法：

SYD(Cost,Salvage,Life,Per)

参数说明如下：

- Cost：指固定资产的初始购置成本。
- Salvage：指固定资产的残值（估计残值）。
- Life：指固定资产的使用年限。
- Per：指要计算的某段时期。Per 必须与 Life 自变量采用相同的单位。

5. VDB 函数

函数用途：VDB 函数返回指定的固定资产在某一时段内的折旧数总额。折旧方式是使用倍率递减法计算的。VDB 函数是指变量余额递减（Variable Declining Balance）折旧法。

使用语法：

VDB(Cost,Salvage,Life,Start-period,End-period,Factor,No-switch)

参数说明如下：

- Cost：指固定资产的初始购置成本。
- Salvage：指固定资产的残值（估计残值）。
- Life：指固定资产的使用年限。
- Start-period：用来指定折旧数额的计算是从第几期开始。该参数必须与 Life 自变量采用相同的衡量单位。
- End-period：用来指定折旧数额的计算是要算到第几期为止。该参数必须与 Life 自变量采用相同的单位。

• Factor:用途为指定余额递减的速率。如果省略 Factor 自变量,则使用默认值 2(采用倍率递减法)。

• No-switch:是逻辑值参数。用于判断是否要在折旧数额大于递减余额法算出的数额时将折旧切换成直线法的折旧数额。

6. AMORDEGRC 函数(略)

7. AMORLINC 函数(略)

三、固定资产折旧函数应用举例

对于固定资产管理而言,折旧费用的计提尤其重要。常用的折旧方法为本节前文所述的 5 种方法。本节主要介绍用双倍余额递减法计算固定资产折旧。

【例 10-1】 某项固定资产的初始取得成本为 160 000 元,预计净残值率为 4%,预计使用年限为 5 年,采用双倍余额递减法计提折旧,计算该项固定资产第一年到第五年的折旧额。具体操作步骤如下:

第一步:建立"固定资产计提折旧计算"工作表。

打开"第十章.xlsx"工作簿,将一张空白的工作表"Sheet2"重命名为"固定资产折旧计算",在该工作表中计算固定资产折旧额。

第二步:构建固定资产折旧 Excel 计算列表。

在 A1:F1 区域各单元格中,依次输入"初始成本""预计净残值率""使用年限""计算折旧年份数""折旧额""累计折旧",设置单元格对齐方式为"居中"对齐→在 A2:A6 区域各单元格中均输入"160000",将单元格格式设置为"会计专用"→在 B2:B6 区域各单元格中均输入"4%"→在 C2:C6 区域各单元格中均输入"5"→在 D2:D6 区域各单元格中依次输入"1""2""3""4""5"→在 F2 单元格中输入公式"=SUM(E2:E6)",将单元格格式设置为"会计专用"。计算列表如图 10-7 所示。

图 10-7 固定资产折旧 Excel 计算列表

第三步:利用 DDB 函数计算固定资产折旧额。

在 E2 单元格中插入财务函数 DDB 函数,设置各项参数,如图 10-8 所示。

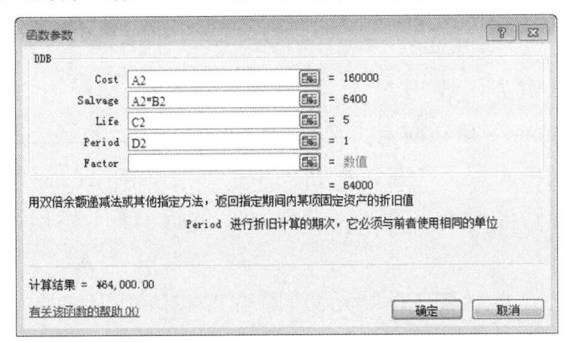

图 10-8 DDB 函数各项参数设置 1

单击"确定"按钮,得到该项固定资产第一年的折旧额,如图10-9所示。

	A	B	C	D	E	F
1	初始成本	预计净残值率	使用年限	计算折旧年份数	折旧额	累计折旧
2	160,000.00	4%	5	1	¥64,000.00	64,000.00
3	160,000.00	4%	5	2		
4	160,000.00	4%	5	3		
5	160,000.00	4%	5	4		
6	160,000.00	4%	5	5		

图 10-9　利用 DDB 函数计算的第一年固定资产折旧额

由图 10-9 可以看出:该项固定资产第一年的折旧额为 64 000.00 元。

将 E2 单元格中的公式复制到 E 列其他单元格,得到该项固定资产第二年到第五年的折旧额,结果如图 10-10 所示。

	A	B	C	D	E	F
1	初始成本	预计净残值率	使用年限	计算折旧年份数	折旧额	累计折旧
2	160,000.00	4%	5	1	¥64,000.00	147,558.40
3	160,000.00	4%	5	2	¥38,400.00	
4	160,000.00	4%	5	3	¥23,040.00	
5	160,000.00	4%	5	4	¥13,824.00	
6	160,000.00	4%	5	5	¥8,294.40	

图 10-10　利用 DDB 函数计算的各年固定资产折旧额

由图 10-10 可以看出:利用 DDB 函数计算出该项固定资产各年折旧额的同时,在 F2 单元格中也计算出了该项固定资产的五年累计折旧额,为 147 558.40 元,而按照该项固定资产预计残值率 4% 计算,该项固定资产五年的累计折旧额应为 153 600.00 元,也就是利用 DDB 函数计算的固定资产折旧比预计的折旧额少了,为了与预计净残值相一致,最后两年的折旧额需要利用"年限平均法"重新计算。

第四步:利用 SLN 函数重新计算后两年的固定资产折旧额。

将 E5 和 E6 单元格中的固定资产折旧额数据删除,如图 10-11 所示。

	A	B	C	D	E	F
1	初始成本	预计净残值率	使用年限	计算折旧年份数	折旧额	累计折旧
2	160,000.00	4%	5	1	¥64,000.00	125,440.00
3	160,000.00	4%	5	2	¥38,400.00	
4	160,000.00	4%	5	3	¥23,040.00	
5	160,000.00	4%	5	4		
6	160,000.00	4%	5	5		

图 10-11　删除后两年的固定资产折旧额

在 E5 单元格中插入财务函数 SLN 函数,设置各项参数,如图 10-12 所示。

在图 10-12 中,参数 Cost 为该项固定资产计提三年折旧之后的剩余账面价值,为(160 000－125 440),参数 Life 为该项固定资产在计提完三年折旧之后剩余的使用年限,为 2 年。

单击"确定"按钮,得到该项固定资产第四年计提的折旧额,为 14 080.00 元,计算结果如图 10-13 所示。

将 E5 单元格中的公式复制到 E6 单元格,即可得到该项固定资产在第五年计提的折旧额,计算结果如图 10-14 所示。

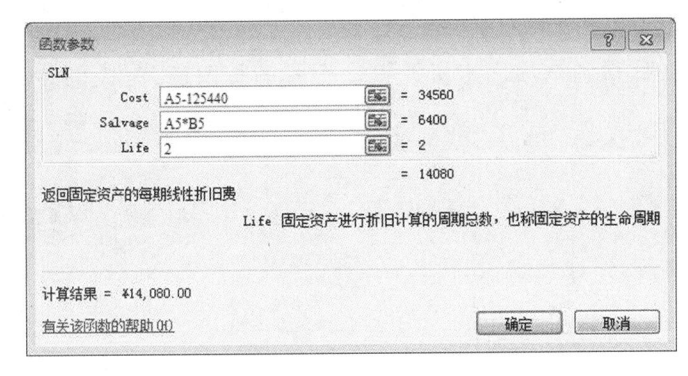

图 10-12　SLN 函数各项参数设置 1

图 10-13　利用 SLN 函数计算的第四年固定资产折旧额

图 10-14　利用 SLN 函数计算的第五年固定资产折旧额

由图 10-14 可以看出：利用 SLN 函数修改后的固定资产累计折旧额（F2 单元格）为 153 600.00 元，与预计的净残值（160 000－160 000×4%）相符。

【例 10-2】　承接【例 10-1】如果需要计算第一年第一个月的固定资产折旧额，具体操作步骤如下：

第一步：打开"第十章.xlsx"工作簿，打开"固定资产折旧计算"工作表。

第二步：构建固定资产折旧 Excel 计算列表。

在 G1:H1 区域各单元格中依次输入"计算折旧月份数""月折旧额"→在 G2 单元格中输入"1"→在 H2 单元格中插入财务函数 DDB 函数，设置各项参数，如图 10-15 所示。

图 10-15　DDB 函数参数设置 2

在图 10-15 中，参数 Life 为该项固定资产进行折旧计算的周期总数，本例计算的是月折旧额，所以参数 Life 应为 5×12＝60 个月。

单击“确定”按钮，得到该项固定资产第一个月的折旧额，为 5 333.33 元，计算结果如图 10-16 所示。

H2 =DDB(A2,A2*B2,C2*12,G2)

	A	B	C	D	E	F	G	H
1	初始成本	预计净残值率	使用年限	计算折旧年份数	折旧额	累计折旧	计算折旧月份数	月折旧额
2	160,000.00	4%	5	1	¥64,000.00	153,600.00	1	¥5,333.33
3	160,000.00	4%	5	2	¥38,400.00			
4	160,000.00	4%	5	3	¥23,040.00			
5	160,000.00	4%	5	4	¥14,080.00			
6	160,000.00	4%	5	5	¥14,080.00			
7								

图 10-16　利用 DDB 函数计算第一个月固定资产折旧额

四、固定资产计提折旧的具体应用

以恒鑫公司现有的固定资产数据资料（上一节建立的固定资产卡片账数据）为例，介绍固定资产计提折旧的方法。具体操作步骤如下：

第一步：计算各项固定资产已计提折旧的时间。

为了准确、方便地计提恒鑫公司现有的各项固定资产的折旧额，首先需要根据当前日期计算各项固定资产已经计提折旧的月份及年份数。

打开“第十章.xlsx”工作簿中的“固定资产管理”工作表→假设当前日期为 2021 年 12 月 31 日，在 M3:M10 区域各单元格中均输入“2021 年 12 月 31 日”，如图 10-17 所示。

M2 当前日期

	B	C	D	E	F	G	H	I	J	K	L	M
1									恒鑫公司固定资产管理表			
2	资产类别	资产名称	增加方式	计量单位	购置数量	单位成本	总成本	使用年限	已计提折旧月份	已计提折旧年份	预计净残值	当前日期
3	办公设备	计算机	直接购入	台	10	4,500.00	45,000.00	5			300.00	2021年12月31日
4	办公设备	打印机	直接购入	台	6	2,000.00	12,000.00	5			100.00	2021年12月31日
5	办公设备	复印机	捐赠	台	4	1,000.00	4,000.00	5			200.00	2021年12月31日
6	房屋建筑物	办公楼	直接购入	间	8	200,000.00	1,600,000.00	30			40,000.00	2021年12月31日
7	房屋建筑物	厂房	在建工程转入	间	20	150,000.00	3,000,000.00	30			75,000.00	2021年12月31日
8	运输设备	货车	直接购入	辆	2	250,000.00	500,000.00	10			12,500.00	2021年12月31日
9	运输设备	卡车	直接购入	辆	4	160,000.00	640,000.00	10			16,000.00	2021年12月31日
10	机器设备	生产线	在建工程转入	条	4	90,000.00	360,000.00	10			9,000.00	2021年12月31日
11												
12												

图 10-17　输入当前日期

在 J3 单元格中输入公式“＝INT(DAYS360(A3,M3)/30)”→按“Enter”键，得到恒鑫公司计算机这项资产的已计提折旧月份数→将 J3 单元格中的公式复制到 J 列其他单元格，得到恒鑫公司各项固定资产已计提折旧月份数，计算结果如图 10-18 所示。

J3 =INT(DAYS360(A3,M3)/30)

	A	B	C	D	E	F	G	H	I	J	K
1										恒鑫公司固定资产管理表	
2	购置日期	资产类别	资产名称	增加方式	计量单位	购置数量	单位成本	总成本	使用年限	已计提折旧月份	已计提折旧年份
3	2017年6月18日	办公设备	计算机	直接购入	台	10	4,500.00	45,000.00	5	54	
4	2018年12月29日	办公设备	打印机	直接购入	台	6	2,000.00	12,000.00	5	36	
5	2021年12月27日	办公设备	复印机	捐赠	台	4	1,000.00	4,000.00	5	0	
6	2016年12月31日	房屋建筑物	办公楼	直接购入	间	8	200,000.00	1,600,000.00	30	60	
7	2017年6月30日	房屋建筑物	厂房	在建工程转入	间	20	150,000.00	3,000,000.00	30	54	
8	2016年5月16日	运输设备	货车	直接购入	辆	2	250,000.00	500,000.00	10	67	
9	2017年7月8日	运输设备	卡车	直接购入	辆	4	160,000.00	640,000.00	10	53	
10	2017年12月10日	机器设备	生产线	在建工程转入	条	4	90,000.00	360,000.00	10	48	
11											
12											

图 10-18　恒鑫公司各项固定资产已计提折旧月份数

在 K3 单元格中输入公式“＝INT(J3/12)”→按“Enter”键，得到恒鑫公司计算机这项资产的已计提折旧年份数→将 K3 单元格中的公式复制到 K 列其他单元格，得到恒鑫公司各项固定资产已计提折旧年份数，计算结果如图 10-19 所示。

图 10-19 恒鑫公司各项固定资产已计提折旧年份数

第二步:利用 SLN 函数计算固定资产折旧额。

在 N3 单元格中插入财务函数 SLN 函数,设置各项参数,如图 10-20 所示。

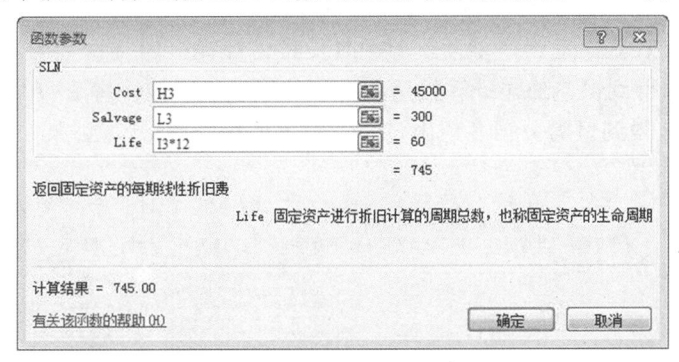

图 10-20 SLN 函数各项参数设置 2

单击"确定"按钮,得到计算机这项资产的本月计提折旧额→将 N3 单元格中的公式复制到 N 列其他单元格,得到恒鑫公司各项固定资产的本月计提折旧额,计算结果如图 10-21 所示。

图 10-21 恒鑫公司各项固定资产本月计提折旧额

值得注意的是:复印机这项资产的购置日期为 2021 年 12 月 27 日,属于本月新增固定资产,本月不应计提折旧。而利用 SLN 函数计算出了复印机(图 10-21 中第 5 行数据)本月计提折旧额为 63.33 元,此时需要对复印机的本月计提折旧额进行修正。

第三步:修正本月新增固定资产折旧额。

在 O3 单元格中输入公式"＝IF(J3＝0,0,N3)"→按"Enter"键,得到恒鑫公司计算机这项资产的本月计提折旧修正额→将 O3 单元格中的公式复制到 O 列其他单元格,得到恒鑫公司各项固定资产的本月计提折旧修正额,计算结果如图 10-22 所示。

公式"＝IF(J3＝0,0,N3)"的含义为:如果恒鑫公司计算机这项资产已计提折旧月份数(J3 单元格)为 0,说明此项资产为当月新增固定资产,则返回结果显示该项固定资产的月折旧额为 0,否则返回结果显示为本月计提折旧额(N3 单元格)。

由图 10-22 可以看出:本月计提折旧额经过修正后,本月新增固定资产——复印机的本月计提折旧额为 0。

	F	G	H	I	J	K	L	M	N	O
1					恒鑫公司固定资产管理表					
2	购置数量	单位成本	总成本	使用年限	已计提折旧月份	已计提折旧年份	预计净残值	当前日期	本月计提折旧	本月计提折旧修正
3	10	4,500.00	45,000.00	5	54	4	300.00	2021年12月31日	745.00	745.00
4	6	2,000.00	12,000.00	5	36	3	100.00	2021年12月31日	198.33	198.33
5	4	1,000.00	4,000.00	5	0	0	200.00	2021年12月31日	63.33	0.00
6	8	200,000.00	1,600,000.00	30	60	5	40,000.00	2021年12月31日	4,333.33	4,333.33
7	20	150,000.00	3,000,000.00	30	54	4	75,000.00	2021年12月31日	8,125.00	8,125.00
8	2	250,000.00	500,000.00	10	67	5	12,500.00	2021年12月31日	4,062.50	4,062.50
9	4	160,000.00	640,000.00	10	53	4	16,000.00	2021年12月31日	5,200.00	5,200.00
10	4	90,000.00	360,000.00	10	48	4	9,000.00	2021年12月31日	2,925.00	2,925.00

图 10-22　恒鑫公司各项固定资产本月计提折旧修正额

第四步：计算各项固定资产累计折旧额。

在 P3 单元格中输入公式"＝J3＊O3"（公式说明：由于本例固定资产折旧额的计算方法为年限平均法，所以在计算固定资产累计折旧额时要将已计提折旧月份数与本月计提折旧额相乘）→按"Enter"键，得到恒鑫公司计算机这项资产的累计折旧额→将 P3 单元格中的公式复制到 P 列其他单元格，得到恒鑫公司各项固定资产的累计折旧额，计算结果如图 10-23 所示。

	G	H	I	J	K	L	M	N	O	P
1				恒鑫公司固定资产管理表						
2	单位成本	总成本	使用年限	已计提折旧月份	已计提折旧年份	预计净残值	当前日期	本月计提折旧	本月计提折旧修正	累计折旧
3	4,500.00	45,000.00	5	54	4	300.00	2021年12月31日	745.00	745.00	40,230.00
4	2,000.00	12,000.00	5	36	3	100.00	2021年12月31日	198.33	198.33	7,140.00
5	1,000.00	4,000.00	5	0	0	200.00	2021年12月31日	63.33	0.00	0.00
6	200,000.00	1,600,000.00	30	60	5	40,000.00	2021年12月31日	4,333.33	4,333.33	260,000.00
7	150,000.00	3,000,000.00	30	54	4	75,000.00	2021年12月31日	8,125.00	8,125.00	438,750.00
8	250,000.00	500,000.00	10	67	5	12,500.00	2021年12月31日	4,062.50	4,062.50	272,187.50
9	160,000.00	640,000.00	10	53	4	16,000.00	2021年12月31日	5,200.00	5,200.00	275,600.00
10	90,000.00	360,000.00	10	48	4	9,000.00	2021年12月31日	2,925.00	2,925.00	140,400.00

图 10-23　恒鑫公司各项固定资产累计折旧额

第五步：计算各项固定资产的账面价值。

在 Q3 单元格中输入公式"＝H3－P3"（公式说明：如果不考虑计提固定资产减值准备，固定资产的账面价值等于固定资产原值减去固定资产累计折旧）→按"Enter"键，得到恒鑫公司计算机这项资产的账面价值→将 Q3 单元格中的公式复制到 Q 列其他单元格，得到恒鑫公司各项固定资产的账面价值，计算结果如图 10-24 所示。

	H	I	J	K	L	M	N	O	P	Q
1				恒鑫公司固定资产管理表						
2	总成本	使用年限	已计提折旧月份	已计提折旧年份	预计净残值	当前日期	本月计提折旧	本月计提折旧修正	累计折旧	账面价值
3	45,000.00	5	54	4	300.00	2021年12月31日	745.00	745.00	40,230.00	4,770.00
4	12,000.00	5	36	3	100.00	2021年12月31日	198.33	198.33	7,140.00	4,860.00
5	4,000.00	5	0	0	200.00	2021年12月31日	63.33	0.00	0.00	4,000.00
6	1,600,000.00	30	60	5	40,000.00	2021年12月31日	4,333.33	4,333.33	260,000.00	1,340,000.00
7	3,000,000.00	30	54	4	75,000.00	2021年12月31日	8,125.00	8,125.00	438,750.00	2,561,250.00
8	500,000.00	10	67	5	12,500.00	2021年12月31日	4,062.50	4,062.50	272,187.50	227,812.50
9	640,000.00	10	53	4	16,000.00	2021年12月31日	5,200.00	5,200.00	275,600.00	364,400.00
10	360,000.00	10	48	4	9,000.00	2021年12月31日	2,925.00	2,925.00	140,400.00	219,600.00

图 10-24　恒鑫公司各项固定资产的账面价值

第四节　固定资产数据管理

一、固定资产数据的查询

当企业将拥有的固定资产登记完毕后，为了便于查找某一项固定资产数据，可利用 Excel 中的自动筛选命令，建立固定资产数据的查询功能。

例如:查询恒鑫公司 2017 年购置的固定资产,具体操作步骤如下:

第一步:打开"第十章.xlsx"工作簿,将工作表"固定资产管理"备份一份。

第二步:利用 Excel 自动筛选命令建立固定资产数据的查询功能。

选中数据区域中任一个单元格,选择"数据"选项卡"排序和筛选"功能组中的"筛选"按钮,此时工作表进入筛选状态,如图 10-25 所示。

图 10-25　显示筛选按钮

单击 A2 单元格中的筛选按钮,取消"全选",勾选"2017"选项。筛选条件设置如图 10-26 所示。

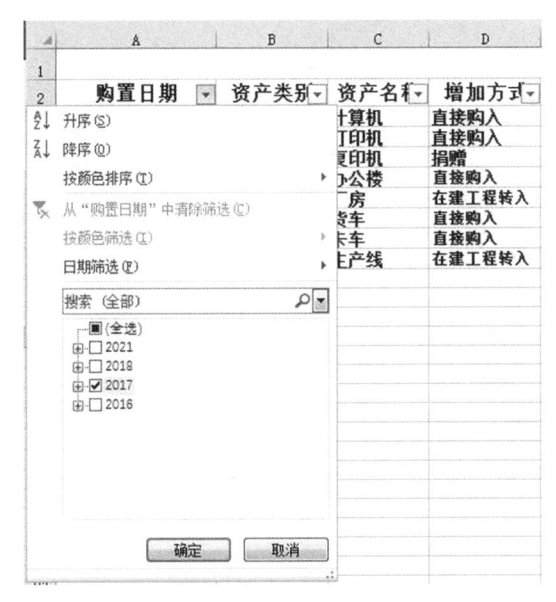

图 10-26　筛选条件设置

单击"确定"按钮,数据筛选结果如图 10-27 所示。

图 10-27　数据筛选结果

由图 10-27 可以看出:恒鑫公司 2017 年购置的固定资产共有 4 项。

如果需要显示全部数据,可以通过 A2 单元格中的筛选按钮,也可以通过数据选项卡中的清除命令来实现。

二、固定资产数据的汇总分析

固定资产数据的汇总分析,可以通过数据透视表功能来实现。例如:分别汇总恒鑫公司不同类别的固定资产累计折旧额,具体操作步骤如下:

第一步:插入一张数据透视表。

打开"第十章.xlsx"工作簿中的"固定资产管理"工作表→选择数据区域中的任一单元格,选择"插入"选项卡"表格"功能组中的"数据透视表"命令,得到"创建数据透视表"对话框,如图10-28所示。

单击"确定"按钮,得到一张新工作表,将其重命名为"固定资产数据汇总分析"。

第二步:构建固定资产数据汇总分析表。

在"数据透视表字段"列表中,将字段"资产类别""资产名称"依次拖至"行"区域,将字段"累计折旧"拖至"值"区域,如图10-29所示。

图10-28 "创建数据透视表"对话框

图10-29 数据透视表字段设置

此时在工作表的工作区域得到恒鑫公司各类别中各项固定资产的累计折旧汇总表,如图10-30所示。

图10-30 恒鑫公司固定资产累计折旧汇总表

由图 10-30 可知,恒鑫公司有四类固定资产,每一类别中各项固定资产的累计折旧额都一一汇总出来了。

如果想要更清晰直观地观察恒鑫公司各类别中各项固定资产的累计折旧额情况,在构建数据透视表后,也可绘制数据透视图对恒鑫公司的固定资产累计折旧额进行分析。以绘制柱形图为例,具体操作步骤如下:

选择数据透视表区域任一单元格,选择"分析"选项卡"工具"功能组中的"数据透视图"命令→在打开的"插入图表"对话框中,选择"柱形图"中的"簇状柱形图"→单击"确定"按钮,即可得到一张各类别中各项固定资产的累计折旧额柱形图,如图 10-31 所示。

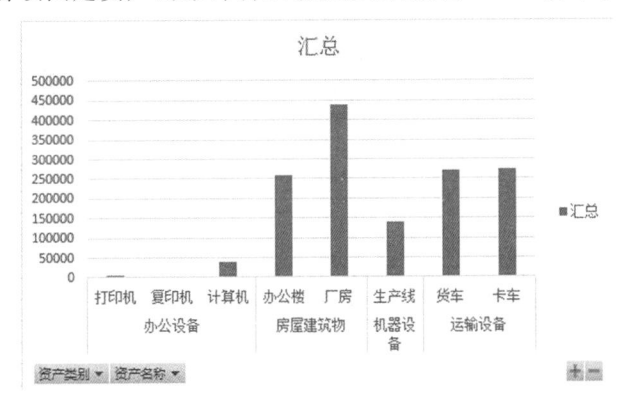

图 10-31　恒鑫公司固定资产累计折旧额柱形图

说明:在绘制柱形图时,也可采用"插入"选项卡中的命令来实现,读者也可根据需要对绘制的图形进行编辑,图表的编辑方法在本书第三章已讲述,此处不再赘述。

练习题

1. 思考题

(1)对固定资产进行重点管理的重要性?
(2)简要说明固定资产计提折旧的范围及方法。
(3)企业应如何运用 Excel 建立固定资产卡片账?
(4)企业应如何运用 Excel 对固定资产进行查询?
(5)企业应如何运用 Excel 对固定资产进行汇总分析?

2. 实训操作

友邦公司有关固定资产概况资料见表 10-1。

表 10-1　　　　　　　某公司固定资产概况

项目	金额(元)	预计使用年限(年)	预计净残值率(%)
机器设备	750 000	10	0.3
办公设备	12 000	5	0.4
建筑物	90 000 000	20	0.02

根据表 10-1 资料完成以下实训内容：

(1)运用 Excel 建立该公司固定资产卡片账。

(2)运用折旧函数，分别采用年限平均法和双倍余额递减法，计算各项固定资产的年折旧额和月折旧额。

(3)假设截至今年年底各项固定资产已经使用 3 年整，采用年限平均法和双倍余额递减法，计算各项固定资产的累计折旧额和账面价值。

第四篇
Excel 在预决策中的应用

第十一章 Excel 在筹资与投资中的基本应用

财务管理是组织企业财务活动,处理财务关系的一项经济管理工作,主要包括筹资、投资和利润分配等内容。筹资是企业为了满足投资和资金营运的需要,筹集所需资金的行为。本章主要运用 Excel 中的财务函数,对筹资、投资中的相关问题进行计算与分析。通过本章的学习,读者能够理解并掌握 Excel 在筹资与投资中的基本应用。

第一节 资金时间价值计量

一、资金时间价值的概念

资金时间价值也称货币时间价值,一般认为现在的资金比将来的资金有更高的价值。资金时间价值是现代财务管理的基础概念之一,在财务实践中被广泛应用。

资金时间价值是指资金经过一定时间的投资和再投资所增加的价值。在商品经济中,有这样一种现象:将现在的 1 元钱存入银行,1 年后可得到 1.10 元,这就是资金的时间价值。即现在的 1 元钱和一年后的 1 元钱的经济价值不相等,或者其经济效用不同。现在的 1 元钱,比将来的 1 元钱经济价值要大。也就是说,资金的时间价值是在资金使用中由于时间因素所形成的差额价值,是资金在生产过程中带来的增值额,其实质是剩余价值的转化形式。

资金时间价值的表示形式有两种:一种是绝对数形式,即利息;另一种是相对数形式,即利率。在进行资金时间价值计算时,计算利息的方法有两种:单利和复利。

1. 单利

单利,即简单利息计算法,本金在整个投资期中获得利息,不管投资期多长,所产生的利息均不加入本金重复计算利息。即只对本金计算利息,不对利息计息。

(1)单利终值

单利终值是本金加上本金计算的利息。其计算公式为:

$$F = P + I = P \times i \times n = P(1 + i \times n)$$

式中,P——现值,即本金;

F——终值,即 n 年后的本利和;

I——利率;I 为利息;

n——计算利息的期数,即计息期。

(2)单利现值

单利现值与单利终值互为逆运算,由终值求现值可以用倒求本金的方式计算。在财务管理中称为"贴现"。其计算公式为:

$$P = F/(1 + i \times n)$$

2. 复利

复利,即复合利息计算法,在整个投资期内,本金及利息都要产生利息。即不仅本金要计算利息,利息也要计算利息,俗称"利滚利"。

(1)复利终值

复利终值是指一定数量的本金按复利计算若干期后的本利和。其计算公式为:

$$F=P(1+i)^n=P(F/P,i,n)$$

式中,P——现值,即本金;

F——终值,即n年后的本利和;

$(1+i)^n$——复利终值系数,记为$(F/P,i,n)$。

(2)复利现值

复利现值是若干期后一定量资金折现到现在的金额。其计算公式为:

$$P=\frac{F}{(1+i)^n}=F(P/F,i,n)$$

式中,P——现值,即本金;

F——终值,即n年后的本利和;

$\frac{1}{(1+i)^n}$——复利现值系数,记为$(P/F,i,n)$。

3. 年金

年金是指在利率不变情况下,一定时期内每次等额收付的系列款项,即指一种等额的、连续的款项支付,按复利计息方式计算,通常记作A。如某人买房,向银行申请20年按揭,采用等额本息还款方式,每个月向银行支付的固定还款额就是年金的具体应用。

年金的基本特征有:

(1)等额收付款项,即每个期间收付款项的金额是相同的。

(2)连续的一个系列,至少应该是两个以上。

(3)收付款项的间隔时间相同,可以是一个月、一年、半年、一个季度等。

在现实生活中,年金的表现形式多种多样,如发放养老金、支付保险费、提取折旧、分期等额支付或收取租金、等额分期付款、等额分期收款、零存整取储蓄存款业务等,都属于年金问题。

年金种类按其每次收付款项发生的时点不同,可以分为普通年金、预付年金、递延年金和永续年金。

普通年金也称后付年金,是从第一期开始每期期末等额收付的年金。

预付年金也称先付年金,是从第一期开始每期期初等额收付的年金。

递延年金是指第一次收付款发生时间与第一期无关,而是隔若干期后才开始等额收付的系列款项。

永续年金是无限期连续收款、付款的年金,即期限趋于无穷的普通年金。

递延年金和永续年金都是在普通年金的基础上发展、演变过来的,所以可以把二者看成是普通年金的两种特殊形式。

为便于计算年金的终值和现值,现设定以下符号:A为每年收付的金额,即年金;i为利率;F_A为年金终值;P_A为年金现值;n为收款、付款的期数。

Excel 提供了年金、利率、年金现值、年金终值等资金时间价值的函数,其涉及的利率均是复利,利用这些函数可以将复杂的计算变得轻而易举。

二、运用 Excel 计算资金时间价值指标

1. 终值时间价值指标

终值时间价值指标主要包括复利终值、普通年金终值和预付年金终值的计算。

提示: 终值函数 FV(Rate,Nper,Pmt,Pv,Type):用于计算复利终值或年金终值,以及综合计算复利终值和年金终值。

(1)复利终值指标的计算

【例 11-1】 李某存入银行 20 万,若银行存款利率为 5%,采用复利计息,10 年后的本利和是多少?

依题意,求 10 年后的本利和,即为求 10 年后的复利终值,即:

$$F_5 = 20 \times (1+5\%)^{10} = 20 \times (F/P, 5\%, 10) = 20 \times 1.6289 = 32.578 \text{ 万元}$$

计算结果表明:李某 10 年后的本利和是 32.578 万元。

运用 Excel 中的财务函数计算复利终值指标,具体操作步骤如下:

第一步:插入 FV 函数。

新建一张工作簿,命名为"第十一章.xlsx",将 Sheet1 工作表重命名为"时间价值指标"→选中一个单元格,插入财务函数中的 FV 函数。

第二步:设置 FV 函数参数。

在打开的 FV 函数的"函数参数"对话框中,设置各项参数,如图 11-1 所示。

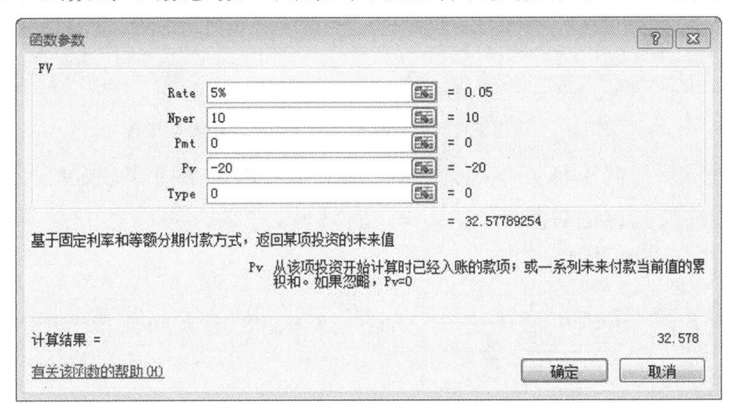

图 11-1 运用 FV 函数计算复利终值各项参数设置

单击"确定"按钮,得到这笔存款 10 年后的本利和为 32.578 万元。

(2)普通年金终值指标的计算

普通年金终值的计算公式为:

$$F_A = A \times \frac{(1+i)^n - 1}{i} = A \times (F/A, i, n)$$

式中,F_A——年金终值;

A——年金;

$\frac{(1+i)^n - 1}{i}$——普通年金终值系数,记为$(F/A, i, n)$。

【例11-2】 小杨是一个热心于公益事业的人,自2013年年末开始,她每年年末都要向一名失学儿童捐款。小杨向这名失学儿童每年捐款2 000元,帮助这名失学儿童从小学一年级读完9年义务教育。假设银行存款利率为5%,则小杨9年的捐款在2021年末相当于多少钱?

依题意:求小杨9年的捐款在2021年末相当于多少钱,就是求普通年金的终值,即:

$$F_A = A \times (F/A, 5\%, 9) = 2\,000 \times 11.026\,6 = 22\,053.2 \text{ 元}$$

计算结果表明:小杨9年的捐款在2021年末相当于22 053.2元。

运用Excel中的财务函数计算普通年金终值指标,具体操作步骤如下:

第一步:插入FV函数。

打开"第十一章.xlsx"工作簿中的"时间价值指标"工作表→选中一个单元格,插入财务函数中的FV函数。

第二步:设置FV函数参数。

在打开的FV函数的"函数参数"对话框中,设置各项参数,如图11-2所示。

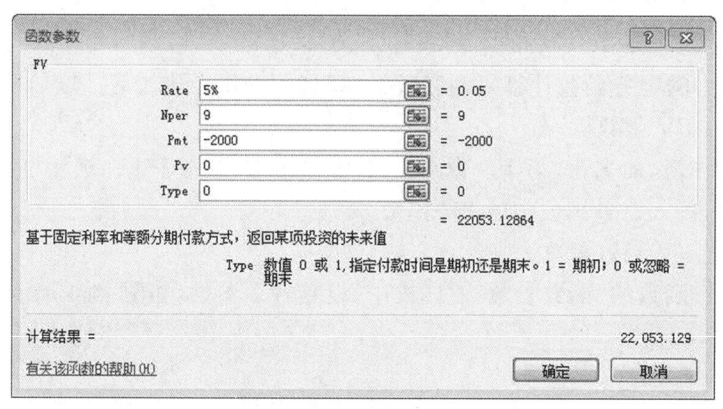

图11-2 运用FV函数计算普通年金终值各项参数设置

单击"确定"按钮,得到小杨九年的捐款在2021年末相当于捐款22 053.2元。

(3)预付年金终值指标的计算

预付年金终值的计算公式为:

$$F_A = A \times \left[\frac{(1+i)^{n+1} - 1}{i} - 1\right] = A \times [(F/A, i, n+1) - 1]$$

式中,F_A——年金终值;

A——年金;

$\left[\dfrac{(1+i)^{n+1} - 1}{i} - 1\right]$——预付年金终值系数,记为$[(F/A, i, n+1) - 1]$。

【例11-3】 为了给孩子上大学准备资金,王先生连续6年于每年年初存入银行5 000元。若银行存款利率为5%,则王先生在第6年末能一次性取出本利和多少钱?

依题意:王先生在第6年末能一次性取出的本利和,就是预付年金的终值,即:

$$F_A = 5\,000 \times [(F/A, 5\%, 6+1) - 1] = 5\,000 \times (8.142 - 1) = 35\,710 \text{ 元}$$

计算结果表明:王先生在第6年末能一次性取出的本利和为35 710元。

运用Excel中的财务函数计算预付年金终值指标,具体操作步骤如下:

第一步:插入FV函数。

打开"第十一章.xlsx"工作簿中的"时间价值指标"工作表→选中一个单元格,插入财务函数中的 FV 函数。

第二步:设置 FV 函数参数。

在打开的 FV 函数的"函数参数"对话框中,设置各项参数,如图 11-3 所示。

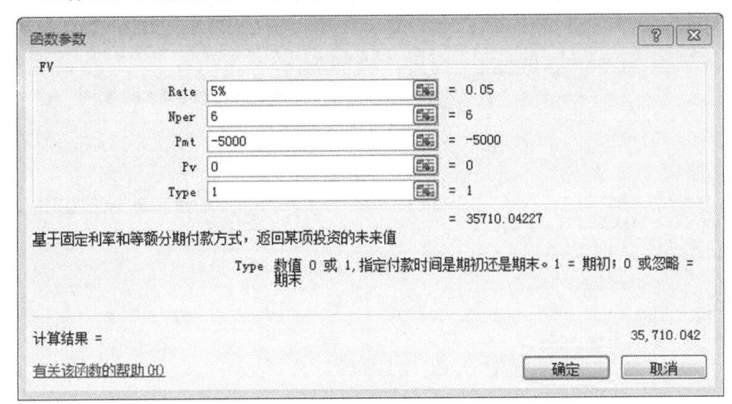

图 11-3　运用 FV 函数计算预付年金终值各项参数设置

单击"确定"按钮,得到王先生在第 6 年末能一次性取出本利和为 35 710 元。

2. 现值时间价值指标

现值时间价值指标主要包括复利现值、普通年金现值和预付年金现值的计算。

提示:现值函数 PV(Rate,Nper,Pmt,Pv,Type)用于计算复利现值或年金现值以及综合计算复利现值和年金现值。

(1)复利现值指标的计算

【例 11-4】　陈某存入一笔钱,希望 5 年后得到 10 万,若银行存款利率为 5%,采用复利计息,问陈某现在应存入多少钱?

依题意:求陈某现在应存入多少钱,实为求复利现值,即:

$$P=\frac{20}{(1+5\%)^5}=10\times(P/F,5\%,5)=10\times 0.7835=7.835\ 万元$$

计算结果表明:陈某现在应存入 7.835 万元才能保证 5 年后取得 10 万元。

运用 Excel 中的财务函数计算复利现值指标,具体操作步骤如下:

第一步:插入 PV 函数。

打开"第十一章.xlsx"工作簿中的"时间价值指标"工作表→选中一个单元格,插入财务函数中的 PV 函数。

第二步:设置 PV 函数参数。

在打开的 PV 函数的"函数参数"对话框中,设置各项参数,如图 11-4 所示。

单击"确定"按钮,得到陈某现在应存入 7.835 万元才能保证 5 年后取得 10 万元。(说明:因为是投入,所以结果为负数)

(2)普通年金现值指标的计算

普通年金现值的计算公式为:

$$P_A=A\times\frac{1-(1+i)^{-n}}{i}=A\times(P/A,i,n)$$

式中,P_A——年金现值;

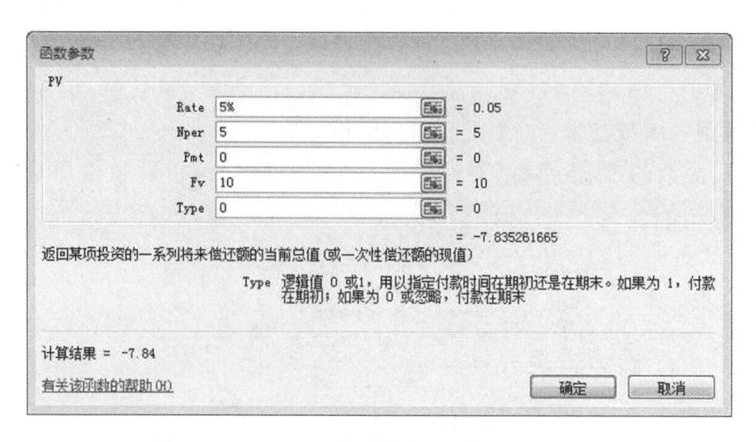

图 11-4 运用 PV 函数计算复利现值各项参数设置

A——年金；

$\dfrac{1-(1+i)^{-n}}{i}$——普通年金现值系数，记为$(P/A,i,n)$。

【例 11-5】 在银行存款利率为 5% 的情况下，张某打算连续 10 年每年年末从银行取出 20 000 元，请问他在第 1 年年初应一次性存入多少钱？

依题意：求张某在第 1 年年初应一次性存入多少钱，属于年金现值的计算问题，即：

$P_A = A \times (P/A, i, n) = 20\,000 \times (P/A, 5\%, 10) = 20\,000 \times 7.721\,73 = 154\,434.6$ 元

计算结果表明：张某现在应在银行一次性存入 154 434.6 元，才能保证连续 10 年，每年年末从银行取出 20 000 元。

运用 Excel 中的财务函数计算普通年金现值指标，具体操作步骤如下：

第一步：插入 PV 函数。

打开"第十一章.xlsx"工作簿中的"时间价值指标"工作表→选中一个单元格，插入财务函数中的 PV 函数。

第二步：设置 PV 函数参数。

在打开的 PV 函数的"函数参数"对话框中，设置各项参数，如图 11-5 所示。

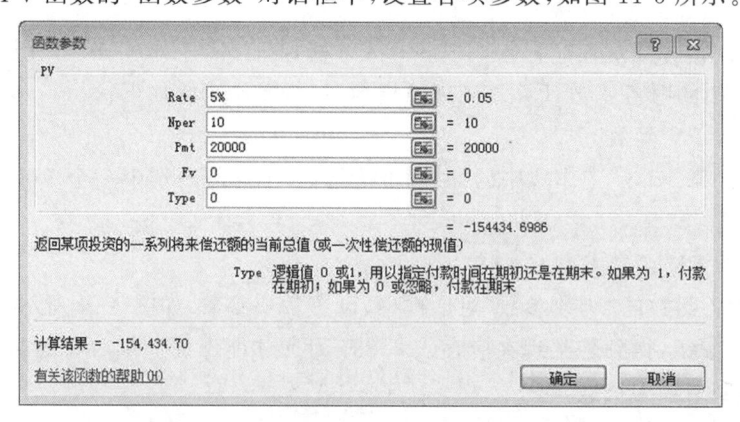

图 11-5 运用 PV 函数计算普通年金现值各项参数设置

单击"确定"按钮，得到张某现在应在银行一次性存入 154 434.70 元（此计算结果与手工计算略有差异，是因为在计算过程中存在四舍五入），才能保证连续 10 年，每年年末从银行取出 20 000 元。（说明：因为是投入，所以结果为负数）

(3)预付年金现值指标的计算

预付年金现值的计算公式为:

$$P_A = A \times \left[\frac{1-(1+i)^{-(n-1)}}{i}+1\right] = A \times [(P/A, i, n-1)+1]$$

式中,P_A——年金现值;

A——年金;

$\left[\frac{1-(1+i)^{-(n-1)}}{i}+1\right]$——预付年金现值系数,记为$[(P/A, i, n-1)+1]$。

【例 11-6】 赵某按揭购买住房,需每年年初支付 30 000 元,连续支付 20 年。若银行借款利率为 5%,付款方式改为全款,现在需一次性支付多少?

依题意:赵某现在需支付的金额为预付年金现值,故现在需一次性支付的金额为:

$$P_A = 30\ 000 \times [(P/A, 5\%, 20-1)+1] = 30\ 000 \times 13.085\ 3 = 392\ 559\ 元$$

计算结果表明:赵某现在需一次性支付 392 559 元。

运用 Excel 中的财务函数计算预付年金现值指标,具体操作步骤如下:

第一步:插入 PV 函数。

打开"第十一章.xlsx"工作簿中的"时间价值指标"工作表→选中一个单元格,插入财务函数中的 PV 函数。

第二步:设置 PV 函数参数。

在打开的 PV 函数的"函数参数"对话框中,设置各项参数,如图 11-6 所示。

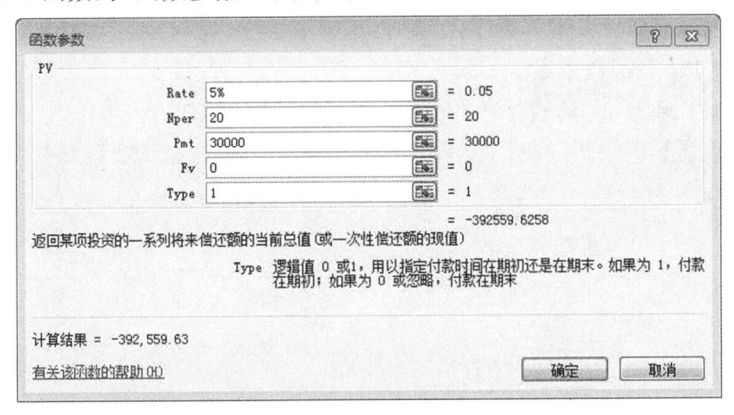

图 11-6 运用 PV 函数计算预付年金现值各项参数设置

单击"确定"按钮,得到需一次性支付的金额为 392 559.63 元(此计算结果与手工计算略有差异,是因为在计算过程中存在四舍五入)。(说明:因为是付款,所以结果为负数)

3. 特殊年金时间价值指标

特殊年金时间价值指标主要包括偿债基金、资本回收额的计算。

(1)偿债基金

偿债基金是指为了在约定的未来某一时点清偿某笔债务或积累一定数额资金而必须分次等额提取的存款准备金。

已知年金的终值(未来值),通过普通年金终值公式的逆运算求每一年年末所发生的年金 A,求出来的年金 A 就是偿债基金。也就是说,偿债基金是普通年金终值的逆运算。其计算公式为:

$$A = F_A \times \frac{i}{(1+i)^n - 1} = F_A \times (A/F, i, n) = \frac{F_A}{(F/A, i, n)}$$

式中，A——年金；

F_A——年金终值；

$\frac{i}{(1+i)^n - 1}$——偿债基金系数，记为 $(A/F, i, n)$，普通年金终值系数的倒数。

提示：年金函数 PMT(Rate, Nper, Pv, Fv, Type) 用于计算投资或贷款的等额分期偿还额以及偿债基金。

【例 11-7】 宋先生 20 年后预计需要 300 万元用于项目投资，假设利率是 5%，那么从现在开始，宋先生每年年末在银行至少存入多少钱，才能确保第 20 年的时候正好可以从银行一次性地取出 300 万元？

依题意：每年末公司应存入银行的款项数额为：

$$A = 300 \times \frac{5\%}{(1+5\%)^{20} - 1} = 300 \times \frac{1}{(F/A, 5\%, 20)} = 300 \times \frac{1}{33.066} = 9.0728 \text{ 万元}$$

计算结果表明：宋先生每年年末在银行至少存入 9.0728 万元，才能确保第 20 年的时候正好可以从银行一次性地取出 300 万元。

运用 Excel 中的财务函数计算偿债基金指标，具体操作步骤如下：

第一步：插入 PMT 函数。

打开"第十一章.xlsx"工作簿中的"时间价值指标"工作表→选中一个单元格，插入财务函数中的 PMT 函数。

第二步：设置 PMT 函数参数。

在打开的 PMT 函数的"函数参数"对话框中，设置各项参数，如图 11-7 所示。

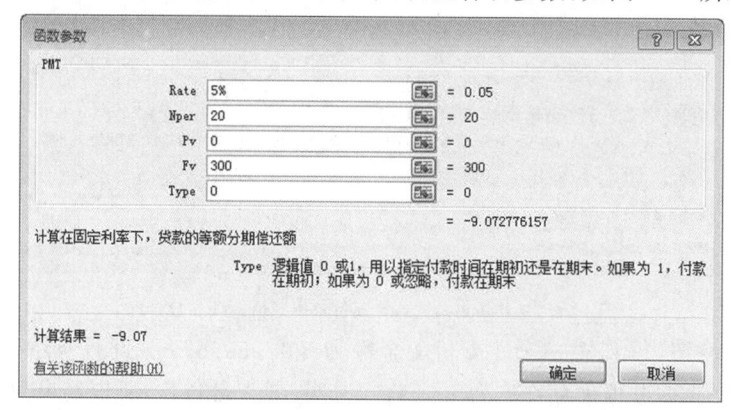

图 11-7 运用 PMT 函数计算偿债基金各项参数设置

单击"确定"按钮，得到宋先生每年年末在银行至少应存入 9.0728 万元，才能确保第 20 年的时候正好可以从银行一次性地取出 300 万元。（说明：因为是存款，所以结果为负数）

（2）资本回收额

资本回收额是指在约定的年限内等额回收初始投入资本额或清偿所欠债务额的价值指标。

资本回收额是普通年金现值的逆运算。其计算公式为：

$$A = P_A \times \frac{i}{1-(1+i)^{-n}} = P_A \times (A/P, i, n) = \frac{P_A}{(P/A, i, n)}$$

式中,A——年金;

P_A——年金现值;

$\frac{i}{1-(1+i)^{-n}}$——资本回收系数,记为$(A/P, i, n)$,普通年金现值系数的倒数。

【例11-8】 某项目的投资需要200万元,该项目预计使用寿命为5年,要求项目最低投资回报率为15%,那么从第1年末到第5年末,每年年末收回多少投资额,才能确保在第5年年末的时候,正好可以把最初投入的200万元全部收回?

依题意:每年年末应收回的投资额就是年资本回收额,所以每年应收的投资额为:

$$A = \frac{200}{(P/A, 15\%, 5)} = \frac{200}{3.3522} = 59.66 \text{万元}$$

计算结果表明:每年年末收回59.66万元投资额,才能确保在第5年年末的时候,正好可以把最初投入的200万元全部收回。

运用Excel中的财务函数计算资本回收额指标,具体操作步骤如下:

第一步:插入PMT函数。

打开"第十一章.xlsx"工作簿中的"时间价值指标"工作表→选中一个单元格,插入财务函数中的PMT函数。

第二步:设置PMT函数参数。

在打开的PMT函数的"函数参数"对话框中,设置各项参数,如图11-8所示。

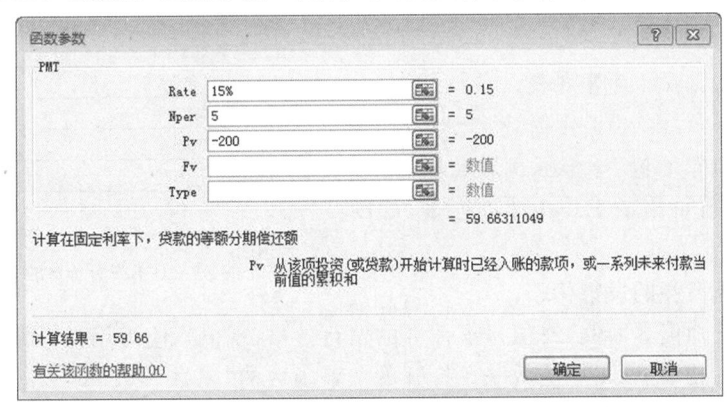

图11-8 运用PMT函数计算资本回收额各项参数设置

单击"确定"按钮,得到每年回收金额至少为59.66万元,才能确保在第5年年末的时候,正好可以把最初投入的200万元全部收回。因为是回收额,所以结果为正数。

三、资金时间价值的应用——长期债券决策分析

1.债券发行价格的确定

债券发行价格是指在发行市场(一级市场)上,投资者在购买债券时实际支付的价格。

债券发行价格的高低取决以下因素:

(1)债券面值

债券面值即债券市面上标出的金额,企业可根据不同认购者的需要,使债券面值多样化,

既有大额面值，也有小额面值。

(2)票面利率

票面利率可分为固定利率和浮动利率两种。一般地，企业应根据自身资金情况、公司承受能力、利率变化趋势、债券期限的长短等决定选择何种利率形式与利率的高低。

(3)市场利率

市场利率是衡量债券票面利率高低的参照系，也是决定债券价格按面值发行还是溢价或折价发行的决定因素。

(4)债券期限

期限越长，债权人的风险越大，其所要求的利息报酬就越高，其发行价格就可能越低。

典型的债券是固定利率，每年计算并支付利息，到期归还本金。按照这种模式，债券发行价格的计算公式为：

$$P=面值\times(P/F,i,n)+利息\times(P/A,i,n)$$

从资金时间价值来考虑，债券的发行价格由两部分组成：债券到期还本面值的现值和债券各期利息的年金现值。

2. 运用 Excel 中的财务函数确定债券发行价格

【例 11-9】 恒鑫公司 2021 年 7 月 1 日发行面值为 2 000 元的债券，票面利率为 4%，每年 7 月 1 日计算并支付一次利息，并于 5 年后的 7 月 31 日到期，市场利率为 6%。计算债券的发行价格。

运用 Excel 中的财务函数确定债券的发行价格，具体操作步骤如下：

第一步：建立 Excel 计算列表。

打开“第十一章. xlsx”工作簿，将“Sheet2”工作表重命名为“债券估价”→根据例题数据，建立一张计算债券发行价格的 Excel 计算列表，如图 11-9 所示。

A1 债券发行价格

	A	B	C
1	债券发行价格		
2	项目	数据	
3	票面利率	4%	
4	市场利率（Rate）	6%	
5	计息期（Nper）	5	
6	债券面值（FV）	-2000	
7	付息类型（type）	0	
8	债券发行价（PV）		
9			
10			

图 11-9　建立债券发行价格的 Excel 计算列表

第二步：计算债券的发行价格。

根据题意：已知债券面值(终值)，求债券的发行价格(现值)，应运用 PV 函数进行计算。

选中 B8 单元格，插入 PV 函数→在打开的 PV 函数的“函数参数”对话框中，通过引用单元格设置各项参数，如图 11-10 所示。

说明：由于每年支付的利息(PMT)和债券到期支付的面值(FV)都是支出，因此 PMT 和 FV 参数均为负值。

每年支付利息(PMT)＝债券面值×票面利率＝B6 * B3＝－80 元

债券发行价(PV)＝每年债息×$(p/A,i,n)$＋债券面值×$(p/s,i,n)$＝PV(B4,B5,B6 * B3,B6,B7)＝PV(6%,5,－80,－2000,0)＝1 831.51 元

单击“确定”按钮，在 B8 单元格得到债券的发行价格为 1 831.51 元，计算结果如图 11-11 所示。

【例 11-10】 承【例 11-9】如果将例题 11-9 中的付息时间改为期初，计算债券的发行价格。

在债券估价的 Excel 计算列表中，根据题意调整付息时间参数(由期末改为期初)，进行债券价格的动态计算，改变表中的参数数据即可计算出结果，具体操作如下：

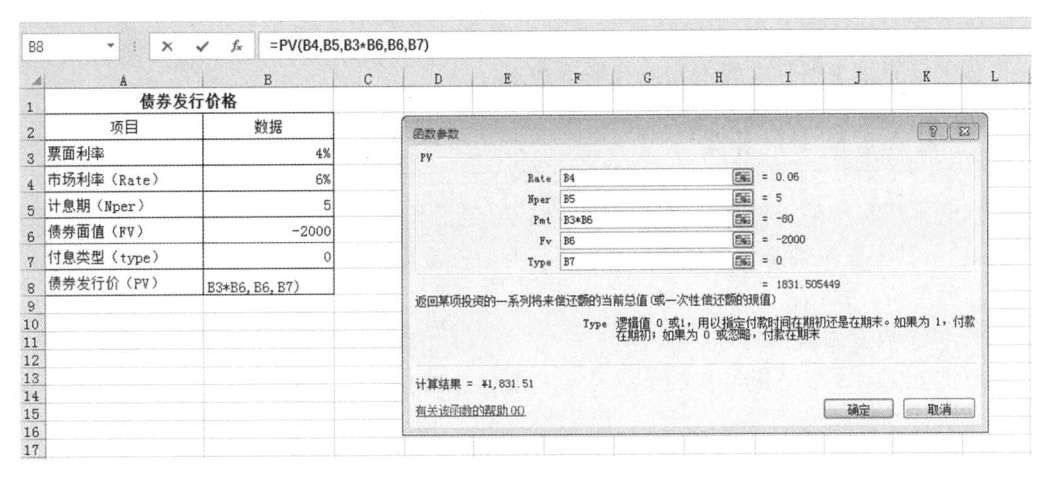

图 11-10 运用 PV 函数计算债券发行价格各项参数设置

将图 11-11 中 B7 单元格中"付息类型(type)"的值"0"改为"1",在 B8 单元格就会自动计算出债券的发行价格,计算结果如图 11-12 所示。

图 11-11 债券的发行价格计算结果　　图 11-12 付息类型改变后债券发行价格的计算结果

说明:每年支付利息(PMT)=债券面值×票面利率=B6 * B3=−80 元

债券发行价(B8)=每年债息×$(p/A,i,n)$+债券面值×$(p/s,i,n)$
=PV(B4,B5,B6 * B3,B6,B7)
=PV(6%,5,−80,−2 000,1)=1 851.72 元

第二节　资本成本计量

一、资本成本的含义及分类

资本成本是指企业为筹集和使用资本而付出的代价,包括筹资费用和占用费用。

资本成本按用途可以分为个别资本成本、综合资本成本和边际资本成本。

个别资本成本是某一种筹资方式的资本成本,一般用于各种具体筹资方式的比较和评价。

综合(加权平均)资本成本是对于各种个别资本成本进行加权平均而得到的结果,用于进行资本结构决策。

边际资本成本是企业新筹集部分资金的成本加权,用于追加筹集决策。

个别资本成本是综合资本成本和边际资本成本的基础,综合资本成本和边际资本成本是

对个别资本成本的加权平均，三者均与资本结构有关。

本节主要介绍个别资本成本和综合资本成本。

二、个别资本成本的计量

个别资本成本是某一种筹资方式的资本成本，包括长期借款、公司债券、优先股、普通股、留存收益等，其中前两类是债务资本成本，后三类是权益资本成本。个别资本成本可用于比较和评价各种筹资方式。

1. 长期借款资本成本

长期借款资本成本是指借款的手续费与长期借款的利息。其中，一次还本、分期付息借款的资本成本计算公式为：

$$K_L=\frac{I\times(1-T)}{L\times(1-f)}=\frac{i\times L\times(1-T)}{L\times(1-f)}=\frac{i\times(1-T)}{1-f}$$

式中，K_L——长期借款成本；

T——所得税率；

I——年利息；

i——年利息率；

f——筹资费率；

L——长期借款筹资额。

【例 11-11】 恒鑫公司向银行借款 1 000 万元，期限 10 年，年利率为 8%，利息于每年年末支付，第 10 年年末还本，筹资费率为 0.4%，公司所得税税率为 25%。计算该项长期借款的资本成本。

$$K_L=\frac{8\%\times(1-25\%)}{1-0.4\%}=6.02\%$$

实务中，当长期借款的手续费用很低时，通常可以忽略不计。

利用 Excel 计算该项长期借款的资本成本，具体操作步骤如下：

第一步：建立 Excel 计算列表。

根据例题中的数据，在 B2:B4 区域单元格中依次输入长期借款的利率、所得税率和长期借款筹资费用率，建立长期借款资本成本的 Excel 计算列表，如图 11-13 所示。

A1 | fx 长期借款资本成本

	A	B	C	D
1	长期借款资本成本			
2	长期借款的利率	8%		
3	所得税率	25%		
4	长期借款筹资费用率	0.40%		
5	长期借款资本成本			
6				

图 11-13 长期借款资本成本的 Excel 计算列表

第二步：构建长期借款资本成本计算公式。

选择 B5 单元格，输入长期借款资本成本的计算公式"=B2 * (1-B3)/(1-B4)"，按"Enter"键，即可得到该项长期借款的资本成本，为 6.02%，计算结果如图 11-14 所示。

2. 债券资本成本

债券资本成本主要指债券利息和筹资费用。按照一次还本、分期付息的方式，债券资本成

```
       B5         ×  ✓  fx  =B2*(1-B3)/(1-B4)
           A              B       C    D
  1        长期借款资本成本
  2   长期借款的利率         8%
  3   所得税率              25%
  4   长期借款筹资费用率     0.40%
  5   长期借款资本成本       6.02%
  6
```

图 11-14　长期借款资本成本的计算结果

本的计算公式为：

$$K_b = \frac{I \times (1-T)}{B_0 \times (1-f)} = \frac{B \times i \times (1-T)}{B_0 \times (1-f)}$$

式中，B——债券面值；

B_0——债券筹资额（发行价）。

【例 11-12】　恒鑫公司发行面值为 2 000 元的债券，票面利率为 5%，发行费率为 0.2%，期限为 6 年，共 8 000 份，每年付息一次，到期一次还本，所得税税率为 25%，平价发行。请计算发行债券的资本成本。

利用 Excel 计算该项债券的资本成本，具体操作步骤如下：

第一步：建立 Excel 计算列表。

根据例题中的数据，建立债券资本成本的 Excel 计算列表，如图 11-15 所示。

```
       A1         ×  ✓  fx  债券筹资
           A              B       C
  1        债券筹资
  2   发行总面额（万元）    2000
  3   发行价格（万元）      2000
  4   票面利率              5%
  5   所得税率              25%
  6   筹资费用率            0.20%
  7   债券资本成本
  8
```

图 11-15　债券资本成本的 Excel 计算列表

第二步：构建债券资本成本计算公式。

选择 B7 单元格，输入债券资本成本的计算公式"=B2*B4*(1-B5)/(B3*(1-B6))"，按"Enter"键，即可得到该项债券的资本成本，为 3.76%，计算结果如图 11-16 所示。

```
       B7         ×  ✓  fx  =B2*B4*(1-B5)/(B3*(1-B6))
           A              B       C    D
  1        债券筹资
  2   发行总面额（万元）    2000
  3   发行价格（万元）      2000
  4   票面利率              5%
  5   所得税率              25%
  6   筹资费用率            0.20%
  7   债券资本成本          3.76%
  8
```

图 11-16　债券资本成本的计算结果

若债券溢价或折价发行，为了更准确地计算债券资本成本，应以实际发行价格作为债券筹资额进行计算。在例题中，假设恒鑫公司的债券发行价格调整为 2 200 万元，如果其他条件不变，则只需要改变债券资本成本 Excel 计算列表中 B3 单元格中的参数数据即可立即计算出结果，为 3.42%，如图 11-17 所示。

```
B7    :    ×  ✓  fx   =B2*B4*(1-B5)/(B3*(1-B6))
        A              B       C    D
1         债券筹资
2   发行总面额(万元)    2000
3   发行价格(万元)      2200
4   票面利率            5%
5   所得税率            25%
6   筹资费用率          0.20%
7   债券资本成本        3.42%
8
```

图 11-17　调整发行价格后债券资本成本的计算结果

3. 优先股资本成本

企业发行优先股,需要支付固定的股息。与债券不同的是优先股的股息是在税后支付,没有节税作用。通常,优先股没有到期日,不用偿还。其计算公式为:

$$K_P = \frac{D_P}{P_0 \times (1-f)} = \frac{P \times d}{P_0 \times (1-f)}$$

式中,K_P——优先股成本;

D_P——优先股年股利;

P_0——优先股筹资额(发行价);

d——优先股年股利率;

P——优先股面值总额。

【例 11-13】　恒鑫公司发行 5 000 万股的优先股,每股面值 1 元,平价发行,筹资费率为 0.3%,每年支付 10% 的股利,计算优先股的资本成本。

利用 Excel 计算该项优先股的资本成本,具体操作步骤如下:

第一步:建立 Excel 计算列表。

根据例题中的数据,建立优先股资本成本的 Excel 计算列表,如图 11-18 所示。

```
A1    :    ×  ✓  fx   优先股筹资
        A              B       C
1         优先股筹资
2   优先股市价(万元)   5
3   优先股股利率       10%
4   优先股面值(万元)   5
5   筹资费用率         0.30%
6   优先股资本成本
7
```

图 11-18　优先股资本成本的 Excel 计算列表

第二步:构建优先股资本成本计算公式。

选择 B6 单元格,输入优先股资本成本的计算公式"=B4*B3/(B2*(1-B5))",按"Enter"键,即可得到该项优先股的资本成本,为 10.03%,计算结果如图 11-19 所示。

```
B6    :    ×  ✓  fx   =B4*B3/(B2*(1-B5))
        A              B       C    D
1         优先股筹资
2   优先股市价(万元)   5
3   优先股股利率       10%
4   优先股面值(万元)   5
5   筹资费用率         0.30%
6   优先股资本成本     10.03%
7
```

图 11-19　优先股资本成本的计算结果

4. 普通股资本成本

普通股每年支付的股利是不固定的，并且股利是在税后支付，没有节税作用。普通股没有到期日，不用偿还。

普通股资本成本的计量可以采用股利增长模型、资本资产定价模型和风险溢价法三种方法计算。

(1)股利增长模型

通常情况下，随着公司不断发展，普通股的股利应该是逐年增长的，年增长率为 g 的情况下，其计算公式为：

$$K_S=\frac{D_1}{V_0\times(1-f)}+g$$

式中，K_S——普通股资本成本；

D_1——预期第一年股利额；

V_0——普通股市价。

【例 11-14】 恒鑫公司普通股每股市价为 120 元，发行新普通股，筹资费率为股价的 0.5%，上一年股利为 4 元/股，今年预计每股股利增长 12%。计算普通股资本成本。

利用 Excel 计算该项普通股的资本成本，具体操作步骤如下：

第一步：建立 Excel 计算列表。

根据例题中的数据，建立普通股资本成本的 Excel 计算列表，如图 11-20 所示。

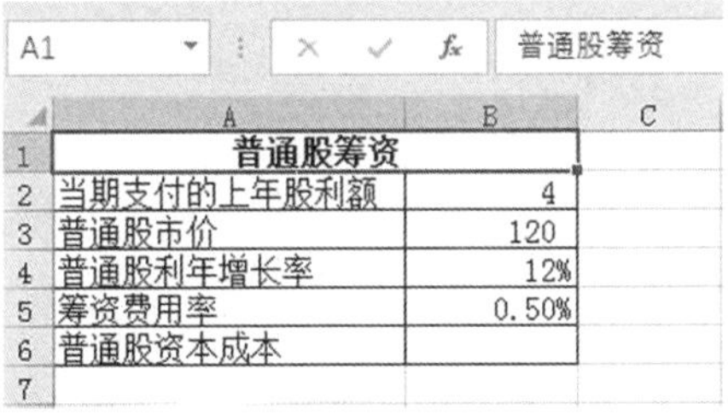

A1 普通股筹资

	A	B	C
1	普通股筹资		
2	当期支付的上年股利额	4	
3	普通股市价	120	
4	普通股利年增长率	12%	
5	筹资费用率	0.50%	
6	普通股资本成本		
7			

图 11-20 普通股资本成本的 Excel 计算列表 1

第二步：构建普通股资本成本计算公式。

选择 B6 单元格，输入普通股资本成本的计算公式“=B2 * (1+B4)/(B3 * (1-B5))+B4”，按“Enter”键，即可得到该项普通股的资本成本，为 15.75%，计算结果如图 11-21 所示。

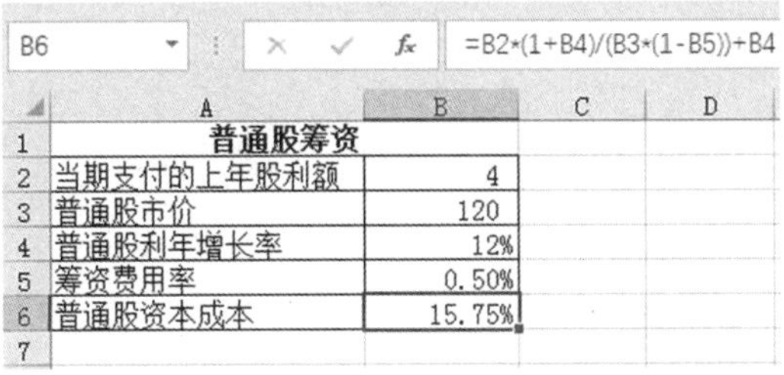

B6 =B2*(1+B4)/(B3*(1-B5))+B4

	A	B	C	D
1	普通股筹资			
2	当期支付的上年股利额	4		
3	普通股市价	120		
4	普通股利年增长率	12%		
5	筹资费用率	0.50%		
6	普通股资本成本	15.75%		
7				

图 11-21 普通股资本成本的计算结果 1

(2)资本资产定价模型

根据资本资产定价模型(Capital Asset Pricing Model，CAPM)，普通股投资的必要报酬率等于无风险报酬率加上风险报酬率。因此，可以通过估计公司股票的预期报酬率来计算普通股资本成本。

假定无风险报酬率为 R_f，市场平均风险必要报酬率为 R_m，某股票贝塔系数为 β，其计算公式为：

$$K_S = R_f + \beta(R_m - R_f)$$

【例 11-15】 恒鑫公司普通股β值为 1.2，市场无风险报酬率为 12%，市场平均风险必要报酬率为 15%。计算普通股资本成本。

利用 Excel 计算该项普通股的资本成本，具体操作步骤如下：

第一步：建立 Excel 计算列表。

根据例题中的数据，建立普通股资本成本的 Excel 计算列表，如图 11-22 所示。

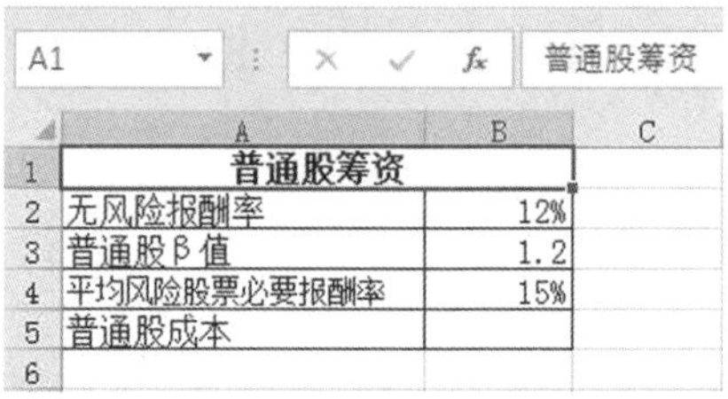

A1 | fx 普通股筹资

	A	B	C
1	普通股筹资		
2	无风险报酬率	12%	
3	普通股β值	1.2	
4	平均风险股票必要报酬率	15%	
5	普通股成本		
6			

图 11-22　普通股资本成本的 Excel 计算列表 2

第二步：构建普通股资本成本计算公式。

选择 B6 单元格，输入普通股资本成本的计算公式“=B2+B3 *（B4−B2）”，按“Enter”键，即可得到该项普通股的资本成本，为 15.60%，计算结果如图 11-23 所示。

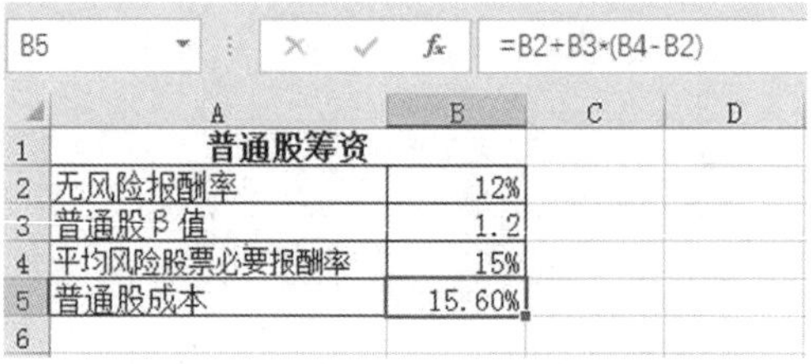

B5 | fx =B2+B3*(B4-B2)

	A	B	C	D
1	普通股筹资			
2	无风险报酬率	12%		
3	普通股β值	1.2		
4	平均风险股票必要报酬率	15%		
5	普通股成本	15.60%		
6				

图 11-23　普通股资本成本的计算结果 2

（3）风险溢价法

风险溢价法是从风险收益对等观念出发，即“投资风险越大，要求的报酬率越高”的基本原理，普通股股东会在债权人要求的报酬率的基础上追加一定的风险溢价。其计算公式为：

$$K_S = R_f + R_R$$

式中，R_R——风险溢价。

【例 11-16】 假设恒鑫公司普通股的风险溢价估计为 15%，而无风险利率为 9%，计算该公司普通股资本成本。

利用 Excel 计算该项普通股的资本成本，具体操作步骤如下：

第一步：建立 Excel 计算列表。

根据例题中的数据，建立普通股资本成本的 Excel 计算列表，如图 11-24 所示。

第二步：构建普通股资本成本计算公式。

选择 B4 单元格，输入普通股资本成本的计算公式“=B2+B3”，按“Enter”键，即可得到该项普通股的资本成本，为 24.00%，计算结果如图 11-25 所示。

5. 留存收益资本成本

留存收益是企业税后净利润形成的，包括盈余公积和未分配利润，其实质是所有者向企业

A1 | 普通股筹资

	A	B	C	D
1	普通股筹资			
2	无风险报酬率	9%		
3	普通股风险溢价	15%		
4	普通股资本成本			
5				

图 11-24　普通股资本成本的 Excel 计算列表 3

B4 | =B2+B3

	A	B	C	D
1	普通股筹资			
2	无风险报酬率	9%		
3	普通股风险溢价	15%		
4	普通股资本成本	24.00%		
5				

图 11-25　普通股资本成本的计算结果 3

的追加投资。企业利用留存收益筹资无须发生筹资费用。留存收益的资本成本，表现为股东追加投资要求的报酬率，其计算与普通股资本成本计算方法相同，不同点在于留存收益资本成本不考虑筹资费用。

股利固定增长，年增长率为 g 的情况下，其计算公式为：

$$K_e=\frac{D_1}{V_0}+g$$

式中，K_e——留存收益成本。

【例 11-17】 假设恒鑫公司普通股每股市价 56 元，筹资费率为 0.3%，预计第 1 年每股发放股利 3 元，以后每年增长 2%。计算留存收益资本成本。

利用 Excel 计算该项留存收益的资本成本，具体操作步骤如下：

第一步：建立 Excel 计算列表。

根据例题中的数据，建立留存收益资本成本的 Excel 计算列表，如图 11-26 所示。

A1 | 留存收益筹资

	A	B	C	D
1	留存收益筹资			
2	当期年股利额	3		
3	普通股市价	56		
4	普通股利年增长率	2%		
5	留存收益成本			
6				

图 11-26　留存收益资本成本的 Excel 计算列表

第二步：计算留存收益资本成本。

选择 B5 单元格，输入留存收益资本成本的计算公式"＝B2 * (1＋B4)/B3＋B4"，按"Enter"键，即可得到该项留存收益的资本成本，为 7.46%，计算结果如图 11-27 所示。

B5 | =B2*(1+B4)/B3+B4

	A	B	C	D
1	留存收益筹资			
2	当期年股利额	3		
3	普通股市价	56		
4	普通股利年增长率	2%		
5	留存收益成本	7.46%		
6				

图 11-27　留存收益资本成本的计算结果

三、综合资本成本的计量

企业总资本往往是由多种筹资方式形成的，不同筹资方式的资本成本有高低差。为了进行筹资决策和投资决策的比较，需要计算各种资本来源的加权平均资本成本，即综合资本成本。

综合资本成本是以个别资本成本为基础，以个别资本占全部资本的比重为权数，对个别资本成本进行加权平均计算的总成本。其计算公式为：

$$K_W=\sum_{j=1}^{n}K_jWj$$

式中，K_W—— 综合资本成本；

K_j—— 第 j 种个别资本成本；

W_j—— 第 j 种个别资本占全部资本的比重(权数)。

【例 11-18】 恒鑫公司共有资金 3 000 万元，其中长期借款 900 万元，长期债券 300 万元，普通股 1 200 万元，留存收益 600 万元，各种资金的成本分别为：$K_L=6\%$，$K_b=9\%$，$K_s=14\%$，$K_e=12\%$。计算该公司的综合资本成本。

利用 Excel 计算综合资本成本，具体操作步骤如下：

第一步：建立 Excel 计算列表。

将例题中各种筹资方式的筹资额以及资本成本数据输入到 Excel 表中，建立综合资本成本的 Excel 计算列表，如图 11-28 所示。

A1 综合资本成本

	A	B	C	D
1	综合资本成本			
2	筹资方式	筹资额（万元）	资本成本	
3	长期借款	900	6%	
4	长期债券	300	9%	
5	普通股	1200	14%	
6	留存收益	600	12%	
7	合计	3000		
8				

图 11-28 建立综合资本成本的 Excel 计算列表

第二步：计算各种筹资方式的筹资额比重。

选择 D2 单元格，输入“筹资额比重”，在 D3 单元格中输入公式“=B3/B$7”，按“Enter”键，即可得到长期借款的筹资额比重，为 30%，计算结果如图 11-29 所示。

D3 =B3/B$7

	A	B	C	D
1	综合资本成本			
2	筹资方式	筹资额（万元）	资本成本	筹资额比重
3	长期借款	900	6%	30%
4	长期债券	300	9%	
5	普通股	1200	14%	
6	留存收益	600	12%	
7	合计	3000		
8				

图 11-29 长期借款的筹资额比重

将 D3 单元格中的公式复制到 D 列其他单元格，得到恒鑫公司各种筹资方式的筹资额比重以及比重合计值，计算结果如图 11-30 所示。

D4 `=B4/B$7`

综合资本成本			
筹资方式	筹资额（万元）	资本成本	筹资额比重
长期借款	900	6%	30%
长期债券	300	9%	10%
普通股	1200	14%	40%
留存收益	600	12%	20%
合计	3000		100%

图 11-30　各种筹资方式的筹资额比重

第三步：计算综合资本成本。

在 C7 单元格计算综合资本成本：选择 C7 单元格，输入综合资本成本的计算公式“=C3 * D3+C4 * D4+C5 * D5+C6 * D6”，按“Enter”键，即可得到恒鑫公司的综合资本成本，为 10.70%，计算结果如图 11-31 所示。

C7 `=C3*D3+C4*D4+C5*D5+C6*D6`

综合资本成本			
筹资方式	筹资额（万元）	资本成本	筹资额比重
长期借款	900	6%	30%
长期债券	300	9%	10%
普通股	1200	14%	40%
留存收益	600	12%	20%
合计	3000	10.70%	100%

图 11-31　综合资本成本的计算结果

由图 11-31 可以看出：恒鑫公司长期借款和长期债券的资本成本不高，均低于 10%，而公司的综合资本成本却高于 10%，为 10.70%，主要是因为普通股的资本成本较高，为 14%，且筹资额比重较大，达到 40%，此外，留存收益的资本成本也较高，为 12%，因此导致公司综合资本成本提高。如果要降低公司的综合资本成本，可以通过调整筹资结构来实现。

第三节　项目投资评价

一、项目投资评价指标概述

项目投资是一种以特定项目为对象，直接与新建项目或更新改造项目有关的长期投资行为。

项目投资评价指标按是否考虑资金时间价值分为两类：

一类是不考虑时间价值因素的非折现指标（静态指标），主要包括投资回收期和投资收益率。

另一类是考虑时间价值因素的折现指标（动态指标），主要包括净现值、现值指数和内含报酬率等，它们是进行项投资决策的主要评价指标，都是正指标，并且越大越好。

本节只介绍几种动态评价指标的计量。

二、动态评价指标的计量

1.净现值(NPV)

净现值(记作NPV),是指在项目计算期内,按设定折现率或基准收益率计算的各年净现金流量现值的代数和。

在采纳与否的决策中,若净现值大于或等于零,表明该项目的报酬率大于或等于预期的投资报酬率,方案可取;否则方案不可取。在互斥方案的决策中,净现值大于零且金额最大的为最优方案。

值得注意的是,在项目评价中,如何正确选择折现率至关重要。如果确定了折现率或预期报酬率,就可以通过计算净现值评价投资方案的优劣。

Excel专门提供了净现值函数:

$$NPV(Rate, Value1, Value2...)$$

式中,Rate——某一期间的贴现率,是一固定值。

(Value1,Value2,...)1到29个参数,代表支出及收入,在时间上必须具有相等间隔,都发生在期末,且务必保证支出和收入的数额按正确的顺序输入。

【例11-19】 恒鑫公司第一年年末要投资30 000元,未来第2、3、4年年末的净现金流量分别为9 000元、12 600元和20 400元。假定每年的折现率为6%,请计算该项目的净现值。

利用Excel计算投资项目的净现值,具体操作步骤如下:

第一步:建立Excel计算列表

根据例题中数据,建立恒鑫公司投资项目净现值的Excel计算列表,如图11-32所示。

图11-32 净现值Excel计算列表

第二步:利用NPV函数计算净现值。

选择F3单元格,插入财务函数中的NPV函数,在打开的"函数参数"对话框中,通过引用单元格设置参数,如图11-33所示。

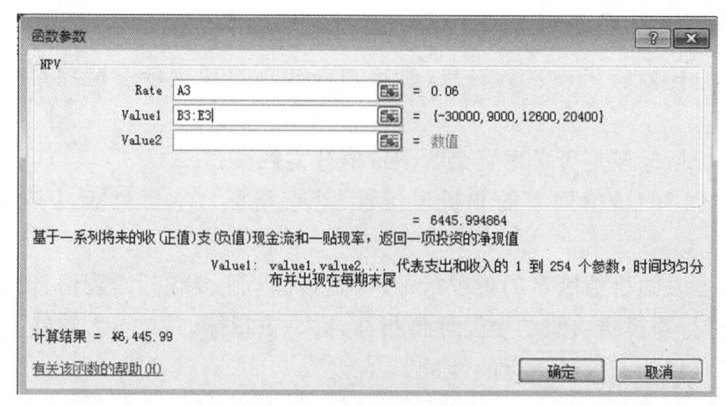

图11-33 NPV函数各项参数设置

单击"确定"按钮,在 F3 单元格中得到该投资项目的净现值,计算结果如图 11-34 所示。

	A	B	C	D	E	F
						=NPV(A3,B3:E3)
1	恒鑫公司投资项目净现值计算表					
2	折现率	第一年	第二年	第三年	第四年	净现值(NPV)
3	6%	-30000	9000	12600	20400	¥6,445.99
4						

图 11-34 恒鑫公司投资项目净现值计算结果

由图 11-34 可以看出:恒鑫公司该投资项目的净现值为 6 445.99 元,大于零,表明该项目的投资报酬率大于预期,因此该投资项目方案可行。

2.现值指数(PI)

现值指数(记作 PI),是指项目投产后按设定折现率折算的经营期净现金流量的总现值与原始投资的总现值之比,即:

现值指数=投产后经营期净现金流量的总现值/原始投资的总现值

在采纳与否的方案决策中,若现值指数大于或等于 1,表明该项目的报酬率大于或等于预定的投资报酬率,方案可取;反之,则不可取。在互斥方案的决策中,获利指数大于 1 且指数最大的为最优方案。

Excel 中没有提供专门的现值指数函数,但可以利用净现值 NPV 函数计算投资项目的现值指数。以例题【11-19】为例,将投资项目的现金流入与现金流出分别计算出净现值,然后将二者的净现值相除,即可得到该投资项目的现值指数,计算结果如图 11-35 所示。

	A	B	C	D	E	F
						=NPV(A3,0,C3,D3,E3)/NPV(A3,30000,0,0,0)
1	恒鑫公司投资项目现值指数计算表					
2	折现率	第一年	第二年	第三年	第四年	现值指数(PI)
3	6%	-30000	9000	12600	20400	1.23
4						

图 11-35 恒鑫公司投资项目现值指数计算结果

由图 11-35 可以看出:恒鑫公司该投资项目的现值指数为 1.23,大于 1,表明该项目的投资报酬率大于预期,因此该项目投资方案可行。

3.内含报酬率(IRR)

内含报酬率(记作 IRR),是指项目投资实际可望达到的收益率。实质上,它是能使项目的净现值等于零时的折现率。内含报酬率就是方案本身的实际收益率,是净现值的逆运算,反映了投资项目的真实报酬率。

净现值为绝对数指标,在相互独立方案评价中,无法评价不同投资期投资额方案的优先次序,而内含报酬率是相对数指标,弥补了这一缺陷。无论什么样的投资方案,只要 IRR 大于预期报酬率,该方案就可取,且 IRR 越大,说明方案越好。

手工计算内含报酬率指标时常用内插法估算,十分麻烦且不精确,Excel 提供了精确计算内含报酬率的函数:

IRR(Values,Guess)

Values 代表多笔支出(负数)及收入的参数值。values 必须包含至少一个正值和一个负值。IRR 函数根据数值的顺序来解释现金流的顺序,故应确定按需要的顺序输入支付和收入的数值,且要与收支期对应。

Guess 是给定利率的估计值,如忽略估计值 0.1(10%),一般不用设定。

【例 11-20】 恒鑫公司要将一笔闲置资金 216 000 元投资某项目,并预期今后 4 年的收益(净现金流量)分别为 75 000 元、60 000 元、66 000 元和 69 000 元,银行利率为 6%。试分析该投资项目是否可行。

利用 Excel 计算投资项目的内含报酬率,具体操作步骤如下:

第一步:建立 Excel 计算列表。

根据例题中数据,建立恒鑫公司投资项目内含报酬率的 Excel 计算列表,如图 11-36 所示。

图 11-36　内含报酬率 Excel 计算列表

第二步:利用 IRR 函数计算内含报酬率。

选择 F3 单元格,插入财务函数中的 IRR 函数,在打开的"函数参数"对话框中,通过引用单元格设置参数,如图 11-37 所示。

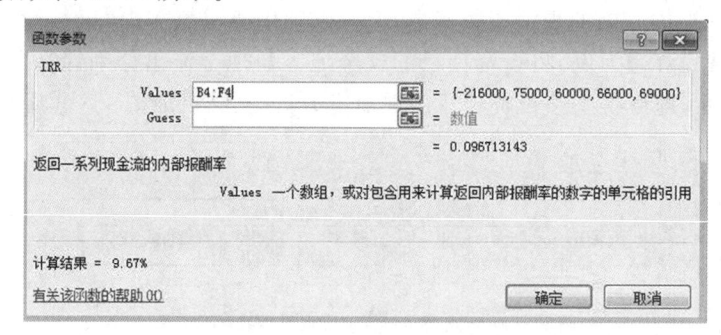

图 11-37　IRR 函数各项参数设置

单击"确定"按钮,在 G4 单元格中得到该项目的内含报酬率,计算结果如图 11-38 所示。

图 11-38　恒鑫公司投资项目内含报酬率计算结果

由图 11-38 可以看出:恒鑫公司该投资项目的内含报酬率为 9.67%,大于银行存款利率 6%,表明该投资项目方案可行。

三、项目投资决策分析

【例 11-21】 恒鑫公司有三个投资项目可供选择,每个项目的初始投资和各年净收益(净现金流量)见表 11-1。若市场利率为 6%,分别用净现值法和内含报酬率法进行项目投资决策。

表 11-1　　　　　　　恒鑫公司三个项目投资收益统计表　　　　　　　单价:元

投资方案	初始投资	各年净收益			
		第1年	第2年	第3年	第4年
项目 A	216 000	75 000	60 000	66 000	69 000
项目 B	300 000	90 000	75 000	105 000	123 000
项目 C	300 000	120 000	150 000	105 000	0

利用 Excel 对恒鑫公司进行项目投资决策分析,具体操作步骤如下:

第一步:建立 Excel 计算列表。

根据例题中数据,建立恒鑫公司项目投资决策分析的 Excel 计算列表,如图 11-39 所示。

图 11-39　项目投资决策分析的 Excel 计算列表

第二步:计算净现值和内含报酬率。

选择 H4 单元格,插入财务函数中的 NPV 函数,在打开的"函数参数"对话框中,通过引用单元格设置参数,如图 11-40 所示。

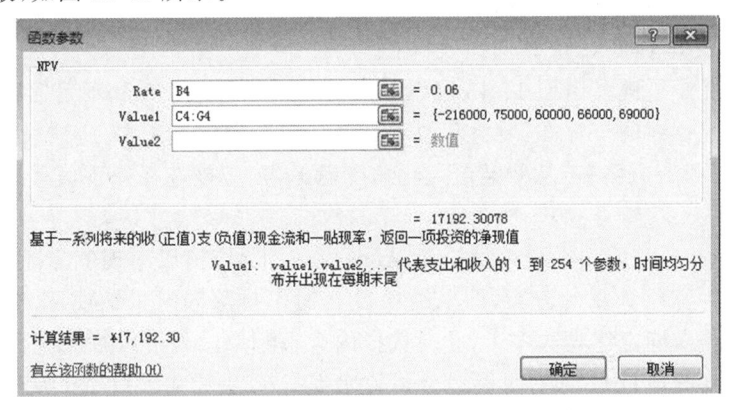

图 11-40　NPV 函数参数设置

单击"确定"按钮。将 H4 单元格中的公式复制到 H 列其他单元格,得到恒鑫公司其他两个投资项目的净现值,计算结果如图 11-41 所示。

图 11-41　恒鑫公司三个投资项目的净现值计算结果

选择 I4 单元格,插入财务函数中的 IRR 函数,在打开的"函数参数"对话框中,通过引用单元格设置参数,如图 11-42 所示。

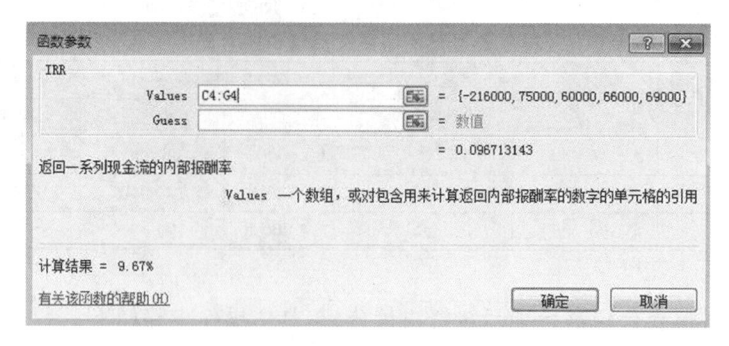

图 11-42　IRR 函数参数设置

单击"确定"按钮。将 I4 单元格中的公式复制到 I 列其他单元格，得到恒鑫公司其他两个投资项目的内含报酬率，计算结果如图 11-43 所示。

投资方案	市场利率	初始投资	各年净收益				净现值	内含报酬率
			第1年	第2年	第3年	第4年		
项目A	6%	-216,000	75,000	60,000	66,000	69,000	¥17,192.30	9.67%
项目B	6%	-300,000	90,000	75,000	105,000	123,000	¥35,134.85	10.96%
项目C	6%	-300,000	120,000	150,000	105,000	0	¥32,893.43	12.29%

图 11-43　恒鑫公司三个投资项目的内含报酬率计算结果

第三步：项目投资决策分析。

用净现值法决策，则项目 B 的净现值最大，应该选择投资项目 B；但用内含报酬率法决策，则项目 C 的内含报酬率最大，应该选择项目 C。

为什么会相互矛盾呢？由图 11-43 可以看出：项目 C 与项目 A 和项目 B 的投资收益不一样。显然这种情况存在两个标准：效益和效率。若从资金效率上考虑，应该根据内含报酬率大小，选择项目 C 为投资方案；若从效益最大化角度考虑，则应该选择净现值最大的项目 B 作为最优方案。

对于互斥方案，暂且假设在资金供给无限量的条件下，应该以净现值为标准，选择项目 B。如果这三个项目为互相独立的方案，即采纳项目 B 时不排除同时采纳项目 A 和项目 C，这样就很难用净现值法来确定优先次序了，此时选择内含报酬率法就可以解决这个问题，应该优先安排内含报酬率高的项目 C，如有足够资金再依次安排项目 B 和项目 A。从这个案例中可以看出，净现值法和内含报酬率法在项目投资决策中有各自的优缺点。

练习题

1. 思考题

(1) 简述资金时间价值的概念，并说明其表现形式。

(2) 简述年金的概念，并说明其种类。

(3) 简述项目投资动态评价指标有哪些，并说明其评价标准。

(4) 企业应如何运用 Excel 函数进行长期债券决策分析？

(5) 企业应如何利用 Excel 函数计算内含报酬率？

2. 实训操作

(1) 钱某拟进行项目投资，对方提出两种付款方案：一种方案是 6 年后付 360 万元，另一种方案是从现在起每年末付 60 万,连续付 6 年。若目前的银行存款利率是 9%,钱某应如何付款?请用 Excel 列表求解。

(2)恒顺公司从银行贷款 3 000 万元,年利率为 8%,借款期限为 5 年,偿还条件为每年年末等额偿还,则公司每年还款额为多少?请用 Excel 列表求解。

(3)假设李某年初投入资金 750 万元购买一家百货店,希望 5 年的净收益为:120 万元、140 万元、165 万元、195 万元、260 万元。每年的贴现率为 8%,计算该投资项目的现值指数并说明该投资是否可行。请用 Excel 列表求解。

(4)张某要开一家旅行社,估计需要 500 万元的投资,并预期今后 5 年的净收益为:75 万元、255 万元、300 万元、125 万元、165 万元,计算该项目的内部报酬率。若银行利率为 8%,请问该投资是否可行?请用 Excel 列表求解。

(5)众泰公司计划筹资 1 000 万元,所得税税率为 25%,有关资料如下:

①向银行借款 100 万元,年利率 5%,手续费率 0.5%;

②按溢价发行债券,债券面值 140 万元,溢价发行价格为 150 万元,票面利率 8%,期限 5 年,每年付息一次,筹资费率为 2%;

③发优先股 250 万元,预计年股利 16 万,筹资费率 2%;

④发行普通股 400 万元,每股发行价格 10 元,筹资费率 3%。预计第一年每股股利 2 元,以后每年按 5% 递增;

⑤剩余资金公司通过留存收益取得。

请用 Excel 列表求解该公司综合资本成本。

第十二章 Excel 在财务分析中的应用

财务分析又称财务报表分析,是指在财务报表及其相关资料的基础上,通过一定的方法和手段,对财务报表提供的数据进行系统和深入的分析研究,揭示有关指标之间的关系、变动情况及其形成原因,从而向使用者提供相关和全面的信息。这样方便使用者对企业过去的财务状况和经营成果以及未来前景做出评价。

本章利用 Excel 对财务报表进行比率、比较、趋势和综合分析,以此来辅助财务分析和决策人员做出快速、准确的财务决策。

第一节 财务比率分析

一、财务比率分析指标

财务比率分析是指将财务报表中的有关项目进行对比,得出一系列的财务比率,以此来揭示企业的财务状况。常用的财务比率可分为变现能力比率、长期负债比率、资产管理比率、盈利能力比率和市价比率五大类。

1. 变现能力比率

变现能力比率又称偿债能力比率,是衡量企业产生现金能力大小的比率,它取决于可以在近期转变为现金的流动资产的多少。反映变现能力的财务比率主要有流动比率和速动比率。

(1)流动比率

流动比率是企业流动资产与流动负债之比。具体计算公式如下:

$$流动比率 = 流动资产/流动负债$$

流动资产一般包括库存现金、有价证券、应收账款及库存商品。流动负债一般包括应付账款、应付票据、一年内到期的债务、应付未付的各项税费及其他应付未付的开支。

流动比率是衡量企业短期偿债能力的一个重要财务指标。这个比率越高,说明企业偿还流动负债的能力越强,流动负债得到偿还的保障越大。如果流动负债上升的速度过快,会使流动比率下降,从而引起财务方面的麻烦。一般情况下,营业周期、流动资产中的应收账款和存货的周转速度是影响流动比率的主要因素。因此,在分析流动比率时,还要结合流动资产的周转速度和构成情况来进行。

(2)速动比率

速动比率是流动资产扣除变现能力较差且不稳定的存货、预付账款等资产后形成的速动资产与流动负债之比。具体计算公式如下:

$$速动比率 = 速动资产/流动负债$$

$$速动资产 = 货币资金 + 交易性金融资产 + 应收账款 + 应收票据$$

影响速动比率的重要因素是应收账款的变现能力。

除了以上财务比率之外,还应结合影响变现能力的其他因素来分析企业的短期偿债能力。增强变现能力的因素主要有可动用的银行贷款指标、准备很快变现的长期资产及企业偿债能力的声誉等;减弱变现能力的因素主要有未做记录的或有负债、担保责任引起的负债等。

2. 长期负债比率

长期负债比率是说明债务和资产、净资产间关系的比率。它反映企业偿付到期长期债务的能力。反映长期偿债能力的负债比率主要有资产负债率、产权比率、利息保障倍数和有形净值债务率。通过对负债比率的分析,可以看出企业的资本结构是否健全合理,从而评价企业的长期偿债能力。

(1) 资产负债率

资产负债率是企业负债总额与资产总额之比,它反映企业的资产总额中有多少是通过举债而得到的。资产负债率反映企业偿还债务的综合能力,该比率越高,企业偿还债务的能力越差。反之,偿还债务的能力越强。具体计算公式如下:

$$资产负债率 = 负债总额 / 资产总额$$

(2) 产权比率

产权比率又称负债权益比率,是负债总额与所有者权益总额之比,也是衡量企业长期偿债能力的指标之一。该比率反映了债权人所提供的资金与投资人所提供资金的对比关系,从而揭示企业的财务风险以及所有者权益对债务的保障程度。具体计算公式如下:

$$产权比率 = 负债总额 / 所有者权益总额$$

(3) 利息保障倍数

利息保障倍数是税前利润加利息费用之和与利息费用的比值,反映了企业用经营所得支付债务利息的能力。具体计算公式如下:

$$利息保障倍数 = 息税前利润 / 利息费用$$

$$息税前利润 = 税前利润 + 利息费用$$

$$= 净利润 + 所得税费用 + 利息费用$$

公式中的"息税前利润"是指利润表中未扣除利息费用和所得税之前的利润。它可以通过"利润总额+利息费用"计算得到,其中,"利息费用"是指本期发生的全部应付利息,不仅包括财务费用中的利息费用,还包括计入固定资产成本中的资本化利息。

(4) 有形净值债务率

有形净值债务率是企业负债总额与有形净值的百分比。有形净值是所有者权益减去无形资产净值。具体计算公式如下:

$$有形净值债务率 = 负债总额 / (所有者权益总额 - 无形资产净值)$$

3. 资产管理比率

资产管理比率又称运营效率比率,是用来衡量企业在资产管理方面效率高低的财务比率。资产管理比率包括存货周转率、应收账款周转率、流动资产周转率、固定资产周转率和总资产周转率等。

(1) 存货周转率

在流动资产中,存货所占的比重较大。存货的变现能力将直接影响企业资产的利用效率,因此,必须特别重视对存货的分析。存货周转率是衡量和评价企业购入存货、投入生产、销售收回等各环节管理状况的综合性指标。用时间表示的存货周转率就是存货周转天数。具体计算公式如下：

$$存货周转率=营业成本/平均存货余额$$

$$存货周转天数=360/存货周转率$$

$$平均存货余额=(期初存货余额+期末存货余额)/2$$

(2)应收账款周转率

应收账款周转率是反映年度内应收账款转换为现金的平均次数的指标。用时间表示的应收账款周转速度就是应收账款周转天数。具体计算公式如下：

$$应收账款周转率=营业收入/平均应收账款余额$$

$$应收账款周转天数=360/应收账款周转率$$

$$平均应收账款余额=(期初应收账款余额+期末应收账款余额)/2$$

(3)流动资产周转率

流动资产周转率是营业收入与平均流动资产总额之比。它反映的是全部流动资产的利用效率。具体计算公式如下：

$$流动资产周转率=营业收入/平均流动资产总额$$

$$平均流动资产总额=(期初流动资产总额+期末流动资产总额)/2$$

(4)固定资产周转率

固定资产周转率指的是企业营业收入与平均固定资产净值之比。该比率越高，说明固定资产的利用率越高，管理水平越好。具体计算公式如下：

$$固定资产周转率=营业收入/平均固定资产净值$$

$$平均固定资产净值=(期初固定资产净值+期末固定资产净值)/2$$

(5)总资产周转率

总资产周转率指的是企业营业收入与平均资产总额之比，可以用来分析企业全部资产的使用效率。如果该比率较低，企业应采取措施提高营业收入或处置资产，以提高总资产利用率。具体计算公式如下：

$$总资产周转率=营业收入/平均资产总额$$

$$平均资产总额=(期初资产总额+期末资产总额)/2$$

4.盈利能力比率

盈利能力比率是考察企业赚取利润能力高低的比率。本章选取会计实务中经常使用的四个指标进行介绍：营业利润率、销售净利率、总资产报酬率和净资产收益率。

(1)营业利润率

营业利润率指的是企业一定时期营业利润与营业收入的比率。具体计算公式如下：

$$营业利润率=营业利润/营业收入$$

(2)销售净利率

销售净利率可以评价企业通过销售赚取利润的能力。该比率越高，说明企业通过扩大销售获取收益的能力越强。销售净利率反映每1元营业收入带来净利润的多少，表示通过营业收入获得利润的水平。具体计算公式如下：

$$销售净利率=净利润/营业收入净额$$

(3)总资产报酬率

总资产报酬率也称资产利润率或总资产收益率，是企业在一定时期内所获得的报酬总额与平均资产总额之比。总资产报酬率用来衡量企业利用全部资产获取利润的能力，反映了企业总资产的利用效率。具体计算公式如下：

$$总资产报酬率＝息税前利润/平均资产总额$$
$$息税前利润＝税前利润＋利息费用$$
$$＝净利润＋所得税费用＋利息费用$$

(4) 净资产收益率

净资产收益率是在一定时期内企业的净利润与平均净资产之比。净资产收益率是评价企业获利能力的一个重要财务指标，反映了企业自有资本获取投资报酬的高低。具体计算公式如下：

$$净资产收益率＝净利润/平均净资产$$
$$平均净资产＝(期初所有者权益总额＋期末所有者权益总额)/2$$

5. 市价比率

市价比率又称市场价值比率，实质上是反映每股市价和企业盈余、每股账面价值关系的比率，它是上述四个指标的综合反映。管理者可根据该比率来了解投资人对企业的评价。

市价比率包括每股盈余、市盈率、每股股利、股利支付比率和每股账面价值等指标。

(1) 每股盈余

每股盈余是本年盈余与流通在外股数的比值，是衡量股份制企业盈利能力的指标之一。具体计算公式如下：

$$每股盈余＝(净利润－优先股股息)/发行在外的加权平均普通股股数$$

每股盈余反映普通股的获利水平，指标越高，每股可获得的利润越多，股东的投资效益越好；反之，则越差。由于每股盈余是一个绝对指标，因此在分析时，还应结合流通在外的普通股的变化及每股股价高低的影响。

(2) 市盈率

市盈率是每股股价与每股盈余相比计算得到的比率，是衡量股份制企业盈利能力的重要指标之一。具体计算公式如下：

$$市盈率＝每股市价/每股盈余$$

公式中的市价是指每股普通股在证券市场上的买卖价格。市价与每股盈余比率是衡量股份制企业盈利能力的重要指标，市盈率反映投资者对每1元利润愿支付的价格。

(3) 每股股利

每股股利是股利总额与流通股数的比值，是衡量股份制企业的获利能力指标之一。具体计算公式如下：

$$每股股利＝股利总额/流通股数$$

(4) 股利支付比率

股利支付比率是每股股利与每股盈余的比例，反映普通股东从每股全部盈余中能分到手的那部分的数量多少。股利支付比率反映公司的净利润中有多少用于股利的分派。具体计算公式如下：

$$股利支付比率＝每股股利/每股盈余$$

(5) 每股账面价值

每股账面价值是股东权益总额减去优先股权益后的余额与发行在外的普通股股数的比值，反映的是发行在外的每股普通股所代表的企业记在账面上的股东权益额。具体计算公式如下：

每股账面价值＝(股东权益总额－优先股权益)/发行在外的普通股股数

二、财务比率分析指标的计算

利用 Excel 计算财务比率指标，是根据已有的财务报表中的原始数据，构建财务比率计算公式。本章主要涉及两张财务报表：资产负债表和利润表。

以西安兴达有限责任公司为例，根据公司 2021 年 12 月和 11 月的资产负债表与利润表中的数据，利用 Excel 计算财务比率指标。具体操作步骤如下：

第一步：创建计算所需财务报表。

首先新建一个名为"第十二章.xlsx"的工作簿，然后将"Sheet1"工作表重命名为"资产负债表"，将"Sheet2"工作表重命名为"利润表"，如图 12-1 和图 12-2 所示。

	A	B	C	D	E	F
1				资产负债表		
2	编制单位：西安兴达有限责任公司			填制时间：2021年12月31日		单位：元
3	资产	12月期末数	12月期初数	负债及所有者权益	12月期末数	12月期初数
4	流动资产			流动负债		
5	货币资金	613,260.00	802,000.00	短期借款	300,000.00	300,000.00
6	交易性金融资产	100,000.00	100,000.00	交易性金融负债	-	-
7	应收票据	20,000.00	20,000.00	衍生金融负债	-	-
8	应收账款	282,555.00	212,800.00	应付票据	-	-
9	应收账款融资	-	-	应付账款	106,000.00	266,000.00
10	预付账款	25,000.00	75,000.00	预收账款	-	-
11	其他应收款	-	-	合同负债	-	-
12	其他应收款	-	-	应付职工薪酬	13,440.00	-
13	存货	967,970.00	960,000.00	应交税费	88,958.75	54,000.00
14	合同资产	-	-	其他应付款	256,800.00	61,000.00
15	持有待售资产	-	-	持有待售负债	-	-
16	一年内到期的非流动资产	-	-	一年到期的非流动负债	-	-
17	其他流动资产	-	-	其他流动负债	-	-
18	流动资产合计	2,008,785.00	2,169,800.00	流动负债合计	765,198.75	681,000.00
19	非流动资产			非流动负债		
20	债权投资	-	-	长期借款	400,000.00	400,000.00
21	其他债权投资	-	-	应付债券	-	-
22	长期应收款	-	-	租赁负债	-	-
23	长期股权投资	300,000.00	300,000.00	长期应付款	-	-
24	其他权益工具投资	-	-	预计负债	-	-
25	其他非流动金融资产	-	-	递延所得税负债	-	-
26	投资性房地产	-	-	其他非流动负债	-	-
27	固定资产	2,810,750.00	2,572,000.00	非流动负债合计	400,000.00	400,000.00
28	在建工程	-	-	负债合计	1,165,198.75	1,081,000.00
29	生产性生物资产	-	-	所有者权益		
30	油气资产	-	-	实收资本	2,000,000.00	2,000,000.00
31	无形资产	115,200.00	116,400.00	其他权益工具	-	-
32	开发支出	-	-	资本公积	475,000.00	475,000.00
33	商誉	-	-	其他综合收益	-	-
34	长期待摊费用	-	-	专项储备	-	-
35	递延所得税资产	-	-	盈余公积	877,863.63	646,400.00
36	其他非流动资产	-	-	未分配利润	716,672.62	955,800.00
37	非流动资产合计	3,225,950.00	2,988,400.00	所有者权益合计	4,069,536.25	4,077,200.00
38	资产总计	5,234,735.00	5,158,200.00	负债和所有者权益总计	5,234,735.00	5,158,200.00

图 12-1 西安兴达有限责任公司 2021 年 12 月和 11 月资产负债表

第二步：创建"财务比率分析表"工作表。

将"Sheet3"工作表重命名为"财务比率分析表"，按照财务比率指标的分类创建财务比率分析表的框架，如图 12-3 所示。

第三步：计算财务比率指标。

计算财务比率指标的数据来源为已有的财务报表数据，可采用数据链接的方法调用资产负债表和利润表中的相关数据构建计算公式，以计算 2021 年 12 月的流动比率为例。在 C4 单元格中输入公式"＝'资产负债表'！B18/'资产负债表'！E18"，按"Enter"键，结果如图 12-4 所示。

	A	B	C
1		利润表	
2	公司名称：西安兴达有限责任公司　2021年度		单位：元
3	项目	12月金额	11月金额
4	一、营业收入	454,000.00	230,000.00
5	减：营业成本	214,700.00	131,000.00
6	税金及附加	2,015.00	1,300.00
7	销售费用	8,000.00	
8	管理费用	42,520.00	25,905.00
9	财务费用	1,500.00	1,500.00
10	其中：利息费用	1,500.00	1,500.00
11	利息收入	-	-
12	加：其他收益	-	-
13	投资收益（损失以"-"填列）	-	-
14	其中：对联营企业和合营企业的投资（损失以"-"填列）	-	-
15	以摊余成本计量的金融资产终止确认收益	-	-
16	公允价值变动损益（损失以"-"填列）	-	-
17	信用减值损失（损失以"-"填列）	-3,145.00	
18	资产减值损失（损失以"-"填列）	-3,500.00	
19	资产处置收益（损失以"-"填列）	-	-
20	二、营业利润	178,620.00	70,295.00
21	加：营业外收入	33,900.00	
22	减：营业外支出	3,390.00	
23	三、利润总额	209,130.00	70,295.00
24	减：所得税费用	54,293.75	17,573.75
25	四、净利润（净亏损以"-"填列）	154,836.25	52,721.25
26	（一）持续经营净利润（净亏损以"-"填列）	154,836.25	52,721.25
27	（二）终止经营净利润（净亏损以"-"填列）	-	-
28	五、其他综合收益的税后净额		
29	（一）不能重分类进损益的其他综合收益	-	-
30	1. 重新计量设定收益计划变动额		
31	2. 权益法下不能转损益的其他综合收益		
32	3. 其他权益工具投资公允价值变动		
33	4. 企业自身信用风险公允价值变动		
34	（二）将重分类进损益的其他综合收益		
35	1. 权益法下可转损益的其他综合收益		
36	2. 其他债权投资公允价值变动		
37	3. 金融资产重分类计入其他综合收益的金额		
38	4. 其他债权投资信用减值准备	-	-
39	5. 现金流量套期储备	-	-
40	6. 外币财务报表折算差额	-	-
41	六、综合收益总额	154,836.25	52,721.25

图 12-2　西安兴达有限责任公司 2021 年 12 月和 11 月利润表

	A	B	C	D
1		财务比率分析表		
2	财务比率指标	计算公式	2021年12月	2021年11月
3	一、变现能力比率			
4	流动比率	流动资产/流动负债		
5	速动比率	（货币资金+交易性金融资产+应收账款+应收票据）/流动负债		
6				
7	二、长期负债比率			
8	资产负债率	负债总额/资产总额		
9	产权比率	负债总额/所有者权益		
10	有形资产债务率	负债总额/（所有者权益-无形资产净值）		
11	已获利息倍数	息税前利润/利息费用		
12				
13	三、资产管理比率			
14	存货周转率	营业成本/平均存货		
15	应收账款周转率	营业收入/平均应收账款		
16	流动资产周转率	营业收入/平均流动资产		
17	总资产周转率	营业收入/平均资产总额		
18				
19	四、盈利能力比率			
20	营业利润率	营业利润/营业收入		
21	总资产报酬率	息税前利润/平均资产总额		
22	净资产收益率	净利润/平均净资产		

图 12-3　财务比率分析表

第四步：将 C4 单元格中的公式复制到 D4 单元格中，得到西安兴达有限责任公司 2021 年 11 月流动比率的计算结果，如图 12-5 所示。

第五步：按照第三步中的方法，参照计算公式提示，在 C 列其他各单元格中输入计算公式，如图 12-6 所示。

图 12-4　西安兴达有限责任公司 2021 年 12 月流动比率计算结果

图 12-5　西安兴达有限责任公司 2021 年 11 月流动比率计算结果

图 12-6　西安兴达有限责任公司 2021 年 12 月财务比率计算公式

第六步：按照第四步中的方法，将 C 列单元格中的公式复制到 D 列单元格中，得到西安兴达有限责任公司 2021 年 11 月财务比率的计算公式，如图 12-7 所示。

图 12-7　西安兴达有限责任公司 2021 年 11 月财务比率计算公式

说明：在图 12-7 中，缺失的财务比率计算公式是由于链接的资产负债表中没有 2021 年 11 月期初的数据。

西安兴达有限责任公司 2021 年 12 月和 11 月财务比率的计算结果如图 12-8 所示。

将计算得到的数据与同行业企业的财务比率标准值进行比较，即可对公司的财务状况和经营成果进行评价。

	A	B	C	D
1		财务比率分析表		
2	财务比率指标	计算公式	2021年12月	2021年11月
3	一、变现能力比率			
4	流动比率	流动资产/流动负债	2.63	3.19
5	速动比率	(货币资金+交易性金融资产+应收账款+应收票据)/流动负债	1.33	1.67
6				
7	二、长期负债比率			
8	资产负债率	负债总额/资产总额	0.22	0.21
9	产权比率	负债总额/所有者权益	0.29	0.27
10	有形资产债务率	负债总额/(所有者权益-无形资产净值)	0.29	0.27
11	已获利息倍数	息税前利润/利息费用	140.42	47.86
12				
13	三、资产管理比率			
14	存货周转率	营业成本/平均存货	0.22	
15	应收账款周转率	营业收入/平均应收账款	1.83	
16	流动资产周转率	营业收入/平均流动资产	0.22	
17	总资产周转率	营业收入/平均资产总额	0.09	
18				
19	四、盈利能力比率			
20	营业利润率	营业利润/营业收入	0.39	0.31
21	总资产报酬率	息税前利润/平均资产总额	0.04	
22	净资产收益率	净利润/平均净资产	0.04	

图 12-8 西安兴达有限责任公司 2021 年 12 月和 11 月财务比率计算结果

运用Excel公式进行财务比较分析

第二节 比较分析

一、比较分析概述

在进行财务报表分析时,计算出财务比率后,如何判断它是偏高还是偏低,得出合理的评价就尤为重要了。如果仅仅将该数据与本企业的历史数据进行比较,只能看出自身随时间的发展变化,无法知道在市场竞争中所处的地位。而如果将该数据与同行业、同规模的其他企业进行比较,则可以看出与对方的区别,从而为发现问题和查找差距提供依据。

财务状况的比较分析方法有两种:标准财务比率和理想财务报表。一般而言,标准财务比率的比较分析,就是特定国家、特定时期和特定行业的平均财务比率,如标准的流动比率、标准的资产利润率等。标准财务比率可以作为评价一个企业财务比率优劣的参照物。以标准财务比率作为基础进行比较分析,在对比中找到差距,更容易发现企业的异常情况。

理想财务报表是根据标准财务报表比率和所考察企业的规模来共同确定的财务报表。该报表反映了企业的理想财务状况,决策人可以将该表与实际的财务报表进行对比分析,从而找出差距和原因。

二、标准财务比率

目前,标准财务比率的建立有两种方法:统计方法和工业工程法。统计方法,即以大量历史数据的统计结果作为标准,这种方法是假定大多数是正常的,社会平均水平是反映标准状态的。工业工程法,即以实际观察和科学计算为基础,推算出一个理想状态作为评价标准,这种方法假设各变量之间有其内在的比例关系,并且这种关系是可以被认识的。

当前我国标准财务比率的建立主要采用统计方法,而工业工程法则处于次要地位,这可能与人们对财务变量之间关系的认识尚不充分有关。对于行业的平均财务比率,可比性是其建

立时应遵循的基本原则,在使用时应注意以下两方面的问题:

第一,行业平均指标是根据部分企业抽样调查来的,不一定能真实反映整个行业的实际情况。如果其中有一个极端的样本,则可能歪曲整个实际情况。

第二,计算平均数的每一个公司采用的会计方法不一定相同,资本密集型与劳动密集型企业可能在一起进行平均。负有大量债务的企业可能与没有债务的企业在一起进行平均。因此,在进行报表分析时往往要对行业平均财务比率进行修正,尽可能建立一个可比的基础。

进行财务状况的比较分析,是将本公司的财务比率与标准财务比率数据进行对比分析。以西安兴达有限责任公司2021年12月的财务比率指标为例,进行财务状况的比较分析具体操作步骤如下:

第一步:创建"财务状况比较分析表"工作表。

打开"第十二章.xlsx"工作簿,插入一张新的工作表,将其重命名为"财务状况比较分析表"。

第二步:设置财务状况比较分析表格式。

根据实际需要选择常用的财务比率指标进行比较分析,对财务状况比较分析表进行格式设置,如图12-9所示。

	A	B	C	D
1	项目	标准财务比率	本企业财务比率	差异
2	流动比率			
3	速动比率			
4	资产负债率			
5	已获利息倍数			
6	应收账款周转率			
7	总资产周转率			
8	营业利润率			
9	净资产收益率			

图12-9 财务状况比较分析表格式

第三步:输入标准财务比率数据。

在B2:B9单元格区域中输入标准财务比率数据,如图12-10所示。

	A	B	C	D
1	项目	标准财务比率	本企业财务比率	差异
2	流动比率	2.65		
3	速动比率	1.85		
4	资产负债率	0.46		
5	已获利息倍数	38		
6	应收账款周转率	3.21		
7	总资产周转率	1.82		
8	营业利润率	0.21		
9	净资产收益率	0.12		

图12-10 输入标准财务比率数据

第四步:输入本企业财务比率数据。

本企业财务比率数据,可以采用数据链接的方法,从"财务比率分析表"工作表中调用数据获得,现以流动比率为例说明其操作方法。在C2单元格中输入公式"=财务比率分析表!C4",按"Enter"键,如图12-11所示。

按照上述操作方法,得到本企业其他财务比率指标的数值,如图12-12所示。

第五步:计算各个财务比率指标的差异。

在D2单元格中输入公式"=C2−B2",按"Enter"键,得到西安兴达有限责任公司2021年

图 12-11 流动比率

图 12-12 本企业财务比率

12月的实际流动比率与标准流动比率之间的差异值。将 D2 单元格中的公式复制到 D 列其他单元格中,得到西安兴达有限责任公司 2021 年 12 月的各个实际财务比率与标准财务比率之间的差异值,如图 12-13 所示。

图 12-13 财务比率指标差异计算结果

由图 12-13 可以看出:2021 年 12 月西安兴达有限责任公司的速动比率明显低于标准值(行业均值),说明公司在短期偿债能力方面不强;资产负债率明显低于标准值,说明公司具有较强的偿债能力,但也说明公司在经营方面比较保守,没有充分发挥财务杠杆的作用;公司在应收账款周转率、总资产周转率、净资产收益率方面均低于标准值,且存在较大差异,说明公司在营运、获利能力方面均存在不足,需要进一步分析原因,采取相应解决措施,从而改善公司的财务状况。

三、理想财务报表

理想财务报表是根据标准财务报表比率和所考察企业的规模来共同确定的财务报表。该报表反映了企业的理想财务状况,决策人可以将该表与实际的财务报表进行对比分析,从而找出差距和原因。

1. 理想资产负债表

理想资产负债表的百分比结构,来自行业平均水平,同时进行必要的推理分析和调整。表12-1是一个以百分比来表示的理想资产负债表。

表 12-1　　　　　　　　　理想资产负债表

项目	理想比率	项目	理想比率
流动资产:	60%	负债:	40%
速动资产	30%	流动负债	30%
盘存资产	30%	长期负债	10%
固定资产:	40%	所有者权益:	60%
		实收资本	20%
		公积金	30%
		未分配利润	10%
总计	100%		100%

表 12-1 中的理想比率数据确定的具体步骤如下:

第一步:以资产总计为 100%,根据资产负债率确定负债百分比和所有者权益百分比。通常认为,负债应小于自有资本,这样的企业在经济环境恶化时能保持稳定。但是,过小的资产负债率,也会使企业失去在经济繁荣时期获取额外利润的机会。一般认为自有资本占 60%、负债占 40% 是比较理想的状态。当然,此比率会因国家、历史时期和行业的不同而不同。

第二步:确定固定资产占总资产的百分率。通常情况下,固定资产的数额应小于自有资本,以占到自有资本的 2/3 为宜。

第三步:确定流动负债的百分比。一般认为流动比率以 2 为宜,那么在流动资产占 60% 的情况下,流动负债是 30%。因此,在总负债占 40%,流动负债占 30% 时,长期负债占 10%。

第四步:确定所有者权益的内部百分比结构。其基本要求是实收资本应小于各项积累,以积累为投入资本的两倍为宜。这种比例可以减少分红的压力,使企业有可能重视长远的发展。因此,实收资本为所有者权益 60% 的 1/3,即为 20%。公积金和未分配利润是所有者权益 60% 的 2/3,即为 40%。至于公积金和未分配利润之间的比例,并非十分重要,因为未分配利润的数值经常变化。

第五步:确定流动负债的内部结构。一般认为速动比率以 1 为宜,因此,速动资产占总资产的比率与流动负债相同,也应该为 30%;存货因为占流动资产的一半左右,则存货占总资产的比率应该为 30%。

在确定了以百分比表示的理想资产负债表后,可以根据具体企业的实际数据建立相对数的资产负债表,然后再将本企业资产负债表报告期的实际数据与理想资产负债表进行比较分析,判断本企业财务状况的优劣。具体操作方法不再赘述。

2. 理想利润表

理想利润表中的百分比是以营业收入为基础进行计算的。一般来说,毛利率因行业而异,周转快的企业奉行薄利多销的销售原则,毛利率一般偏低,例如快餐行业;周转慢的企业毛利率一般定得比较高,例如奢侈品销售行业。实际上,每个行业都有一个自然形成的毛利率水平。表 12-2 是一个以百分比表示的某公司理想利润表,假设该公司所处行业的毛利率水平为 24%。

表 12-2　　　　　　理想利润表

项　　目	理想比率
营业收入	100%
销售成本（包括销售税金）	78%
毛利	24%
期间费用	12%
营业利润	13%
营业外收支净额	1%
税前利润	12%
所得税费用	6%
税后利润	5%

在确定了以百分比表示的理想利润表之后，即可根据具体企业的实际营业收入数据来设计相对数额表示的利润表，然后再将本企业利润表的实际数据与理想利润表进行比较分析，判断本企业财务状况的优劣。具体操作方法不再赘述。

第三节　趋势分析

事物的发展变化会随着时间的不同而不同，受随机因素的影响，同样一个企业的发展过程也会随着时间的变化而不断发展变化。要观察一个企业的财务报表数据的发展变化趋势，就需要对其做趋势分析。财务报表的趋势分析，有助于客观的评价企业的发展变化趋势，也有助于企业对未来做出科学合理的预测和规划。

进行财务报表趋势分析的数据可以采用相对数形式表示，比如结构相对数、环比百分比、定基百分比等。财务报表趋势分析的表现形式可以通过时间序列图进行展现，如折线图、柱形图等。本教材重点介绍结构相对数的计算及应用。

一、结构相对数在趋势分析中的应用

1. 资产负债表趋势分析

以西安兴达有限责任公司的资产负债表数据为例，利用 Excel 计算结构相对数，具体操作步骤如下：

第一步：创建"资产负债表趋势分析"工作表。

打开"第十二章.xlsx"工作簿，插入一张新的工作表，将其重命名为"资产负债表趋势分析"，设置资产负债表趋势分析表格式，如图 12-14 所示。

第二步：计算资产类项目比重。

在 C5 单元格中输入公式"=B5/B\$38"，按"Enter"键，得到西安兴达有限责任公司 2021年12月末货币资金的比重，然后将 C5 单元格中的公式复制到 C 列其他单元格中，得到西安兴达有限责任公司 2021年12月末所有资产类项目的比重，最后将单元格格式设置为百分比，保留两位小数，结果如图 12-15 所示。

	A	B	C	D	E	F	G	H	I	J
1	资产负债表趋势分析									
2	编制单位：西安兴达有限责任公司			2021年12月31日		单位：元				
3	资产	2021年12月末	比重	2021年11月末	比重	负债及所有者权益	2021年12月末	比重	2021年11月末	比重
4	流动资产					流动负债				
5	货币资金	613,260.00		802,000.00		短期借款	300,000.00		300,000.00	
6	交易性金融资产	100,000.00		100,000.00		交易性金融负债	-		-	
7	应收票据	20,000.00		20,000.00		衍生金融负债	-		-	
8	应收账款	282,555.00		212,800.00		应付票据	-		-	
9	应收账款融资	-		-		应付账款	106,000.00		266,000.00	
10	预付账款	25,000.00		75,000.00		预收账款	-		-	
11	其他应收款	-		-		合同负债	-		-	
12	其他应收款	-		-		应付职工薪酬	13,440.00		-	
13	存货	967,970.00		960,000.00		应交税费	88,958.75		54,000.00	
14	合同资产	-		-		其他应付款	256,800.00		61,000.00	
15	持有待售资产	-		-		持有待售负债	-		-	
16	一年内到期的非流动资产	-		-		一年到期的非流动负债	-		-	
17	其他流动资产	-		-		其他流动负债	-		-	
18	流动资产合计	2,008,785.00		2,169,800.00		流动负债合计	765,198.75		681,000.00	
19	非流动资产					非流动负债				
20	债权投资	-		-		长期借款	400,000.00		400,000.00	
21	其他债权投资	-		-		应付债券	-		-	
22	长期应收款	-		-		租赁负债	-		-	
23	长期股权投资	300,000.00		300,000.00		长期应付款	-		-	
24	其他权益工具投资	-		-		预计负债	-		-	
25	其他非流动金融资产	-		-		递延所得税负债	-		-	
26	投资性房地产	-		-		其他非流动负债	-		-	
27	固定资产	2,810,750.00		2,572,000.00		非流动负债合计	400,000.00		400,000.00	
28	在建工程	-		-		负债合计	1,165,198.75		1,081,000.00	
29	生产性生物资产	-		-		所有者权益				
30	油气资产	-		-		实收资本	2,000,000.00		2,000,000.00	
31	无形资产	115,200.00		116,400.00		其他权益工具	-		-	
32	开发支出	-		-		资本公积	475,000.00		475,000.00	
33	商誉	-		-		其他综合收益	-		-	
34	长期待摊费用	-		-		专项储备	-		-	
35	递延所得税资产	-		-		盈余公积	877,863.63		646,400.00	
36	其他非流动资产	-		-		未分配利润	716,672.62		955,800.00	
37	非流动资产合计	3,225,950.00		2,988,400.00		所有者权益合计	4,069,536.25		4,077,200.00	
38	资产总计	5,234,735.00		5,158,200.00		负债和所有者权益总计	5,234,735.00		5,158,200.00	

图 12-14　资产负债表趋势分析表

	A	B	C
1			
2	编制单位：西安兴达有限责任公司		
3	资产	2021年12月末	比重
4	流动资产		
5	货币资金	613,260.00	11.72%
6	交易性金融资产	100,000.00	1.91%
7	应收票据	20,000.00	0.38%
8	应收账款	282,555.00	5.40%
9	应收账款融资	-	
10	预付账款	25,000.00	0.48%
11	其他应收款	-	
12	其他应收款	-	
13	存货	967,970.00	18.49%
14	合同资产	-	
15	持有待售资产	-	
16	一年内到期的非流动资产	-	
17	其他流动资产	-	
18	流动资产合计	2,008,785.00	38.37%
19	非流动资产		
20	债权投资	-	
21	其他债权投资	-	
22	长期应收款	-	
23	长期股权投资	300,000.00	5.73%
24	其他权益工具投资	-	
25	其他非流动金融资产	-	
26	投资性房地产	-	
27	固定资产	2,810,750.00	53.69%
28	在建工程	-	
29	生产性生物资产	-	
30	油气资产	-	
31	无形资产	115,200.00	2.20%
32	开发支出	-	
33	商誉	-	
34	长期待摊费用	-	
35	递延所得税资产	-	
36	其他非流动资产	-	
37	非流动资产合计	3,225,950.00	61.63%
38	资产总计	5,234,735.00	100.00%

图 12-15　2021 年 12 月末公司资产类项目的比重

将 C5 单元格中的公式复制到 E5 单元格，得到西安兴达有限责任公司 2021 年 11 月末货币资金的比重，然后将 E5 单元格中的公式复制到 E 列其他单元格中，得到西安兴达有限责任公司 2021 年 11 月末所有资产类项目的比重，结果如图 12-16 所示。

	A	B	C	D	E
1					资产负债表
2	编制单位：西安兴达有限责任公司			2021年12月31日	
3	资产	2021年12月末	比重	2021年11月末	比重
4	流动资产				
5	货币资金	613,260.00	11.72%	802,000.00	15.55%
6	交易性金融资产	100,000.00	1.91%	100,000.00	1.94%
7	应收票据	20,000.00	0.38%	20,000.00	0.39%
8	应收账款	282,555.00	5.40%	212,800.00	4.13%
9	应收账款融资	-		-	
10	预付账款	25,000.00	0.48%	75,000.00	1.45%
11	其他应收款	-		-	
12	其他应收款	-		-	
13	存货	967,970.00	18.49%	960,000.00	18.61%
14	合同资产	-		-	
15	持有待售资产	-		-	
16	一年内到期的非流动资产	-		-	
17	其他流动资产	-		-	
18	流动资产合计	2,008,785.00	38.37%	2,169,800.00	42.07%
19	非流动资产				
20	债权投资	-		-	
21	其他债权投资	-		-	
22	长期应收款	-		-	
23	长期股权投资	300,000.00	5.73%	300,000.00	5.82%
24	其他权益工具投资	-		-	
25	其他非流动金融资产	-		-	
26	投资性房地产	-		-	
27	固定资产	2,810,750.00	53.69%	2,572,000.00	49.86%
28	在建工程	-		-	
29	生产性生物资产	-		-	
30	油气资产	-		-	
31	无形资产	115,200.00	2.20%	116,400.00	2.26%
32	开发支出	-		-	
33	商誉	-		-	
34	长期待摊费用	-		-	
35	递延所得税资产	-		-	
36	其他非流动资产	-		-	
37	非流动资产合计	3,225,950.00	61.63%	2,988,400.00	57.93%
38	资产总计	5,234,735.00	100.00%	5,158,200.00	100.00%

图 12-16　2021 年 11 月末公司资产类项目的比重

第三步：计算负债及所有者权益类项目比重。

将 C5 单元格中的公式复制到 H5 单元格，得到西安兴达有限责任公司 2021 年 12 月末短期借款的比重，然后将 H5 单元格中的公式复制到 H 列其他单元格中，得到西安兴达有限责任公司 2021 年 12 月末所有负债类项目的比重，结果如图 12-17 所示。

将 C5 单元格中的公式复制到 J5 单元格，得到西安兴达有限责任公司 2021 年 11 月末短

	A	B	C	D	E	F	G	H
1						资产负债表趋势分析		
2	编制单位：西安兴达有限责任公司			2021年12月31日		单位：元		
3	资产	2021年12月末	比重	2021年11月末	比重	负债及所有者权益	2021年12月末	比重
4	流动资产					流动负债		
5	货币资金	613,260.00	11.72%	802,000.00	15.55%	短期借款	300,000.00	5.73%
6	交易性金融资产	100,000.00	1.91%	100,000.00	1.94%	交易性金融负债	-	
7	应收票据	20,000.00	0.38%	20,000.00	0.39%	衍生金融负债	-	
8	应收账款	282,555.00	5.40%	212,800.00	4.13%	应付票据	-	
9	应收账款融资	-		-		应付账款	106,000.00	2.02%
10	预付账款	25,000.00	0.48%	75,000.00	1.45%	预收账款	-	
11	其他应收款	-		-		合同负债	-	
12	其他应收款	-		-		应付职工薪酬	13,440.00	0.26%
13	存货	967,970.00	18.49%	960,000.00	18.61%	应交税费	88,958.75	1.70%
14	合同资产	-		-		其他应付款	256,800.00	4.91%
15	持有待售资产	-		-		持有待售负债	-	
16	一年内到期的非流动资产	-		-		一年到期的非流动负债	-	
17	其他流动资产	-		-		其他流动负债	-	
18	流动资产合计	2,008,785.00	38.37%	2,169,800.00	42.07%	流动负债合计	765,198.75	14.62%
19	非流动资产					非流动负债		
20	债权投资	-		-		长期借款	400,000.00	7.64%
21	其他债权投资	-		-		应付债券	-	
22	长期应收款	-		-		租赁负债	-	
23	长期股权投资	300,000.00	5.73%	300,000.00	5.82%	长期应付款	-	
24	其他权益工具投资	-		-		预计负债	-	
25	其他非流动金融资产	-		-		递延所得税负债	-	
26	投资性房地产	-		-		其他非流动负债	-	
27	固定资产	2,810,750.00	53.69%	2,572,000.00	49.86%	非流动负债合计	400,000.00	7.64%
28	在建工程	-		-		负债合计	1,165,198.75	22.26%
29	生产性生物资产	-		-		所有者权益		
30	油气资产	-		-		实收资本	2,000,000.00	38.21%
31	无形资产	115,200.00	2.20%	116,400.00	2.26%	其他权益工具	-	
32	开发支出	-		-		资本公积	475,000.00	9.07%
33	商誉	-		-		其他综合收益	-	
34	长期待摊费用	-		-		专项储备	-	
35	递延所得税资产	-		-		盈余公积	877,863.63	16.77%
36	其他非流动资产	-		-		未分配利润	716,672.62	13.69%
37	非流动资产合计	3,225,950.00	61.63%	2,988,400.00	57.93%	所有者权益合计	4,069,536.25	77.74%
38	资产总计	5,234,735.00	100.00%	5,158,200.00	100.00%	负债和所有者权益总计	5,234,735.00	100.00%

图 12-17 2021 年 12 月末公司负债类项目的比重

期借款的比重，然后将 J5 单元格中的公式复制到 J 列其他单元格中，得到西安兴达有限责任公司 2021 年 11 月末所有负债类项目的比重，结果如图 12-18 所示。

	A	B	C	D	E	F	G	H	I	J
1					资产负债表趋势分析					
2	编制单位：西安兴达有限责任公司			2021年12月31日		单位：元				
3	资产	2021年12月末	比重	2021年11月末	比重	负债及所有者权益	2021年12月末	比重	2021年11月末	比重
4	流动资产					流动负债				
5	货币资金	613,260.00	11.72%	802,000.00	15.55%	短期借款	300,000.00	5.73%	300,000.00	5.82%
6	交易性金融资产	100,000.00	1.91%	100,000.00	1.94%	交易性金融负债	-		-	
7	应收票据	20,000.00	0.38%	20,000.00	0.39%	衍生金融负债	-		-	
8	应收账款	282,555.00	5.40%	212,800.00	4.13%	应付票据	-		-	
9	应收账款融资	-		-		应付账款	106,000.00	2.02%	266,000.00	5.16%
10	预付账款	25,000.00	0.48%	75,000.00	1.45%	预收账款	-		-	
11	其他应收款	-		-		合同负债	-		-	
12	其他应收款	-		-		应付职工薪酬	13,440.00	0.26%	-	
13	存货	967,970.00	18.49%	960,000.00	18.61%	应交税费	88,958.75	1.70%	54,000.00	1.05%
14	合同资产	-		-		其他应付款	256,800.00	4.91%	61,000.00	1.18%
15	持有待售资产	-		-		持有待售负债	-		-	
16	一年内到期的非流动资产	-		-		一年到期的非流动负债	-		-	
17	其他流动资产	-		-		其他流动负债	-		-	
18	流动资产合计	2,008,785.00	38.37%	2,169,800.00	42.07%	流动负债合计	765,198.75	14.62%	681,000.00	13.20%
19	非流动资产					非流动负债				
20	债权投资	-		-		长期借款	400,000.00	7.64%	400,000.00	7.75%
21	其他债权投资	-		-		应付债券	-		-	
22	长期应收款	-		-		租赁负债	-		-	
23	长期股权投资	300,000.00	5.73%	300,000.00	5.82%	长期应付款	-		-	
24	其他权益工具投资	-		-		预计负债	-		-	
25	其他非流动金融资产	-		-		递延所得税负债	-		-	
26	投资性房地产	-		-		其他非流动负债	-		-	
27	固定资产	2,810,750.00	53.69%	2,572,000.00	49.86%	非流动负债合计	400,000.00	7.64%	400,000.00	7.75%
28	在建工程	-		-		负债合计	1,165,198.75	22.26%	1,081,000.00	20.96%
29	生产性生物资产	-		-		所有者权益				
30	油气资产	-		-		实收资本	2,000,000.00	38.21%	2,000,000.00	38.77%
31	无形资产	115,200.00	2.20%	116,400.00	2.26%	其他权益工具	-		-	
32	开发支出	-		-		资本公积	475,000.00	9.07%	475,000.00	9.21%
33	商誉	-		-		其他综合收益	-		-	
34	长期待摊费用	-		-		专项储备	-		-	
35	递延所得税资产	-		-		盈余公积	877,863.63	16.77%	646,400.00	12.53%
36	其他非流动资产	-		-		未分配利润	716,672.62	13.69%	955,800.00	18.53%
37	非流动资产合计	3,225,950.00	61.63%	2,988,400.00	57.93%	所有者权益合计	4,069,536.25	77.74%	4,077,200.00	79.04%
38	资产总计	5,234,735.00	100.00%	5,158,200.00	100.00%	负债和所有者权益总计	5,234,735.00	100.00%	5,158,200.00	100.00%

图 12-18 2021 年 11 月末公司负债类项目的比重

2. 利润表趋势分析

以西安兴达有限责任公司的利润表数据为例，利用 Excel 计算结构相对数，具体操作步骤如下：

第一步：创建“利润表趋势分析”工作表。

打开“第十二章.xlsx”工作簿，插入一张新的工作表，将其重命名为“利润表趋势分析”，设置利润表趋势分析表格式，如图 12-19 所示。

第二步：计算比重。

在 C4 单元格中输入公式“＝B4/B＄4”，按“Enter”键，得到西安兴达有限责任公司 2021

	A	B	C	D	E
1			利润表		
2	公司名称：西安兴达有限责任公司		2021年度	单位：元	
3	项目	12月金额	比重	11月金额	比重
4	一、营业收入	454,000.00		230,000.00	
5	减：营业成本	214,700.00		131,000.00	
6	税金及附加	2,015.00		1,300.00	
7	销售费用	8,000.00		-	
8	管理费用	42,520.00		25,905.00	
9	财务费用	1,500.00		1,500.00	
10	其中：利息费用	1,500.00		1,500.00	
11	利息收入	-		-	
12	加：其他收益	-		-	
13	投资收益（损失以"-"填列）	-		-	
14	其中：对联营企业和合营企业的投资（损失以"-"填列）	-		-	
15	以摊余成本计量的金融资产终止确认收益	-		-	
16	公允价值变动损益（损失以"-"填列）	-		-	
17	信用减值损失（损失以"-"填列）	-3,145.00		-	
18	资产减值损失（损失以"-"填列）	-3,500.00		-	
19	资产处置收益（损失以"-"填列）	-		-	
20	二、营业利润	178,620.00		70,295.00	
21	加：营业外收入	33,900.00		-	
22	减：营业外支出	3,390.00		-	
23	三、利润总额	209,130.00		70,295.00	
24	减：所得税费用	54,293.75		17,573.75	
25	四、净利润（净亏损以"-"填列）	154,836.25		52,721.25	
26	（一）持续经营净利润（净亏损以"-"填列）	154,836.25		52,721.25	
27	（二）终止经营净利润（净亏损以"-"填列）	-		-	
28	五、其他综合收益的税后净额				
29	（一）不能重分类进损益的其他综合收益				
30	1.重新计量设定收益计划变动额				
31	2.权益法下不能转损益的其他综合收益				
32	3.其他权益工具投资公允价值变动				
33	4.企业自身信用风险公允价值变动				
34	（二）将重分类进损益的其他综合收益				
35	1.权益法下可转损益的其他综合收益				
36	2.其他债权投资公允价值变动				
37	3.金融资产重分类计入其他综合收益的金额				
38	4.其他债权投资信用减值准备				
39	5.现金流量套期储备				
40	6.外币财务报表折算差额				
41	六、综合收益总额	154,836.25		52,721.25	

图 12-19 利润表趋势分析表

年12月营业收入的比重，然后将C4单元格中的公式复制到C列其他单元格中，得到西安兴达有限责任公司2021年12月所有项目的比重，最后将单元格格式设置为百分比，保留两位小数，结果如图12-20所示。

	A	B	C
1		利润表	
2	公司名称：西安兴达有限责任公司	2021年度	单位：元
3	项目	12月金额	比重
4	一、营业收入	454,000.00	100.00%
5	减：营业成本	214,700.00	47.29%
6	税金及附加	2,015.00	0.44%
7	销售费用	8,000.00	1.76%
8	管理费用	42,520.00	9.37%
9	财务费用	1,500.00	0.33%
10	其中：利息费用	1,500.00	0.33%
11	利息收入	-	
12	加：其他收益	-	
13	投资收益（损失以"-"填列）	-	
14	其中：对联营企业和合营企业的投资（损失以"-"填列）	-	
15	以摊余成本计量的金融资产终止确认收益	-	
16	公允价值变动损益（损失以"-"填列）	-	
17	信用减值损失（损失以"-"填列）	-3,145.00	-0.69%
18	资产减值损失（损失以"-"填列）	-3,500.00	-0.77%
19	资产处置收益（损失以"-"填列）	-	
20	二、营业利润	178,620.00	39.34%
21	加：营业外收入	33,900.00	7.47%
22	减：营业外支出	3,390.00	0.75%
23	三、利润总额	209,130.00	46.06%
24	减：所得税费用	54,293.75	11.96%
25	四、净利润（净亏损以"-"填列）	154,836.25	34.10%
26	（一）持续经营净利润（净亏损以"-"填列）	154,836.25	34.10%
27	（二）终止经营净利润（净亏损以"-"填列）	-	
28	五、其他综合收益的税后净额		
29	（一）不能重分类进损益的其他综合收益		
30	1.重新计量设定收益计划变动额		
31	2.权益法下不能转损益的其他综合收益		
32	3.其他权益工具投资公允价值变动		
33	4.企业自身信用风险公允价值变动		
34	（二）将重分类进损益的其他综合收益		
35	1.权益法下可转损益的其他综合收益		
36	2.其他债权投资公允价值变动		
37	3.金融资产重分类计入其他综合收益的金额		
38	4.其他债权投资信用减值准备		
39	5.现金流量套期储备		
40	6.外币财务报表折算差额		
41	六、综合收益总额	154,836.25	34.10%

图 12-20　2021年12月份公司利润表各项目的比重

将C4单元格中的公式复制到E4单元格,得到西安兴达有限责任公司2021年11月营业收入的比重,然后将E4单元格中的公式复制到E列其他单元格中,得到西安兴达有限责任公司2021年11月所有项目的比重,结果如图12-21所示。

	A	B	C	D	E
1		利润表			
2	公司名称:西安兴达有限责任公司	2021年度		单位:元	
3	项目	12月金额	比重	11月金额	比重
4	一、营业收入	454,000.00	100.00%	230,000.00	100.00%
5	减:营业成本	214,700.00	47.29%	131,000.00	56.96%
6	税金及附加	2,015.00	0.44%	1,300.00	0.57%
7	销售费用	8,000.00	1.76%		
8	管理费用	42,520.00	9.37%	25,905.00	11.26%
9	财务费用	1,500.00	0.33%	1,500.00	0.65%
10	其中:利息费用	1,500.00	0.33%	1,500.00	0.65%
11	利息收入	-			
12	加:其他收益	-			
13	投资收益(损失以"-"填列)	-			
14	其中:对联营企业和合营企业的投资	-			
15	以摊余成本计量的金融资产终止确认收益	-			
16	公允价值变动损益(损失以"-"填列)	-			
17	信用减值损失(损失以"-"填列)	-3,145.00	-0.69%		
18	资产减值损失(损失以"-"填列)	-3,500.00	-0.77%		
19	资产处置收益(损失以"-"填列)	-			
20	二、营业利润	178,620.00	39.34%	70,295.00	30.56%
21	加:营业外收入	33,900.00	7.47%		
22	减:营业外支出	3,390.00	0.75%		
23	三、利润总额	209,130.00	46.06%	70,295.00	30.56%
24	减:所得税费用	54,293.75	11.96%	17,573.75	7.64%
25	四、净利润(净亏损以"-"填列)	154,836.25	34.10%	52,721.25	22.92%
26	(一)持续经营净利润(净亏损以"-"填列)	154,836.25	34.10%	52,721.25	22.92%
27	(二)终止经营净利润(净亏损以"-"填列)	-			
28	五、其他综合收益的税后净额	-			
29	(一)不能重分类进损益的其他综合收益	-			
30	1.重新计量设定收益计划变动额	-			
31	2.权益法下不能转损益的其他综合收益	-			
32	3.其他权益工具投资公允价值变动	-			
33	企业自身信用风险公允价值变动	-			
34	(二)将重分类进损益的其他综合收益	-			
35	1.权益法下可转损益的其他综合收益	-			
36	2.其他债权投资公允价值变动	-			
37	3.金融资产重分类计入其他综合收益的金额	-			
38	4.其他债权投资信用减值准备	-			
39	5.现金流量套期储备	-			
40	6.外币财务报表折算差额	-			
41	六、综合收益总额	154,836.25	34.10%	52,721.25	22.92%

图12-21 2021年11月份公司利润表各项目的比重

二、时间序列图在趋势分析中的应用

为了更加直观地反映企业财务状况的变动趋势,可以绘制时间序列图对企业的财务状况进行趋势分析。以西安兴达有限责任公司为例,对公司2012—2021年净利润的数据(图12-22)进行趋势分析。

	A	B	C	D	E	F	G	H	I	J	K
1		西安兴达有限责任公司2012—2021年净利润									单位:元
2	年份	2012年	2013年	2014年	2015年	2016年	2017年	2018年	2019年	2020年	2021年
3	净利润	25470	38205	49666	63076	75692	79476	87424	100826	98865	196100

图12-22 2012—2021年西安兴达有限责任公司净利润

利用Excel绘制折线图,具体操作步骤如下:

第一步:插入折线图。

选择A2:K3单元格区域,选择"插入"选项卡"图表"功能组中的"插入折线图或面积图"按钮,如图12-23所示。

第二步:创建折线图。

"插入折线图或面积图"命令中提供了多种图形选项,选择"二维折线图"中的第一个图形,即可得到一张二维折线图,如图12-24所示。

在图表创建完成后,读者可以根据需要修改图表属性,使整个图表更加美观和完善。

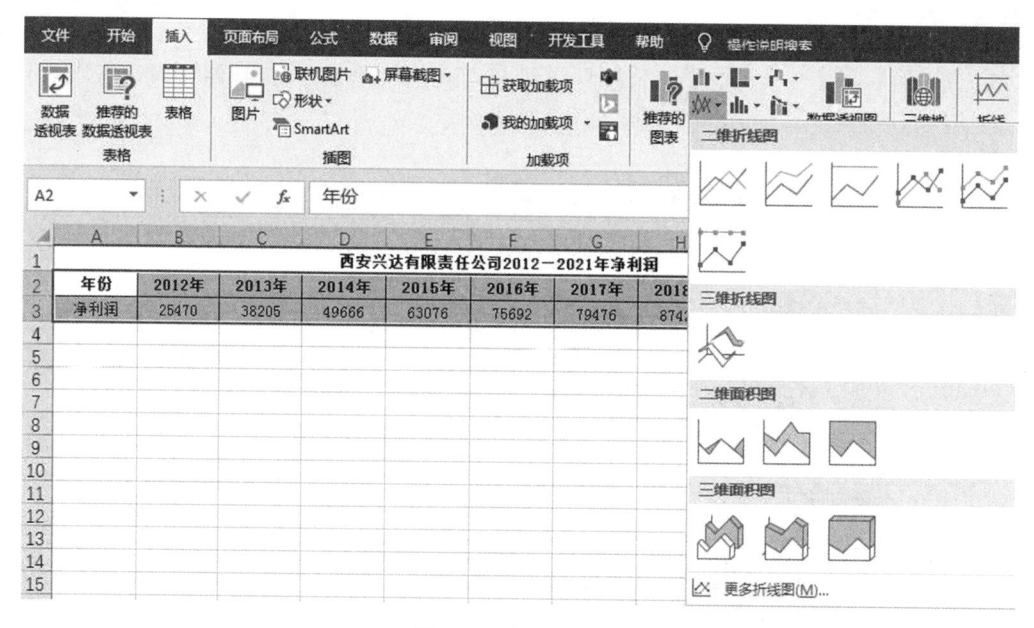

图 12-23　插入折线图

图 12-24　2012—2021 年西安兴达有限责任公司净利润折线图

第四节　综合分析

　　财务状况综合分析是指对各种财务指标进行系统、综合的分析，以便对企业的财务状况做出全面、正确的评价。企业的财务状况是一个完整的系统，内部各种因素相互依存、相互作用，所以要了解企业财务状况内部的各项因素及其相互之间的关系，这样才能全面地揭示企业的财务状况，从而进行财务分析。

　　财务状况综合分析与评价的方法包括财务比率综合评分法和杜邦财务分析法两种。

一、财务比率综合评分法

财务状况综合评价的先驱者之一是亚历山大·沃尔。沃尔选择了7种财务比率指标，分别给定了每个指标在总评价中所占的比重，总和为100分。其思路是：首先确定各个指标的标准比率，然后将每个指标的实际比率与标准比率相对比，计算出关系比率，以此计算出各项指标的得分，最后求出总评分。表12-3是沃尔所选用的7个财务比率指标及标准比率。

表 12-3　　沃尔指标及标准比率

财务比率	比重	标准比率
流动比率 X_1	25%	2.00
净资产/负债 X_2	25%	1.50
资产/固定资产 X_3	15%	2.50
销售成本/存货 X_4	10%	8.00
销售额/应收账款 X_5	10%	6.00
销售额/固定资产 X_6	10%	4.00
销售额/净资产 X_7	5%	3.00

综合财务指标 Y 的计算公式如下：

$$Y=25\%X_1+25\%X_2+15\%X_3+10\%X_4+10\%X_5+10\%X_6+5\%X_7$$

综合评价方法的关键技术是“标准评分值”的确定和“标准比率”的建立。进行财务状况综合评价时，一般认为企业财务评价的内容主要是盈利能力，其次是偿债能力，此外还有成长能力，它们之间大致可按5:3:2来分配比重。标准比率应以本行业平均数为基础，适当进行理论修正。

以本章第一节中“财务比率分析表”中的数据为例，利用Excel进行综合分析。具体操作步骤如下：

第一步：创建“财务比率综合评分表”工作表。

打开“第十二章.xlsx”工作簿，插入一张新的工作表，将其重命名为“财务比率综合评分表”。

第二步：建立财务比率综合评分表。

根据企业的具体情况，选择合适的评价企业综合财务状况的财务比率指标。财务比率的选择要具有全面性、代表性和一致性。经过对西安兴达有限责任公司的综合分析，选择10个具有代表性的财务比率指标，建立如图12-25所示的财务比率综合评分表。

	A	B	C	D	E	F
1	财务比率综合评分表					
2	财务比率	评分值	标准值	实际值	关系比率	实际得分
3	流动比率					
4	速动比率					
5	资产负债率					
6	存货周转率					
7	应收账款周转率					
8	总资产周转率					
9	总资产报酬率					
10	净资产收益率					
11	营业利润率					

图 12-25　财务比率综合评分表

第三步：设定评分值。

根据各项财务比率指标的重要程度，确定其评分值，分别输入到对应的单元格中，如图12-26所示。

	A	B	C	D	E	F
1	财务比率综合评分表					
2	财务比率	评分值	标准值	实际值	关系比率	实际得分
3	流动比率	10				
4	速动比率	10				
5	资产负债率	12				
6	存货周转率	12				
7	应收账款周转率	7				
8	总资产周转率	10				
9	总资产报酬率	14				
10	净资产收益率	15				
11	营业利润率	10				

图 12-26　各项财务比率指标的评分值

第四步：设定标准值。

财务比率指标的标准值，即企业现实条件下财务比率的最优值，在确定各项财务比率指标的标准值时，参考同行业的平均水平，并经过调整后再确定。将确定好的标准值分别输入到对应的单元格中，如图12-27所示。

	A	B	C	D	E	F
1	财务比率综合评分表					
2	财务比率	评分值	标准值	实际值	关系比率	实际得分
3	流动比率	10	2.65			
4	速动比率	10	1.85			
5	资产负债率	12	0.46			
6	存货周转率	12	1			
7	应收账款周转率	7	3.21			
8	总资产周转率	10	1.82			
9	总资产报酬率	14	0.1			
10	净资产收益率	15	0.12			
11	营业利润率	10	0.21			

图 12-27　各项财务比率指标的标准值

第五步：计算各项财务比率指标的实际值。

本案例选取2021年12月西安兴达有限责任公司的财务比率指标作为实际值，采用数据链接的方式，引用“财务比率分析表”中的数据，结果如图12-28所示。

D3　　=财务比率分析表!C4

	A	B	C	D	E	F
1	财务比率综合评分表					
2	财务比率	评分值	标准值	实际值	关系比率	实际得分
3	流动比率	10	2.65	2.63		
4	速动比率	10	1.85	1.33		
5	资产负债率	12	0.46	0.22		
6	存货周转率	12	1	0.22		
7	应收账款周转率	7	3.21	1.83		
8	总资产周转率	10	1.82	0.09		
9	总资产报酬率	14	0.1	0.04		
10	净资产收益率	15	0.12	0.04		
11	营业利润率	10	0.21	0.39		

图 12-28　计算各项财务比率指标的实际值

第六步：计算关系比率。

计算2021年12月西安兴达有限责任公司各项财务比率的实际值与标准值的比值，即关系比率。在E3单元格中输入公式“=D3/C3”，按“Enter”键，得到流动比率实际值与标准值的关系比率，然后将 E3 单元格中的公式复制到 E 列其他单元格中，结果如图 12-29 所示。

E3 =D3/C3

	A	B	C	D	E	F
1	财务比率综合评分表					
2	财务比率	评分值	标准值	实际值	关系比率	实际得分
3	流动比率	10	2.65	2.63	0.99	
4	速动比率	10	1.85	1.33	0.72	
5	资产负债率	12	0.46	0.22	0.48	
6	存货周转率	12	1	0.22	0.22	
7	应收账款周转率	7	3.21	1.83	0.57	
8	总资产周转率	10	1.82	0.09	0.05	
9	总资产报酬率	14	0.1	0.04	0.41	
10	净资产收益率	15	0.12	0.04	0.32	
11	营业利润率	10	0.21	0.39	1.87	

图 12-29 计算关系比率

第七步：计算各项财务比率指标的实际得分。

利用关系比率与评分值计算各项财务比率的实际得分。各项财务比率指标的实际得分是关系比率与评分值的乘积。在 F3 单元格中输入公式“=E3 * B3”，按“Enter”键，得到流动比率的实际得分，然后将 F3 单元格中的公式复制到 F 列其他单元格中，结果如图 12-30 所示。

F3 =E3*B3

	A	B	C	D	E	F
1	财务比率综合评分表					
2	财务比率	评分值	标准值	实际值	关系比率	实际得分
3	流动比率	10	2.65	2.63	0.99	9.91
4	速动比率	10	1.85	1.33	0.72	7.18
5	资产负债率	12	0.46	0.22	0.48	5.81
6	存货周转率	12	1	0.22	0.22	2.67
7	应收账款周转率	7	3.21	1.83	0.57	4.00
8	总资产周转率	10	1.82	0.09	0.05	0.48
9	总资产报酬率	14	0.1	0.04	0.41	5.67
10	净资产收益率	15	0.12	0.04	0.32	4.75
11	营业利润率	10	0.21	0.39	1.87	18.74

图 12-30 计算各项财务比率指标的实际得分

第八步：计算财务比率指标的总得分。

在 F12 单元格中输入公式“=SUM(F3:F11)”，按“Enter”键，得到财务比率指标的总得分，结果如图 12-31 所示。

F12 =SUM(F3:F11)

	A	B	C	D	E	F
1	财务比率综合评分表					
2	财务比率	评分值	标准值	实际值	关系比率	实际得分
3	流动比率	10	2.65	2.63	0.99	9.91
4	速动比率	10	1.85	1.33	0.72	7.18
5	资产负债率	12	0.46	0.22	0.48	5.81
6	存货周转率	12	1	0.22	0.22	2.67
7	应收账款周转率	7	3.21	1.83	0.57	4.00
8	总资产周转率	10	1.82	0.09	0.05	0.48
9	总资产报酬率	14	0.1	0.04	0.41	5.67
10	净资产收益率	15	0.12	0.04	0.32	4.75
11	营业利润率	10	0.21	0.39	1.87	18.74
12						59.20

图 12-31 计算财务比率指标的总得分

如果总得分等于或接近 100 分，说明公司财务状况良好，达到了预先确定的标准；如果总得分过低，说明公司财务状况较差，应该采取措施加以改善；如果总得分超过 100 分，说明公司财务状况很理想。

由图12-31可以看出:西安兴达有限责任公司的财务比率综合评分为59.20分,说明该公司的财务状况不太理想,低于同行业平均水平。管理者需要对公司的财务状况加以分析,分析造成公司财务状况不理想的原因,进而采取相应的解决措施来改善公司的财务状况。

二、杜邦财务分析法

杜邦分析法是由美国杜邦公司的经理创造,因此称之为杜邦系统(The Du Pont System),是利用各个主要财务比率之间的内在联系,建立财务比率分析的综合模型,综合分析和评价企业财务状况和经营业绩的方法。该方法采用杜邦分析图将有关分析指标按内在联系加以排列,从而直观地反映出企业的财务状况和经营成果的总体面貌。杜邦分析系统图见图12-32所示。

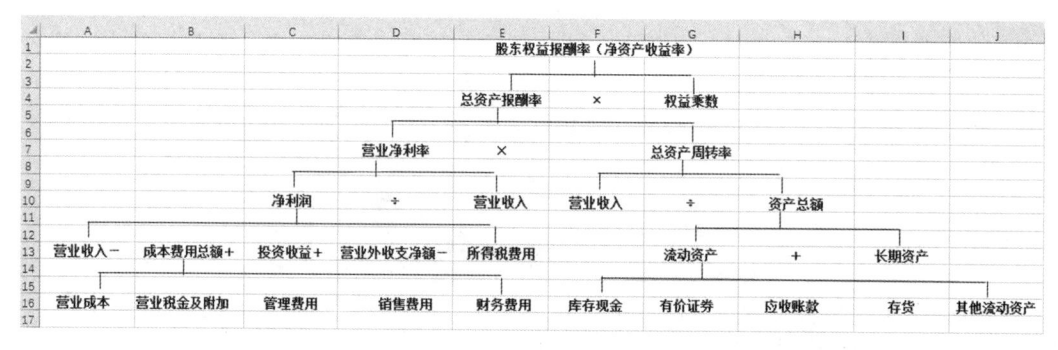

图12-32 杜邦分析系统图

杜邦分析体系的作用在于解释指标变动的原因和变化趋势,为决策者采取措施指明方向。由图12-32可以得出:

(1)股东权益报酬率是杜邦系统的核心,是最有代表性的财务比率。股东权益报酬率反映了股东投入资金的获利能力。股东权益报酬率取决于企业的总资产报酬率和权益乘数。

(2)总资产报酬率是反映企业获利能力的一个重要财务比率,它揭示了企业生产经营活动的效率,综合性也很强。资产报酬率是销售净利率与总资产周转率的乘积。因此,可以从企业的销售活动与资产管理各方面来对其进行分析。

(3)从销售活来看,营业净利率反映了企业净利润与营业收入之间的关系。一般来说,营业收入增加,企业的净利润也会随之增加。但是,要想提高营业净利率,则必须一方面提高营业收入,另一方面降低各种成本费用。

(4)在企业资产方面,一方面可以分析企业的资产结构是否合理,即流动资产与非流动资产的比例是否合理。另一方面可以分析企业的资产周转情况。资产周转速度直接影响企业的获利能力。如果企业资产周转较慢,就会占用大量资金,导致资金成本增加,企业的利润减少。

总之,从杜邦分析系统可以看出,企业的获利能力涉及生产经营活动的方方面面。只有协调好系统内部各个因素之间的关系,才能使股东权益报酬率得到提高,从而实现股东财富最大化的理财目标。

以2021年12月西安兴达有限责任公司的财务数据为例,说明Excel在杜邦财务分析法中的应用。具体操作步骤如下:

第一步:创建"杜邦分析表"工作表。

打开"第十二章.xlsx"工作簿,插入一张新的工作表,将其重命名为"杜邦分析表"。

第二步:构建杜邦分析系统图。

构建如图 12-32 所示的杜邦分析系统图。

第三步:输入数据及计算公式。

在杜邦分析系统图中输入各个财务指标的数据及计算公式,得到杜邦分析表,结果如图 12-33 所示。

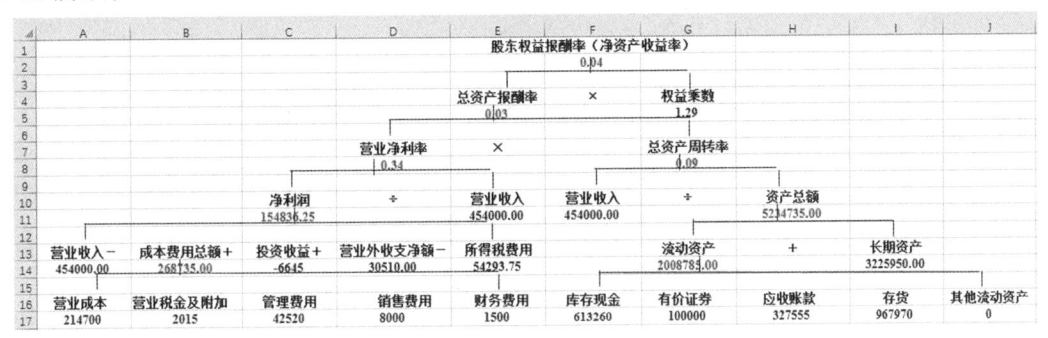

	A	B	C	D	E	F	G	H	I	J
1					股东权益报酬率(净资产收益率)					
2						0.04				
3					总资产报酬率	×	权益乘数			
4					0.03		1.29			
5										
6				营业净利率	×		总资产周转率			
7				0.34			0.09			
8										
9				净利润	÷	营业收入	营业收入	÷	资产总额	
10				154836.25		454000.00	454000.00		5214735.00	
11										
12	营业收入−	成本费用总额+	投资收益+	营业外收支净额−	所得税费用		流动资产	+	长期资产	
13	454000.00	268735.00	−6645	30510.00	54293.75		2008785.00		3225950.00	
14										
15	营业成本	营业税金及附加	管理费用	销售费用	财务费用	库存现金	有价证券	应收账款	存货	其他流动资产
16	214700	2015	42520	8000	1500	613260	100000	327555	967970	0

图 12-33 西安兴达有限责任公司杜邦财务分析图

练习题

1. 思考题

(1)请简要说明利用 Excel 各个财务比率指标的计算方法。

(2)对企业的财务状况进行比较分析,有哪些方法?

(3)对企业的财务状况进行趋势分析,有哪些方法?

(4)对企业财务状况进行综合评价分析,有哪些方法?

2. 实训操作

表 12-4 为某公司的资产负债表简表。该公司年初速动比率为 0.75,年初流动比率为 2.10。该公司所在行业的平均流动比率为 2。

表 12-4　　　　　　　某公司资产负债表简表　　　　　　　单位:万元

资产	年初数	年末数	负债及所有者权益	年初数	年末数
货币资金	1 000	960	短期借款	2 000	2 800
应收账款		1 920	应付账款	1 000	800
存货		4 400	预收账款	600	200
其他流动资产	0	64	长期借款	4 000	4 000
固定资产	5 790	6 400	所有者权益	5 680	5 944
总计	13 280	13 744	总计	13 280	13 744

请利用 Excel 计算分析:

(1)该公司年初应收账款、存货金额。

(2)该公司年末流动比率,并做出初步评价。

(3)对该公司的资产负债情况进行趋势分析。

(4)对该公司的短期偿债能力做出评价。

参考文献

[1] 财政部.企业会计准则2006[M].北京:经济科学出版社,2006.

[2] 财政部.企业会计准则——应用指南[M].北京:中国财政经济出版社,2006.

[3] 梵绅科技.Excel财务与会计实战应用宝典[M].北京:北京科海电子出版社,2009.

[4] 黄新荣.Excel在会计与财务管理中的应用[M].北京:人民邮电出版社,2014.

[5] 刘兰娟.经济管理中的计算机应用——Excel数据分析、统计预测和决策模拟(第二版).北京:清华大学出版社,2013.

[6] 神龙工作室.Excel 2013在会计与财务管理日常工作中的应用[M].北京:人民邮电出版社,2016.

[7] 章耀忠.Excel在企业财务中的应用[M].北京:中国商业出版社,2008.

[8] 庄君.Excel在会计和财务管理中的应用(第3版)[M].北京:机械工业出版社,2016.